经管专业“十三五”规划教材

财 政 学

主编　王华玲

航 空 工 业 出 版 社

北　京

内 容 提 要

本书共十二章，主要包括财政和财政职能、财政支出概述、购买性支出、转移性支出、财政收入总论、税收收入、公债、非税收收入、财政预算、财政体制、财政政策和开放经济下的财政问题。

本书重点突出，结构合理，内容上下紧扣，层层推进，具有很强的逻辑联系，不仅可作为财政专业和其他经管类专业的教材，也可作为财政理论研究与财政实务工作者的参考书。

图书在版编目（CIP）数据

财政学 / 王华玲主编. -- 北京 : 航空工业出版社, 2018.6

ISBN 978-7-5165-1587-7

Ⅰ. ①财… Ⅱ. ①王… Ⅲ. ①财政学 Ⅳ. ①F810

中国版本图书馆 CIP 数据核字(2018)第 121487 号

财 政 学

Caizhengxue

航空工业出版社出版发行

（北京市朝阳区北苑 2 号院　100012）

发行部电话：010-84936597　　010-84936343

三河市祥达印刷包装有限公司印刷　　全国各地新华书店经售

2018 年 6 月第 1 版　　2018 年 6 月第 1 次印刷

开本：787×1092　　1/16　　印张：21.5　　字数：496 千字

印数：1－3000　　定价：68.00 元

前言

QIANYAN

财政是一个国家生存的主要支柱之一，也是政府解决政治、经济和社会问题的重要手段。财政学是研究政府收支活动及其效应的经济学分支，是经济学中最具活力、最为引人入胜的领域之一。作为经济、管理类专业的核心课程之一，财政学主要研究市场和政府之间的相互作用。财政学的知识体系涉及财政与经济的关系、政府与市场的关系、财政理论体系结构、财政政策机制与运用等内容。它是联系一般经济理论与具体财政制度和政策的桥梁，是一般经济理论的具体化，又是具体财政制度与政策制度制定和实施的基础。

本书紧紧围绕应用型教育人才的培养目标和培养模式，理论联系实际，注重对学生应用能力、实践能力和创新能力的培养。全书吸收了国内外财政理论与实践的最新成果，系统地阐述了财政学基础的基本理论和基本知识，既注重财政学学科理论体系的完整性，又强调其对财政实践工作的指导意义，并力求能将二者较好地结合。

本书在内容安排上，力求结构严谨、层次分明；在表述上，力求语言平实、通俗易懂。本书共十二章，主要包括财政和财政职能、财政支出概述、购买性支出、转移性支出、财政收入总论、税收收入、公债、非税收收入、财政预算、财政体制、财政政策和开放经济下的财政问题。

具体来说，本书具有以下特点：

- 内容全面，层层深入：全书对财政学的基本内容进行了深入、细致的讲解，对其应用的具体方法做出了系统、全面的介绍，以便于学生进行比较、分析，增强其分析问题、解决问题的能力。
- 与时俱进，紧贴实际：书中将最新的财政改革、税法等内容及财政政策的最新变化融入所涉及的章节，及时反映最新财政动态和财政学的最新发展。
- 体例丰富，实用性强：本书设有“案例导入”和“独立思考”，方便学生联系实际进行对照思考，从而更深入地理解、掌握财政学的基本原理；设有“网络资源”，可链接到国家财政部、国家统计局、中国财政部财政科学研究所等网站的相关文献，帮助学生提升知识的深度和广度，并通过“课后练习”检查和巩固所学知识。

本书由王华玲担任主编，由莒萍担任副主编。其中，王华玲编写了第一章至第九章，莒萍编写了第十章至第十二章。在编写过程中，我们参考了许多教材和专著的内容，并听取了许多同行的意见和建议。在此，我们向参考过的教材、专著的作者及同行表示诚挚的谢意。

由于编写时间仓促，书中难免有不妥和遗漏之处，恳请专家、学者和广大读者批评指正，以臻完善。

编　者

2018 年 5 月

目录 Contents

第一章
财政和财政职能

学习目标

☑ 熟悉市场效率和市场失灵的内涵
☑ 理解政府干预的作用、程度、手段及政府干预失效
☑ 理解市场与政府的关系
☑ 掌握财政的概念和基本特征
☑ 掌握财政的职能

案例导入

财政资金花都花在了哪些地方？

财政资金“取之于民，用之于民”是政府的一贯准则，那我国的财政资金都花在了哪些地方了呢？

就家庭和居民个人而言，一个人出生的医院、幼儿时期的幼儿园、学龄期进入小学，还有以后进入的中学、大学等，都有政府出资的身影；参加工作以后，一旦失业，可以靠政府提供的救济金维持生活；当进入退休年龄的时候，可以依靠政府参与提供的养老社会保险和医疗保险安度晚年；有一天寿终正寝了，也要送到当前主要还是由政府举办的火葬场送终安息，所以说，生老病死，从摇篮到坟墓，都与政府和财政公共服务息息相关。

财政资金除了用于提供公共服务，还用来提供行政、国防、治安、基础科研，重大自然灾害的防范、救济和补偿等服务。2003 年，“非典”横行，中央财政动用了预备费 20 亿元人民币，地方财政动用了 80 亿元人民币，这 100 亿元财政资金的拨付产生了巨大的效应，换回了中国近 13 亿人口的“自由呼吸”，挽救了难以计数的生命，也避免了 300 亿～600 亿元的物质损失。

（资料来源：第一文库网 www.wenku1.com）

第一节 政府与市场

一、市场效率和市场失灵

（一）市场与市场效率

什么是市场？完整的市场系统是由家庭、企业和政府三个相对独立的主体组成的。为了说明政府与市场的关系，需要先从简单的市场系统说起（见图 1-1），这种市场只有两个主体，即家庭和企业。

家庭是社会的基本细胞，是社会生活的基本单位，为市场提供劳动力、资本和土地（在土地私有制的条件下）等生产要素，并通过提供生产要素获取收入，而后用家庭收入在市场上购买生活消费品或从事投资。家庭的基本目标是满足需要和效用水平的最大化。

企业是商品生产和商品交换的基本单位，从家庭那里买进生产要素，通过加工转换为商品或劳务，而后将商品或劳务又卖给家庭，并获取企业收入和利润。企业的基本目标是利润最大化，并实现扩大再生产。

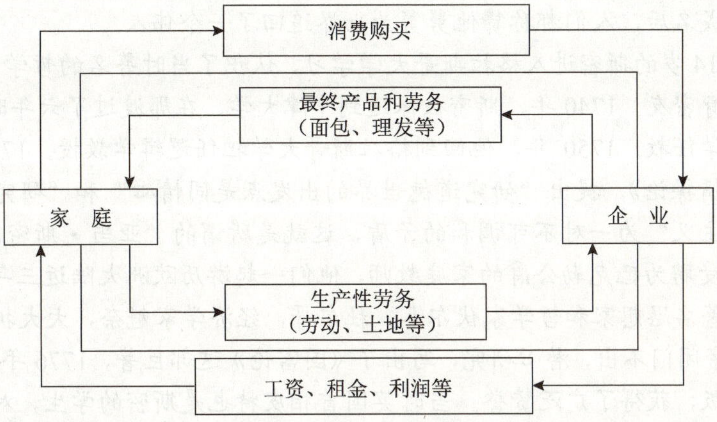

图 1-1 两部门的市场系统

从日常生活来看，市场就是商品（包括生产要素）交易的场所，如百货商场、汽车市场、证券市场，从经济学的角度来看，市场不仅表现为商品交易的场所，更为重要的是指在无数个买者与卖者的相互作用下形成的商品交易机制。市场机制的基本规律就是供求规律：供大于需，价格下降，库存增加，生产低迷；需大于供，价格上涨，库存减少生产增长，通过价格和产量不断地波动，达到供给和需求的均衡。

市场是一种结构精巧而且具有效率的商品交易机制，这是毋庸置疑的。亚当·斯密将市场规律形容为“看不见的手”，认为不需要任何组织以任何方式干预，市场就可以自动达到供给与需求的均衡，并宣称当每个人在追求个人利益最大化时，就会被这只手牵动着去实现社会福利最大化。马克思同样赞叹市场机制的效率，并将价格规律提升为价值规律，指出商品的价值是由生产商品的社会必要劳动时间决定的，而价格围绕价值上下波动来调节生产和流通，并促进技术进步和经济发展；同时，马克思还指出市场波动是导致经济危机的可能性因素；福利经济学的代表人物、意大利的经济学家帕累托，提出一个被西方经济学和财政学经常引用的帕累托效率标准，包括帕累托最优标准和帕累托改进标准。帕累托最优标准是指这样一种状态，即任何一种改变不可能使一个人境况变好而又不使另一个人境况变坏。帕累托还论证达到帕累托效率最优必须满足的条件包括交换的最优条件、生产的最优条件、交换和生产的最优条件。帕累托效率标准或帕累托最优状态可以作为我们分析经济效率和财政效率的一个规范性参照标准。

知识拓展

亚当·斯密——经济学与财政学之父

亚当·斯密于 1923 年 6 月 5 日出生在苏格兰法夫郡的柯卡尔迪，他的父亲是一位律师和海关监督，在他出生前几个月就去世了。他和母亲相依为命，共同生活了 60 多年，终身未娶。据说，他 4 岁时，和母亲到舅舅家玩，大人们在屋里聊天，他在门外玩，被一群路过的吉普赛人抱走。听到哭声的舅舅一路追赶，终于把他抢了回来，让他平安地回到母亲身边。他成名后，人们都称赞他舅舅为世界追回了一个伟人。

1737 年，14 岁的斯密进入格拉斯哥大学学习，认识了当时著名的哲学家大卫·休谟，并与其成为终身密友。1740 年，斯密被保送到牛津大学，在那渡过了六年时光。1748 年，他赴爱丁堡大学任教。1750 年，他回到格拉斯哥大学担任逻辑学教授。1759 年，他出版了著作《道德情操论》，提出“研究道德世界的出发点是同情心”和“研究经济世界的出发点则是利己主义”为一对不可调和的矛盾，这就是所谓的“亚当·斯密问题”。1764—1766 年，斯密受聘为巴克勒公爵的家庭教师，他们一起游历欧洲大陆近三年，其间斯密结识了当时法国著名思想家和哲学家伏尔泰、杜尔哥，经济学家魁奈，大大扩展了视野。回到英国后，斯密闭门不出，潜心研究，写出了《国富论》这部巨著，1776 年 3 月 9 日，《国富论》正式出版，获得了广泛赞誉。当时英国首相皮特也是斯密的学生，对他非常尊敬。有一次非正式聚会中，斯密到来时，包括首相皮特在内的众多高官和名流全体起立欢迎他，等斯密坐下后，皮特才和大家落座。晚年的斯密担任了格拉斯哥大学校长，此后还担任爱丁堡海关专员。1790 年，斯密去世。

有人说，牛顿为工业革命创造了一把科学的钥匙，瓦特则用这把钥匙开启了工业革命的大门，而亚当·斯密则是挥舞着一只“看不见的手”为工业革命缔造了一个新的秩序。

（资料来源：张飞霞，财政学. 北京：科学出版社，2015.）

（二）市场失灵

市场配置效率是以完全自由竞争作为严格假设条件的，而现实市场并不具备这种充分条件。一旦前提不能充分满足，就会出现“市场失灵”“价格信号失真”现象，即价格不能反映市场中供求双方力量对比的真实运动。市场失灵就是市场没有能够发挥高效率地配置资源的作用，经济学界称之为市场机制自身固有的缺陷。市场失灵为政府介入或干预提供了必要性和合理性依据。

市场失灵主要表现在以下几个方面。

1. 自然垄断

自然垄断指某一行业由于在生产上具有规模报酬递增、成本递减的特点，因此，为了避免竞争引起资源浪费，只需要有一家企业进行独家经营。自然垄断产业主要是城市地区的供水、供电、供气、公共交通和通信邮电等，它们天然具有规模越大而平均成本越低和效益越好的特点。由于自然垄断是自由竞争的结果，因而市场本身也无能为力。垄断往往使产品的价格和产出水平偏离社会资源最优配置的水平，导致资源配置低效率。

2. 外部效应

外部效应是指某一个厂商或者个人在从事经济活动时，给周围其他人带来利益或者损失，却没有取得相应的报酬或者承担应有的责任的情形。

外部效应一般体现在公共产品上，分为正外部效应和负外部效应。例如，在上游修建水库则下游的人们就能享受到这种利益，或者某个个体修建了路灯就会使路过的人享受到照明带来的方便，这就是正外部效应。再如，城市的一些重工业每天排放污染物使得城市的空气质量变差，从而给人们的身体健康带来不好的影响，这就是负外部效应。

当出现正外部效应时，生产者的成本大于收益，利益外溢，生产者得不到有效的补偿，从而导致正外部性行为的供给不足。当出现负外部效应时，情况相反。

3．公共产品

公共产品是指像国防、立法、交通这类不通过市场交易，由政府提供的商品与劳务。

公共产品具有非竞争性和非排他性。所谓非竞争性是指增加一人消费不影响他人的消费。所谓非排他性是指无法从技术上或经济上把不交费的人排除在消费之外。即只要是公共产品，每个社会成员都可以从中受益，这就容易产生不付费而受益的“免费搭车”问题，导致产品的提供者难以利用市场价格机制从中回收成本。因此，如果单纯地依靠市场机制的调节，其结果必然将会导致社会需要的各种公共产品的供给不足。

4．信息不对称

当交易双方中一方掌握的信息多于另一方时，就称存在信息不对称。有可能是卖方知情较多，如旧车销售商、医生、劳动者等；也有可能是买方知情较多，如保险市场上的投保者、信用卡的购买者等。通常拥有信息较多的一方都会通过以下两种途径在与对方的交易中充分利用自己的信息优势造成市场失灵，这两种途径分别被称为逆向选择和道德风险。

逆向选择是指市场交易中一方无法观察到另一方重要的外生特征时所发生的“劣质品驱逐优质品”的情形。逆向选择典型的例子是二手车交易市场。在二手车交易市场上，买方由于确知自己相对卖方来说处于不知情的地位，所以即使面对一辆质量较好的旧车，也不敢支付“好车”的价钱，他所支付的价钱将只是完全知情条件下所愿付出的“好车”价格与“差车”价格的加权平均值，毫无疑问，他出的价格将低于“好车”的价格，如果低到“好车”的卖者不愿出售的水平，那么结果就是“好车”逐渐被逐出市场。

道德风险是指从事经济活动的人在最大限度地增进自身效用时做出不利于他人的行为。在市场交易中，道德风险通常表现为由于知情方故意不采取谨慎行为而可能招致的对另一方的损害，所以又将道德风险称为“败德行为”。道德风险典型的例子是保险市场。由于保险公司无法察知投保方是否采取了有效的措施防止风险的发生，所以，防盗险购买者能会有意减少本身的防盗支出，如购防盗门、保险锁、铁栅窗等；防火灾险的购买者可能会有意无意地放松对防火安全的关注等。

5．市场体系不完善

充分竞争的市场机制要满足整个私人需要，必须具备商品市场、劳动力市场、金融市场和黄金外汇市场四大基础市场，并且为了减少市场机制的运行风险，还必须具备期货市场、期权市场等防范风险的市场。如果从更理想的角度来说，满足减轻市场机制运行风险的风险市场，应该是无限风险市场，即无限时间风险的保险。这种“只赔不赚”的风险市场，就连市场经济比较发达的国家也具备不了，而对于发展中国家而言，其连起码的四大基本市场也具备不了，更何况这一市场。

市场体系不完善，除了表现在该具备的市场不具备以外，还表现在市场存在有供无需、有需无供及供求不均衡的状态。与此同时，市场经济本身实现不了自发地保持各市场之间的有机协调、使市场结构趋于优化这一目标。

6．收入分配不公

上述几个方面的市场失灵说明仅靠市场机制是不能实现帕累托最优的，因而政府介入有利于提高效率。然而，即使市场运行处于帕累托最优状态，政府的干预仍然是必不可少的，这是因为效率并不是评判社会资源配置状况的唯一标准。还有另一个判定社会福利水平的标准——公平。无论何种经济体制，都需要政府部门对分配格局予以调整，以实现社会公平。公平分配是财政上收入分配的目标。

对整个社会来说，资源配置的最佳状态是必须要考虑社会公平因素的，如果社会不公平超过人们的心理承受能力，将导致社会不稳定，甚至引发社会冲突，从而破坏社会经济，经济效益也不复存在。

7. 宏观经济失衡

宏观经济失衡，一方面是由于价格信号在某些重要的市场上并不具有伸缩自由、反应灵敏的调节能力；另一方面从总供求关系看，不同经济主体在实现其经济利益上所具有的竞争性和排他性，会使市场的自发力量不能经常保证总供求关系在充分利用资源的基础上相一致。宏观经济失衡的最为明显的表现是导致失业、通货膨胀、经济失衡等问题，这充分验证了自由放任的市场经济在解决宏观经济失衡问题上的无能为力。

二、政府干预和政府干预失效

（一）政府的经济作用

市场自身是无法克服市场失灵的。市场失灵所产生的矛盾累积到一定程度必然引发经济危机，由经济危机来强制纠正市场机制的缺陷。但是，经济危机会严重影响一个国家经济的正常运行与发展，并进一步影响到整个社会政治生活和社会生活的安定，危害极大。因此，在现代社会中，人们通常借助于政府的力量，通过运用各种政策和措施来干预经济的运行，以弥补市场机制的缺陷。可以说，正是由于存在上述的“市场失灵”现象，政府介入或干预才有了必要性和合理性。

西方新凯恩斯理论认为，现代经济是一种混合经济（mixed economy），混合经济主要依靠市场体系中的私人部门通过价格信号来引导资源配置，同时也存在多种形式的政府干预来抵消市场失灵，实现市场的稳定与宏观经济目标的经济模式。在有政府介入的市场中，政府与家庭、企业之间的收支循环流程如图 1-2 所示。

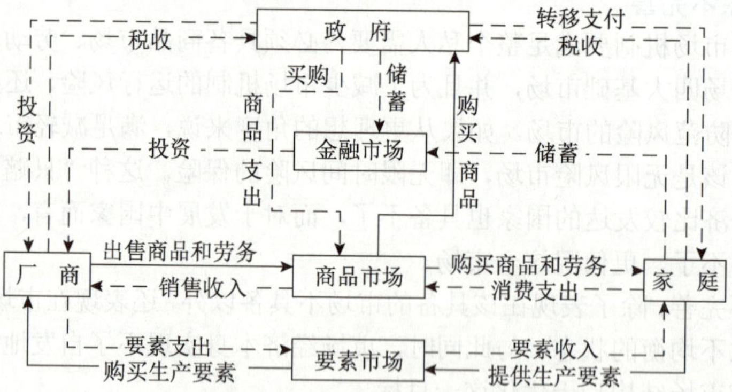

图 1-2　政府与家庭、企业之间的收支循环流程

（二）政府干预的程度

政府干预程度是与政府规模相联系的，而政府规模一般以财政支出占 GDP 的比重这

一综合性指标来表示。一般而言，经济发达国家的财政支出比重高于发展中国家，集权化倾向的国家的财政支出比重高于分权化倾向的国家。

美国政府集中的 GDP 大体在 30%以上，德国政府集中的 GDP 比重高于美国。北欧国家号称“高福利国家”，政府提供大量的社会服务和社会福利，政府集中的 GDP 达 60%以上。以日本为代表的市场经济被称为“东方模式”或“亚洲模式”，其一方面主张充分自由竞争，另一方面又通过政府计划、发展战略、产业政策引导和控制市场的运行，政府集中的 GDP 比重在 20%左右。改革开放以来，我国由计划经济体制转向市场经济体制，当前仍处于体制转轨过程中，所以，我国以财政支出占 GDP 比重表示的政府规模形成了其本身特有的变化轨迹，如图 1-3 所示，即从 1979 年开始逐年下滑，到 1997 年开始逐年回升，目前已接近 20%。

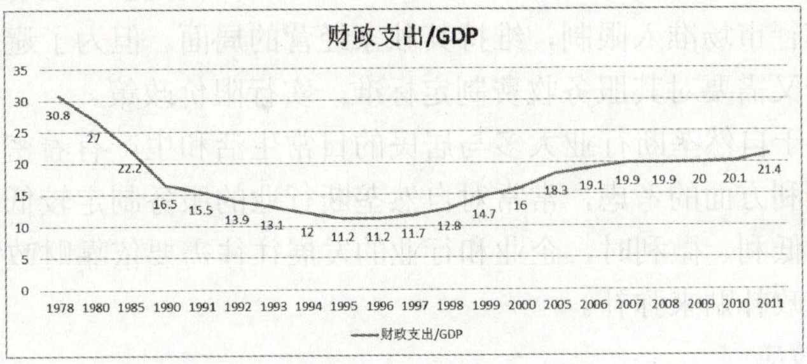

图 1-3　历年来我国以财政支出占 GDP 比重

（三）政府干预的手段

政府干预手段可以概括为以下三个方面。

1．立法和行政手段

立法和行政手段包括制定市场法规、规范市场行为、制定发展战略和中长期规划、制定经济政策、实行公共管制、规定垄断产品和公共产品价格等。

例如，为了管制垄断，政府可以制定反垄断法，实行公共管制，由政府规定价格或收益率，2008 年 8 月 1 日，《中华人民共和国反垄断法》（简称《反垄断法》）开始实施。对于外部效应大的产品，政府可以采取行政手段或法律手段，如强制使排污工厂停产、限期治理或对受损单位给予应有的补偿。

2．组织公共生产和提供公共产品

组织公共生产是指由政府出资兴办工商企业和事业单位来生产政府提供的公共产品，也可以在垄断部门建立公共生产，并从效率或社会福利角度规定价格。政府组织公共生产，不仅是出于提供公共产品的目的，更是出于有效调节市场供求和稳定经济的目的。

按广义的生产概念，公共生产部门既包括生产有形物品的工商企业，也包括提供无形物品和服务的学校、医院、文艺团体、气象部门、政府机关和国防部门等。此外，政府提供经济信息（如价格趋势、宏观经济运行和前景预测的资料）是一种社会性服务，也属于公共产品和公共服务的范围。

3. 财政手段

财政手段既不直接生产，也不直接提供公共产品，而是通过征税和收费的方式，为政府各部门组织公共生产和提供公共产品筹集经费和资金，最终满足社会公共需要，同时又通过税收优惠、财政补贴和财政政策等手段调控市场经济的运行。

（四）政府干预纠正市场失灵

当市场失灵时，需要政府全面介入市场失灵领域，以行之有效的手段纠正或克服这一缺陷。因此，政府经济活动最有效、最理想的领域是市场失灵领域，其主要的经济活动是纠正市场失灵，主要表现在以下几个方面。

1. 对于自然垄断

对于自然垄断的行业，竞争反而会造成低效率，这样就需要由政府出面，对具有自然垄断性质的行业进行市场准入限制，维持其独家经营的局面。但为了避免该行业依靠垄断地位来牟利，政府又需要对其服务收费制定标准，实行限价政策。

进一步说，由于自然垄断行业大多与居民的日常生活和生产有着密切的关系，因此政府出于提供社会福利方面的考虑，常常对自然垄断行业的服务制定较低的价格，当企业的生产经营只能获得低利、微利时，企业和行业的发展往往需要依靠财政贷款的支持，而企业的亏损则需要财政补贴来弥补。

2. 对于外部效应

由于产权的不确定性和外溢性计量的困难，利用市场机制进行外溢的补偿是不可能的。因而客观上要求政府财政介入外部效应的补偿。财政在解决外部效应问题时的一般做法包括以下几种。

（1）对于从事具有正外部经济效应产品的生产经营，通过对其予以财政补贴或减免税收等方式，使该产品的个人收益能够与其所产生的社会效益对等，鼓励该产品的生产经营者将生产经营规模扩大到正常水平，克服社会在该产品上配置过少的弊病。

（2）对于从事具有负外部经济效应的产品，一方面对其生产经营行为征税，使该产品的生产成本提高，以克服该产品在生产经营时，由于企业或个人负担的社会成本过低而导致社会资源过多地配置到这类产品的情况；另一方面，政府可以通过罚款等行政手段或法律手段对负外部效应进行严格管制。例如，每年 9 月 22 日开展的“世界无车日”，就是为了降低汽车尾气污染，另外，对于化工厂、造纸厂等可能排放污染物的企业，政府向其征收污染费或污染税，从而约束或改变污染物排放企业的负外部性行为。

3. 对于公共产品

市场主体基于自身利益最大化的动机导致了公共产品供给上的“免费搭车”倾向，这使市场主体不能提供公共产品或者只能提供极少量的公共产品，但是市场经济的运行又离不开公共产品，因此绝大多数的公共产品只能由政府组织提供。

政府解决公共产品问题最重要的方式就是财政。一方面，从公共产品的供给上看，政府需要财政予以资金支持；另一方面，针对公共产品所固有的、通过市场方式所无法有效解决的“免费搭车”现象，政府可以运用政治权力，对公共产品的需求者——社会公众征税，取得财政收入，并由此而获得公共产品的价值补偿。

4. 对于信息不对称

信息不对称会造成整体市场经济存在道德风险与逆向选择的现象，市场机制的这种缺陷，只能由政府的公共经济活动加以解决。对于制造虚假信息，给对方造成伤害的行为，政府可以提供有效的法律手段予以制裁；对于信息的不对称，政府可通过设计科学的制度，刺激竞争者对信息的充分披露和有效传递。此外，政府还可以通过《中华人民共和国消费者权益保护法》（简称《消费者权益保护法》）、产品广告规范、直接提供有关产品安全和风险的信息，来提高人们对信息的甄别能力。

5. 对于不完善的市场体系

完善的市场体系是市场机制得以有效发挥作用的前提条件，也是满足社会需求的基本要求。为了实现充分的竞争，优化资源的配置结构，政府必须介入不完全的市场领域，克服市场主体结构的不合理，克服要素市场结构的不平衡，纠正市场空间结构的不统一，最终实现适应与协调、刺激与创新、分配与监督的市场功能。

6. 对于收入分配不公

这在客观上要求政府的公共经济活动介入全社会收入的分配领域，通过征收个人所得税、财产税和遗产税等，大幅度消减高收入阶层的收入和财产；同时通过实行社会福利政策，为低收入阶层提供各种补助和津贴，如社会保障支出、医疗保险等，把财政资金转移给社会低收入者。这样，在社会福利分布的高峰和低谷之间，通过削平峰尖、填补谷底的办法，缩小收入差距，缓解分配不公的状态。

7. 对于宏观经济失衡

为了熨平经济波动，解决宏观经济失衡及由此而直接导致的失业、通货膨胀和经济剧烈波动等问题，政府通常必须运用多种政策手段进行干预，而财政政策与货币政策则是其中最基本的两大政策工具。

当社会总需求明显超过总供给（经济过热）时，政府财政可以通过减少支出、压缩政府需求，或增加税收、减少非政府部门需求的方式来抑制社会总需求；当社会总供给明显超过总需求（经济萧条）时，政府财政可以通过增加支出、增加政府部门的需求，或通过减少税收、扩大非政府部门需求的方式来刺激社会总需求；只有社会总需求与总供给大体平衡，才能间接调控社会的就业状况、通货膨胀上涨的幅度和外汇收支的平衡状况等，才能尽可能地维持国民济的稳定发展。

（五）政府干预的失效

尽管市场经济的运行需要政府干预，但政府干预并非总是有效的。特别是20世纪70年代后，各国政府对经济活动的干预产生一系列社会问题，引发人们对政府干预失灵问题的关注。政府失灵是指政府的行政活动或对宏观经济的干预措施缺乏效率。

图 1-4　政府对房价的干预

政府干预失效是一种客观存在，无论是发达国家还是发展中国家，都存在着不同程度的政府干预失效，其表现在诸多方面。

1．政府提供的信息不充分甚至失真

政府提供的信息是多方面的，如经济形势判断、气象预报、自然灾害预测等，都是引导经济运行的重要信息，一旦失误，都会带来不可估量的损失。政府也可能不太了解民众的愿望，或误解了人们的行为，因此其提供的信息就可能不及时、不充分，甚至失真。

2．政府决策失误

政府决策失误在大的方面包括发展战略和经济政策失误，在小的方面包括一个投资项目的选择或准公共产品提供方式的选择不恰当等，而政府决策失误会造成难以挽回的巨大损失。

例如，提供居民出行便利的城市交通是地方政府的一项重要职责，但公共交通属于准公共产品，可以由政府提供，也可以由企业提供，这里可以有多种决策方案：是提倡私人购车还是发展公共交通，哪种更有利于缓解交通拥挤和方便居民；若发展公共交通，那么是建设地铁还是建设地上轻轨，哪种成本更低、效益更高；是由政府包办还是吸引企业参与；等等。这些是决策问题，也是效率问题。

3．寻租行为

寻租行为是指人们凭借政府保护而进行的寻求财富转移的活动，包括旨在通过引入政府干预或者终止政府干预而获利的活动：寻租的根源是政府。它的主要特征是不经过相应的生产劳动而将社会公众财富转移到一部分人手中。

寻租从根本上是与劳动和公平原则相违背的，也是对公共资源的侵害和浪费。在市场经济特征下，几乎不可避免地会产生由于滥用权力而发生的寻租行为，也就是公务员特别是领导人员，凭借人民赋予的政治权力，牟取私利，权钱交易，化公为私，索贿受贿，为“小集体”谋福利等。

4．政府职能的“越位”和“缺位”

财政职能的“越位”是指应当而且可能通过市场机制办好的事情，政府却通过财政手段人为地参与，如政府热衷于竞争性生产领域的投资，这在一定程度上挤压了市场职能。财政职能的“缺位”是指应该由政府通过财政手段办的事情而财政没有办或者没有办好，如公共设施、义务教育、公共卫生、环境保护的投入不足等，这些都是政府干预失效或财政失职的表现。

政府的运行是以政治权力为基础和前提的，而经济是政治的基础，政治权力不能创造财富，却可以支配财富，甚至凌驾于经济之上支配经济，这正是政府干预失效的根本原因。政治体制和经济体制是相辅相成的，政治体制改革和经济体制改革必须相互适应，政治体制改革迟滞必然会导致经济改革效率的损失，并制约经济的发展。因此，建立“统一、高效、公正、廉洁”的政府、健全政府机制、转变政府职能，是经济改革的内在要求，也是社会经济发展的重要保证。

三、市场与政府的关系

作为配置资源两种最基本的手段，市场与政府关系的争论贯穿于财政理论发展的整个过程，这是当代财政学的基本问题。从历史上看，市场与政府的关系曾先后出现过以下几

种形态：

第一，“守夜型”政府。持这种观点的人认为政府是一种不得已而设立的机构，应该尽量避免政府对经济和社会的干预，其核心主张是实行自由放任的经济政策。此理论的主要代表人物是亚当·斯密。他认为，“人们受着一只‘看不见的手’的指导，去尽力达到一个并非他本意想要达到的社会目的。他并不因为事非出于本意，就对社会有害。他追求自己的利益往往使他能比真正出于本意的情况下更有效地促进社会的利益。”因此，政府的规模应定位在“守夜型”政府上。

第二，干预型政府。1929—1933 年资本主义世界经济危机时期，“守夜型”政府在面对经济大危机时的无能为力，为干预型政府的被接受提供了机会。干预型政府理论认为政府是一种促进社会发展的积极因素，应充分发挥其对经济和社会发展的干预作用。此理论的主要代表人物是凯恩斯。凯恩斯认为要全面增强国家的作用，政府不该仅仅是社会秩序的消极保护人，更应该是社会秩序与经济生活的积极干预者，特别是要熟练和有效地利用政府的财政职能影响经济的发展。在危机的沉重打击下，西方各国就像抓救命稻草似的从“守夜型”政府一下转到几乎全面干预经济的政府。

第三，适度型政府。20 世纪 70 年代后，在凯恩斯理论指导下的西方国家普遍遇到“滞胀”问题，政府和市场关系的争论再掀高潮。而此时有关政和市场的争论已不再是要么否认市场、要么否认政府的两个极端主张。因为各个国家都认识到了，政府和市场是配置资源的两个最基本手段，政府和市场在一个国家的发展中都是被需要的。世界银行在 1997 年的发展报告中指出：以政府为主的发展必然失败，但缺少政府的发展也是如此——像索马里和利比亚这样政府崩溃的国家的人民遭受的痛苦十分清楚地表明了这样一个信息。历史反复地表明，良好的政府是非常必需的。没有一个有效的政府，经济和社会的可持续发展都是不可能的。

第二节　财政概念与特征

一、财政的产生

财政是社会生产力和生产关系发展到一定历史阶段的产物，是在剩余产品和私有制出之后随国家的产生而产生的。

在原始社会，人类处于蒙昧时代，人口极其稀少，社会生产力极其低下，人们的生产工具非常落后，仅靠用粗陋的石器狩猎、捕鱼和采集野果为生。所获产品非常少，仅够维持生命的最低需要，因而，不可能提供剩余产品由社会组织集中使用。当生产工具逐渐变为金属器具之后，生产力得到一定程度的发展，剩余产品开始出现。人类在经历了三次社会大分之后，由于社会的分工和商品交换的发展，剩余产品数量不断增长。此时生产者才有能力为社会公共需要提供集中使用的物质财富，社会公共需要才可能实现。因此，财政的萌芽和产生是由生产力发展水平最终决定的。社会生产关系的发展状况则是财政产生的直接原因。

在奴隶社会中，奴隶主阶级无偿地占有奴隶所创造的全部剩余产品，为了使奴隶继续为他们劳动，奴隶主用极少的生活资料来维持奴隶的生命，这种极端残酷的压榨和剥削行为，使奴隶和奴隶主之间的阶级矛盾和阶级对立十分尖锐。奴隶主阶级为了维护本阶级的利益、镇压奴隶反抗、保持对奴隶阶级的剥削，必须建立强有力的政治统治。这就需要由一系列的权组织，如军队、警局、法院、监狱等，以及为统治阶级利益服务的专职人员，组成一个权力统治机关，这就是国家。国家由统治阶级的政府机关组成，这些政府机关在自身的生存、发展和完成各自职能过程中需要消耗一部分社会财富，但国家机关的军政人员是不直接从事物资资料生产的，这些消耗的物质财富则要依靠公共权力强制无偿地取得。在国家运用公共权力强制无偿地占有一部分社会产品并分配给统治阶级政府机关的过程中，财政就产生了。由于国家的产生和需要，出现了贡赋、捐税及政府机关支出等最早的财政活动范畴，它们从社会经济分配中独立出来，成为以国家为主体的财政分配，即国家财政。

由此可知，财政的产生至少要有两方面的条件：一是经济条件，即生产力发展到有了相当数量剩余产品的水平；二是政治条件，即社会生产关系的私人占有制与社会公共需要之间存在巨大矛盾，国家出现。财政是伴随国家的产生而产生的。财政是为实现国家职能的需要，以国家为主体，凭借政治权力强制、无偿地参与社会产品的分配活动。

二、财政的概念

简单地说，财政是以国家（或政府）为主体的经济（或分配）活动。或者说，财政是国家或政府为了满足社会公共需要，以国家或政府为主体对一部分社会产品的分配活动。对财政概念的理解应把握以下几个方面。

（一）财政分配的主体是国家或政府

所谓国家为主体，是指国家在财政分配中居于主导地位，并形成国家与其他分配主体之间的分配关系。当然，这并不表明国家对经济运行可以为所欲为，从根本上讲，财政由经济决定，但在现代市场经济条件下，市场机制应在经济运行中起着基础作用，财政应该尊重市场的活动范围，能够由市场解决的经济活动，政府应该让位于市场，在市场存在失灵的领域，财政则应该发挥积极的作用。强调财政分配的主体是国家，主要有两层含义。

第一，任何社会产品与服务的分配活动都有其主体，都不可能自发地产生，而家庭、企业、社会团体或组织、国家等当中的一方或多方都可以作为主体在某种特定的分配活动中出现，但在财政分配活动的参与主体中，主导一方是国家。就财政分配活动而言，其参与主体并非唯一。例如，在现代经济生活中，财政分配活动的主体就有家庭、企业、国家，但是国家作为财政分配的主体与财政密切相关，财政不仅与国家相依为命、共存为荣、相辅相成，而且财政分配的对象、数量、范围和方式等都主要由国家这个主体决定。

第二，以国家为主体是指国家在财政分配中居于主导地位、支配地位，其他的单位和个人居于被动地位和从属地位。国家掌握着财政分配的权力，并形成国家与其他分配主体之间的分配关系。国家主体性是财政最本质的内涵和特征。

（二）财政分配的对象是部分社会产品与服务

财政分配的对象是一部分社会产品与服务，即一部分国民收入，指的是一个国家在一定时期内（通常是一年）所生产的最终产品与所提供的全部服务的市场价值的总和，它是国家取得财政收入的基本源泉。政府通过税收、国有资产收益、收费和公债等收入形式，将部分社会资源从私人部门转移到公共部门，形成财政收入。

社会产品的价值由三部分构成：一是生产资料耗费的补偿价值（*C*）；二是劳动力再生产价值（*V*）；三是剩余产品价值（*M*）。

生产资料耗费的补偿价值主要是指固定资产的折旧资金，以及原材料、燃料等所需的流动资金，它们都是补偿生产单位简单再生产顺利进行的必要条件，也是生产单位应有的基本权力。因此，这部分价值不能离开生产过程，不应该进行其他方面的分配，也不应该构成财政分配的对象。

劳动再生产价值主要是指在物质生产过程中或劳动消耗的价值补偿即工资。它是劳动力生命运动与繁衍延续的物质保障，其能否构成财政分配的对象，需要具体分析。随着我国经济的发展和市场经济体制的逐步建立，个人收入不仅成为财政分配的对象（如征收个人所得税、证券交易印花税等），而且来自个人的财政收入在整个财政收入中占据一定比重。

剩余产品价值是国家财政集中性分配的主要对象。因为只有剩余产品价值才需要而且可能从一般分配中独立出来，形成一种超越生产单位和个人之外的特殊分配过程，剩余产品价值表明财政的质的规定性，并且决定财政分配的数量界限及其在再生产中的地位和作用，所以，社会财富（社会产品或者国民收入）中剩余产品价值是财政分配的主要对象。其实，剩余产品价值是国民收入的主导部分，而财政在剩余产品价值分配中又起关键作用，这样，剩余产品价值就像天平上的一块砝码，财政可以通过剩余产品价值的分配有效地控制国民收入乃至整个社会财富的分配。俗话说“把蛋糕做得大一点”，实际上是指扩大剩余产品价值，为财政创造一个宽松的分配环境。

（三）财政分配的目的是满足社会公共需要

人类社会的需要虽然五花八门，但从最终需要来看，无非是两类需要，一类是私人的个别需要，另一类是社会的公共需要。社会公共需要是相对于私人需要和微观主体需要而言的。所谓社会公共需要是指向社会提供安全、秩序、公民基本权利和经济发展的社会条件等方面的需要。属于社会公共需要的事例很多、诸如政府的行政管理、国防、文化教育、公共卫生、生态环境保护的需要，也包括基础设施、基础产业、支柱产业和风险产业的投资。从广义上讲，还包括为调节市场经济运行而采取各种措施和各项政策提供的服务等。

三、财政的基本特征

（一）阶级性与公共性

由财政与国家或政府的关系产生了财政的两个并存的鲜明特征，即阶级性和公共性。

国家历来是统治阶级的国家，政府则是秩序统治阶级意志的国家权力机构，因而财政既然是国家或政府的经济行为，那么具有鲜明的阶级性是不言而喻的。奴隶社会和封建社会实行的是专制统治制度，财政完全代表统治阶级的利益；资本社会虽然打着自由、平等和博爱等旗号，但阶级性依然是资本主义财政的主要特征，社会主义是建立多种经济成分并存的基础上的，因此，财政的阶级性淡化了，但是利益集团性却处处得以体现。所谓利益集团性是指社会上的各种利益集团为了自身利益及其他相关利益而较量。

所谓公共性是指财政活动所具有的满足社会成员公共需要的属性，是财政活动的共性，是不同社会形态的国家财政所共同拥有的属性。

（二）强制性与非直接偿还性

财政的强制性是指财政这种经济行为及其运行是凭借国家政治权力，通过颁布法令来实施的。在国家产生以后，对社会产品占有的过程中存在两种不同的权力，即所有者权力和国家政治权力。前者依据对生产资料和劳动力的所有权占有，后者则凭借政治权力占有。例如，政府对公民征税就意味着政治权力凌驾于所有权之上，依法强行征收，任何形式的抗税都是一种违法行为。同样，财政支出也具有强制性特征。在财政支出规模和用途的安排中，众多的公民可能有这样和那样的不同意见，有的要求建一条公路，有的则可能要求建一个公园，但公共支出不能按某一公民的意见做出决策，而是通过一定的政治程序做出决策，并依法强制实施。在民主政治下，财政的强制性体现为财政的民主化和法制化。

财政的非直接偿还性是和它的强制性相一致的。例如，国家征税之后，税款即归国家所有，对纳税人不需要付出任何代价，也不需要偿还。当然，从财政收支的整体过程来看，我国的税收是“取之于民，用之于民”，从这个意义上来说，税收具有间接的偿还性，但是，每一个纳税人都无权要求从公共支出中享受与其纳税额等值的福利。也就是说，对每一个纳税人来说，他的付出和所得是不对称的，这是财政运行的一个重要特点，即非直接偿还性。

（三）收入与支出的对称性（或平衡性）

财政的运行过程有收有支，即财政是通过“收入－支出、支出－收入”过程运行的，因而收入与支出的对称性构成财政运行的一个重要特征。关于财政收入与支出的关系，我国历来就有“以收定支”和“以支定收”的争论，不管是收入决定支出，还是支出决定收入，这种争论说明收入与支出是财政运行过程中相互制约的两方，收支是否对称或平衡构成财政运行的主要矛盾。收支是否平衡，表面上是一种收支关系，而背后是反映政府和企业与居民之间的关系，反映各阶级、各阶层之间的利益关系，反映中央与地方、各地区及政府各部门之间的利益关系，因而收支平衡也成为制定财政政策的轴心。

综观古今中外，收支的绝对平衡几乎是不存在的，有时收大于支，有时支大于收。收大于支意味着有结余，财政运行似乎稳妥，但常年形成大量结余则说明政府集中的资源没有充分运用，会抑制社会经济的发展。支大于收意味着出现赤字，如果出于政策需要，运用得当，会有利于社会经济的发展，但连年不断形成大量赤字，则说明财政运行失控，影响市场经济效率，甚至最终导致通货膨胀。为此，有的国家规定赤字和公债发行的上限，或通过立法来制约公债的发行。因此，围绕收支平衡这个轴心，合理安排支出规模和结构，并提高使用效益；制定合理的税收和收费制度，并保证收入的及时、足额入库；既发挥公债的积极作用，又防止赤字和公债发行的失控；制定财政管理体制合理调节中央与地方关系，依据政治经济形势的发展及时调整财政政策等，就构成财政学的一条主线。

第三节 财政职能

财政职能是指财政作为国家政府分配社会产品、调节经济活动的重要手段所具有的职责和功能。财政职能是由财政本质决定的，财政职能的定位取决于政府职能的定位。在市场经济条件下，政府职责的基本领域是满足通过市场机制满足不了或满足不好的社会公共需要。财政作为一种政府分配行为，应以市场经济下资源配置的市场方式与财政方式合理分工为依据，以维护市场合理性和纠正市场偏差、克服市场消极作用为前提，为满足社会公共需要和促进市场体系完善服务，重点是克服市场失灵，凡是市场机制能够发挥作用的领域，财政应该尽量少介入。

与市场失灵的主要表现相对应，财政职能可以归结为 3 个方面：资源配置职能、收入分配职能、经济稳定与增长职能。

一、资源配置职能

（一）资源配置职能的含义

财政的资源配置职能是指由政府介入或干预，通过其本身的收支活动为政府提供公共产品、经费和资金，引导资源的流向，弥补市场的失灵和缺陷，最终实现全社会资源配置的最优状态。资源配置的核心是效率问题。因此，财政的资源配置职能要研究的主要问题是：资源配置效率用什么指标来表示、如何通过政府与市场的有效结合来提高资源配置的总效率，以及财政在配置资源中的特殊机制和手段。

在实际生活中，各国政府通常是采用某些指标（如失业率和经济增长率）或由若干指标组成的“景气指数”来表示资源配置效率，我国当前主要是采用 *GDP* 增长率指标。*GDP* 增长率指标无疑存在某些缺陷，如 *GDP* 增长有可能不会带来居民福利和社会福利的提高等。但是，*GDP* 是按市场价格表示的一个国家的所有常驻单位在一定时期生产活动的最终成果，可以反映一个国家的经济*总体*规模和经济结构；反映一个国家的贫富状况和居民的平均生活水平；反映当前经济的繁荣或衰退，以及通货膨胀或通货紧缩的态势等等。因而对于以经济增长为主要目标的发展中国家来说，其仍是可取的。

（二）财政配置资源的目标

财政配置资源的目标是保证全社会的人力、物力和财力资源得到有效的利用，通过财政分配最终实现资源的优化配置，以满足社会及成员的需要。由于资源具有有限性，就有必要对社会资源在各种可能的用途之间进行选择，尽可能使一切资源被有效利用，以获取最大可能的配置效益，其实现取决于市场失灵的程度、人们对政府的态度，以及对财政配置资源的成本与收益的比较。

（三）财政配置资源的范围

市场对资源的配置着眼于微观，属于低层次的配置，而政府财政对资源的配置着眼于宏观，属于高层次的配置。财政配置资源的范围为以下方面：

（1）配置资源在社会公共部门，以提供社会所需要的包括国防、环保、水利、气象等在内的公共产品。

（2）配置资源在具有准公共产品性质的教育、医疗、保健等部门。

（3）配置资源在具有自然垄断倾向而导致竞争无效的行业和部门，即因存在规模效益递增易形成垄断，导致市场配置无效或低效的，诸如铁路、邮电、电力、公用煤气、自来水等部门。

（4）配置资源在基础产业诸如农业、原材料、交通运输、能源等部门，以及具有风险大而又难以预期收益的新兴产业、技术开发等。

（四）财政配置资源的机制和手段

我国财政配置资源的机制和手段包括以下几点：

（1）在明确社会主义市场经济中政府经济职能的前提下，确定社会公共需要的基本范围，确定财政收支占 *GDP* 的合理比重，从而实现资源配置总体效率。

我国在过去一段时间内，预算内的财政收支占 *GDP* 的比重、中央财政收入占全部财政收入的比重明显偏低，不能有效地保证理应由财政承担的重要投入，对引导社会资金的合理流动也缺乏力度，教育、公共卫生、环境保护、社会保障、科技进步、农业发展等方面的投入不足，财政在支持经济建设，特别是结构性调整方面处于软弱无力的地位。这些都是财政资源配置职能弱化的表现。当前，我国财政收入占 *GDP* 的比重已由逐年下降转为逐年上升，但也要防止财政收入的增长速度过快，财政收入占 *GDP* 的比重过高，以致影响市场在资源配置中的基础性作用。

（2）优化财政支出结构，保证重点支出，压缩一般支出，提高资源配置的结构效率。

我国国民经济和社会发展战略规划，明确规定了当前对资源配置的要求：向农业、教育、社会保障、公共卫生和就业等经济社会发展的薄弱环节倾斜；向困难的地区和群体倾斜；向科技创新和转变经济增长方式倾斜。着力支持就业和再就业，完善社会保障，促进构建和谐社会；着力推动自主创新，促进经济增长方式的转变；着力加大转移支付力度，促进区域协调发展；着力支持改革，完善社会主义市场经济体制；着力加大财政保障力度，加强政权建设。

（3）合理安排政府投资的规模和结构，保证国家的重点建设。

政府投资规模主要是指预算内投资在社会总投资中所占的比重，表明政府集中的投资对社会总投资的调节力度。而预算内投资结构和保证重点建设，在产业结构调整中起着重要作用，这种作用对发展中国家有着至关重要的意义。过去一段时间内，我国预算内投资占全社会投资比重过低，公共设施和基础设施发展滞后对经济增长形成了“瓶颈”制约，直到实施积极财政政策以后，才大有改观，今后仍然必须从财力上支持具有战略性的国家重大建设工程。

（4）通过政府投资、税收政策和财政补贴等手段，带动和促进民间投资，吸引外资和对外贸易，提高经济增长率。

提高财政资源配置本身的效率。对每项生产性投资的确定和考核都要进行成本一效益分析，对于公用建筑和国防工程之类不能回收的投资项目，财政拨款应视为这种工程的成本，力求以最少的耗费实现工程的高质量。我国近年来的编制部门预算、实行政府采购制度、实行集中收付制度、实行“收支两条线”制度等行为，都是提高财政资源配置本身效率的重大举措。

二、收入分配职能

（一）收入分配职能的含义

财政公平收入分配职能是指在国民收入的分配中，利用政府的公共经济活动调节政府、企业、个人占社会总产品的份额，改变国民收入在各分配主体之间的分配关系，从而在全社会范围内实现社会公平。

如果说政府公共经济参与资源的配置只是一个经济问题，而对收入的公平分配，则不仅是一个经济问题，而且是一个社会问题。作为一个经济问题，要求市场主体根据禀赋要素的投入取得市场收入的份额，多劳多得，少劳少得，不劳不得，即按劳分配或按资分配。作为一个社会问题，要求收入的差距在全社会范围内保持适度，否则，将引起社会动荡，给市场经济的持续发展带来不安定的社会环境。

（二）财政收入分配的目标

财政收入分配的目标是：调整社会经济生活中各方面的分配关系与利益格局，实现国民收入和财富分配的公平合理；调整国家与企业、个人之间，企业和企业之间，个人和个人之间的分配关系，促进社会公平与共同富裕的实现。

（三）财政收入分配的内容

1. 调节个人之间的收入分配关系

在社会主义市场经济条件下，市场机制对个人收入的分配尽管能体现效率准则的要求、极大地调动劳动者的积极性，但却难兼顾社会公平。由于人们所拥有的财产不同、劳动力不同，就业机会、竞争条件存在差异，市场分配的结果会形成投资者与劳动者之间、劳动者与劳动者之间、就业者与失业者之间、有劳动能力者与无劳动能力者之间收入份额的悬殊。这种悬殊不利于社会经济的稳步发展，而且又是市场机制本身所难以克服的，因而需要政府财政来协调，从而使对个人收入分配关系的协调成为财政调节收入分配职能的首要内容。

2. 调节部门及产业间的收入分配关系

现代市场经济是以社会分工为基础的专业化协作经济。各部门、各产业之间相互依存，客观上存在着一定的比例要求，并相互牵制。但在现实生活中，由于各部门、各产业的特点不同，因此会引起经营成本及利润的差距。有些产业和部门会因其所具有的投入小、产出多的客观优势，而从市场分配中获取较多的收入；有些产业和部门则会由于其天然存在的投资大、见效慢等特点，而出现要素投入与所获报酬不对称的情况。按照市场法则，资源将流入收益率较高的部门和产业，进而破坏部门或产业间客观存在的比例关系。为了促进国民经济按比例健康发展，必须调节各部门和各产业的利润水平。

3. 调节地区间的收入分配关系

地区间的均衡发展是经济发展和社会进步的重要标志。在市场经济条件下，按照要素投入与要素报酬对等的原则，经济条件不同的地区之间会形成收入分配不均等的情况，进而导致居住在不同地区的社会成员所享受的个人福利和社会福利悬殊，使生产要素流向收入高的地区，加剧地区间经济和社会发展的差距。这种差距的存在不符合资源优化配置、社会共同进步、人类福利普遍提高的要求。而市场又难以缩小这种差距，因此，必须借助政府的力量，通过财政的调节收入分配职能来实现。

（四）财政收入分配的机制和手段

财政实现收入分配职能的机制和主要手段包括以下方面。

（1）划清市场分配与财政分配的界限和范围，原则上属于市场分配的范围，财政不能越俎代庖，凡属于财政分配的范围，财政应尽其职。例如，应由市场形成的企业职工工资、企业利润、租金收入、财产收入、股息收入等，财政不应干预，财政的职能是通过再分配进行调节的。而对于医疗保健、社会福利、社会保障等，则应改变目前“企业办社会”的状况，由财政集中分配，实行社会化。

（2）规范工资制度。这是指由国家预算拨款的政府机关公务员的工资制度，以及相似政府机关的事业单位职工的工资制度。凡应纳入工资范围的收入都应纳入工资总额，取消各种明补和暗补，提高工资的透明度；实现个人收入分配的货币化和商品化；适当提高工资水平，建立以工资收入为主、工资外收入为辅的收入分配制度。

（3）加强税收调节。税收是调节收入分配的主要手段。例如，通过间接税调节各类商品的相对价格，从而调节各经济主体的要素分配；通过企业所得税调节公司的利润水平；通过个人所得税调节个人的劳动收入和非劳动收入，使之维持在一个合理的差距范围内；通过资源税调节由于资源条件和地理条件而形成的级差收入；通过遗产税、赠予税调节个人财产分布；等等。

（4）通过转移性支出，如社会保障支出、救济金、补贴等，使每个社会成员得以维持基本的生活水平和福利水平。

知识拓展

市场经济条件下的收入分配机制

在市场经济体制下，既然基础性资源配置是由市场完成的，那么，对于收入的分配来说，初次分配当属与此相对应的、以要素禀赋为基础的市场分配。但由于市场机制所实现的只是经济公平，因而要求政府介入收入分配领域，最终实现收入分配的社会公平。

1. 市场初次分配机制——要素禀赋分配

要素禀赋分配指不同的当事人构成独立的生产单位内部的分配。在市场经济条件下，大量的分配是企业内部的分配，初次分配仅发生在微观领域，以效率为主，主要是工资收入。市场的初次分配一方面造成贫富差距过大；另一方对没有生产能力的人不予照顾。同时，由于每个劳动者的初始状态不同，经济机会也不平等，因此又进一步造成低收入者的状况更加恶化，形成了“贫穷－无力接受良好的教育－低素质－低生产能力－低收入－贫穷”的恶性循环。

2. 财政再分配机制

禀赋差异、种族和性别公开歧视等原因的存在，致使市场机制所完成的收入分配呈现不公平状态，因此需要政府执行收入再分配的职能。执行收入再分配职能的目的是缩小初次分配造成的巨大差距，防止两极分化，保障人民获得大致均等的发展机会和共享经济发展结果。

政府为了改善收入分配所采取的财政措施主要有以下几种。

第一，税收—转移支付制度。这种制度是将以支付能力原则为基础的税收政策和以受益能力原则为基础的转移支付制度有机结合起来。政府有权利用赋税的方式，从高收入者手中筹资，然后以补助金或救济金的形式转移给低收入者。

第二，政府将征收累进所得税筹集的收入用于公共事业投资，以利于低收入阶层。

第三，对奢侈品课以重税，而对日用品进行补贴，以加重高收入者的负担，减轻低收入者的负担。

政府进行收入再分配的政策措施除了财政措施以外，还有非财政措施。政府对收入分配所采取的非财政措施主要有：以法律的形式规定最低工资标准；实行最低的生活标准，对符合最低生活标准的家庭给予财政补贴。

3. 第三次分配

第三次分配是对再分配的补充和完善，是指广泛调动各种社会力量和各方面的积极性，建立社会救助、民间捐赠、慈善事业、志愿行动等各种形式的第三次分配制度和机制。

三、经济稳定与发展职能

（一）经济稳定与发展职能的含义

经济稳定与发展职能也称宏观调控职能，是指政府利用公共经济活动，通过税收、公债、公共投资和转移支付等财政变量与其他经济变量协调配合，调节社会的需求与结构，使之与社会供给的总量与结构相适应，实现经济科学发展与社会和谐的最终目标。经济稳定包含多方面的含义，通常包括充分就业、物价稳定、国际收支平衡。

充分就业并非指可就业人口的百分之百就业。由于经济结构不断调整，就业结构也在不断变化，在任一时点上，总会有一部分人暂时脱离工作岗位而处于待业状态，这部分人经过一段时间培训后会重新走上工作岗位。因而，充分就业是指可就业人口的就业率达到了由该国当时社会经济状况所能承受的最大比率。

物价稳定也不意味着物价冻结，上涨率为零。应当承认，即使在经济运行的正常时期，物价的轻度上涨也是一个必须接受的事实，而且有利于经济增长；相反，物价长时间低迷并不利于经济的正常运行。所以，物价稳定是指物价上涨幅度维持在不至于影响社会经济正常运行的范围内。一般年度物价上涨幅度在3%以下就可以认定为物价稳定。

国际收支平衡是指一国在国际经济往来中维持经常性项目收支（进出口收支、劳务收支和无偿转移收支）的大体平衡。国际收支与国内收支是密切联系的，国际收支不平衡同时意味着国内收支不平衡。

经济稳定是动态的稳定，是经济适度增长的稳定。经济稳定与经济增长是相辅相成的，经济稳定是经济增长的前提，为经济增长提供良好的环境。而适度的经济增长又为经济稳定打下了良好的物质基础。因为只有实现了经济增长，创造出更多的社会财富，才能更好地满足社会需要，进一步实现社会的稳定。因此，经济增长成为发展中国家的主要宏观经济目标。对于任何经济体制，经济的稳定和发展都是政府所希望实现的目标。政府会通过各种财政手段来影响和调控经济，以实现经济稳定和发展的目标。

（二）经济稳定与发展职能的目标

经济稳定与发展职能的目标是保持劳动力的充分就业、物力资源的充分利用、稳定的物价、有利的国际收支和适度的经济增长。

（三）经济稳定与发展职能的内容

由于宏观经济运行中的矛盾都集中表现为社会供求总量和结构的矛盾，因此，经济稳定与发展职能的内容主要包括以下两个方面。

1. 调节社会总供求关系，实现经济总量平衡

实现经济总量平衡，就是要熨平经济波动，消除经济过热和萧条的不正常状况，使经济增长保持稳定和持续的状态。因此，财政对经济增长过程中的稳定和协调就是要在总需求大于总供给、经济发展过热时，抑制社会总需求，以减缓经济增长的速度，使经济增长速度保持在资源条件可能的限度内；而在总需求小于总供给，经济萧条、市场疲软时，要刺激社会总需求，以调动闲置资源，推动经济的增长。通过调节社会总供求关系，进而对经济总量和增长速度进行调节，是经济稳定与发展职能的首要内容。

2. 调节供求结构，实现经济结构平衡

经济总量平衡往往要以经济结构平衡为前提，因为这两者之间存在着密切的内在关联。经济结构平衡可以创造出适宜经济发展的供给品，从而为经济总量平衡提供良好的供给条件；同时，经济结构平衡本身便意味着社会需求与供给之间的相互适应，这也是经济总量平衡的重要标志和表现。反过来说，经济结构失衡会导致供给结构相对于需求结构的不适应，这经常成为经济波动的重要诱因。

要实现经济结构平衡，应着重解决两方面的问题：一方面解决社会需求结构中消费需求过旺、投资需求不足，并进而引起社会供给结构中消费品供给不足、投资品供给过剩的问题；另一方面要解决社会需求结构中消费需求不足、投资需求过旺，并进而引起社会供给结构中消费品供给过剩、投资品供给不足的问题。可见，政府对经济过程的调节和控制离不开对经济结构的调整和优化。

（四）经济稳定与发展职能的机制和手段

我国财政实现经济稳定与发展职能的机制和手段主要包括以下两个方面。

1. 自动稳定器

自动稳定器指通过财政制度的建设，发挥财政的“内在稳定器”作用。具体表现在两个方面：

一是在财政收入方面，如运用个人所得税的累进税率。当经济过热时，人们的收入普遍增加，由于实行累进税率，人们的收入会自动适用较高的税率，税收明显增加，从而可以部分抑制人们的购买能力，使经济降温，防止通货膨胀的发生。相反，当经济萧条时，人们的收入普遍下降，人们的收入会自动适用较低的税率，税收明显减少，从而对经济复苏和发展起到刺激作用。当然，这种作用的发挥是以所得税作为主体税类且个人所得税所占比重也很大为前提。因此，目前在我国来看，自动稳定器的作用还是很小的。

二是在财政支出方面，如运用转移性支出，特别是建立社会保障制度中的失业救济金制度。当经济繁荣时，人们的收入普遍增加，失业人数减少，领取失业救济金的人数自然减少，救济金的支出也就减少了，从而财政的转移性支出会自动压缩，对经济过热起到抑制作用；相反，当经济不景气时，财政转移性支出就会自动增加，从而刺激经济的复苏与升温。

值得指出的是，财政制度所具有的这种自动稳定经济的作用，受到各国制定的收支制度的制约，对经济周期性变动的稳定一般只能起到微调作用。当经济出现大的波动时，还需要政府采取相应的财政政策手段加以调节。

2. 相机抉择

社会总供给与总需求的大体平衡是经济稳定目标的集中体现，当社会总需求与总供给不平衡时，就需要政府运用相应的财政政策，调节社会总供求关系，促进社会总供求的平衡。通常来说，当社会总需求大于总供给时，可以实行紧缩性财政政策，具体表现为减少财政支出和增加税收；当社会总需求小于总供给时，可以实行扩张性财政政策，具体表现为增加财政支出和减少税收。在此过程中，财政收支发生不平衡是可能且允许的。由于针对不同的经济状况而采取不同的财政政策，因此，这种做法被称为相机抉择的财政政策。

近年来，我国采取了多种相机抉择的财政政策，例如，一方面通过投资、补贴和税收等多方面的安排，加快农业、能源、交通运输、邮电通信等基础产业的发展，消除经济中的“瓶颈”并支持第三产业的兴起，加快产业结构的转换，保证国民经济稳定与高速发展；另一方面为了保证非生产性的社会公共需要，为经济和社会发展提供安定的环境，我国提高治理污染、保护生态环境及文教科卫支出的增长速度，同时完善社会福利和社会保障制度，使增长与发展相互促进、相互协调，避免出现某发展中国家曾出现过的“有增长而无发展”或“没有发展的增长”现象。

【关键术语】

市场　市场效率　自然垄断　外部效应　公共产品　信息不对称　逆向选择　道德风险　寻租行为　财政

【网络资源】

1．登录国家哲学社会科学文献中心（http://www.ncpssd.org/index.aspx）查阅有关财政职能的相关文献。

2．登录中国大学 MOOC（https://www.icourse163.org/）学习有关财政学的公开课。

3．2018 年 7 月份，央行官员罕见批评财政部不积极，称“多个现象表明积极的财政政策不是真积极”，引起热议，登录知网“财政行业知识资源总库”（http://caizheng.cnki.net/）查阅论述央行和财政部关系的相关论文。

【独立思考】

公共物品问题及其解决思路

公共物品问题是导致市场失灵的根源之一。

一、公共物品的资源配置问题

1．“搭便车”问题

“搭便车”问题首先由奥尔森提出，它是指参与者不需要支付任何成本就可以享受到与支付者完全等价的物品效用。该问题影响着公共物品供给成本分担的公平性，以及公共物品供给能否持续和永久。

“搭便车”包含两种情形：一是享受到组织提供的种种权利后，丝毫不尽个人对组织的义务；二是在此时此处享受到组织提供的权利后，没有在此次此处尽义务而是在其他时间或地点尽了义务。

2．排他成本问题

排他成本问题是公共物品非排他性的延续。由于排他成本高，因此纯公共物品与公共池塘资源具有不可排他性。非排他性的原因主要有三：一是经济成本的不可排他；二是技术成本的不可排他；三是制度成本的不可排他。然而布坎南的“俱乐部物品理论”认为，对于一些广义的公共物品可以做到有成本排他，即消费者能够而且愿意支付一定的费用以享用具有一定程度排他性的物品。相对于非排他性公共物品的无限消费主体，“俱乐部物品”的消费主体是有限的。

3．公地悲剧问题

哈丁最早提出公地悲剧问题，“这是一个悲剧。每个人都被锁定进一个系统。这个系统迫使他在一个有限的世界上无节制地增加他自己的牲畜。在一个信奉公地自由使用的社会里，每个人都追求他自己的最佳利益，毁灭是所有的人趋之若鹜的目的地。”

公地悲剧常被形式化为囚徒困境博弈。在囚徒困境博弈中，每一个参与者都有一个占优策略，博弈双方的占优策略构成了博弈的均衡结局，然而博弈均衡结果并不一定是帕累托最优结局。相反，个人理性的博弈过程与战略选择却导致了集体行动的悖论。奥斯特罗姆认为，公地悲剧、囚徒困境和合成谬误是公共事物治理所面临的三大难题，而且这些问题都是“搭便车”问题。如果所有人都参与“搭便车”，那么就不会产生集体利益；如果有些人提供集体物品，而另一些人“搭便车”，就会导致集体物品的供给达不到最优水平。

4. 融资与分配问题

在资金来源问题上，Russell 认为，一旦物品被融资供给，那么该物品由私人供给还是由公共供给都是一样的，因为私人贡献可以用于资助公共物品的生产，而税收也可以用于资助私人物品的生产。在分配决策中，Aaron 和 McGuire 指出公共物品与私人物品消费被概念化地区分为两个步骤：一是税收与转移支付是对私人物品与收益的再分配；二是购买公共物品其实就是税收支付过程。萨缪尔森则指出了政府的两大功能：一是公共物品的供给；二是以收入再分配为目的的转移支付。其实，不同物品的不同特征决定了不同的公共物品资源配置问题。

二、公共物品的典型供给方式

1. 公共物品的政府供给

政府与市场具有一定程度的可替代性，市场失灵的公共物品领域往往要求政府干预，即政府提供公共物品。正如马斯格雷夫所认为的，由于市场存在失灵问题，公共物品和有益物品应由政府提供。政府供给的主要手段是税收融资。

2. 公共物品的私人供给

公共物品私人供给的实质在于公共物品的交易机制。公共物品交易的结果是所有参与交易的人通过某种集体决策规则就其共享和共同消费的物品数量达成一致。要达到通常意义上有效率的结果，交易者只能就其价格而不是数量做出个人调整。

从私人供给角度出发，Demsetz 基于个人需求曲线的垂直加总特征，通过沉没成本的分析方法，认为如果给定私人生产者有能力排除非购买者，那么他就能有效地生产公共物品；在排他成本可以忽略的情形下，公共物品的私人生产与私人物品的市场生产结构一致，均存在竞争均衡的结局。Auster 认为，完全垄断者一般不可能生产出最优水平的公共物品，并且在长期均衡中公共物品的竞争性生产方式恰恰能够实现此类物品的最优供给。如果一些相应的排他成本可以被忽略，公共物品或准公共物品就可以转化为私人物品进行处理。而且公共物品的私人供给应在政府资金支持下，在政府协助削减交易费用的条件下，通过成本分担的自由市场谈判方式来完成。

3. 公共物品的自愿供给

公共物品的自愿供给与公共物品的私人供给不同，是自主组织与自主治理的过程。

Young 认为个人会为自愿组织进行捐赠，且个人捐赠往往具有三大动机：一是个人经济利益，二是个人物质利益，三是个人精神利益。Falkinger 等人也指出在现实生活中不乏自愿合作提供公共物品的情形，自愿供给公共物品的案例也不胜枚举。Ray 和 Vohra 则指出在分析均衡效率时，允许联合成员间进行交换是公共物品供给效率高的重要途径，不成文的协议有利于解决前期的一系列外部性问题，包括对重新谈判的相关规定。此外，Buchley 和 Croson 基于经验的研究发现，个人财富的多少不影响他们所提供的公共物品的绝对数量。

4. 公共物品的联合供给

近年来实验经济学的发展充分表明，私人间存在的合作供给方式是公共物品供给的有效途径。在现实生活中，并不是所有人在公共物品的供给问题上都一毛不拔，从平均数据来看，大概每个人会贡献自身财富的15%～25%投资于公共物品。不过，一般而言，当边际收益更大时，人们更愿意合作；当组织规模更大时，人们更愿意合作；当公共物品存在正外部性时，人们更愿意合作。Andreoni的实验结果也表明有75%的人选择合作，而其中一半是一时兴起，另一半是出于善心。

总之，公共物品不一定非要由政府来提供，一些组织或私人也可以提供。排他性公共物品的特性之一是价格排他，价格的排他决定了该类公共物品具有市场供给的特征。在特定的情形中，“搭便车”问题并不重要，人们可以通过支付随机的一次性价格来融资，以提供非竞争性的物品。在现实生活中，公共物品的供给方式更多地表现为政府供给、联合供给、私人供给和自愿供给方式的匹配与融合。

（资料来源：沈满洪，谢慧明．公共物品问题及其解决思路——公共物品理论文献综述．浙江大学学报，2009（6）．）

【思考】联系材料说说日常经济生活的许多公共产品，如公共道路、公共卫生服务、公益慈善等，它们的供给方式有哪些？不同的供给方式有什么利弊？

【课后练习】

一、名词解释

1．财政　　2．公共物品［对外经济贸易大学2012研］

3．免费搭车　　4．帕累托效率

5．外部效应　　6．非排他性

7．非竞争性　　8．免费搭车

二、判断题

1．完整的市场体系是由家庭、企业和政府三个相对独立的主体组成的，政府可以通过法律、行政和经济等手段，“凌驾”于市场之上，介入和干预市场。（　）

2．由于市场失灵的存在，政府对经济的干预越多越好。（　）

3．在市场经济条件下，几乎不可避免地会产生由于滥用权力而发生的寻租行为。（　）

4．国防作为公共物品主要体现在它的非竞争性上。（　）

5．一项政策当且仅当表现出帕累托改进时才能提高社会福利。（　）

6．收入分配的核心问题是实现公平分配，因而财政的收入分配职能所要研究的问题主要是确定显示公平分配的标准和财政调节收入分配的特殊机制与手段。（　）

7．由于公平与效率具有统一性，因此，在财政政策的实施过程中，应将两者放在同等重要的位置来考虑。（　）

8．当今中国政府不断加大对教育的投入和支出而教育产品既具有私人物品的性质又具有公共物品的性质。（　）

9．从严格意义上说，只有利益外溢的产品才可称为准公共物品。（　）

三、单项选择题

1．财政是一种以（　　）为主体的经济行为。

A．企业　　B．个人　　C．国家或政府　　D．市场

2．用来满足社会共同需要的产品和服务称为（　　）。

A．公共商品　　B．公共物品　　C．公共服务　　D．社会产品

3．若资源配置达到了这样的状态：没有一种状态的改变能使一部分人的境况变好而不同时使另一些人的境况变坏，这种状态称为（　　）。

A．免费搭车现象　　B．边际效用递减

C．市场失灵　　D．帕累托最优

4．以下哪项不属于斯密所认为的政府该干的事情？（　　）

A．保护社会不受外国侵略

B．保护每一个社会成员不受其他社会成员的不公正对待

C．提供某些公共机构和公共工程

D．调节社会收入分配的差距

5．当存在负的外部效应时，该物品或服务的私人边际成本（　　）其社会边际成本。

A．大于　　B．等于　　C．小于　　D．没有固定关系

6．以下不符合纯公共物品特征的表述有（　　）。

A．增加一个消费者就会引起生产成本的增加

B．增加一个消费者不会引起生产成本的增加

C．提供公共物品的边际成本为零

D．公共物品带来的好处不可被分割

7．下列哪项不属于财政政策的目标？（　　）

A．资源有效配置　　B．收入分配公平

C．经济稳定发展　　D．财政监督

8．下列各项中属于经济学所讲的不利于资源有效配置的外部性的是（　　）。

A．郊区居民进城引起地价上升而使得地产主的境况改善

B．生产同一商品的供应商甲因增加产量而对乙企业的销售带来影响

C．大企业从事研究开发，小企业无成本地利用了这项开发所带来的好处

D．谷贱伤农

9．下面有关外部性的论述，错误的是（　　）。

A．负的外部性往往表现为产出水平超出最优规模

B．正的外部性在某种意义上可以通过补贴机制来解决

C．在交易成本为零的情况下，通过产权界定的方式可以解决外部性

D．像环境污染之类的给社会带来危害的外部性，应该予以彻底消除

10．（　　）有效率地供给通常需要政府行动，而私人物品则可以通过市场有效率地加以分配。

A．公共物品　　B．私人物品　　C．消费品　　D．固定资产

11．收入分配的含义通常指对（　　）的分配。

A．国民生产总值　　B．国内生产总值

C．国民收入　　D．社会个人收入

12．财政收入的价值构成是（　　）。

A．$C+V+M$　　B．$C+V$　　C．$V+M$　　D．$C+M$

13．提高折旧率对财政的影响是（　　）。

A．增加财政收入　　B．减少财政收入

C．增加财政支出　　D．减少财政支出

14．运用财政的某些制度性安排能起到经济"自动"稳定功能，从收入制度角度看，主要是指（　　）。

A．失业救济金制度　　B．政府采购制度

C．税收制度　　D．公债制度

15．《经济学中的灯塔》一文是1974年由（　　）发表的，研究的是公共物品的私人供给问题。[中央财经大学2009研]

A．科斯　　B．诺思　　C．马斯格雷夫　　D．斯密

16．实现社会资源的最佳配置需满足的条件是（　　）。[中央财经大学2010研]

A．公共物品支出的边际效益＝私人物品支出的边际效益

B．公共物品支出的边际效益＞私人物品支出的边际效益

C．公共物品支出的边际效益＜私人物品支出的边际效益

D．公共物品支出的边际效益与私人物品支出的边际效益之和最大

四、不定项选择题

1．一般来说，下列哪些物品是准公共物品？（　　）

A．国防　　B．花园　　C．教育　　D．桥梁

2．市场的资源配置功能不是万能的，市场失灵主要表现在（　　）。

A．垄断　　B．信息不充分或不对称

C．收入分配不公　　D．经济波动

3．政府干预经济的手段包括（　　）。

A．立法和行政手段　　B．组织公共生产和提供公共物品

C．财政手段　　D．强制手段

4．公共物品的基本特征包括（　　）。

A．历史性　　B．非排他性

C．非竞争性　　D．单一性

5．财政的基本职能是（　　）。

A．资源配置职能　　B．调节收入分配职能

C．组织生产和销售职能　　D．经济稳定与发展职能

6．财政实现收入分配职能的机制和手段有（　　）。

A．划清市场与财政分配的界限和范围

B．规范工资制度

C．加强税收调节

D．通过转移性支出，改善生活水平和福利水平

7．政府干预失效的原因和表现可能发生在以下哪个方面？（　　）

A．政府决策失误　　B．政府提供信息不及时甚至失真。

C．政府职能的“越位”和“缺位”　　D．寻租行为

8．下列属于准公共物品的有（　　）。

A．义务教育　　B．国防　　C．影院　　D．公路

9．区分或辨别公共物品和私人物品通常应用两个基本标准：（　　）。

A．排他性和非排他性　　B．竞争性和非竞争性

C．私人性和非私人性　　D．垄断性和非垄断性

五、简答题

1．参考图 1-2，思考政府在市场经济体制下的经济作用。

2．简述政府干预的手段，为什么会出现政府干预失效？

3．简述区分公共物品与私人物品的基本标准。

4．加利福尼亚保险局局长提出一项管制措施，限制保险公司以地理位置确定汽车的保费率。这项变化可能提高乡村和郊区居民的保费率，降低城市居民的保费率。这项政策有效率吗？它有可能改善社会福利吗？

5．什么叫免费搭车？应该如何解决免费搭车问题？

6．简述经济稳定与发展的含义及财政实现经济稳定与发展职能的机制和手段。

7．简述公共物品的类型及其特征。[财政部财政科学研究所 2008 研]

六、论述题

1．试述财政的三种职能及各自的实现方式。

2．试述国家和政府的含义、本质及关系。

3．如何理解社会主义市场经济下的财政职能。

4．试述中国的市场失灵和政府失灵。[北京交通大学 2012 研]

七、案例分析题

在下列各种情况下，你能根据福利经济学说明政府政策的理由吗？

1．在洛杉矶，警察每年都要接办约 127 000 起盗窃报警案，均不收费（其中有 97%是错报或谎报）。

2．羊毛和马海毛产品得到联邦政府的补贴。

3．联邦政府管制樱桃冷冻水果派，要求每一块派中樱桃含量占其重量的 25%以上，樱桃含量不到 15%的被定为不合格品，而苹果冷冻水果派、蓝莓冷冻水果派和桃冷冻水果派则没有这项规定。

4．国家能源政策法案要求所有新抽水马桶都只装 1.6 加仑水。大多数美国家庭的马桶每次抽水都要消耗 5.5 加仑水或 7 加仑水。

第二章
财政支出概述

学习目标

- ☑ 熟悉财政支出的原则和分类
- ☑ 理解财政支出的规模分析、结构分析和效益分析
- ☑ 掌握衡量财政活动规模的指标
- ☑ 熟悉关于财政支出结构发展变化的相关学说
- ☑ 熟悉财政支出的效益、效率及评价体系

案例导入

现收现付制养老金已面临挑战

养老金融资模式有现收现付制、基金积累制和混合制等三类。在现收现付制（Pay-As-You-Go）下，由当代在职人员缴纳养老金用于上一代退休人员的养老金支付，养老基金无须储蓄积累，该制度侧重养老收入的公平目标及再分配和社会共济功能。我国公民领取的基础养老金即养老保险社会统筹部分，就是典型的现收现付制度。目前，在人口老龄化背景下，现收现付制的基础养老金体系面临严峻的挑战。

2000 年，我国 60 岁以上的老年人口达 1.3 亿人，占总人口的 10.2%，标志着我国正式进入老龄化社会。2017 年，我国老年人口高达 2.41 亿人，占总人口的 17.3%。预计到 2050 年，我国老年人口将近 5 亿人、占总人口比例高达三分之一左右。新中国成立初期实行“鼓励生育政策”带来的人口生育高峰期出生的人口，在 2017 年左右开始进入退休高峰；而 20 世纪 80 年代以来实行的严格的“计划生育政策”导致年轻劳动人口增长率“断崖式”下降，这两方面导致 2017 年左右开始全国基本养老保险缴费增长率将陡减、养老金待遇领取将陡增。目前部分省份基本养老金出现“穿底”，有的省区甚至面临养老金支付风险，越来越多的省份将面临同样的基本养老金窘境。

（资料来源：经济观察报，2018 年 8 月 5 日）

第一节 财政支出原则和分类

一、财政支出的原则

财政支出是指政府为履行其职能而支出的一切费用的总和。政府在安排财政支出的过程中，必须考虑影响财政支出实现的客观经济基础，确定财政支出安排的基本原则，才能既满足政府公共支出的需要，又达到公共支出的最大社会效益。财政支出的原则包括以下几项。

（一）收支平衡原则

财政支出要遵循量入为出和量出为入的原则。

量入为出是指政府根据一定时期内的财政收入总量来安排财政支出，力争做到财政收支平衡。从总体看，这一原则体现了一国经济发展水平对财政支出的制约，是政府理财的重要思想。

量出为入原则是指应根据国家最基本的财政支出需要来确定收入规模，从而将财政支出放在一个重要的地位来考虑，是对政府公共支出保持必要数量的一种肯定。量出为入的财政思想与现代国家财政分配普遍认可的国家干预市场经济的理论更为接近。这既是社会发展的需要，也是一种积极的财政分配观念。此外，财政收支平衡不是绝对的，略有赤字或略有结余都被看作是财政平衡。

（二）公平原则

公平原则是指以实现社会公平为原则。其具体表现为促进社会财富分配的相对合理，最基本的要求是满足每一社会成员的基本生存需要和发展需要，这是保证社会稳定和发展的重要条件。从财政支出角度讲，政府更多的是通过财政支出结构和对象的调整来修正或改善社会成员、社会集团对物质财富的占有份额，实现相对的社会公平。

由于社会公平因不同的社会制度和不同的历史发展阶段而存在差异，这使得各国政府在促进社会公平上的具体制度也各有特点。在国际社会中，能用反映社会财富分配和贫富差异的洛伦兹曲线和基尼系数作为政府解决社会不公平的参考指标。此外，各国政府也可以根据国内经济发展水平，按人均收入划出贫困线，并以此作为政府扶持的标准。大多数国家选择在医疗、教育、环境等各方面提供公共服务作为政府促进公平实现的措施。为了保证公平的实现，当代许多国家都认同建立政府的转移支付制度，特别是社会保障制度和财政补贴制度。这些制度的建立，一方面通过转移支付制度可以协调地区经济发展，缩小贫富差距；另一方面通过财政补贴可以解决居民的基本生活保障，调节社会集团间的利益差距。在向市场经济过渡的过程中，我国政府间转移制度和社会保障制度的建立与完善也是出于实现社会公平的需要。

（三）效率原则

效率原则是指通过公共选择过程优化财政支出结构，优化公共资源配置结构，使社会效率最大化。财政支出实际上是一种资金的投入，这种投入与产出的对比关系反映着财政支出的效率问题。因此，在安排财政支出的过程中，要尽可能用同样多的投入获取更大的产出。

当然，财政支出效率与一般的经济效率是有区别的。通常情况下，经济效率是用来衡量生产经营效果的重要经济指标。它可以准确地反映经济活动各种投入与产出的关系。产出的总价值量越大，经济效率越高；反之，经济效率越低。由于财政支出的安排是以国家和社会稳定、国民经济各部门的协调发展、全社会共同利益的实现为目标，这使财政支出首先要实现的是经济效率和社会效率，即要求通过公共支出使资源的配置能促进相关部门的发展来影响整个社会经济，使国家宏观经济状况得到改善。在这一前提下，即使财政支出并未对增加财政收入、改善财政状况发挥直接影响，也是符合财政支出效率原则的。

（四）稳定原则

财政支出的稳定原则是财政的稳定发展职能的体现，是指政府通过对财政支出进行“逆风向经济”操作，以防止经济的波动，并最大限度地克服市场失灵。

由于政府的财政支出可以直接扩大需求，所以财政支出自然成为调节经济、稳定经济的一种有效的杠杆。当然，不同的财政支出则对经济的影响是不同的，政府的购买性支出可以直接扩大社会的就业与产出，而转移性支出则对国民收入分配具有直接的影响。前者侧重于经济效率的调节，后者侧重于社会公平的调节。不管是出于经济效率的考虑，还是社会公平的选择，最终目的都是要实现社会经济的稳定。稳定发展的目标包括四个方面：

充分就业、物价稳定、经济适度增长、国际收支平衡。但这四大目标之间是有矛盾冲突的，所以稳定原则只能基于特定的经济条件。

二、财政支出的分类

财政支出的分类是指按照一定的标准将财政支出进行划分和归类。对财政支出进行分类的必要性在于：有利于合理有效地使用财政资金，加强财政资金的管理和监督；有利于全面综合地分析财政支出的真实情况，从整体上分析财政支出存在的问题及成因；有利于政府预算的编制。

（一）按支出用途分类

按支出用途分类是我国财政支出的传统分类方法，其理论依据是马克思的社会产品价值构成理论。其科目设置情况如下：

（1）工资福利支出。分设11款：基本工资、津（补）贴、奖金、住房公积金、提租补贴（租房补贴）、购房补贴、福利费、社会保障缴费、伙食费、伙食补助费、其他工资福利支出。

（2）商品和服务支出。分设30款：办公费、印刷费、咨询费、手续费、水费、电费、邮电费、取暖费、物业管理费、交通费、差旅费、出国费、维修（护）费、租赁费、会议费、培训费、招待费、专用材料费、装备购置费、工程建设费、作战费、军用油料费、军队其他运行维护费、被装购置费、专用燃料费、劳务费、委托业务费、工会经费、其他商品和服务支出。

（3）对个人和家庭的补助。分设14款：离休费、退休费、退职（役）费、抚恤金、生活补助、救济费、医疗费、助学金、奖励金、生产补贴、住房公积金、提租补贴、购房补贴其他对个人和家庭的补助支出。

（4）对企事业单位的补贴。分设4款：企业政策性补贴、事业单位补贴、财政贴息、其他对企事业单位的补贴支出。

（5）转移性支出。分设4款：不同级政府间转移性支出、同级政府间转移性支出、不同级预算单位间转移性支出、同级预算单位间转移性支出。

（6）赠予。下设2款：对国内的赠予、对国外的赠予。

（7）债务利息支出。分设6款：国库券付息、向国家银行借款付息、其他国内借款付息、向国外政府借款付息、向国际组织借款付息、其他国外借款付息。

（8）债务还本支出。下设2款：国内债务还本、国外债务还本。

（9）基本建设支出。分设9款：房屋建筑物购建、办公设备购置、专用设备购置、交通工具购置、基础设施建设、大型修缮、信息网络购建、物资储备、其他基本建设支出。

（10）其他资本性支出。分设9款：房屋建筑物购建、办公设备购置、专用设备购置、交通工具购置、基础设施建设、大型修缮、信息网络购建、物资储备、其他资本性支出。

（11）贷款转贷及产权参股。分设6款：国内贷款、国外贷款、国内转贷、国外转贷、产权参股、其他贷款转贷及产权参股支出。

（12）其他支出。分设5款：预备费、预留、补充全国社会保障基金、未划分的项目支出、其他支出。

（二）按经济性质分类

按经济性质的不同，财政支出可分为购买性支出和转移性支出两大类。

1. 购买性支出

购买性支出表现为政府购买商品和服务的活动，包括购买进行日常政务活动所需的或用于国家投资所需的商品和服务的支出。前者如政府各部门的事业费；后者如政府各部门的投资拨款。这些支出的目的和用途虽然有所不同，但却具有一个共同点：政府支出获得了等价性补偿，即财政一手付出了资金，另一手相应地购得了商品与服务，并运用这些商品和服务来实现国家职能。在这种性质的支出安排中，政府如同其他经济主体一样，在从事等价交换的活动，体现出来的是政府的市场性再分配活动。

2. 转移性支出

转移性支出表现为资金无偿地、单方面地转移，政府不能从中获取相应的物品和服务。这类支出主要有补助支出、捐赠支出和债务利息支出。

在财政支出总额中，购买性支出所占的比重越大，财政活动对生产和就业的直接影响就越大，通过财政所配置的资源的规模就越大；反之，转移性支出所占的比重越大，财政活动对收入分配的直接影响就越大。

（三）按支出方式分类

财政支出的方式是指采用什么方式来分配和使用财政资金，目前我国财政支出的基本方式有财政无偿拨款和财政性贷款两种。

1. 财政无偿拨款

财政无偿拨款是财政部门根据权力机关批准的年度支出预算，按照支出的计划用途、方向、数额和程序，及时、足额地将财政资金无偿拨付给用款单位。

财政无偿拨款是我国财政支出的主要形式，是政府实现其各项职能的前提和物质保证，它主要用于保证文教科卫等事业费、行政管理费、国防支出等。国家机关、团体、部队和事业单位都是满足社会公共需要的部门和非营利性单位，它们活动所需要的经费，只能通过财政无偿拨款来解决。财政无偿拨款形式体现了财政无偿性的基本特征。政府应加强对财政无偿拨款的管理，努力提高财政资金的使用效益。

2. 财政性贷款

财政性贷款是指财政部门以信贷方式向使用单位有偿让渡财政资金的方式。它是我国经济体制改革过程中为适应社会主义市场经济体制的建立，加强用款单位的经济责任，提高财政资金使用效果而采用的一种财政支出形式。它主要适用于从事生产经营活动的生产部门、单位所需要的基本建设投资贷款及农业长期贷款。实行有偿贷款一方面可以使使用单位服从政府对社会经济进行宏观调控的需要；另一方面可以促进使用单位的用款数量与其物质利益结合起来，加强经济核算和经济管理，提高经济效益。

研究财政支出的方式，其意义在于可以根据不同性质的支出采取适当的方式，以期充分提高财政资金的支出效益。一般来说，作为国家行政机关和国防等一般管理机关和作为文教科卫等满足社会公共需要的部门，本身不从事生产，无收入来源或较少收入来源，这些非盈利部门又是社会发展和经济发展所必需的，所以这些部门的资金来源只能由财政无偿拨款来提供；一些微利或无利的并且单个企业或个人无法承担的基础设施建设，如城市公共基础设施、邮政、公共事业等，也需要由财政拨款提供资金来源；而作为从事生产经营、有收入来源并获得盈利的企业投资，因有偿还能力，所以可采取有偿贷款方式解决资金的暂时不足，但无论采取哪种方式，都存在提高财政支出效益的问题。

（四）按支出级次分类

现代世界各国均依照国家政权的级次设置相应级次的财政支出，基本上每个级次的财政都有其本级次的支出范围，从事本级次的相对独立的财政活动。

例如，美国是一个联邦制国家，其政权大体上由联邦政府、州政府和地方政府组成，与之相适应，财政支出也由联邦财政支出、州财政支出和地方财政支出 3 个级次构成。日本是单一制因家，政府机构分为中央、都道府县和市町村 3 级。相应地，其支出由中央支出、都道府县支出和市町村支出组成，后两项也称为地方支出。我国政权级次由中央、省（自治区、直辖市）、市（自治州、地区行署）、县（不设区的县级市、自治县）和乡（镇）5 级构成。与之相对应，我国财政支出由中央支出、省级支出、市级支出、县级支出和乡级支出 5 个级次组成。其中，省级及省级以下的财政支出统称为地方财政支出。

财政支出按支出级次分类，反映了中央和地方在政府财政资源配置中的地位和相互关系。从我国历年的改革实践来看，在财政体制中，中央与地方之间的财政分配关系，一直是财政体制的核心问题，因此，按支出级次对财政支出进行分类，不仅具有重要的理论意义，也具有十分重要的现实意义。

（五）按照预算类型分类

1．一般公共预算

一般公共预算是对以税收为主体的财政收入，安排用于保障和改善民生、推动经济社会发展、维护国家安全、维持国家机构正常运转等方面的收支预算。从其收入科目上看，包括：

（1）税收收入，含增值税、消费税、营业税、企业所得税、企业所得税退税、个人所得税、资源税、城市维护建设税、房产税、印花税、城镇土地使用税、土地增值税、车船税、船舶吨税、车辆购置税、关税、耕地占用税、契税、烟叶税以及其他税收收入。

（2）非税收入，含专项收入、行政事业性收费收入、罚没收入、国有资本经营收入、国有资源（资产）有偿使用收入、捐赠收入、政府住房基金收入以及其他收入。

（3）债务收入，含地方政府一般债券收入、向外国政府借款收入、向国际组织借款收入以及其他一般债务收入。

（4）转移性收入，含返还性收入、一般性转移支付收入、专项转移支付收入、上解收入（上交收入）、上年结余收入、调入资金、债务转贷收入以及接受其他地区援助收入。

2．政府性基金预算

政府性基金预算是对依照法律、行政法规的规定在一定期限内向特定对象征收、收取或者以其他方式筹集的资金，专项用于特定公共事业发展的收支预算。从其收入科目上看，包括：

（1）税收收入，仅含政府性基金收入，如港口建设费、新增建设用地土地有偿使用费、国有土地收益基金、国有土地使用权出让等收入。

（2）债务收入，仅含地方政府专项债务收入，如国有土地使用权出让金债务、国有土地收益基金债务等收入。

（3）转移性收入，含政府性基金转移收入、上年结余收入、调入资金、债务转贷收入。

3. 国有资本经营预算

国有资本经营预算是对国有资本收益做出支出安排的收支预算。从其收入科目上看，包括：

（1）非税收收入，仅含国有资本经营收入，如利润收入、股利和股息收入、产权转让收入、清算收入、其他国有资本经营预算收入。

（2）转移性收入，仅含国有资本经营预算转移支付收入。

4. 社会保险基金预算

社会保险基金预算是对社会保险缴款、一般公共预算安排和其他方式筹集的资金，专项用于社会保险的收支预算。从其收入科目上看，包括：

（1）社会保险基金收入，含企业职工基本养老保险、失业保险、城镇职工基本医疗保险、工伤保险、生育保险、新型农村合作医疗、城镇居民基本医疗和养老保险、机关事业单位基本养老保险、城乡居民基本医疗保险以及其他社会保险等基金收入。

（2）转移性收入，仅含社会保险基金上年结余收入。

第二节　财政支出规模分析

一、衡量财政活动规模的指标

（一）反映财政活动规模的指标

财政活动规模可以用财政收入和财政支出的绝对数指标来表示，也可以用两个相对数指标来表示，即财政收入占 GDP 或 GNP 的比重和财政支出占 GDP 或 GNP 的比重。

需要注意的是，在各种名目下支用财政资金都要形成财政支出，因此，对财政支出的理解一般不存在歧义，而对财政收入则可能有不同的理解和不同的处理方法。有的国家是将仅包括税收和少量收费的经常性收入界定为财政收入，而有的国家则把财政收入的概念扩大，将政府向国内外发行的债券取得的收入也包括在财政收入之内。

世界各国通常采用的收入概念为第一种。在这种概念下，债务收入不列入财政收入，而使用债务收入所形成的支出必然列入财政支出，于是形成支大于收，表明存在财政赤字，则债务收入被视为弥补财政赤字的收入来源。1993 年以前，我国曾采用第二种收入概念。在这种概念下，债务收入被列入财政收入，债务支出被列入财政支出，于是收支平衡，不存在财政赤字，也就是说债务收入不被视为弥补财政赤字的收入来源，当时只将向银行透支或借款视为弥补财政赤字的来源。

（二）反映财政支出规模及其变化的指标

上面已经说明，财政支出规模可以用绝对数指标来表示，也可以用相对数指标即财政支出占 GDP 的比重来表示，由这两个基本指标又可以衍生出反映财政支出发展变化的三个指标：

1．财政支出增长率

财政支出增长率表示当年财政支出比上年同期财政支出增长的百分比(%)，即所谓“同比”增长率。用公式表示为：

$$\triangle G（\%）=\triangle G/G_{n-1}=（G_n-G_{n-1}）/G_{n-1}$$

式中，$\triangle G$ 代表当年财政支出比上年增（减）额，G_n 代表当年财政支出，G_{n-1} 代表上年财政支出。

2．财政支出增长弹性系数

财政支出增长弹性系数是指财政支出增长率与 GDP 增长率之比。弹性（系数）大于 1 时表明财政支出增长速度快于 GDP 增长速度。用公式可以表示为：

$$E_g=\triangle G（\%）/\triangle GDP（\%）$$

式中，$\triangle GDP（\%）=\dfrac{\triangle GDP}{GDP_{n-1}}$，代表代表 GDP 增长率，$\triangle GDP$ 代表当年 GDP 比上年的增长额。

3．财政支出增长边际倾向

该指标表明财政支出增长额与 GDP 增长额之间的关系，即 GDP 每增加一个单位的同时财政支出增加多少，或财政支出增长额占 GDP 增长额的比例。用公式表示为：

$$MGP=\triangle G/\triangle GDP$$

二、关于财政支出规模增长变化的学说

在资本主义经济的早期，财政支出占 GDP 的比重是比较小的，那时，遵循亚当·斯密学说，提倡经济自由化，主张“廉价政府”，政府在经济、文化、社会发展方面很少有所作为。随着资本主义基本矛盾的发展和激化，政府为了维持经济发展和克服日益频繁的经济危机，加强了对经济的干预，同时，随着人均收入的不断提高和收入差距的扩大，为了防止社会动荡，政府通过财政的转移支付向广大群众和低收入阶层提供基本生活保障和社会保障，由此导致政府财政支出的日益膨胀。另外，由于 GDP 的增长，筹措财政收入的措施的加强，以及增发公债作为弥补支出的手段成为可能，也从财源方面支持了财政支出的膨胀。对于财政支出增长变化的一般趋势，许多学者做了大量的研究。

（一）瓦格纳法则

19 世纪德国经济学家阿道夫·瓦格纳（Adolf Wagner）最先提出财政支出扩张论，他的研究成果被后人称为“瓦格纳法则”（Wagner's Law）。但瓦格纳关于公共支出增长的含义究竟是指财政支出在 GDP 中的份额上升，还是指它的绝对增长，这一点在当时并不清

楚，按照美国财政学家马斯格雷夫（R.A.Musgrave）的解释，瓦格纳法则指的是财政支出的相对增长。于是，瓦格纳法则可以表述为：随着人均收入的提高，财政支出占 *GDP* 的比重也相应提高。根据这种解释，瓦格纳法则可以理解为如图 2-1 所示的财政支出与 *GDP* 之间的函数关系。

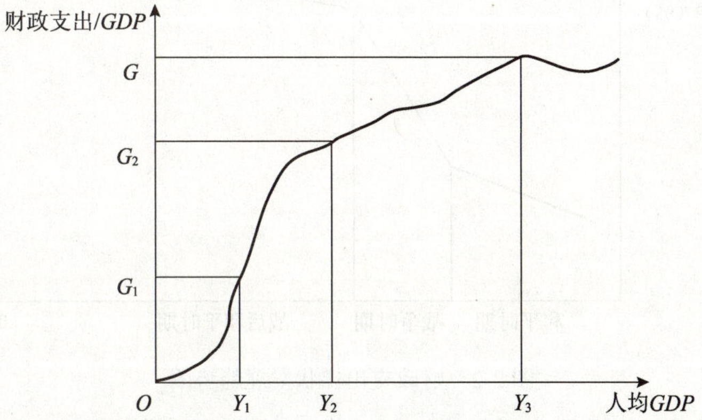

图 2-1　瓦格纳法则的解释

瓦格纳的结论是建立在经验分析基础之上的，他对 19 世纪的许多欧洲国家加上日本和美国公共部门的增长情况做了考察。他认为，现代工业的发展会引起社会进步的要求，社会进步必然导致国家活动的扩张。他把导致政府支出增长的因素分为政治因素和经济因素。

所谓政治因素，是指随着经济的工业化，正在扩张的市场与这些市场中的当事人之间的关系会更加复杂，市场关系的复杂化引起了对商业法律和契约的需要，并要求建立司法组织执行这些法律，这样就需要把更多的资源用于提供治安和法律的设施。所谓经济因素，是指工业的发展推动了城市化的进程，人的居住将密集化、由此产生拥挤等外部性问题，这样也就需要政府进行管理和协调工作。此外，瓦格纳把对于教育、娱乐、文化、保健与福利服务的公共支出的增长归因于需求的收入弹性，即随着实际收入的上升，这些项目的公共支出的增长将会快于 *GDP* 的增长。

（二）皮考克和威斯曼的“梯度渐进增长理论”

皮考克（Peacock）和威斯曼（Wiseman）在瓦格纳分析的基础上，根据他们对 1890—1955 年英国公共部门成长情况的研究，提出了导致财政支出增长的内在因素和外在因素，并认为外在因素是财政支出增长超过 *GDP* 增长的主要原因。

他们对内在因素的分析是建立在这样一个假定上：政府喜欢多支出，公民不愿意多缴税，因此，当政府在决定预算支出规模时，应该密切注意公民关于赋税承受能力的反应，公民所容忍的税收水平是财政支出规模的约束条件。在正常条件下，经济发展，收入水平上升，以不变的税率所征得的税收也会上升，于是，政府支出上升会与 *GDP* 上升呈线性关系。这是内在因素作用的结果。一旦发生了外部冲突，例如战争，政府会被迫提高税率，而公众在危机时期也会接受提高了的税率。这就是所谓的“替代效应”，即在危急时期，公共支出会替代私人支出，财政支出的比重上升。但在危机时期过去以后，公共支出并不会退回到先前的水平。比如，一个国家在结束战争之后，总会累积大量的债务，公共支出会持续较高水平，因此，每一次较大的经济和社会动荡，都会导致财政支出水平上一个新的台阶，如图 2-2 所示。这种财政支出上升的规律，即称为梯度渐进增长理论。

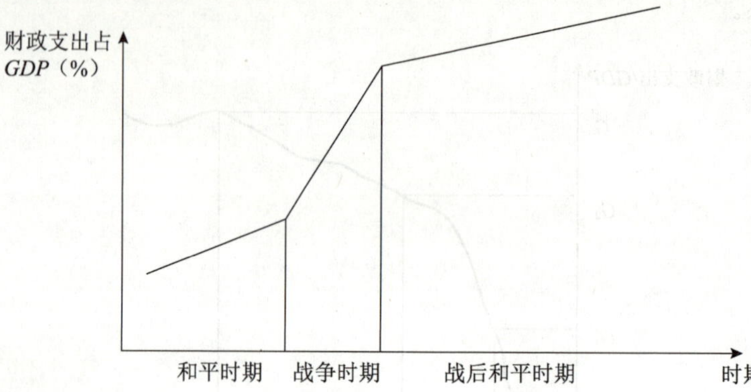

图 2-2　财政支出梯状发展趋势图

经济发达国家自 19 世纪末到如今 100 多年经济发展的实践证明了瓦格纳以及皮考克和威斯曼等人的论述符合财政支出占 *GDP* 比重的发展变化的一般趋势。尽管由于各国的国情有所不同，因而财政支出占 *GDP* 比重的高低以及变化情况也有所不同，但却明显存在一种共同的趋势，即随着人均 *GDP* 的增长而逐步上升。同时，历史数据也说明，财政支出占 *GDP* 比重的上升不可能是无止境的，当经济发展达到一定高度，则呈现相对稳定的趋势，即稳定在一定的水平上上下波动。

三、财政支出规模的影响因素

（一）宏观因素

为探讨财政支出的合理规模，必须从分析影响财政支出规模的宏观因素入手，参照前人的规范性分析并结合我国财政支出发展变化的现实情况归纳起来，经常影响财政支出规模的宏观因素有经济性因素、政治性因素和社会性因素三个方面。

1. 经济性因素

经济性因素主要指经济发展的水平、经济体制以及中长期发展战略和当前经济政策等。其中，经济发展水平决定财政支出规模的明显例证，是经济发达国家高于发展中国家。

就我国具体情况来看，我国长期内仍是一个发展中国家，经济体制仍处于转轨过程中，从其他经济因素来看，经济改革之初曾导致我国财政收入占 *GDP* 比重的下滑，这是财政为经济改革必须付出的成本和代价。随着经济体制改革的进展和经济稳定的增长，财政收入增长加快了，但为了构建和谐社会，实现建设新农村，大力发展教育卫生事业、扩大就业和完善社会保障制度，推进产业结构优化升级、保护生态环境等任务，这就要求在一段时间内仍然需要适度提高财政支出占 *GDP* 的比重，因而财政收入增长的可能性和财政支出规模增长的必要性，将是今后一段时间内财政运行的主要矛盾。

2．政治性因素

政治性因素对财政支出规模的影响主要体现在三个方面：

第一个方面是政局是否稳定，皮科克与威斯曼的分析已略有所述，当一国发生战争或重大自然灾害等突发性事件时，财政支出的规模必然会超常规地扩大，而且事后一般难以降到原来的水平。

第二个方面是政体结构和行政效率，首先财政和一国的政治体制和市场经济模式有关。一般而言，倾向于集中的单一制国家，财政支出占 *GDP* 的比重略高一些；倾向于分权的联邦制国家则相对较低。至于行政效率则涉及政府机构的设置问题，若一国的行政机构臃肿、人浮于事、效率低下，经费开支必然增多，这是确定无疑的。

第三个方面是政府干预政策。显然，政府通过法律和行政的手段与通过财政等经济手段对经济活动的干预，具有不同的资源再配置效应和收入再分配效应。通过政府管制和政府法令进行经济干预时，并未发生政府的资源再配置或收入再分配活动，即财政支出规模不变；通过财政手段进行经济干预，则会改变财政支出规模，不同财政手段的干预效应也是不同的，比如，财政资金的全额投资可以带动社会的配套资金是无疑的，但如果采取财政贴息、财政补贴和税收支出等手段投入，则可能以少量的财政资金引导更多的社会资金投入，并引导社会资金的使用方向，即发挥所谓“四两拨千斤”的效应。

3．社会性因素

社会性因素如人口、就业、医疗卫生、社会救济、社会保障以及城镇化等，都会在很大程度上影响财政支出规模。发展中国家人口基数大、增长快，相应的义务教育、卫生保健、社会保障、失业和贫困救济、生态环境保护以及城镇化等支出的增长压力很大。比如，我国尚未实现工业化但人口的老龄化已经来临，农村富余劳动力的增长迫切要求加快城镇化速度，加快经济建设与生态环境保护的矛盾日益凸显，国有企业改革带来大量职工下岗失业，诸如此类的众多社会问题会对财政支出不断提出新的需求，构成扩大财政支出规模的重要因素。

（二）微观因素

为了寻找合理的财政支出规模，不仅需要分析影响财政支出的宏观因素，而且要分析和控制影响财政支出的微观因素。福利经济学对财政支出增长的分析主要是从微观角度进行的，它采用效用最大化的分析方法，将市场有效供给原理运用到政府公共物品的供应中，通过影响财政支出增长的变量，如公共物品的需求、公共物品的成本和价格、公共物品的质量、生产组织形式等，来分析和研究财政支出规模。

实际上，本章第四节所介绍的成本—效益分析法、最低成本法等分析方法，不仅是事后考核财政支出效益的方法，而且也是事前测定经济性支出和非经济性支出项目支出规模的方法，即从具体支出项目来分析和控制财政支出总规模。在随后的章节中将会讲到的我国近年来财政管理中所采取的编制部门预算、政府采购制度、国库集中收付制度以及对预算外资金的“收支两条线”管理制度，都是从微观管理入手，提高财政支出效益，控制财政支出规模。

（三）政治决策程序

财政是一种与政治联系最紧密的经济问题，因而政治决策必然是确定财政支出规模的重要因素。我国的特殊性在于，社会主义市场经济体制是在政府推动下由计划经济体制转换而来的，市场经济体制是在政府推动下建立和形成的，因而政治决策对我国财政支出规模的发展变化以及最终形成最佳的相对稳定水平具有决定性作用。为此，我们必须完善科学民主决策机制，健全重大问题集体决策机制和专家咨询制度，实行社会公示和社会听证政制度，大力推进依法行政，严格按法律规定的权限和程序行使权力和履行职责，形成对行政权力的制约和监督。根据上述对影响财政支出规模的经济因素分析，可以建立财政支出的回归分析模型，回归分析的结果对确定财政支出合理规模的政治决策具有重要的参考价值。

四、我国财政支出规模发展及变化分析

改革开放后，我国财政支出规模除1980年、1981年两年负增长外，其余年份都是增长的，而且增长速度不算很慢，如“六五”时期财政支出规模年均增长速度为10.3%，“七五”时期为9.0%，“八五”时期为17.2%，“九五”时期为18.4%，“十五”时期为16.2%。所以，财政支出规模增长率基本上是一条波折上升的曲线，而且有的年份波折度较大。但是，财政支出占*GDP*比重的运行则是另外一种情形。

在经济体制改革前，我国财政支出占*GDP*的比重是比较高的，这是由当时的计划经济体制决定的。经济体制改革后，这种情况发生了变化。经济改革首先要解决的核心问题是调动起千千万万个微观经济主体的积极性，使社会主义经济充满活力。为实现这一目标，实行放权让利政策显然是一个必要条件。所以，在改革之初，不可避免地要经历一个向国有企业放权让利和提高城乡居民收入水平的阶段。与此相对应，财政收入增长放慢了，许多项目的支出特别是预算内基本建设支出便在财政支出账上或多或少有所缩小，有的甚至消除了。1995年以前这段时间内，由于财政支出增长速度慢于*GDP*增长速度，导致财政支出占*GDP*的比重一路下滑，1986年才停止下滑，1997年开始回升，而且回升速度较快。因此，改革开放后，我国财政支出占*GDP*比重运行的曲线呈现先逐年下滑又逐年回升的特征。

从表2-1可以看出，我国财政支出增长率和财政支出占*GDP*的比重都是于1995年左右停止下降，2000年左右开始回升。特别是自1998年实行积极的财政政策以后，回升速度较快，2003年转向稳健财政政策，随后几年虽然财政赤字逐年压缩，但同时财政收入增长率却不断上升，因而财政支出占*GDP*比重仍是上升趋势。

表2-1　我国财政支出增长率和财政支出占*GDP*比重发展变化趋势

	1978	1980	1985	1995	2000	2005	2006	2007	2008	2009	2010
财政支出增长率	33.0%	-4.1%	17.8%	17.8%	20.5%	18.5%	19.1%	23.2%	25.7%	21.2%	17.4%
财政支出占*GDP*比重	30.8%	27.0%	22.2%	11.2%	16.0%	18.3%	19.1%	19.9%	19.9%	22.3%	22.3%

第三节　财政支出结构分析

一、关于财政支出结构发展变化的学说

财政支出结构是指各类或各项财政支出占总支出的比重，也称财政支出构成。财政支出规模与财政支出结构是紧密联系的，许多学者在研究财政支出规模增长趋势的同时也研究了财政支出结构变化的趋势。

（一）马斯格雷夫和罗斯托的经济发展阶段论

马斯格雷夫和罗斯托的经济发展阶段理论就是联系财政支出结构的变化来解释财政支出规模增长的原因。他们认为，在经济发展的早期阶段，政府投资在社会总投资中占有较高的比重，公共部门为经济发展提供社会基础设施，如道路、运输系统、环境卫生系统、法律与秩序、健康与教育以及其他用于人力资本的投资等。这些投资对于经济与社会发展处于早期阶段的国家进入“起飞”以至进入发展的中期阶段是必不可少的。在发展的中期，政府投资还应继续进行，但这时政府投资将逐步转换为对私人投资的补充。

马斯格雷夫认为，在整个经济发展进程中，社会总投资以及政府投资的绝对数会是增长的，但社会总投资占 GDP 的比重以及政府投资占财政支出的比重则会趋于下降。罗斯托认为，一旦经济发展达到成熟阶段，公共支出将从基础设施支出转向不断增加的教育、保健与福利服务的支出，而且这方面支出的增长将大大超过其他方面支出的增长速度，也会快于 GDP 的增长速度。

（二）内生增长理论

内生增长理论的基本思想是，劳动投入过程中包含着因教育、培训及职工再教育而形成的人力资本，物质资本积累过程中包含着因研究开发活动而形成的技术进步，生产性公共投资增加的也有助于提高物质资本的边际收益率。因此，生产要素积累的收益率不会发生递减趋势，长期增长率将大于“0”。显然，这一理论的贡献在于将原来认为是促进经济增长的外在要素内在化，据此人们将这种理论称为内生增长理论。

这一理论对财政政策在经济增长中的作用也做出了崭新的诠释，认为生产性公共资本、人力资本和研究开发活动是一个国家长期经济增长的内在因素和内在动力，而这些因素具有明显的非竞争性、非排他性和外溢效应，具有公共物品的某些属性。也就是说，这些因素属于财政政策变量的范围之内。所以，财政政策对经济增长和经济结构的调整，特别是对长期经济增长和经济结构的调整具有重要的特殊作用。

财政支出结构的发展变化带有一定的规律性。但从政府制定财政政策的角度看，则必须根据一定时期的发展战略和政策目标以及经济形势的发展变化，推动财政支出结构的调整和优化，而内生增长理论为调整和优化财政支出结构提出了主要思路。

表 2-2 反映了美国 1902－1980 年财政支出结构的发展变化趋势，其中，民生福利支出由 7.1%上升为 39.4%，而经济发展与运输支出则由 28%下降为 13.5%，另外，一般行政支

出由12%下降为3.5%。

表2-2 美国财政支出中主要项目所占比重的发展变化趋势

	1902	1927	1940	1950	1960	1970	1980
民生福利支出	7.1%	6.6%	14.4%	10.4%	18.0%	29.9%	39.4%
经济发展与运输	28.0%	41.9%	34.8%	22.1%	19.5%	16.4%	13.5%
一般行政	12.0%	5.3%	4.2%	2.4%	5.5%	6.8%	3.5%

二、我国财政支出结构的变化与优化财政支出结构的思路

（一）我国财政支出结构变化的历史进程

我国财政支出结构的变化有自身的特殊性，我国社会主义市场经济是由计划经济体制转换过来的，改革开放初的财政支出结构仍明显具有计划经济时期财政支出结构的特征，主要表现是以基本建设支出为主的经济建设支出占有较大比重，如1978年基本建设支出占财政支出的比重为40.3%，经济建设费用占财政支出的比重为59.9%。因此，我国财政支出结构变化的总趋势首先是和经济体制改革及政府职能的转变相联系的，是随着经济体制改革和政府职能的转换而变化的，同时也是随着社会经济发展阶段的转变而变化的。虽然不同时期经济形势以及政府采取的不同政策对财政支出结构的变化也有直接的影响，但在其中只起加速或延缓的作用，而不会改变变化的总趋势。

（1）改革开放之初，为了激发经济活力，我国财政收入一度下降，政府的首要应对措施是压缩基本建设支出。之后一段时期内，随着财政收入的恢复和增长，基本建设支出规模也有所恢复和增长，但基本建设支出和经济建设支出占财政支出的比重却仍然呈下降趋势。

（2）1992年10月，中共十四大确立经济体制改革目标模式是建立社会主义市场经济，并明确建立社会主义市场经济体制就是要使市场在国家宏观调控下对资源配置起决定性作用，这也就明确了财政支出结构调整变化的方向和发展趋势，即国有企业要转换经营机制，建立“产权清晰、权责明确、政企分开、管理科学”的现代企业制度，政府管理经济的职能要转变为以经济手段、法律手段和必要的行政手段为主的间接的宏观调控；相应地，财政投资则要退出一般的竞争性领域，集中于提供那些具有非排他性和非竞争性一般的公共物品，以满足社会公共需要。

（3）2002年召开的党的十六大明确我国已初步建立起社会主义市场经济体制的基本框架，十六届三中全会提出了“坚持以人为本，树立全面、协调、可持续的发展观，促进经济社会和人的全面发展”的科学发展观，要求统筹城乡发展、统筹区域发展、统一经济社会发展、统筹人与自然和谐发展、统筹国内发展和对外开放。进入21世纪，我国社会经济发展进入一个新阶段，我们既面临前所未有的发展机遇，也面对严峻的挑战。我国已经进入注重加强各项社会事业的发展阶段，要求优先发展教育，提高医疗卫生服务，实行积极的就业政策，完善社会保险体系；我国也已经进入二元结构转化的关键阶段，要坚持以工补农的方针，加强社会主义新农村建设，推动城乡协调发展，坚持可持续发展的路线，

保护生态环境，合理利用资源，推动发展方式的转变。总之，随着经济体制改革的不断深化和社会主义市场经济体制基本框架的初步建立，已经为财政支出结构的调整变化确立了基本目标和基本格局。按原财政支出的功能性质分类计算，经济建设费与社会文教费用对比，“五五”时期至“十五”时期，前者由59.9%下降为29.1%，后者由14.4%上升为26.6%；按原财政主要支出项目分类计算，基本建设支出与文教、科学、卫生事业费对比，前者由35.1%下降为12.9%，后者由11.0%上升为18.0%。近年来，财政收入的快速增长为优化财政支出结构提供了较大的空间，财政支出结构发生了明显的变化，图2-3是2016年按新的财政支出功能性质分类计算的财政支出结构。

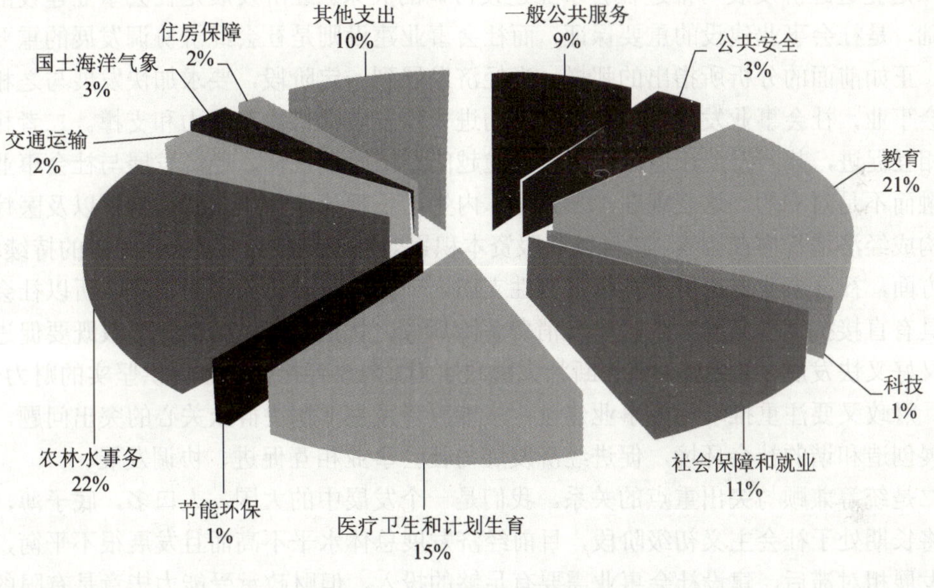

图2-3 2016年财政支出结构

（二）优化财政支出结构，建立保障社会民生的长效机制

优化财政支出结构的基本依据和基本方针是全面贯彻落实科学发展观。在全面贯彻科学发展观和构建和谐社会中，财政必须坚持从那些从属于市场竞争性的投资中解脱出来，把支持和保障诸如义务教育、公共卫生、社会保障、基础科学、治理污染以及支持“三农”等各项社会事业的发展，建立保障社会民生的长效机制。

当前财政在全面贯彻落实科学发展观和建设小康社会中肩负着重要而又艰巨的任务，主要表现为：全面落实国家中长期教育改革和发展规划纲要要求，加大教育投入力度，提高教育资金使用效率；大力支持医药卫生体制改革，提高医疗服务和保障水平；加大保障性安居工程投入力度，推进公共租赁房、廉租房建设和农村危房及城市棚户区改造；支持加快建立可覆盖城乡居民的社会保障体系，进一步扩大新型农村社会养老保险试点范围，并将试点地区城镇无收入居民纳入保障范围；加强农业农村基础设施建设，大力推进农田水利建设、中小河流治理、小型病险水库除险加固、山洪灾害防治等，切实改善农村生产生活条件；支持节能减排和科技创新，促进经济结构调整和发展方式转变；采取切实有效措施，大力压缩行政经费，提高行政效率。同时，也要清醒地认识到，当前我国社会事业发展相对滞后，基础比较薄弱，社会保障总体上覆盖范围较窄、标准较低，且农村人口所占比例高，地区间、城乡间基本公共服务水平差距也较大，而财政对社会民生的支持和保障与全面落实科学发展观和有构建和谐社会的要求还存在较大的差距。一方面，财政对社会民生领域的投入需要持续加大，这是财政贯彻落实科学发展观责无旁贷的义务；另一方面，行政成本过高、不严、管理水平有待提高、绩效考评刚刚起步等又制约着财政对社会民生保障的力度。为了妥善解决这种矛盾，必须采取正确的方针，处理好和把握好财政支持和保障社会民生的几种关系。

一是促进经济发展与推进社会事业建设协调的关系。经济发展是社会事业建设的前提和基础，是社会事业建设的重要保证，而社会事业建设则是社会经济协调发展的重要组成部分。正如前面的分析所指出的那样，当经济发展到一定阶段，要求加快发展与之相匹配的社会事业，社会事业发展了，会对经济的进一步发展提供内在动力和支撑。二者相辅相成，相互促进，共同发展，这是一条不可逾越的经济发展规律。经济发展与社会事业建设是互融而不是对立的。这表现在：一方面，内生增长理论诠释了教育、科技以及医疗卫生事业构成经济增长内在因素，它可以克服资本积累效益递减的效应，推动经济的持续增长；另一方面，社会事业支出属于社会消费性支出，一部分将转化为个人消费，所以社会事业建设具有直接扩大内需和为扩大个人消费解除后顾之忧的功能。因此，财政既要促进国民经济又好又快发展，在此基础上不断壮大财政实力，为改善社会民生提供坚实的财力保证，同时，财政又要注重推动社会事业建设，注重改善民生，解决群众关心的突出问题，为经济发展创造和谐的社会环境，促进经济发展与社会事业相互促进、协调发展。

二是统筹兼顾与突出重点的关系。我们是一个发展中的大国，人口多，底子薄，仍处于并将长期处于社会主义初级阶段，目前经济发展总体水平不高而且发展很不平衡，社会事业发展相对滞后，建设社会事业需要有足够的投入，但财政承受能力毕竟是有限的。因此，财政既要统筹兼顾，全面支持各项社会事业加快发展，又要突出重点，从我国具体国情和发展阶段出发，充分考虑各方面的条件和财政承受能力，适当集中财力，着力支持解决人民群众最关心、最直接、最现实的利益问题，优先保障基本公共服务需要，并随着经济发展逐步提高社会事业发展和民生保障水平。

三是财政支持和社会参与的关系。在社会主义市场经济条件下，改善民生、加快社会事业建设既要充分发挥财政职能作用，也要积极调动社会各方面参与的积极性。教育、医疗卫生、社会保障等社会事业具有明显的公益性质，直接关系社会公众利益和福祉，直接关系社会公平正义，要切实发挥财政的职能作用，不断增强各级政府提供公共产品和服务的财政保障能力，减轻群众在教育、医疗卫生、养老、住房等方面的支出负担。同时必须认识到，广大人民群众多样性、多层次和不断变化的社会需求不可能完全由政府（财政）直接提供，公益性事业发展形式不是单一的，运行机制也各异，政府不应当也不可能包办一切。对于那些可以而且能够通过市场满足的社会需求，要充分调动各类市场主体和社会组织的参与积极性，尽可能地发挥市场机制在建设社会事业中的作用。

四是增加投入和制度建设的关系。加快发展社会事业、不断改善民生，既要增加财政投入，更要加强制度建设。不增加投入，社会事业就不能加快发展。而没有相应的制度保障，增加的投入也难以有效发挥作用。要在加大财政投入力度、提高财政资金使用效益的同时，针对管理体制和运行机制中存在的不适应、不符合科学发展观的问题，应着力支持改革创新，不断完善管理体制与运行机制，建立健全民生保障的长效机制，确保取得长远效果，从而更有力地促进社会事业的发展。

第四节 财政支出效益分析

一、财政支出的效率

财政支出效率由财政资源配置效率和公共物品（包括准公共物品）的生产效率组成。

（一）配置效率

财政支出的配置效率与财政配置职能密切相关。含量资源配置的效率，首先需要选定一个更为可行的效率标准。这样的效率标准就是社会净效益（或净所得）最大化标准，即当改变资源配置时，社会的所得要大于社会的所失，其差额越大越好。财政支出所取得的各种效益，包括经济效益和社会效益的总计，应当大于聚集财政收入过程中对经济所形成的代价或成本，也就是要获得效益剩余或净效益。

如前所述，在市场经济条件下，私人物品的提供是通过价格机制经由民间部门的资源配置实现的，而公共物品的提供只能通过特定的预算安排或政治程序经由财政的资源配置来实现，这样民间部门和财政部门之间就发生了资源配置的组合。所以，财政支出的配置效率首先是财政支出占 *GDP* 的比重适度的问题，也就是政府与市场各自的资源配置恰当结合的问题，如图 2-4 所示。

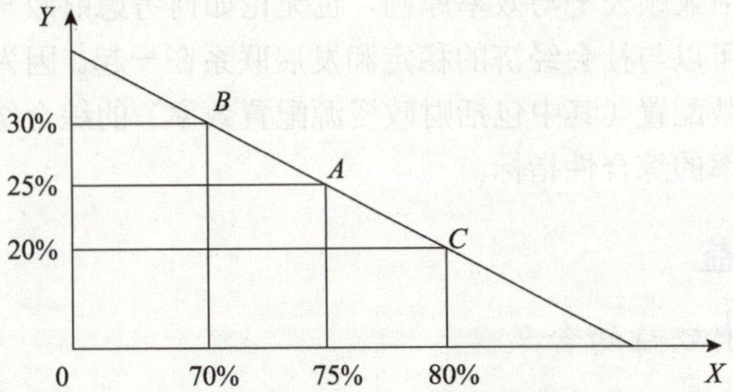

图 2-4 政府和市场在资源配置中的关系

我们用 Z 表示社会总资源，X 表示民间部门配置的资源，Y 表示财政部门配置的资源，则 $Z=X+Y$。从图 2-4 可知，资源配置存在各种比例的组合，如（X/Z）%或（Y/Z）%，如果公众期望的配合点在 A 点，实际的资源配置组合点又恰好落在 A 点，此时，达成了三项社会均衡的资源配置，即公众的个人需求与社会公共需求在 A 点上均可以获得满足。如果公众期望的组合点在 A 点，而实际的资源配置组合点在 B 点或 C 点上，则预示着公众的期望未能实现，社会资源的配置处在非均衡点上，因此，若要财政决策符合公众意愿，必

须选择在 A 点的社会资源配置组合。

政府是通过提供公共物品进行资源配置，就是要把居民的消费需求集合为“社会的”（或政府的）需求，也就是说政府按照居民的意愿进行资源配置才是有效率的。这套有效率的政治制度就是“公共选择”制度。然而，现实的困难是，公众是一个集体的概念，公众的愿望并不总是一致的，每个人的选择在实际生活中存在差异，因而体现民主化和法制化的决策机制就成为问题的关键。

一般来说，为了提高公共支出的配置效率，财政部门应该能做到以下几点：① 财政支出的来源应受到严格立法的约束；② 财政支出的规模和结构应受到制度的严格限制；③ 公共部门是非营利性部门，不应以追求利润而以追求社会效益最大化目标；④ 财政资金的安排应高度透明，财政民主不仅是政治民主的一个重要因素，而且是政治民主的集中体现；⑤ 公民拥有对财政支出状况的知情权，不仅政府要定期公告，而且公民有权随时查询。

（二）生产效率

财政支出的生产效率是指如果把政府机关和公共部门看作是提供公共物品的“生产部门”，那么，在资源配置既定的前提下，政府部门内部的组织管理状况决定着提供公共物的数量和质量，从而决定财政支出的效率。政府部门内部的组织管理蕴藏着提高财政支出效率的巨大潜力，诸如精兵简政、倡廉反腐、加强审计和监督、实行国库集中收付和公共采购、事业单位的企业化管理、公共设施建设的多渠道集资等，都是提高财政支出效率的重大举措。

尽管如此，对政府部门管理状况的评价历来是一个难题，它们的潜在效率如同未知数一样无法确定，所以，通常把财政支出的生产效率称为政府部门的 X 效率。事实上，社会经济的稳定和发展是财政支出效率的集中体现。在财政决策中，无论如何安排财政支出的规模和结构，无论如何兼顾公平与效率原则，也无论如何考虑财政与市场的有效结合，它的运行结果和评价都可以与社会经济的稳定和发展联系在一起。因为社会经济的稳定与发展态势是社会资源有效配置（其中包括财政资源配置效率）的综合结果，也是评价财政支出配置效率和生产效率的综合性指标。

二、财政支出的效益

（一）财政支出效益的含义

所谓效益，就是人们在有目的的实践活动中“所费”和“所得”的对比关系，所谓提高经济效益就是“少花钱、多办事、办好事”。对于微观经济主体来说，提高经济效益有着十分明确且易于把握的标准，花了一笔钱，赚回了更多的钱，这项活动便是有效益的。

从原则上说，财政支出效益与微观经济主体的支出效益是一样的，但是，由于政府处于宏观调控主体的地位，所以其支出效益同微观经济主体支出的效益存在重大差别。

一是两者所费与所得的计算范围大相径庭。微观经济主体只需分析发生在自身范围内的直接和有形的所费与所得；政府则不仅要分析直接的和有形的所费与所得，还需分析长期间接的和无形的所费与所得。

二是两者的选优标准不同。微观经济主体的目标是追求利润，绝不可能选择赔钱的方案；政府追求的则是整个社会的最大效益，为达此目标，力求少花钱、多办事的同时，局部的亏损也是可行的、必要的。所以，政府在提高财政支出效益的过程中面临各种复杂的问题。

（二）财政支出效益的内容和评价

财政支出效益的内容和评价包括三个层次的内容。

1. 内源性效益评价

内源性效益是指财政支出本身所产生的效益，包括直接效益和间接效益。直接效益是指某些财政项目直接产生的可计量的经济效益，如经济建设支出项目的经济效益、支农支出项目的经济效益等。间接效益指某些项目不直接产生经济效益却存在社会效益，有些可以量化，有些难以量化，如事业性支出项目的社会效益、行政性支出项目的社会效益等。

内源性效益评价又可分为三个方面：

（1）财政支出总量效益评价，是指对财政支出总规模所产的效益进行评价。包括财政支出规模与国民经济发展是否匹配，如财政支出占全国 *GDP* 的比重是否存在一个最优区间的问题，在经济发展的不同阶段，最优区间的移动是否有其规律性，以及财政支出对国民生产总值的贡献率、财政支出的公共产品产出率等。

（2）财政支出结构效益评价，是指对财政支出项目之间的组合效益进行评价。支出结构是否科学合理，对财政支出的整体效益发挥至关重要，因而，财政支出结构效益主要是评价各类支出占总支出的比重是否合理，以期寻找一种最优的结构模式。衡量结构效益可选择直接经济效益指标、间接经济效益指标、直接社会效益指标和间接社会效益指标等，注意既不能一味强调经济效益，也不能单纯地追求社会效益，寻求结构效益的平衡点最为重要。

（3）财政支出项目效益评价，财政支出项目效益是指具体支出项目所产生的效益进行评价，是支出效益的细化。按照我国现行的财政支出功能分类，财政支出分为一般公共服务、教育、医疗卫生、科学技术、农林水事务、交通运输等。对于上述具体项目所产生的效益进行评价，其主要难点在于：项目之间具有不可比性，难以寻求一种共同的评价指标；项目隐含的效益有的可量化，有的不可量化；以社会效益为主的项目的效益最优值难以计量，难以建立一个衡量标准体系。尽管如此，我们仍然可以根据某一类项目的特点建立具体的评价指标，得出某一类项目的支出－产出率。比如，教育支出的经济效益指标可以用新增的国内生产总值与教育经费支出总数之比来表示，而其社会效益可以用入学率、毕业率等进行评价，等等。

2. 部门绩效评价

部门绩效是指使用（管理）财政支出的公共部门（如教育、文化、农业等）财政年度内的工作绩效。部门绩效评价包含两层含义：

一是评价部门在财政资源的配置上是否合理并得以优化，财政资源使用是否得到相应的产出或成果，也就是对部门资源配置的总体状况进行评价。

二是部门本身的工作绩效评价，如是否完成了既定的社会经济发展指标。

公共部门对使用财政资金的状况应增强其透明度，除特殊部门外，应向社会大众公开，年度终结后应向财政部门报告部门绩效。财政部门则应根据国民经济及社会发展总体目标制定公共部门绩效评价体系，分部门确定相应的评价指标，对公共部门的绩效进行评价和考核。

3．单位绩效评价

任何一项财政支出最终要通过公共部门分配到具体的使用单位，因而，资金使用单位既是支出链中的最终环节，又是资金使用效益的直接体现者。财政支出能否得到相应的产出、能否发挥最大的效益，最终取决于使用单位。对单位绩效的评价应着重于以下几个方面：

一是对预算及相关决策的执行情况。如果与预算发生偏差，要有足够的理由说明其原因，在资金的使用过程中是否始终保持与国家的财政经济政策的一致性等。

二是单位的资金管理机制是否完备，有无违反财政法规的现象存在。

三是资金使用的最终效益（包括当期效益和周期性效益）是否完全体现，即对资金使用效益进行评价。

四是要对同类型项目进行历史的、区域性比较分析，建立一个最优的控制模型，也就是项目支出效益的标准模型，以此作为支出或项目评价的“标准值”。

单位绩效评价工作应由其主管的公共部门实施。每年度终结后，主管部门应对所属承载公共支出的单位的支出效益状况进行评价，其评价结果抄报财政部门，以利于财政部门对支出效益的全过程监控。

三、财政支出效益评价方法和评价体系

如上所述，对财政支出的效益进行评价是一项比较困难的工作，原因在于：一是效益或成本有很多难以用市场价格或货币单位计量，即缺乏共同性；二是效益或成本往往不是直接地体现出来，有些效益是无形的，即存在隐性；三是效益或成本往往具有长期性，甚至会影响到下一代或更长的时间；四是不同的支出项目有不同的短期、长期效益。因此，对财政支出项目的效益进行评价时，应采用静态分析与动态分析相结合、单项分析与综合分析相结合、定性分析与定量分析相结合的分析方法。

（一）财政支出效益评价方法

由于财政支出项目繁多、性质各异，所以对不同项目必须采取不同的评价方法。下面简略地介绍常用的两种评价方法。

1．成本—效益分析法

成本－效益分析法也称为成本－收入分析法，是将项目的收入与支出成本、经营成本相对比，用净收入和收入成本率来评价项目经济效益的一种方法，适用于收益能用货币计量的情况。

假设一个项目的寿命为 n 年，第 i 年的折现率为 r_i，第 I 年的效益和成本分别为 B_i 和 C_i，$i=0$，1，2，3，…n，则第 i 年的净收益为 B_i-C_i。那么该项目的未来净效益的现值（NPV）为：

$$NPV=\sum_{i=0}^{n}\frac{B_i-C_i}{(1+r_i)^i}$$

式中，B_i为第 i 年的收益；C_i为第 n 年的成本，r_i为第 i 年的贴现率，n 为该项目使用年限。

根据上式计算出来的结果，我们可以对某一项目的投资可行性做出判断：如果 $NPV>0$，该项目可行；如果 $NPV=0$，计算内部收益率（净现值等于零的贴现率），如果内部收益率大于银行贷款利率，该项目可行；如果 $NPV<0$，该项目不可行。对于不同项目进行选择时，则比较它们的 NPV 取值大小，同等条件下选择 NPV 高的项目。

采用成本－效益分析法进行评估时要注意两点：（1）对折现率 r 的选择，应采用社会折现率。这种贴现率一般比私人企业的投资收益率要高。这是因为社会贴现率是站在国家宏观经济角度看投资所应达到的收益率标准，不但要考虑该项目投资在当代的收益，还要考虑下一代人的获益，还有公共支出项目所带来的外部效应，也要纳入项目效益之中。（2）对公共项目的投入、产出物的价格应采用影子价格。所谓影子价格，是指当社会经济处于某种状态时，能够反映社会劳动消耗、资源稀缺程度和最终产品需求情况的价格。

成本－效益分析法在许多国家的中央政府、地方政府及世界银行等国际组织得到了广泛应用，这种方法更多地用在公共支出决策程序中，它通过对多个预选方案进行成本－效益分析，根据对边际社会效益和边际社会成本的对比，选择最优的支出方案。例如，政府有建造一座体育馆、建设一条公路和建设一所中学 3 个方案，由于其效果不同，投资多少也不同，因而通常认为不可比，而成本－收益分析法就试图通过项目的成本计算，由不可比转向可比，从而为决策部门提供一个量化的评估结果。这一方法的要求是必须将项目的收益（包括内部收益和外部收益）全部量化，同时也将成本（包括内部成本和外部成本）全部量化，然后比较其效果。

2. 最低成本法

最低成本法也称最低费用选择法，这种评价方法与成本－效益分析法的主要区别是不用货币单位计量备选项目的社会效益，只计算项目的有形成本，并以成本最低作为择优的标准。因而，最低成本法是适用于评价那些成本易于计算而效益不易计量的支出项目。

运用最低成本法来选择支出项目，其基本原理与成本－效益分析法大体相同，只是由于免去计算支出效益和无形成本的麻烦，操作程序要简单得多。首先是根据已确定的建设目标提出几种备选方案；而后是分别计算各种备选方案的有形费用，如果是多年持续的支出项目，还要采取贴现法折算出“费用流”的现值；最后是按费用的高低排列顺序，供决策者选择。

最低成本法多用于评价教育、卫生、文化以及政治、军事等支出项目，下面列举一例加以说明。假定政府为适应“三农”建设要求今后每年要多培养 1 万名农学专业的大学生，经专家论证提出可以达到这一目标的三种方案：方案一，新建 5 所农学院，各校招生 2 000 人，这就要求新建校舍、招聘教师和管理人员；方案二，现有农学院扩大招生规模，这就要求新建部分校舍，增聘部分教师和管理人员；方案三，组织农学专业自学考试，这就要求增加辅导、考试等一系列工作量。我们假定三种方案都可以培养出 1 万名质量相同的农学专业大学生，但三种方案之间的成本费用肯定存在相当大的差距，显然以成本费用最低者为最优选择。

（二）财政支出效益评价体系

1. 评价指标体系设置的基本原则

财政支出效益必须通过评价指标予以体现，科学、完整的评价指标体系是取得正确评价结果的先决条件，因而在指标体系的设计上应体现完整性、科学性以及易操作性等特点。一般而言，评价指标体系的设置要遵循以下几项原则：

（1）经济性（Economy）、效率性（Efficiency）和有效性（Effectiveness）兼顾的原则，即所谓“3E 原则”。“3E 原则”是为许多西方国家的实践所证实了的财政支出评价有效原则，我国应当结合自身实际充分借鉴这一原则，使我国的财政支出绩效评价工作一开始就有一个正确的方向和一个高的起点。

（2）针对性与兼容性相结合的原则。评价指标的设置是对财政支出管理关注重点的直接体现，为此，指标设置的选取必须具有较强的针对性，但又要注意指标选取的兼容性，也就是把握好共性与个性指标的衔接问题。

（3）定量指标与定性指标相结合和相衔接的原则。定性分析就是对财政支出效益作出判断，而定量分析则是判断的客观依据，定量分析可以使定性分析更加准确、层次分明。因此，在评价工作中应当十分重视定量分析，力求定性分析以定量分析为依据，使评价结果更加客观、合理、准确。但是，如上所述，财政支出项目执行的结果，有的不能用量化标准进行衡量，或者量化指标难以明确显示效益的状况及其程度，如公众对项目实施的满意度等，对这类支出项目不必勉强依靠定量分析，主要是通过深入、调查研究作出判断。

（4）工作需要与可操作性相结合的原则。从一项评价工作开展来看，指标设置越细，评价结果越趋于合理，但由于受各种主客观因素的制约，如有些数据无法取得、有些数据受时间限制无法完成等，在设置具体评价指标以及选取指标的数量时还要考虑现实性及可操作性。

2. 评价指标体系的设计

由于财政支出效益评价的复杂性，财政支出评价指标的设置必须遵从政府的宏观性方案以及部门既定的工作目标，一个单独的评价指标应该是与具体目标的实现相联系，而且通常每个工作目标都应该有相应的评价指标。

根据前面所讲的财政支出效益的内涵和范围，可以考虑设计支出规模、支出结构、项目及部门（单位）效益四个指标体系。在实践中，可根据具体情况建立相应的子指标体系。一般而言，可设置如下指标体系：

（1）规模效益指标体系。

财政支出（分类别支出）占 *GDP* 的比重＝［当期财政支出（分类别支出）/当期 *GDP*］×100%

财政支出（分类别支出）贡献率＝［当期 *GDP* 的增加值/当期财政支出（分类别支出）总额］×100%

财政支出（分类别支出）公共物品产出率＝［当期公共物品总额/当期财政支出（分类别支出）］×100%

（2）结构效益指标体系。

本级财政支出占本区域比重＝（当期本级财政支出总额/当期本区域财政支出总额）×100%

各类支出占财政总支出比重＝（当期某类支出总额/当期财政总支出）×100%

各项目支出类别的比重＝（当期某项目支出总额/当期类别支出总额）×100%

（3）支出项目效益指标体系。

支出项目的成本收益率＝（期间支出项目的经济收益/期间项目支出总额）×100%

财政资源使用成果率＝（财政支出项目成果/财政项目支出总额）×100%

这两个指标仅提供了一种思路，在具体的指标设计中，还需综合考虑多重因素的影响，如对社会经济可持续发展能力、生态环境的保护、社会收入公平分配、区域性经济发展战略等，应针对不同支出项目设立相应的评价指标。与此同时，还要寻找出各有关支出项目的外源性制约因素，以期能提供财政支出效益最大化的模式，从而建立起科学的支出项目评价指标子系统。

（4）公共部门（单位）效益指标体系。

履行职能的标准成本率＝（履行某项职能的实际成本/履行某项职能的标准成本）×100%

政策目标（计划）完成率＝（政策目标（计划）数量/政策目标（计划）完成数量）×100%

对公共部门（单位）的评价是一项较为复杂的工作，无论是行政管理成本的高低还是政策目标（计划）的完成情况，其影响因素多种多样，且具有不确定性。“标准成本”的制定也只能是一个大致的状况，因而要进行准确的评价，其难度是相当大的。

【关键术语】

财政支出　购买性支出　转移性支出　一般公共预算　政府性基金预算　瓦格纳法则　财政支出的效率　财政支出的效益

【网络资源】

1．登录国家财政部网站（http://www.mof.gov.cn/zhengwuxinxi/caizhengshuju/）查阅近三年我国财政收支情况。

2．登录国家统计局网站（http://data.stats.gov.cn/）查阅近三年我国财政支出年度数据和相关报表。

3．登录中国社会科学院财政战略研究院（http://naes.org.cn/）查阅有关“财政支出改革”的相关文献。

4．登录中国财政部财政科学研究所网站（http://www.crifs.org.cn）查阅有关“我国财政科普投入及其效果评价”的相关文献。

【独立思考】

2018 年上半年财政收支情况

2018 年上半年，全国财政收支运行情况良好，财政收入保持较快增长，财政支出保持较高强度，支出进度总体加快，对重点领域和关键环节的支持力度进一步加大，有力促进了经济社会平稳健康发展。

一、全国一般公共预算收支情况

（一）一般公共预算收入情况

1—6 月累计，全国一般公共预算收入 104 331 亿元，同比增长 10.6%。其中，中央一般公共预算收入 49 890 亿元，同比增长 13.7%；地方一般公共预算本级收入 54 441 亿元，同比增长 8%。全国一般公共预算收入中的税收收入 91 629 亿元，同比增长 14.4%；非税收入 12 702 亿元，同比下降 10.8%。

1—6 月主要收入项目情况如下:

（1）国内增值税 33 600 亿元，同比增长 16.6%。

（2）国内消费税 6 869 亿元，同比增长 17.4%。

（3）企业所得税 23 928 亿元，同比增长 12.8%。

（4）个人所得税 8 127 亿元，同比增长 20.3%。

（5）进口货物增值税、消费税 8 520 亿元，同比增长 10.6%；关税 1 454 亿元，同比下降 0.3%。

（6）出口退税 7 661 亿元，同比增长 7.3%，体现为减收。

（7）城市维护建设税 2 542 亿元，同比增长 16.2%。

（8）车辆购置税 1 807 亿元，同比增长 16.4%。

（9）印花税 1 299 亿元，同比增长 8.5%。其中，证券交易印花税 657 亿元，同比增长 6.3%。

（10）资源税 840 亿元，同比增长 20.2%。

（11）环境保护税 46 亿元（今年新开征）。

（12）土地和房地产相关税收中，契税 2 974 亿元，同比增长 16%；土地增值税 3 231 亿元，同比增长 10.7%；房产税 1 484 亿元，同比增长 6.9%；城镇土地使用税 1 309 亿元，同比下降 0.2%；耕地占用税 801 亿元，同比下降 31.7%。

（13）车船税、船舶吨税、烟叶税等其他各项税收收入合计 459 亿元，同比增长 5.2%。

（二）一般公共预算支出情况

1—6月累计，全国一般公共预算支出 111 592亿元，同比增长 7.8%，为年初预算的 53.2%，比去年同期进度加快 0.1 个百分点。其中，中央一般公共预算本级支出 15 371 亿元，同比增长 8.3%；地方一般公共预算支出 96 221 亿元，同比增长 7.8%。

1—6 月主要支出项目情况如下:

（1）教育支出 16 400 亿元，增长 6.9%。

（2）科学技术支出 3 644 亿元，增长 25.4%。

（3）文化体育与传媒支出 1 346 亿元，增长 5.8%。

（4）社会保障和就业支出 16 482 亿元，增长 11.3%。

（5）医疗卫生与计划生育支出 9 472 亿元，增长 9.8%。

（6）节能环保支出 2 627 亿元，增长 16.3%。

（7）城乡社区支出 12 542 亿元，增长 5.5%。

（8）农林水支出 8 355 亿元，增长 3.7%。

（9）交通运输支出 5 534 亿元，增长 0.5%。

（10）债务付息支出 3 660 亿元，同比增长 19%。

二、全国政府性基金预算收支情况

（一）政府性基金预算收入情况

1—6 月累计，全国政府性基金预算收入 31 237 亿元，同比增长 36%。分中央和地方看，中央政府性基金预算收入 1 922 亿元，同比下降 1.9%；地方政府性基金预算本级收入 29 315 亿元，同比增长 39.6%，其中国有土地使用权出让收入 26 941 亿元，同比增长 43%。

（二）政府性基金预算支出情况

1—6 月累计，全国政府性基金预算支出 28 130 亿元，同比增长 37.3%。分中央和地方看，中央政府性基金预算本级支出 808 亿元，同比下降 4%；地方政府性基金预算支出 27 322 元，同比增长 39.1%，其中国有土地使用权出让收入相关支出 24 864 亿元，同比增长 43%。

（资料来源：财政部网站）

【思考】根据以上材料，按增长幅度的大小对支出项目进行排列，联系我国财政政策分析全国一般公共预算收支情况和政府性基金预算收支情况。

【课后练习】

一、名词解释

1．购买性支出　　2．转移性支出　　3．经常性支出

4．资本性支出　　5．平均定价法　　6．成本一效益分析法

7．内部收益率　　8．影子价格　　9．公共提供

10．财政监督　　11．收益成本比率

二、判断题

1．若某一产品具有非竞争性和非排他性，则认为该产品只能由政府来提供和生产。（　　）

2．在政府为保证公共物品提供和管理而选用公共定价方法时，选用平均成本定价法可以实现最大利润。（　　）

3．在成本－效益分析法中，*NPV* 的求解公式中的贴现率采用的是社会贴现率。（ ）

4．在成本－效益分析法中，公共项目的投入、产出物的价格应采用市场平均价格。（ ）

5．所有的公共项目在实施前都应采用成本－效益分析法进行评价判断，从而根据所得结论进行决策。（ ）

6．财政支出按经济性质可分为转移性支出和购买性支出。（ ）

7．公共物品的最优效率提供水平发生的条件是，每一社会成员对最后一单位的效应水平相同。（ ）

8．如果一种物品具有非竞争性和排他性，则它绝不会由私人部门来生产，而必须由政府部门负责生产。（ ）

9．政府债务利息支付属于转移支付。（ ）

10．财政购买性支出是国民收入的一部分。（ ）

三、单项选择题

1．私人物品可以通过市场有效率地加以分配，而通常需要政府行动才能有效率地供给的是（ ）。

A．公共物品　　B．私人物品
C．消费品　　D．固定资产

2．为使某种物品或服务的效益最大化，其产量应达到使其（ ）为零。

A．社会边际效益　　B．社会边际成本
C．净边际效益　　D．社会总成本

3．如果学校是政府办的，但办学的成本全部通过向学生收费来补偿，在这种情况下，教育在提供方式和生产方式上采取了下述哪种组合？（ ）

A．公共提供，公共生产　　B．公共提供，私人生产
C．市场提供，公共生产　　D．市场提供，私人生产

4．解决自然垄断的有效措施是（ ）。

A．征税　　B．采取反垄断措施
C．公共定价　　D．收费

5．政府在为自然垄断产品定价时，会产生企业亏损问题的定价方法是（ ）。

A．边际成本定价　　B．二部定价
C．平均成本定价　　D．固定成本与变动成本定价

6．当产量从而价格产生较大波动时，农产品供求弹性的不对称会形成（ ）。

A．垄断市场　　B．蛛网市场　　C．寡头市场　　D．完全竞争市场

7．下列项目中不属于规费的是（ ）。

A．过桥收费　　B．护照费　　C．商品检验费　　D．毕业证书费

8．下列项目中属于使用费的是（ ）。

A．律师执照费　　B．商标登记费　　C．出生登记费　　D．公园门票收费

9．政府对产品实行收费，依据的是（　　）。

A．产品消费中的外部效益　　B．产品消费中的内部效益

C．产品消费中的内部成本　　D．A 与 B

10．下列有关政府收费的表述正确的是（　　）。

A．“拥挤”收费从本质上来说是对外部成本的一种弥补

B．政府收费具有普遍性与强制性

C．政府收费所取得的收入主要用于一般性财政支出

D．政府收费标准是通过市场机制确定的

11．对公共设施使用者收取使用费时，是依据使用者的（　　）。

A．收入状况　　B．能力状况

C．受益状况　　D．财产状况

12．财政职能的体现都是更直接地通过（　　）执行的。

A．财政支出　　B．财政收入　　C．财政分配　　D．国家补偿

13．以货币形式表现的基本建设工作量称为（　　）。

A．固定资产投资额　　B．基本建设拨款额

C．基本建设和更新改造投资额　　D．基本建设投资额

14．固定资产投资的供应方式有（　　）。

A．拨款　　B．贷款　　C．拨改贷　　D．拨款和贷款

15．在电力、煤气、自来水等行业可采用的公共定价方法是（　　）。[中央财经大学 2008 研]

A．平均成本定价法　　B．二部定价法

C．边际成本定价法　　D．负荷定价法

16．财政支出效益分析的方法不包括（　　）。[中央财经大学 2010 研]

A．成本效益分析法　　B．最低成本法

C．公共劳务收费法　　D．因素分析评分法

四、不定项选择题

1．下列项目中，属于购买性支出的有（　　）。

A．社会保障支出与行政管理支出　　B．社会保障支出

C．政府投资、国防、行政管理支出　　D．债务利息支出

2．财政的转移性支出通常不包括政府的（　　）。

A．国防支出　　B．科学教育支出

C．财政补贴支出　　D．债务利息支出

3．以下不属于按国家职能对财政支出分类的是（　　）。

A．中央财政支出　　B．国防支出

C．社会文化教育事业支出　　D．经济建设投资支出

4．按财政支出是否取得等价补偿分类，可将财政支出分为（　　）。

A．积累支出和消费支出　　B．生产性支出和非生产性支出

C．购买性支出和转移性支出　　D．经济建设支出和文化教育支出

5．准公共物品的提供形式包括（　）。

A．政府授权经营　　B．政府参股

C．政府补助　　D．市场自由流通

6．公共定价的一般方法包括（　）。

A．平均成本定价法　　B．二部定价法

C．负荷定价法　　D．市场定价法

7．私人提供的公共物品有（　）。

A．国防　　B．慈善事业

C．城市污水处理　　D．私营企业参与的基础设施建设

8．财政支出效率着重包括以下哪几个方面的内容？（　）

A．财政资源配置效率　　B．纯公共物品的生产效率

C．准公共物品的生产效率　　D．收入分配效率

五、简答题

1．财政转移性支出与购买性支出有何差异？

2．什么是外部效应？政府对外部性产品或行为应采取什么措施？请举例说明。

3．简述成本－效益分析法。

4．简述财政监督的内涵、作用及其构成要素。

六、论述题

1．在西班牙，私人公司将完成马德里的环城公路的修筑，该公司通过收取过路费赚钱。这条公路是不是公共物品？私人提供公路是一个好的想法吗？

2．公共部门的成本－效益分析与私人部门的成本－效益分析相比，有什么特点？

第三章

购买性支出

学习目标

☑ 熟悉行政、国防支出的性质、范围和内容

☑ 熟悉文化、教育、科学、卫生事业支出的性质和内容

☑ 熟悉政府投资性支出的分类和内容

案例导入

“海上马车夫”的崛起与衰落

1648 年西班牙正式承认荷兰独立，之后荷兰大力发展资本主义工商业、商业、海洋运输业和金融业，并在世界各地建立殖民地和贸易据点，很快荷兰达到了商业繁荣的顶峰，成为 17 世纪海上殖民强国，也成为当时继西班牙之后世界上最大的殖民国家。

当时，欧洲的资本主义经济发展迅速，各国贸易往来频繁。当时的贸易通道主要在海上，因此造船工业的发达与否，拥有商船的数量和吨位多少，决定了一个国家是否具有控制东西方贸易、称霸海洋及从事海外殖民掠夺的能力。荷兰的造船业在当时居世界首位，仅在首都阿姆斯特丹就有上百家造船厂，当时荷兰有商船 1.5 万艘，吨位占当时欧洲总吨位的四分之三，几乎垄断了海上贸易。当时的阿姆斯特丹是国际贸易的中心，港内经常有 2 000 多艘商船停泊。欧洲许多国家都到荷兰订购船只，17 世纪末，英国四分之一的船是荷兰制造的。荷兰人成为当之无愧的“海上马车夫”。他们在世界各大洋游弋，保护本国商船，并从事海外殖民掠夺。该时期，荷兰人在爪哇和马六甲海峡两次打败葡萄牙舰队，并且不断追捕、抢劫中国商船，垄断了东方贸易。1602 年，荷兰成立东印度公司，专门控制这一地区的贸易，还一度侵占我国的澎湖、台湾。

但是，“海上马车夫”的好景不长。17 世纪上半叶，荷兰对海上的垄断权成为后起的英国海外扩张最大的障碍和威胁，双方爆发了三次激烈的英荷战争。由于荷兰只顾着发展经济而忽视国防建设，造成后期海上对抗乏力，最终荷兰战败，从海上霸主的地位上跌落下来，从此再也没有恢复昔日的辉煌。

（资料来源：梁功平. 知道点世界历史. 北京：人民出版社，2005：229.）

购买性支出是指政府作为一般的市场主体，按照等价交换的原则在市场上购买商品与劳务的支出，大体包括：行政支出、国防支出、科教文卫事业支出和经济建设支出。

第一节　行政、国防支出

行政管理支出和国防支出是典型的、纯粹的公共产品，具有非排他性和非竞争性，而且无论行政支出还是国防支出，在政府的服务体系建成后，通常其成本并不因为社会成员人数的增加而增加，或者说，并不会因为多增加些社会成员而使原有社会成员的利益受损，因此，这类产品的边际成本为零，或者接近于零。

一、行政管理支出

（一）行政管理支出的性质

行政管理支出是财政用于各级权力机关、行政管理机关、司法检察机关和外事机构行使其职能所需要的费用开支。它是维持国家政权存在、保障各级国家管理机构正常运转所必需的费用，是纳税人必须支付的社会成本。行政管理支出与其他政府支出相比具有特殊性。

首先，公共行政部门所提供的行政管理，是面向全社会的一种管理，其数量与价值都不能通过市场竞争机制来确定，其管理对象和接受管理的主体不具有排他性，因而行政管理属于纯公共产品范畴，其支出也必须由政府财政予以提供，因而由政府向全体社会成员收取税收来提供经费的来源。

其次，从直接生产与消费社会财富的角度看，行政管理支出属于非生产性的社会消费性支出。对公共行政部门提供的经费一经使用，就会引起对社会物质产品的消耗。因此，在经济资源一定的条件下，政府用于行政管理的费用过多，就会直接增加纳税人的负担，从而降低微观经济主体的投资能力或消费能力，使公共产品与私人产品的资源配置发生扭曲。在政府财政收入一定的条件下，如果政府用于行政管理的费用过多，政府就不得不压缩用于基础设施投资、教育、卫生等方面的支出，从而影响整个公共产品配置的效率。

最后，行政管理支出具有稳定性。政府职能在一定时期内相对稳定，行政机构的设置是根据政府履行其职能的实际需要确定的，并经过一定的法律或制度程序确立。它体现了国家在既定时期管理社会经济工作的需要，与各级政府之间或职能机构之间的职权划分紧密联系。

（二）行政管理支出的范围

行政管理支出的范围取决于国家行政管理机关的结构及职能。中国行政管理支出包括以下五项：

（1）行政管理费，包括人大（人民代表大会）经费、政府机关经费、政协经费、共产党机关经费、民主党派经费和社会团体机关经费。

（2）公检法司支出，包括公安支出、国家安全支出、检察院支出、法院支出、司法支出、监狱支出、劳教支出和缉私警察支出。

（3）武装警察部队支出，包括内卫部队经费、边防部队经费、消防部队经费、警卫部队经费、黄金部队经费、森林部队经费、水电部队经费、交通部队经费和其他经费。

（4）外交外事支出，包括外交支出、国际组织支出及偿付外国资产支出、地方外事费、对外宣传经费和边境联检费。

（5）对外援助支出，包括成套项目支出、一般物资支出、优惠贷款援助本金及贴息支出、医疗援助支出、科技合作援外支出和其他支出等。

从行政管理支出的内部结构来看，整个行政管理支出包括两大类，即人员经费与公用经费，前者包括工资、福利费、离退休人员费用等，后者包括公务费、修缮费、设备购置费和业务费等。

（三）我国行政管理支出情况

我国的行政管理支出规模较为庞大，1992—2006 年 15 年间，我国行政管理支出增长 16 倍多，而同期 GDP 仅增长 8 倍多，我国行政管理支出占财政总支出比平均高达 17.76%，远超其他国家，具体如图 3-1 所示。

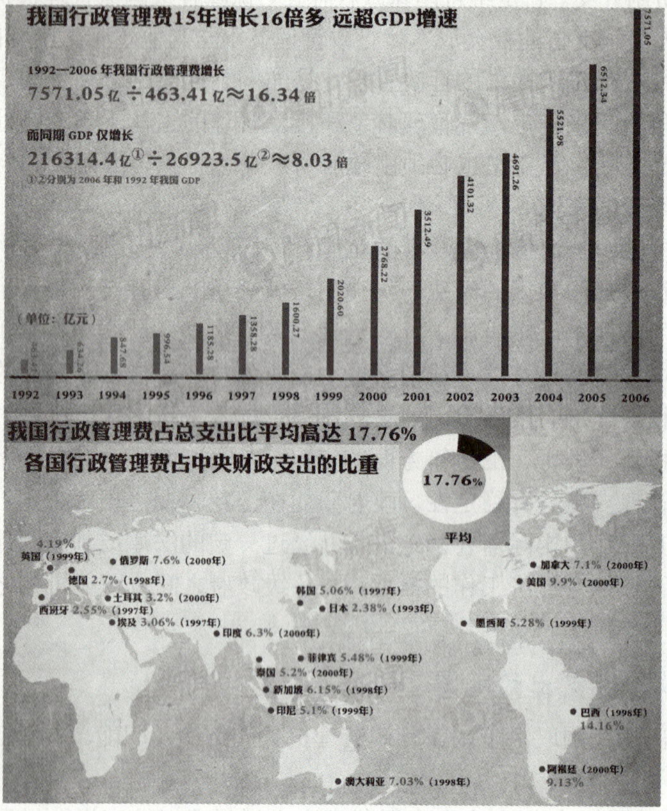

图 3-1　我国的行政管理支出

二、国防支出

（一）国防支出的性质和范围

1. 国防支出的性质

国防属于面向全体社会成员提供的公共服务，它无法通过市场配置来解决，具有非排他性和非竞争性，属于纯公共产品，必须由政府来提供。国防支出是指国家预算中用于提供国防这个公共产品的费用总和。

2. 国防支出的范围

国防支出在各国有不同的细目分类，但基本上都可以划分为维持费和投资费两大部分。

维持费主要用于维持军队的稳定和日常活动，提高军队的战备程度，是国防建设的重要物质基础，包括军事人员经费、军事活动经费、武器装备维修保养费和教育训练费。

投资费主要用于提高军队的武器装备水平，是增强军队战斗力的重要条件，主要包括武器装备的研制费、武器装备的采购费、军事工程建设费等。

在中国，国防支出主要用于国防建设、国防科研事业、军队正规化建设和民兵建设等方面，主要包括国防费（如部队生活费、装备购置和维护管理费、军事行动作战费、部队训练和教育费等）、国防科研事业费、民兵建设费（含民兵事业费、民兵装备购置费）、动员预编经费以及专项工程经费。

（二）国防支出的规模和结构

1. 国防支出的规模

影响一国国防支出规模的因素包括政治因素、经济因素、兵役制度、国防经费的使用效率和地域因素等。在确定国防支出的规模时，常用的指标有国防支出绝对额、国防支出增长率、国防支出占国内生产总值的比重等指标。在比重一定的情况下，国内生产总值或财政支出的规模越大，国防支出的规模也越大。从 2001 年到 2012 年，中国国防支出的绝对额增长了近 4 倍，增速在 8%～20%之间，而国防支出占一般预算财政支出的比重为 5.9%～7.7%，占 GDP 的比重为 1.4%左右，如图 3-2 和表 3-1 所示。

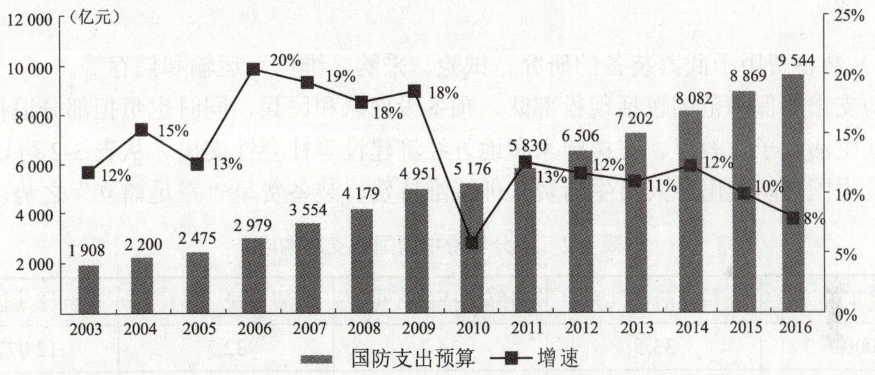

图 3-2　2003—2016 年我国国防支出及增速

资料来源：中华人民共和国国家统计局：《中国统计年鉴（2017）》，北京：中国统计出版社，2017。

表 3-1　2001—2012 年中国国防支出规模

年份	国防支出（亿元）	一般预算财政支出（亿元）	国防支出/一般预算财政支出（%）	国内生产总值（GDP）（亿元）	国防支出/GDP（%）
2001	1 442.04	19 202.62	7.5	109 655.2	1.3
2002	1 707.78	22 312.75	7.7	120 332.7	1.4
2003	1 907.87	24 876.33	7.7	135 822.8	1.4
2004	2 200.01	28 704.82	7.7	159 878.3	1.4
2005	2 474.96	34 123.54	7.3	183 084.8	1.4
2006	2 979.83	40 422.73	7.4	210 871.0	1.4
2007	3 554.91	49 781.35	7.1	251 483.2	1.4
2008	4 178.76	62 592.66	6.7	314 045.4	1.3

表 3-1（续）

年份	国防支出（亿元）	一般预算财政支出（亿元）	国防支出/一般预算财政支出（%）	国内生产总值（GDP）（亿元）	国防支出/GDP（%）
2009	4 951.10	76 299.93	6.5	340 902.8	1.5
2010	5 176.37	89 874.16	5.8	401 202.0	1.3
2011	5 830.11	109 247.79	5.3	473 104	1.27
2012	6 506.22	125 952.97	5.2	518 942	1.29

资料来源：中华人民共和国国家统计局：《中国统计年鉴（2013）》，北京：中国统计出版社，2013。

2. 国防支出的结构

按支出项目分类，中国国防支出主要由人员生活费、训练维持费和装备费 3 部分组成。

（1）人员生活费用于军官、文职干部、士兵和聘用人员的工资津贴，住房保险，伙食被装等。

（2）训练维持费用于部队训练、院校教育、工程设施建设维护以及其他日常消耗性支出。

（3）装备费用于武器装备的研究、试验、采购、维修、运输和储存等。

国防支出的保障范围包括现役部队、预备役部队和民兵，同时也负担部分退役军人、军人配偶生活及子女教育、支援国家和地方经济建设等社会性支出。从表 3-2 可以看出，近年来，中国国防支出中人员生活费、训练维持费、装备费呈“三足鼎立”之势。

表 3-2　部分年份中国国防支出构成

项目年份	人员生活费（%）	训练维持费（%）	装备费（%）	合计（亿元）
2000	33.5	34.2	32.3	12 077.54
2001	32.0	33.7	34.3	1 442.04
2002	31.9	34.3	33.8	1 694.44
2003	32.5	33.6	33.9	1 907.87
2005	33.6	32.6	33.8	2 474.96
2007	33.76	34.05	32.19	3 554.91
2009	34.04	33.73	32.23	4 766.60

资料来源：2000—2002 年数据根据《人民日报》2002 年 12 月 10 日“图标之三”改编；2003 年以后的数据来源于历年《中国的国防》白皮书。

（三）国防支出的国际比较

从国防支出的总规模来看，目前中国国防支出总规模处于世界前列，但与美国相差甚远。从世界范围看，美国国防支出高居全球第一，几乎等于国防支出排行前十几国的总额。如 2015 年美国国防预算支达到 5 975 亿美元，同期中国国防预算近 1 458 亿美元，如图 3-3 所示。

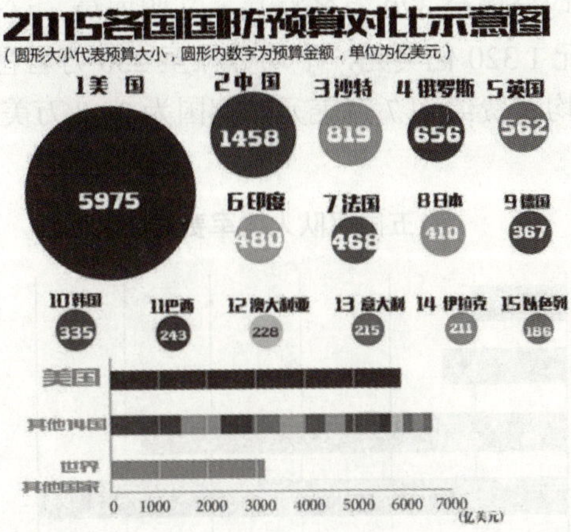

图 3-3 2015 年各国国防预算对比

从国防支出占国内生产总值（GDP）的比重来看，目前中国国防支出占比处于世界较低水平，如图 3-4 所示，2010 年，美国国防支出占国内生产总值（GDP）的比重为 4.8%，俄罗斯为 4.0%，英国为 2.6%，法国为 2.3%，中国为 2.0%。

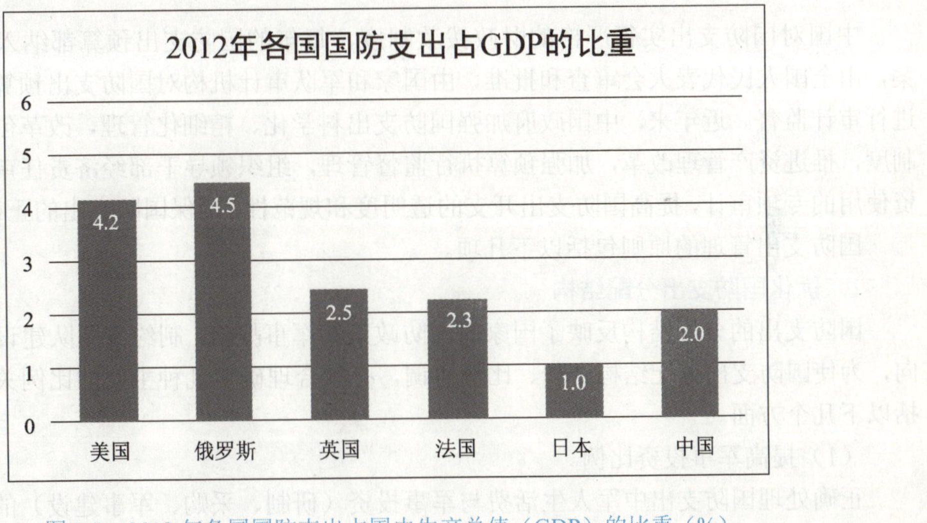

图 3-4 2012 年各国国防支出占国内生产总值（GDP）的比重（%）

资料来源：世界银行网站

从国土面积和军人人均国防支出看，目前中国国防支出处于世界较低水平。我国拥有 960 万平方公里的国土面积和 300 多万平方公里的海洋面积，相邻十几个国家，陆地边界线长达 2.2 万公里，还有 1.8 万公里长的海岸线。根据斯德哥尔摩国际和平研究所的统计，2010 年世界每平方公里陆地所占军费为 10 738 美元，而我国仅为 8 208 美元。2010 年，美国每平方公里领土所占军费 74 540 美元以上，日本为 136 万美元以上，而中国每平方公里领土所占军费仅为美国的 11%，日本的 0.6%。

如果观察军人人均国防支出这一衡量军事变革资源投入强度的关键指标，2014 年美国军费是 5 810 亿美元，平均分摊至 320 万名官兵、文职雇员，这个数字是 18.2 万美元/人；我国 2014 年军费折合美元 1 320 亿美元，平均分摊至 250 万名官兵，人均军费为 5.3 万美元/人；俄罗斯 2014 年人均军费约为 7 万美元，英国为 29.8 万美元，各国军人人均国防支出对比如图 3-5 所示。

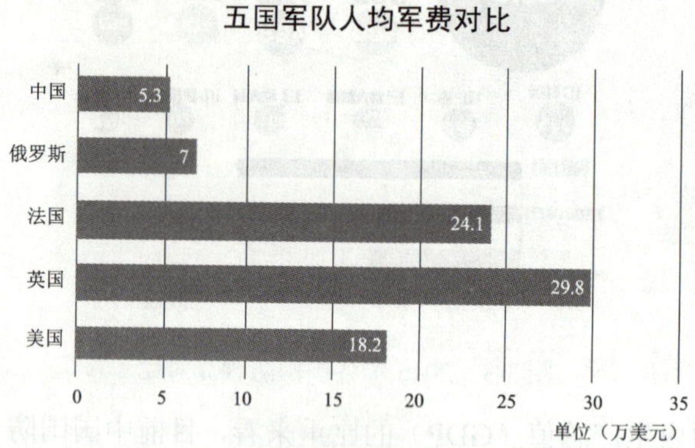

图 3-5 各国军人人均国防支出对比

（四）国防支出管理

中国对国防支出实行严格的财政拨款制度，每年的国防支出预算都纳入国家预算草案，由全国人民代表大会审查和批准，由国家和军队审计机构对国防支出预算及执行情况进行审计监督。近年来，中国政府加强国防支出科学化、精细化管理，改革创新财经管理制度，推进资产管理改革，加强预算执行监督管理，组织领导干部经济责任审计和经费物资使用的专项审计，提高国防支出开支的透明度和规范性，确保国防支出的正确有效使用。

国防支出管理的原则包括以下几项。

1. 优化国防支出分配结构

国防支出的分配结构反映了国家的国防政策和军事战略，制约着军队建设的规模和方向，为使国防支出分配结构合理、比例协调，必须合理确定几种主要的比例关系，具体包括以下几个方面。

（1）提高军事投资比例。

正确处理国防支出中军人生活费与军事投资（研制、采购、军事建设）的比例关系。随着军事科学技术水平的不断提高，发达国家军队的军事投资呈现不断提高的趋势。而中国国防支出中人员生活费所占比重比较大，军事投资占比低于世界平均水平。今后，国防支出分配在保证人员生活水平不下降并逐渐改善的前提下，应增加武器研制、购置、军事建设经费的比重，加快提高中国军队现代化水平。

（2）加大武器研发力度。

正确处理军事科研费与装备采购费之间的比例关系。从现代经济和军事发展的情况看，随着科学技术的发展，武器装备研制的周期相对延长，而从生产到贬值再到淘汰的周期却在相对缩短。这就要这就要求增加研究开发费，相对减少采购费。为迎接高科技信息时代的挑战，中国也应集中力量有重点地加强新型武器装备的研制和研制手段的更新，优先发展高技术条件下防卫作战所需的武器装备，大力提高国防装备的现代化水平。

（3）适当提高海军、空军经费。

未来战争要求军费向技术含量高的军兵种倾斜，海军是一个威力大、机动性强、具有全球干预能力的军种，空军作为一个年轻的军种，自第二次世界大战以来就显示出其特有的威力，海湾战争和伊拉克战争更凸显了这一点。独立的空中作战已可直接达到战略目的，因此，要正确处理陆军、海军和空军三大军种之间经费分配的比例关系，在保证陆军现有优势的情况下，适当加大对海军、空军的投入力度。

2．优化国防采购管理

国防采购就是军事机构向军火生产者购买武器装备与购买国防所需的军事物资的行为，中国实行国家军事订货制度，其中军队武器装备采购由总装备部负责，军队物资采购由总后勤部负责。

国防装备采购也要遵循政府采购制度的基本原则，逐步打破军品行业部门界限，引入竞争机制，支持非军工国有企业和高技术民营企业进入军品市场，实现定点采购向公开招标、邀请招标、竞争性谈判和询价采购等多种方式转变，从而提高装备采购的整体效益，确保部队以合理的价格采购到性能先进、质量优良、配套齐全的武器装备。

3．优化兵役制度

目前世界各国的兵役制度一般有 3 种类型：义务兵役制（或征兵制）、志愿兵役制（或募兵制）和义务兵与志愿兵相结合制（或征募混合制）。

义务兵役制是政府根据兵役法强迫一部分公民在一定时期内服兵役，而政府给予义务兵的报酬则低于义务兵劳动的市场价格，其有助于减少军事开支中的人员费用，但国家相应地更多承担他们复员后的基本生活保障性需求，从而增加了社会保险方面的支出。此外，现代化的军队本质上是职业化军队，义务兵组建的军队很难适应未来的要求。

志愿兵役制是政府按照一定的条件招考、录用军事人员，政府给予志愿兵的报酬相当于志愿兵劳动的“市场价格”，其可组建职业化的军队，但为了招募合格入伍者要提供比较大的人员开支。

中国实行义务兵与志愿兵相结合、民兵与预备役相结合的兵役制度。根据中国国防的使命和特殊要求，应优化其中的结构，形成既能满足现代化军队对人员素质的要求，又能节约国防支出中人员开支的兵役制度。

第二节 文化、教育、科学、卫生事业支出

文化、教育、科学、卫生事业支出可简称为文教科卫支出，是指国家财政用于文化、教育、科学、卫生等事业的经费支出。

一、文教科卫支出的性质和必要性

（一）文教科卫支出的性质

文教科卫支出属于社会消费性支出，关于文教科卫支出究竟是生产性支出还是非生产

性支出，我国理论界曾有过十分激烈的争论，至今恐怕还不能说已经得出了明确的、为大多数人普遍接受的结论。我们这里沿用目前国内各种统计文件普遍采用的做法，将文教科卫支出归入非生产性的范畴。但是，在做这种归类的时候，需要强调以下几点：

（1）将文教科卫支出归入非生产性范畴只具有某种静态的、相对的意义，它只是说，用于这些事业的支出不能对当年的物质财富的生产做出明显的贡献。

（2）从动态的、绝对的意义上说，文教科卫事业的发展将不断提高劳动者、劳动工具和劳动对象的素质并改善三者的结合方式，它们对物质财富生产的贡献将越来越大。

（3）将文教科卫支出归入非生产性的范畴的实际意义，只是要求社会在安排全部国民收入的用途时，应全面考虑生产的当前需要和未来发展的需要，让文教科卫支出占一个适当的比例，并且，随着劳动生产率的提高和 GDP 的增长，要让这一类支出的比例不断提高，甚至超过 GDP 的增长速度。由于文化、教育、科学、卫生事业在现代化社会经济发展中发挥着日益重要的作用，世界各国政府都投入了大量的资金，而且支出规模越来越大。

（二）文教科卫支出的必要性

财政对文教科卫事业投入的必要性，主要表现在以下 3 个方面：

（1）科学技术是第一生产力。科技进步、追加投资和提高管理水平是一国经济增长的三大动力。随着经济的发展与社会的进步，科学技术已成为生产发展、劳动生产率提高的基本前提。

（2）教育是科学技术的基础，科技的继承和创新以教育为源泉。科学技术的创造与发明是在前人已经积累科技成果的基础上产生的，人们要想在某一科技领域有所建树，就必须在接受教育的基础上先掌握该领域现有的科技成果。

（3）文化、卫生事业的发展，直接关系到人民的健康水平与物质文化水平的提高。目前，国民的身体状况及其寿命已经成为衡量一国经济发展程度的主要标志之一。

二、教育支出

在现代社会，尤其是面向知识经济时代，教育事业在绝大多数国家中都被列为优先发展对象，成为公共财政支出最重要的部分之一。

（一）教育事业产品的性质

1. 具有一定的排他性和消费竞争性

教育事业产品的排他性是指由于教师声音的传播范围是有限的，且由于学生的基础不同，班级教学下的教师也必须针对程度不同的学生进行因材施教，教师的精力是有限的，而且，虽然现代科学技术的发展带来的教学手段的扩大使教育的受益面成倍增加，但由于教育是一种集知识、道德和情感等教育在内的传授活动，教师与学生的直接的、面对面的教育和交流是不可少的。因此，为了保证教育效果，既需要有教室及相应的教学设备，也需要限制班级学生人数，这就产生了排他性。

同时，教育事业产品又具有一定的消费竞争性，主要表现在随着学生的增加，教师数量、教学设施等也就必须相应增加，从而使教育的总成本增加，但在一定的范围或历史时期内，教育的投入是有限的，即教育产品的供给能力是有限的，这就产生了教育产品量的需求竞争，加之消费者对教育产品质的要求，数量有限的优质教育产品必然引发消费竞争。

2. 具有外部收益性

人是教育的对象，因而教育事业的直接结果首先是体现在受教育者身上，这是教育事业产品的内部收益。这一内部收益表现为受教育者在接受教育后学会了知识、掌握了技术，从而提高了适应社会和获取工作的能力。相应地，随着个人教育程度的提高和能力的增强，用人单位获得的是质量相对较高的劳动力，因而愿意支付更高的劳动力价格，受教育者也能获得较高的报酬。

在现代社会，教育事业作为一种公共事业，其目标是建立在满足个性发展需求和社会发展需求上的。教育通过对受教育者的培养，在让其适应社会、获得自身发展的同时，也解决了社会发展的需求，这就是教育事业产品的外部收益。教育事业产品的这一外部性是制定教育事业公共政策的一个主要依据。

（二）我国教育支出情况

近几十年来，我国教育经费总额、国家财政性教育经费及教育经费占 GDP 的比例都不断增长，如表 3-3 所示。目前我国财政性教育经费一半以上用于义务教育，“普九”教育覆盖率已经超过 90%，青壮年文盲率已下降到 5%以下，高中教育、职业教育和高等教育都取得了较快的发展。

表 3-3 教育资金来源占比

年份	全部教育经费（亿元）	全部教育经费占 GDP 的比例（%）	财政性教育支出（亿元）	财政性教育支出占 GDP 的比例（%）
1992	876.05	3.25	728.75	2.73
1993	1 059.94	3.06	867.76	2.51
1994	1 488.78	3.18	1 174.76	2.52
1995	1 877.95	3.21	1 411.52	2.46
1996	2 262.34	3.33	1 671.70	2.50
1997	2 531.73	3.40	1 862.54	2.55
1998	2 949.06	3.76	2 032.45	2.64
1999	3 349.04	4.08	2 287.18	2.84
2000	3 849.08	4.31	2 562.61	2.86
2001	4 637.66	4.77	3 507.01	3.14
2002	5 480.03	5.21	3 491.40	3.32
2003	6 208.27	5.29	3 850.62	3.28
2004	7 242.60	4.53	4 465.86	2.79
2005	8 418.84	4.60	5 161.08	2.82
2006	9 815.31	4.65	6 348.36	3.01

表 3-3（续）

年份	全部教育经费（亿元）	全部教育经费占 GDP 的比例（%）	财政性教育支出（亿元）	财政性教育支出占 GDP 的比例（%）
2007	12 148.07	4.57	8 280.21	3.12
2008	14 500.74	4.62	10 449.63	3.33
2009	16 502.71	4.84	12 231.09	3.59
2010	19 561.85	4.87	14 670.07	3.65
2011	23 869.29	5.05	18 686.7	3.93

资料来源：中华人民共和国国家统计局：《中国统计年鉴（2011）》，北京：中国统计出版社，2011。

从我国教育经费来源构成看，仍以政府投入为主，如表 3-3 所示，2011 年国家财政性教育经费占 GDP 的比重达到 3.93%，预算内教育经费占全部教育经费达到了 70.40%。除政府财政投入外，目前已经形成社会团体和公民个人办学、社会捐资和集资办学、收取学费和杂费及其他经费等多种形式、多元化的教育资金来源，如表 3-4 所示。

表 3-4　我国教育投入规模和来源结构

年份	合计（亿元）	国家财政性教育经费（%）	期中：预算内教育经费（%）	民办学校办学经费（%）	社会捐赠经费（%）	事业收入（%）	期中：学杂费（%）	其他教育经费（%）
1998	2 949.06	68.92	53.09	1.63	4.81	20.56	12.54	3.98
1999	3 349.04	68.29	54.22	1.88	3.76	22.39	13.84	3.68
2000	3 849.08	66.58	54.19	2.23	2.96	24.38	15.45	3.85
2001	4 637.66	65.92	55.68	2.76	2.43	24.96	16.08	3.93
2002	5 480.03	63.71	56.83	3.15	2.32	26.66	16.84	4.16
2003	6 208.27	62.03	55.63	4.17	1.68	7.73	16.88	3.0
2004	7 242.60	61.66	55.61	4.80	1.30	27.77	18.59	4.47
2005	8 418.84	61.31	55.42	5.37	1.11	22.79	18.45	4.42
2006	9 815.31	64.68	59.05	5.59	0.92	24.53	15.82	4.28
2007	12 148.07	68.16	63.01	0.67	0.77	26.15	17.54	4.25
2008	14 500.74	72.06	66.79	0.48	0.71	23.22	16.20	3.53
2009	16 502.71	74.12	69.20	0.45	0.76	21.38	15.24	3.29
2010	19 561.85	74.99	68.96	0.54	0.55	20.99	15.42	2.93
2011	23 869.29	77.87	70.40	0.47	0.47	18.54	13.90	2.65

资料来源：中华人民共和国国家统计局：《中国统计年鉴（2013）》，北京：中国统计出版社，2013。

我国教育经费规模，虽然近年来得到大幅增长，但教育投入不足一直是制约我国教育事业发展的“软肋”。从政府教育投入占 GDP 的比重来看，我国政府教育投入占 GDP 的比重与大多数国家相比仍然处于较低的水平。根据世界银行《2011 年世界发展指标》的数据，2009 年教育公共支出占 GDP 的比重，低收入国家为 3.7%，中等收入国家为 4.1%，高收入国家为 5.1%，而我国在 2000 年以前，这一比重一直在 3%以下，2013 年之后这一比重首次超过 3%，如图 3-6 所示。

国家财政性教育经费占国内生产总值 4%的投入指标是世界衡量教育水平的基础线，早在 1993 年，中共中央、国务院发布的《中国教育改革和发展纲要》就提出，国家财政性教育经费支出占 GDP 的比例要达到 4%。但是由于我国 GDP 增长迅速、财政收入占 GDP 较低等多种原因，这一目标未能如期实现。至 2017 年，国家财政性教育经费 3.4 万亿，连续 6 年占 GDP 比例超 4%，但仍然低于 4.5%的世界平均水平。

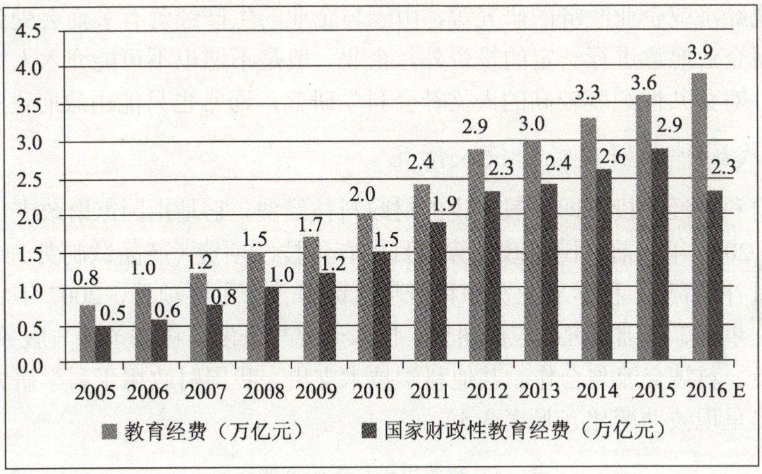

图 3-6 2005—2016 年中国教育经费支出及国家财政性教育经费支出占 GDP 的比例

三、科学研究费支出

（一）科学研究的性质

1. 具有外部性

科学研究具有外部性主要表现在科学研究具有强烈的溢出效应。在人类历史发展过程中常常可以见到这样的情况：一项针对某一领域或某一生产环节的科研成果，在使这一领域或这一生产环节的生产发生重大变化的同时，也可能改变人们甚至整个社会发展的进程，比如，蒸汽机的发明、电子计算机的发明等，莫不如此。在科学研究中，这一类基础性科学研究的外部性通常难以用货币来衡量。因此，纯科学研究不能以市场的方式来生产和配置，而应该由政府负责。

不仅如此，科学研究的外部性也表现在一些应用性研究中。比如，一些科研成果虽然可以获得发明专利，得到法律的认可和保护，但由于本身具有易复制、易向外发散等特点，因而在实际中往往难以商业化，例如种子改良工程的成果一经推广，就会产生巨大的经济效益，同时也产生社会效益，但这种利益对于种子改良者个人来说是难以完全得到的，因此，对这一类技术的生产和推广，政府应进行必要的支持和干预。

2. 具有风险性

这种风险性主要表现在，科学研究投入是否有成果及成果的用途具有不确定性。因此，以营利为目的的企业一般只愿意投资与自身生产有关的应用性开发研究，而不愿介入科学研究。而科学研究对整个科学技术的发展具有基础作用，任何一个国家和社会，没有科学研究的突破，也就难有科学技术的真正提高，因此，必须由政府来支持这一研究，也只有政府才有能力支持这一研究。

相应地，人文社会科学的研究也具有这种特点。人文社会科学研究是研究如何提高人们基本的人文素质，如何通过制订公共政策和进行制度设计，解决社会问题，促进社会政治、经济的整体发展。这其中除了社会科学中的某些可以称为软科学的研究，如行为科学的研究、微观经济或企业经济的研究等，由于与企业的生产经营有关而会受到企业的关注或青睐，从而企业愿意进行一定的投资外，企业一般是不愿也不可能介入人文社会科学研究的。因此，对公共性纯度较高的人文社会科学研究，通常也只能由政府进行支持。

（二）我国科学研究经费投入情况

我国政府科技经费投入即一般所说的财政科技经费，它是指国家财政支出中用于科技活动的经费。2006 年以前我国财政预算科目中有科技三项费（产品试制费、中间试验费和重大科研项目补助费）、科学事业费和科研基建费等 3 个主要项目，2007 年后分设 9 款：科学技术管理事务、基础研究、应用研究、技术研究与开发、科技条件与服务、社会科学、科学技术普及、科技交流与合作、其他科学技术支出。我国财政用于科学研究的支出及其占财政的支出呈现波动变化（见表 3-5）。

表 3-5　财政用于科学研究的支出

年份	财政科学技术支出（亿元）	比上年增长（%）	占国家财政支出的比重（%）
2010	4 114.4	27.6	4.58
2011	4 902.6	19.2	4.49
2012	5 600.1	16.7	4.45
2013	6 184.9	10.4	4.41
2014	6 454.5	4.4	4.25
2015	7 005.8	8.5	3.98
2016	7 760.7	10.8	4.13

资料来源：《中国统计年鉴 2017》。

需要指出的是，财政科技经费并未完全反映出政府科技投入的总水平。事实上，政府对符合政策目标的高新技术企业或科技服务企业等所实行的税收优惠、财政补贴、财政贴息等也是政府科技投入的一部分。

四、卫生支出

（一）政府介入卫生事业的理论依据

卫生事业由医疗和公共卫生两个部分组成，它们的经济性质是有所区别的。医疗服务的利益完全是私人化的，据此可以认为医疗服务并不必然要求政府出资提供。但是公共卫生服务则不同，公共卫生服务是具有很大外部效应的纯公共产品，包括卫生、免疫、营养以及计划生育等方面的服务，如安全饮用水、传染病与寄生虫病的防治和病菌传播媒介的控制等，它的利益是社会公众可以无差别地享受到的，因此私人是不可能愿意提供该项服务的，它必须由政府出资提供。

政府提供公共卫生的另一个重要理由是公平的收入分配。一个人获取劳动收入是以个人的健康为前提的，卫生条件以至于疾病却是对健康和劳动能力的极大威胁。在市场规则下，疾病会使劳动者的收入减少甚至丧失劳动能力，而贫困者又难以抵御疾病风险的侵袭，这样会陷入“贫困的循环”。

（二）医疗服务的主要提供方式

根据公共产品理论，医疗卫生产品可分为三大类：一是纯公共卫生产品，同时满足受益上的非排他性和消费上的非竞争性两个条件，如传染病监测与控制、突发公共卫生事件的处理和健康教育等。二是准公共卫生产品，满足非排他性和非竞争性两个条件之一，或者两个条件都不完全具备，却有较大的外部性。比如，预防免疫、妇幼保健等。三是私人产品，不具备以上两个条件，大部分医疗服务属于此类产品。医疗服务的提供方式主要有以下 3 种。

1. 政府提供

医疗服务的政府提供是指由政府为医疗服务出资，当然，政府提供并不意味着政府生产，医疗服务的提供可以是政府提供但由私人部门生产。

2. 市场提供

完全市场提供方式就是在医疗服务领域引入市场竞争机制，由营利性机构提供服务并向使用者（患者）收费以解决筹资问题。在完全竞争的医疗服务市场中，通过供求关系调节医疗服务的价格，实现医疗资源配置的帕累托最优。

3. 混合提供

混合提供是指由政府和市场共同提供，即政府以补贴的方式向医疗服务企业提供部分资金，医疗服务企业再通过向使用者收费的方式解决部分资金来源。政府补贴方式主要是在医疗保险制度中实行，其中保险基金由政府补贴一部分，另外部分由单位和职工共同分担。中国面向城市居民的医疗保险制度和面向农村居民的新型农村合作医疗制度均采取这种形式。

（三）我国卫生支出的经费投入情况

我国卫生支出广义地理解是指用于医疗、卫生、保健服务所消耗的费用，包括政府预算卫生支出、公费医疗经费、社会卫生支出等。表 3-6 是我国 1995—2011 年间政府卫生支出及有关比重的情况。可以看到，政府卫生支出的绝对数不断增加，占财政支出比重、占卫生总费用比重、占 GDP 比重都不断增长。

表 3-6 政府卫生支出

年份	政府卫生支出（亿元）					占财政支出比重（%）	占卫生总费用比重（%）	占 GDP 比重（%）
	合计	医疗卫生服务支出	医疗保障支出	行政管理实务支出	人口与计划生育事务支出			
1995	287.34	230.05	112.29	13.09	31.91	5.68	17.97	0.64
2000	709.52	407.21	211	26.81	64.5	4.47	15.47	0.72
2005	1 552.54	805.52	453.31	72.53	221.18	4.58	17.93	0.85
2006	1 778.86	834.82	602.53	84.59	256.92	4.4	18.07	0.84
2007	2 581.59	1 153.3	957.02	123.95	347.32	5.19	22.31	1
2008	3 593.94	1 397.23	1 577.1	194.32	425.29	5.74	24.73	1.2
2009	4 816.26	2 081.09	2 001.51	217.88	515.78	6.38	27.46	1.41
2010	5 732.49	2 565.6	2 331.12	247.83	587.94	6.38	28.69	1.43
2011	7 378.95	3 111.36	3 300.67	267.42	699.52	6.77	30.41	1.56

资料来源：《2012 中国卫生统计年鉴》，http: //www.moh.Gov.cn/publicfiles/business/htmlfiles/zwgkzt/ptjnj/year2012/index2012.html。

从国际范围来看，我国卫生支出总规模以及政府投入规模都是偏低的。从使用结构来看，也不尽合理，如表 3-7 所示，我国政府的卫生事业费主要用于医疗机构，特别是县及县以上医院，并且主要是人员经费支出，而用于农村基层和预防保健的费用所占比重比较低，尤其疏忽了卫生防疫工作的加强。2003 年突发的传染性非典型肺炎（简称 SARS），足以引起全国上下对我国公共卫生的深刻反思。树立全面、协调和可持续发展的观念，特别是建立突发事件的应急机制，是当前一件刻不容缓的事情。

表 3-7 城市和农村卫生支出情况

单元：亿元

年份	2007	2008	2009	2010	2011	2012	2013	2014	2015
政府卫生支出	2 581.58	3 593.94	4 816.26	5 732.49	7 464.18	8 431.98	9 545.81	10 579.2	12 475.2
社会卫生支出	3 893.72	5 065.60	6 154.49	7 196.61	8 416.45	10 030.7	11 393.7	13 437.7	16 506.7
个人卫生支出	5 098.66	5 875.86	6 571.16	7 051.29	8 465.28	9 656.32	10 729.3	11 295.4	11 992.6
人均卫生支出	875.96	1 094.52	1 314.26	1 490.06	1 806.95	2 076.67	2 327.67	2 327.37	2 980.80
城市人均卫生支出	1 516.29	1 861.76	2 176.63	2 315.48	2 697.48	2 999.28	2 999.28	3 234.12	—
农村人均卫生支出	358.11	455.19	561.99	666.30	879.44	1 064.83	1 064.83	1 274.44	—
卫生总支出	11 573.9	14 535.4	17 542.9	19 980.3	24 345.9	28 119.0	31 668.9	35 312.4	40 974.6

综上所述，文教科卫事业虽然为社会公共需要，但它们并非完全意义的社会公共需要，因此，从总体上说，为了促进这些事业的发展，政府和社会公众应当共同出资。具体地说，在文教事业方面，政府应当为那些有助于普遍提高全民文化素质的教育和文化事业出资；在科学研究方面，应当主要为基础科学研究出资；在医疗卫生事业方面，则主要应为公共卫生事业出资。除此之外的文教科学卫生事业，原则上都是可以由社会公众出资的。当然，如果政府财力充裕，部分地出资兴办这些事业，也未尝不可。

第三节 政府投资性支出

一、政府投资的一般分析

在现代社会中，社会总投资都可以分为政府（部门）投资和非政府（部门）投资两大部分。由于社会经济制度和经济发展阶段的不同，这两大部分投资在各国社会总投资中所占的比重存在着相当大的差异。影响这个比重的因素主要有两个：一是经济体制的差异。一般地说，实行市场经济的国家，非政府部门投资在社会投资总额中所占的比重较大；在实行计划经济体制的国家，政府部门投资所占比重较大。二是经济发展阶段的差异。一般说来，发达国家的政府投资占社会总投资的比重较小；欠发达国家和中等发达国家的政府投资占社会总投资的比重较大。

（一）政府投资的特点

与非政府投资相比，政府投资则具有不同的特点：

1. 公共性和基础性

为了弥补市场失灵的固有缺陷以及克服非政府投资的局限性，政府投资的着眼点首先在于为全体居民和各类经济（市场）主体的生产、生活需要提供必要的基础性条件。这既是国家和公共财政的内在职能，是经济、社会发展的客观要求，又是不可能依靠市场和微观经济主体来解决的问题。

马克思曾经把生产条件区分为共同生产条件和特殊生产条件两类，与此相对应，他把固定资本也分为两类，一类是以机器的形式直接进入生产过程，可看作特殊生产条件；另一类是铁路、建筑物、农业改良、排水设备等参与生产过程的固定资产，可看作共同生产条件。作为共同生产条件的固定资产，具有公共性、非独占性和不可分割性，这些特点决定了它具有社会公共产品的一般特性，因而这只能或主要应由国家财政来解决，属于政府投资的范畴。

此外，某些基础产业如农业、能源和一些重要的基础原材料工业等，它们往往是处在上游的生产部门，其提供的产品是本部门和其他生产部门所必需的投入品，因而它们的生产波动和价格变动具有较强的连锁效应，从而成为政府投资的选择内容之一。

再者，某些基础设施建设需要大量的资本投入，而且建设周期长、投资回收慢，故在一般情况下很难由个别企业独立投资来完成，尤其是在经济发展的初期阶段，没有政府的强有力支持，很难有效地推动基础设施和基础工业的迅速发展。

2. 开发性和战略性

这就是说，对某些新兴产业门类的开发，对某些高科技、高风险领域（如航天及宇宙等）的研究开发，对经济落后地区的开发等，都具有耗资大、耗时长、风险高等特点，致使私人部门望而却步，市场机制也无能为力，只能由政府投资来解决。除此之外，对于某些关系国计民生的部门、行业和重要企业（如军工、石油及石油化工、电力等）的直接、间接资本控制，通过政府投资对国民经济发展中某些薄弱环节的加强、对国民经济整体素质特别是劳动者素质的提高，以及对社会其他投资所产生的影响带动功能来看，政府投资都具有事关全局的重要战略影响作用。

3. 追求社会效益

社会效益是政府投资的出发点和归宿。政府投资不可能也不应该首先把是否盈利和盈利高低作为投资选择的前提条件。这正是政府投资与非政府投资的一个明显区别。当然，这并不意味着政府投资可以不计工本、不讲效率、不需要注重成本效益分析，这是两个不同的范畴和概念。从政府投资的项目本身来看，当然有一个使用是否得当和效益高低问题；而从政府投资的客观效果来看，则应把社会效益的大小作为重要的衡量标准，而不应仅仅局限于具体的投资项目本身。

（二）政府投资的必要性

政府投资的必要性表现为：政府投资之所以是社会总投资中不可或缺的一个有机组成部分，占有不可替代的重要地位，主要是由以下3方面的原因和需要所决定的。

（1）政府投资是克服市场在资金配置中所存在的某些失灵表现的必要手段。在那些外部效应明显，投资数额大、周期长、回收慢、无盈利或低盈利的领域或投资项目上，政府投资的不可替代性就表现得更加突出。

（2）政府投资是进行宏观经济调控、优化资源配置、促进国民经济持续协调发展的重要手段。其最为明显的就是通过政府投资的方向选择，加强国民经济的薄弱环节，及时克服经济中的某些瓶颈制约，达到促进资源优化配置和经济协调发展的目的。同时，政府还可以通过参股、持股、控股等形式，引导全社会的投资流量与流向，以达到国家的宏观调控目标。

（3）在现代市场经济和科技进步条件下，政府对教育、科研、文化、卫生等方面的投资，还是提高国民经济整体素质、推动科技进步、提高经济增长质量和效率、促进社会全面进步的重要推动力量。

（三）政府投资的原则

政府投资是必要的，但并不意味着政府投资的范围越大越好，投资的数最越多越好。事实上，在市场经济条件下，政府投资的广度及其所占份额，恰恰是一个需要认真研究、清楚界定和随机把握的重要问题。

一般说来，市场经济条件下的政府投资选择，应充分考虑以下因素和原则。

1. 不能对市场的资源配置功能造成扭曲和障碍

政府的投资选择要建立在尊重市场规律、有利于充分发挥市场资源配置功能的基础之上。原则上，但凡能由市场解决的问题，政府就应少加干预；能由非政府渠道解决的筹资、投资问题，政府亦可考虑退出。相反，凡是市场解决不了或不宜由市场去自发解决的问题，即属于市场失灵的问题，政府则应积极介入、责无旁贷。这样，既能把政府投资控制在必要的、以解决市场失灵为目标的限度之内，又能有效发挥国家宏观调控作用与市场资源配置功能。

2. 不宜干扰和影响民间的投资选择和投资偏好

在社会投资主体多元化、投资来源多渠道化、投资决策相对分散化的条件下，政府的投资选择，一方面要为众多的企业投资、民间投资创造必要的与经济增长相适应的外部环境或基础条件；另一方面又要充分考虑其对民间投资、对市场竞争格局可能带来的影响。

国外市场经济国家和我国改革以来的实践表明，一般说来，政府投资规模的增长不应以牺牲民间投资，特别是不应以削弱国家鼓励发展的相关产业部门的企业投资实力为代价，因此政府一般不参与、不介入市场竞争性项目及产品的投资。

3. 要着眼于有利于社会经济效益和投资效益的增进

政府投资既然是一种公共性、基础性和公益性的投资，其社会经济效益、投资效益、外部效应和乘数效应，理应成为它的出发点及归宿。一项好的政府投资计划或公共投资选择，可以引导民间投资流向流量，扩大民间投资空间，提高经济效益和经济发展质量，起到“四两拨千斤”的作用。

（四）政府投资的领域选择

一般来说，在市场经济条件下，社会投资大体可分为三大类别：其一为竞争性项目投资，包括工业（不含能源）、建筑业和大部分第三产业。其二为基础性项目投资，包括基础设施、基础产业和高新技术产业等。其三为公益性项目投资，包括国防建设投资、政府等政权设施、科教文卫等设施。

鉴于政府投资的性质和特点，在上述 3 类投资项目中，政府投资应以公益性和一部分基础性项目为重点。此外，在很多发展中国家，政府投资的一个很重要的领域是对为数众多的国有企业直接投资。这类投资尽管在一些经济发达国家（特别是英、法等国）也同样存在，但在发展中国家尤为突出，甚至成了政府干预经济的一种特殊方式。

二、基本建设投资

基本建设投资是政府用于固定资产扩大再生产和一部分简单再生产的资金，是政府投资的主要内容之一。

（一）基本建设的特点

基本建设是特殊的物质产品生产过程，和一般工业生产相比具有以下 3 方面特点：

第一，固定性、专用性和单件性。固定性是指基本建设产品建成以后只能固定在一个地方，不能通过运输而自由移动。这就要求基本建设投资的地区布局要力求合理。专用性是指基本建设工程都具有专门的用途，一旦建成用途难以改变。这就要求对基本建设工程的结构、性能进行科学分析，使之符合预定的设计标准。单件性是指基本建设的产品通常不能批量生产，而是一个一个地生产。这就要求对每个建设项目都要单独设计、单独编制预算、单独定价。

第二，生产周期长，消耗大。基本建设工程庞大复杂，需要较长的建设周期；在建设期间内需要不断地投入生产资料、生活资料和劳动力，而不提供任何有效产品。这就要求基本建设规模必须恰当，为此，基本建设项目的确定必须列入统一计划，经过综合平衡。

第三，特殊的生产过程和生产方式。基本建设生产过程不同于一般的工业生产过程，它必须依次经过地质勘探、设计、计划、施工和竣工验收 5 个阶段；其生产方式也不同于一般的工业生产方式，基本采取出包方式由建设单位将基本建设工程委托给建筑安装企业进行施工，双方必须签订合同或协议，施工企业受建设单位的委托，按合同规定组织施工生产。同时，设计单位与银行也是参与基本建设的单位。

（二）基本建设投资的特殊要求

基本建设的上述特点决定了对基本建设投资的管理有以下几点特殊要求。

第一，加强可行性研究。可行性研究是基本建设前期工作的首要内容，它是建设项目投资决策的基础，也是取得最佳投资效果的保证。可行性研究是在项目施工前对拟建项目在技术上是否先进、可靠、适用，经济上是否合理、能否取得盈利等问题进行的考察研究。只有通过可行性研究，进行反复周密的比较论证，选择最佳方案，才能保证基建投资取得最优效果。

第二，建立基本建设投资后评价制度（简称“后评价制度”），在工程竣工交付生产（使用、营运）一段时间后，对该项投资的立项决策、设计、施工、竣工验收、生产运营过程进行系统的评价，这是基本建设投资的最后一道程序。后评价制度的主要作用是针对过去项目决策和实施中的不足和失误，总结经验教训，对提高投资项目设计和施工质量有重要意义。

第三，加强投资决策的民主化。政府的投资资金来自纳税人，因此，政府的投资行为要对纳税人负责。在我国，各级人民代表大会代表人民当家做主，政府的投资决策应接受人民代表大会的监督、审查。

（三）基本建设投资的分类

为了加强对基本建设投资的监督和管理，有必要对基本建设投资从不同的角度进行科学的分类。

1. 按基本建设投资的费用构成分类

按基本建设投资的费用构成，可以分为三大类。

（1）建筑安装工程费用，包括建筑工程费和设备安装费。这部分投资通过施工活动得以实现，大约占基本建设投资总额的 50%～60%，是投资的主要部分。

（2）设备、工具、器具购置费，这部分投资是通过基本建设部门的采购活动来实现的。

（3）其他基本建设费，包括土地征购费、青苗补偿费、原有建筑物拆迁费、建设单位管理费、生产人员培训费等。

这种分类方法反映了基建投资工作的具体内容，便于正确安排基建投资与所需物资之间的关系，同时，也为建设单位编制基本建设预算、确定工程造价、进行经济核算提供了依据。

2. 按基本建设的投资规模或生产能力分类

按基本建设的投资规模或生产能力，可以分为大型、中型、小型3类建设项目投资。

这种分类方法有利于国家对基本建设项目实行分级审核管理，也有助于合理利用各地自然资源与社会资源，形成合理的生产力布局。

3. 按基本建设项目的性质分类

按基本建设项目的性质，可以分为新建项目投资、扩建项目投资、改建项目投资和重建项目投资4类。

这种分类方法对于国家确定投资重点、制定投资政策、比较投资效果和选择投资方案具有重要意义。

4. 按基本建设投资的最终用途分类

按基本建设投资的最终用途，可以分为购买生产资料的资金支出与购买消费资料的资金支出两大类。前者主要是指购买建筑材料、设备器具等方面的费用；后者主要是指建设单位管理费用、人员培训费用及建筑安装过程发生的生活资料消耗费用等。

（四）我国基本建设投资情况

近年来，我国基本建设支出始终是财政支出的一个重要支出项目，其规模总体处于增长趋势，但随着经济形势的发展和波动，基本建设支出的增长率和占财政支出的比重也有所波动，如表3-8所示。2007年至2016年，我国的基建投资规模加速扩大，从4.14万亿元增加至15.20万亿元，据国家统计局公布的数据表明，基础设施投资主要服务于第三产业，由交通运输、仓储和邮政业以及水利、环境和公共设施管理业两大行业固定资产投资构成。

表3-8 我国基本建设支出增长率及其占财政支出的比重

年份	1985	1990	1995	1996	1997	1998	1999	2000	2001	2002	2003	2004	2005	2006
基本建设支出（亿元）	555	547	789	907	1 020	1 388	2 177	2 095	2 511	3 143	3 429	3 438	4 041	4 390
比上年增长率（%）	22.1	20.5	23.4	15.0	12.3	36.1	52.5	-1.0	19.9	25.2	9.1	0.24	17.57	8.64
占财政支出的比重（%）	27.7	17.8	11.6	11.4	11.0	12.9	16.0	13.2	13.3	14.2	13.9	12.1	11.9	10.9

资料来源：中华人民共和国财政部：《中国财政年鉴（2017）》，北京：中国财政经济出版社，2007。

2007年政府调整收支分类科目之后，支出功能分类科目没有设置基本建设支出类，而是按职能和活动设置类、款、项科目，因此各单位的基本建设支出，要根据各单位的职能确定相应的类、款，然后根据款下项级科目设置情况，归入相应的项级科目。例如：凡属于行政单位的基本建设支出。如教育行政主管部门的基本建设支出，应归于教育类下的教育管理事务款。

三、财政支农支出

财政支农支出是指财政用于扶持、发展农业方面的支出。

（一）财政支农支出的必要性

对农业进行扶持和保护是各国政府所普遍采取的政策，这主要是由农业的特殊性所决定的。

（1）农业部门的社会经济效益大而直接经济效益小，大量经济效益要通过加工、流通部门辗转折射出来。由于直接经济效益小，所以投资农业往往得不到平均利润，不但吸引不了农业部门外的资金，就连农业内部资金也可能向非农产业逆向流动，如果没有政府的扶持和保护，很难保证农业的正常资金投入，结果将危及农业的基础地位。

（2）农业对自然条件和基础设施的依赖性较强，而这些条件具有公益性质、花钱多、涉及面广，个别单位和地区往往不愿承担或无力承担，这就需要政府来承担这种投入职责。

（3）农业是风险产业，自然风险与市场风险同在，生产也难免有周期波动。农业部门为了克服生产的分散性、季节性及各种不利因素，必须不断提高其投资和物质装备水平，为了生存与发展，农业部门需要更多的投入。

（4）农产品需求弹性小，加之农业成本高、收益低，生产周期长而资金周转慢，从而农业在市场贸易中处于不利地位。

（二）农业投入的资金来源

在社会主义市场经济条件下，农业投资的资金应当主要来自农业部门和农户自身的积累，国家投资只应发挥辅助作用。

要使农业部门和农产自身的积累成为农业投资的主要资金来源，有两个条件是必不可少的：（1）农产品的销售收入必须高于农业生产的投入成本，否则，农业部门的积累无从产生。（2）农业投资的收益率必须高于、至少不低于全社会平均的投资收益率，否则，农业部门即便产生了利润也不会向农业投资转化。在这两个条件中，第一个条件是根本的，因为农产品销售收入高于农业生产的投入成本是保证农业投资收益率达到较高水平的基本条件。

信贷资金对农业的投入也可以成为农业投入资金来源的一部分。这一来源的保证，也应满足上述两个条件。信贷资金具有以下特点：一是有借有还，不发生所有权的转移，适宜处理不同经济主体之间的资金往来关系；二是到期偿还并需支付一定利息，可以促使用款人合理节约地使用资金；三是方式多样，范围广泛，适应性强。在处理财政支农投入与信贷资金支农投入时应针对信贷资金特点，坚持以信贷资金投入为主、财政投入为辅的原则。

（三）财政支农支出的重点

纵观世界各国的经验，财政对农业的投资具有以下基本特征：一是以立法的形式规定财政对农业的投资规模和环节，使农业的财政投资具有相对稳性；二是财政投资范围具有明确界定，主要投资于以水利为核心的农业基础设施建设、农业科技推广、农村教育和培训等方面；三是财政投资虽然是必需的，但一般占农业投资总量的比例较低。

农业固定资产投资，如大型水库和各种灌溉工程等，其特点是投资量大，投资期限长，牵涉面广，投资以后产生的效益不易分割，而且投资的成本及其效益之间的关系不十分明显。由于具有上述特点，农业固定资产投资不可能由分散的农户独立进行。对于此类大型固定资产投资项目来说，按地区来度量受益程度从而分地区负担项目费用似乎是可以做到的，但在这种安排下，地区应负担的费用多半要由地方财政安排支出，而这在概念上就已属于政府投资了。

改造传统农业的关键在于引进新的农业生产要素，也就是必须要有农业科研、科研成果应用于农业生产，必须经过推广的程序，为了使农户接受新的生产要素，还需对农户进行宣传、教育和培训。为完成这一系列任务，需要筹集大批资金。这里不必详细开列政府投资和农户投资的项目清单，但是，基本原则却是可以确定的，那就是，凡是具有外部经济效益以及牵涉面广、规模巨大的农业投资，原则上都应由政府承担，如农业科研、科学技术推广、农户教育之类的对农业发展至关重要的农业投资应由政府来承担。适宜由农户来承担的投资主要是农药、化肥、薄膜、除草剂等流动资金投资，以及农机具、供农户使用的农业设施等固定资产投资。这些投资从规模上看是农户能够承担的，投资后产生的效益也很容易分割，成本与效益的对应关系也比较明显。

（四）我国财政支农支出情况

目前，财政支农支出体现在“三农”支出上。“三农”支出是指财政对农业、农村、农民投入的总和，并不是单独的预算科目，为了便于了解总体投入情况，这里专门把涉农的各方面支出项目综合反映在“三农”支出中，因此与教育、医疗卫生等相关支出会有所交叉。

近年来，各级财政高度重视“三农”工作，不断加大财政对“三农”投入力度，建立健全“三农”投入稳定增长机制和强农惠农政策支持体系，有力地促进了农业生产、农民增收和农村社会事业全面发展，“十一五”期间中央财政用于“三农”投入增长情况如图 3-7 所示。

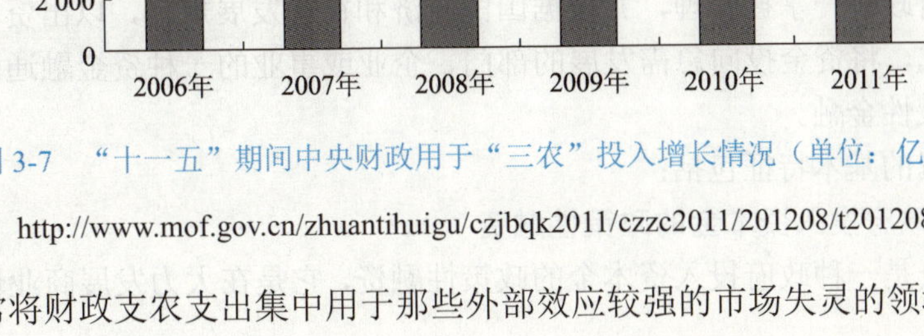

图 3-7　“十一五”期间中央财政用于“三农”投入增长情况（单位：亿元）

资料来源：http://www.mof.gov.cn/zhuantihuigu/czjbqk2011/czzc2011/201208/t20120831_679920.html。

我国通常将财政支农支出集中用于那些外部效应较强的市场失灵的领域，诸如农业基础设施建设，大江大河的治理，农业科技的研究开发和推广示范，农业产业化、农业社会化服务体系建设，自然灾害的防御等。下面以2010年为例，分析“三农”支出的使用情况。2010年，全国财政“三农”支出24 213.4亿元，占总支出的26.9%，比2009年增加4 170.8亿元，增长20.8%。其中，中央财政用于“三农”的支出合计8 579.7亿元，增长18.3%。全国财政“三农”支出主要用于支持农业生产和农村社会事业发展。

一是2010年农业生产支出8 571.4亿元，占“三农”支出的35.4%。主要用于支持大中型和重点小型病险水库除险加固，加强农业综合开发，支持中低产田改造，建设高标准农田，增加粮食综合生产能力，完善中央财政农业保险保费补贴政策；加强农村贫困地区基础设施建设、产业发展和农村贫困劳动力培训等工作，创新财政扶贫开发机制，支持解决扶贫对象温饱问题并努力实现脱贫致富。

二是2010年农村社会事业发展支出13 221.4亿元，占“三农”支出的54.6%。主要用于逐步解决农村教育发展问题，提高教育质量和资金使用效益；增加新型农村合作医疗补助资金，做好扩大新型农村社会养老保险试点工作；建立并完善农村社会保障制度，建立完善农村最低生活保障体系和自然灾害生活救助制度；支持农民培训和农村劳动力转移就业等。

三是2010年对农民的粮食直补、农资综合补贴、良种补贴和农机购置补贴支出1 258亿元，占“三农”支出的5.2%。其中，水稻、小麦、玉米、棉花实现全覆盖，大豆实现东北地区全覆盖，油菜实现长江中下游流域全覆盖，新增花生和青稞良种补贴品种；农机购置补贴覆盖了全国所有农牧业县（场）；按照“价补统筹、动态调整、只增不减”的原则，建立了农资综合补贴动态调整机制，更好地保护农民利益，调动农民种粮积极性。

四是2010年农产品储备费用和利息等支出1 162.7亿元，占“三农”支出的4.8%。主要用于增加国家粮油储备数量，支持连续较大幅度提高粮食最低收购价，实施主要农产品临时收储政策等。

在新形势下，财政还必须进一步提高对农村、农业和农民问题重要性的认识，并根据农村和农业工作的中心任务要求，进一步明确财政支农的范围，突出重点。农民跟市民一样有发展权、有生存权，政府应该承担起最起码的公共产品的供给，而不应该形成现在的“公共”财政主要面对城市，而忽视对农民的公共产品提供，或者只对农民提供少量公共产品补贴的局面。

四、财政投融资

（一）财政投融资的特征

所谓财政投融资就是政府为实现一定的产业政策和其他政策目标，通过国家信用方式筹集资金，由财政统一掌握管理，并根据国民经济和社会发展规划，以出资（入股）或融资（贷款）方式，将资金投向急需发展的部门、企业或事业的一种资金融通活动，财政投融资也称为政策性金融。

财政投融资的基本特征包括：

1. 是一种政府投入资本金的政策性融资

财政投融资是一种政府投入资本金的政策性融资，它是在大力发展商业性投融资渠道的同时构建的新型投融资渠道。随着社会主义市场经济体制的逐步建立和完善，市场融资的份额将扩大，专业银行商业化的趋势不可逆转，在这种条件下，构建政策性投融资机制只会加快而不会阻碍专业银行商业化的发展方向，因为只有把专业银行的政策性业务分离出来，专业银行才可能真正实现商业化的经营目标。

2. 目的性很强，范围有严格限制

财政投融资主要是为提供公共产品或准公共产品的基础产业部门融资。随着体制改革的深化，由体制性因素形成的公共产品应逐步减少，市场产品的范围应扩大，许多基础工业产品在条件成熟时，价格应放开，并通过发展企业集团形式谋求发展。因此，政府投融资的范围是受到严格限制的，主要是为那些需要政府给予扶持或保护的产品或直接由政府控制定价的基础性产业融资。

3. 计划性与市场机制相结合

虽然财政投融资的政策性和计划性很强，但它并不完全脱离市场，而应以市场参数作为配置资金的重要依据，并对市场的配置起补充调整作用。

4. 由国家专门机构管理和经营

财政投融资的管理由国家设立的专门机构——政策性金融机构负责统筹管理和经营。政策性金融机构既不是一般意义上的金融企业，也不同于制定政策的机关，其本质是执行有关长期性投融资政策的机构，是政府投资的代理人。财政投融资由政策性金融机构负责统筹管理和经营，可以避免有偿性投资与一般性投资相互混淆，提高政府投资的运作效率。

（二）我国的政策性银行

我国于 1994 年成立了 3 家政策性银行：中国国家开发银行、中国农业发展银行、中国进出口银行。我国的财政部门以及各主管部门实际上都存在不同形式的投融资活动，但政府投融资的典型代表和主要承担者是“三大”银行。

1. 国家开发银行

国家开发银行于 1994 年 3 月成立，是 3 家政策性银行中最大的一家，直属国务院领导。国家开发银行的主要职能有：贯彻国家宏观经济政策，发挥宏观调控职能，支持经济发展和经济结构战略性调整，支持基础设施、基础产业和支柱产业重大项目建设及配套工程建设，发挥长期融资领域主力银行作用，支持国家区域发展政策，承担国际金融组织转贷款业务等。国家开发银行的资金来源主要有政府投入的资本金、人民币债券和外债。

下面以 2011 年为例，分析国家开发银行的投融资情况。

2010 年，国家开发银行发行人民币金融债券 8 500 亿元，在香港发行人民币债券 50 亿元，外汇筹资美元 862 亿元，各项筹资总量 1.78 万亿元。截至 2011 年年末，国家开发银行资产总额突破 6 万亿元，不良贷款率 0.4%，连续 27 个季度低于 1%，较好地实现了支持发展、防范风险与优良业绩的有机统一。

2011 年国家开发银行按照“有扶有控”的原则，把握信贷的总量、投向和进度，统筹调度，优化配置，全力支持铁路、电力、公路等重大基础设施建设，有效缓解了部分在建续建项目资金链断裂的风险。

2011 年国家开发银行积极推动区域协调发展，向中西部地区和东北老工业基地新增贷款 4 333 亿元，其中新增西藏和藏区贷款 228 亿元，居金融机构首位；积极促进产业升级、战略性新兴产业发展及文化产业发展，文化产业贷款余额 1 204 亿元，居同业第一，大力推进绿色信贷和低碳金融，节能减排和环保贷款余额 6 583 亿元。

民生领域是国家开发银行支持的重点，2011 年国家开发银行新增保障性安居工程贷款 1 095 亿元，发放水利贷款 307 亿元；新农村建设贷款发放 1 432 亿元，重点支持粮食作物和“菜篮子”基地建设；继续加大对中小企业的支持力度，贷款发放同比增长 25%；扩大助学贷款受益面，发放贷款 100 亿元，累计支持学生 560 万次。

作为中国最大的对外投融资合作银行，国家开发银行的国际合作业务继续保持良好的发展势头。截至 2011 年年末，国家开发银行外汇贷款余额 2 100 亿美元，资产质量继续保持优良。

2. 中国农业发展银行

中国农业发展银行成立于 1994 年，是国有农业政策性银行，注册资本为 200 亿元人民币，直属国务院领导。中国农业发展银行的主要职责是按照国家的法律、法规和方针、政策，以国家信用为基础，筹集资金，承担国家规定的农业政策性金融业务，代理财政支农资金的拨付，为农业和农村经济发展服务。中国农业发展银行共有 30 个省级分行、300 多个二级分行和 1 800 多个营业机构，服务网络遍布除西藏自治区外的中国大陆地区。

中国农业发展银行资金的来源包括：业务范围内开户企事业单位的存款；发行金融债券；财政支农资金；向中国人民银行申请再贷款；境外筹资等。中国农业发展银行资金的用途是从多个方面支持农业、农村发展，以 2010 年为例，中国农业发展银行年末各项贷款余额达 16 710.7 元，比年初增加 2 198.1 亿元，增长 15.1%；全年累放粮棉油收购贷款 2 787.9 亿元，支持收购粮食 2 394.9 亿斤、棉花 3 996.6 万担、油脂 74.5 亿斤，确保支持粮棉油收储不出现问题；推出新农村建设贷款新产品，农业农村基础设施建设中长期贷款保持了良好的发展势头，年末贷款余额 4 682.4 亿元，比年初增加 2 321.1 亿元，支持项目 1 609 个；发行债券余额 9 270.3 亿元，增长 14.3%；组织低成本存款成效显著，企事业单位存款和财政性存款余额 3 389.5 亿元，比年初增加 651.4 亿元。

3. 中国进出口银行

中国进出口银行成立于 1994 年，是直属国务院领导的、政府全资拥有的国家出口信用机构。中国进出口银行的主要职责是贯彻执行国家产业政策、外经贸政策、金融政策和外交政策，为扩大我国机电产品、成套设备和高新技术产品出口，推动有比较优势的企业“走出去”开展对外承包工程和境外投资，促进对外关系发展和国际经贸合作，提供政策性金融支持。中国进出口银行的信贷业务由中国银行和其他商业银行代理，其资金来源除国拨资金外，主要以财政专项资金和金融债券为主。

（三）我国政策性银行的特点

1. 业务职能的政策性

政策性银行的政策性是不言而喻的，国家开发银行多年来为之奋斗的目标是充当“配合国家宏观政策，重点向基建设施发放贷款”的角色；进出口银行在带动机电产品、成套设备和高新技术产品出口，以及为对外承包工程项目提供出口信贷、出口信用保险和对外担保等多方面的政策性金融支持上，可谓功勋卓著；农业发展银行则在支持国有粮食企业按保护价敞开收购农民余粮，以及农村基建等多方面大显身手。

2. 资金来源的政府性与市场性相结合

从三大政策性银行的介绍中可以看到，我国的政策性银行的资金来源体现了政府性与市场性的相结合。一直以来，政策性银行的资金来源除财政拨付的资本金外，主要是通过中国人民银行下达指令性派购计划、由商业金融机构定向购买金融债券筹集资金。自1998年开展政策性银行市场化筹资试点工作以来，政策性银行的资金来源正逐渐从政府性向市场化迈进。

【关键术语】

行政管理支出　国防支出　教育支出　科学研究费支出　卫生支出　基本建设投资　财政支农支出　财政投融资

【网络资源】

1. 登录国家统计局网站（http://data.stats.gov.cn/）查阅近三年我国行政、国防支出年度数据和相关报表。

2. 登录国家统计局网站（http://data.stats.gov.cn/）查阅近三年我国文化、教育、科学、卫生事业支出年度数据和相关报表。

3. 登录国家统计局网站（http://data.stats.gov.cn/）查阅近三年我国政府投资性支出年度数据和相关报表。

【独立思考】

未来我国财政购买性支出的改进方向

我国近几年的高速经济增长与财政购买性支出的总量递增有一定的关系。基于推动经济增长的需要，未来财政支出应该在以下几方面改进：

首先，财政购买性支出规模要稳中有升，以此来保持国民经济的高速增长。公共经济理论指出，政府支出是国民经济增长的重要推动力，其原理是宏观经济学中政府支出具有的乘数效应，即一定规模的财政支出可以扩张为数倍的国民产出。因此，我们应该善于根据宏观经济走势来发挥财政政策调控经济总量的功能，利用财政购买性支出的增减来达到扩张或收缩经济总量的目的。

其次，财政消费性支出是对国民产出的一种单纯的、非生产性的消耗，因此应严格控制财政购买性支出中消费性支出所占比重，防止发生消费性支出过度膨胀。我国以行政管理费为主体的财政消费性支出近年来上涨迅猛，主要是人员经费和公务经费上涨所致，这种势头只有通过推进政府职能转换、加快行政体制改革和精简机构来遏止。

再次，在严格控制消费性支出规模，增加投资性支出的基础上，优化配置投资性支出中物质资本与人力资本投资的比例。一要继续加大对基础设施与基础产业的资金投入，拓宽经济发展的瓶颈，尤其不能放松农田水利基础设施建设，要不断加快农业现代化和社会主义新农村的建设步伐。二要大力推进科教兴国战略。完善义务教育的经费负担机制，推进中小学的课程改革，使全国城乡适龄青少年都能够享受到平等而优质的义务教育。在继续推进高等教育大众化、加强基础科学研究的同时，要采取切实可行的措施全面振兴职业教育，以培养经济建设所需要的各类型人才。

第四，财政购买性支出要立足自主创新，注重高效与节约相结合，发展循环经济，保护生态环境。财政支出是社会总需求的重要组成部分，所以财政支出在促进科技创新、发展循环经济、保护生态环境方面具有很强的带动与示范效应。财政购买性支出可以通过政府投资和采购的方式，引导民族产业提高产品和服务的科技含量，提升自主创新的层次，可以利用投资和采购的强制标准来控制生产的能耗投入，凡是有利于循环经济发展的产品、服务或产业都可以被列入财政支出重点支持的项目中。

第五，强化政府采购制度，促进财政购买性支出的科学、规范、节约与高效。政府采购是提高财政购买性支出效率的重要制度形式，由于它能将提高效率与加强监督有效地结合起来，并能充分发挥自身作为财政政策载体与工具的重要作用，所以得到世界各国政府的普遍重视。如今，政府采购支出已占到发达国家财政支出总额的 30%以上，占到 GDP 10%以上，规模相当之大。与之相比，我国政府采购制度无论就操作流程、管理手段、配套制度、普及程度以及法规框架哪一方面来讲，都只是处于刚刚起步的阶段，有待于完善的制度细节还有许多。

资料来源：赵石磊．我国财政购买性支出对经济增长的影响，《兰州商学院学报》，2006 年 12 月。

【思考】结合 2017 年我国购买性支出情况，评价行政、国防支出、文化、教育、科学、卫生等购买性支出水平及改进方向。

【课后练习】

一、名词解释

1．社会消费性支出　　2．财政投资性支出　　3．基础产业

4．文教科卫支出　　5．行政管理支出　　6．国防支出

7．农业投资　　8．基础设施投资　　9．财政投融资

二、单项选择题

1．下列不属于行政管理支出的是（　　）。

A．政府各级权力机关　　B．行政管理机关

C．司法机关　　D．企业的人力资源部门

2．从经济性质看，义务教育可看成是（　　）。

A．私人产品　　B．混合产品

C．准公共产品　　D．纯公共产品

3．下列具有私人产品的性质，主要应由微观主体承担的是（　　）。

A．卫生防疫　　B．医疗服务　　C．职业病防治　　D．传染病防护

4．《中国教育改革和发展纲要》规定教育支出占GDP比重的目标是（　　）。

A．2%　　B．4%　　C．6%　　D．10%

5．下列项目中不应属于政府财政投资范围的是（　　）。

A．京沪高铁　　B．南水北调　　C．三峡工程　　D．家用小汽车

6．关于政府投资与非政府投资，下列说法正确的是（　　）。

A．追求盈利是非政府投资的最主要动因之一

B．政府投资通常适合进入竞争性的行业

C．非政府投资的资金主要来源于自有资金

D．追求社会效益最大化是非政府投资的最主要动因之一

7．下列不属于公共卫生服务的是（　　）。

A．卫生防疫　　B．传染病防护　　C．职业病研究　　D．医疗服务

8．国际上用来评价国家科技实力和科技发展水平的首选指标是（　　）。

A．新产品试制费投入　　B．自然科学事业费

C．社会科学事业费　　D．研究与试验发展（R&D）经费支出

9．政府投资性支出的资金来源主要是国有资产收益和（　　）。

A．税收　　B．预算外收入　　C．制度外收入　　D．收费

10．政府投资应该侧重于（　　）。

A．市场化程度高的项目　　B．投资期限短的项目

C．外部效应较大的项目　　D．见效快的项目

11．下列项目中不应当属于财政对农业投资范围的是（　　）。

A．农业基础设施建设　　B．农业科研与推广

C．农业生态环境保护　　D．农户消费性支出

12．社会消费性支出属于（　　）。

A．转移性支出　　B．购买性支出　　C．社会保障支出　　D．专项支出

13．关于购买性支出，下列说法不正确的是（　　）。

A．行政经费属于社会消费性支出

B．国防支出属于非生产性支出

C．司法机关的经费不属于行政管理经费

D．国防支出对于国家的存在是十分重要的

14．政府公用经费不包括（　　）。

A．设备购置费　　B．离退休人员费用

C．业务费　　D．工作人员差旅费

15．下列支出中，属于财政购买性支出的是（　　）。

A．社会保障补助支出　　B．债务利息支出

C．政府采购支出　　D．财政补贴支出

三、不定项选择题

1．下列属于财政投资性支出的有（　　）。

A．农业投资支出　B．基础设施投资支出　C．社会保障支出
D．债务利息支出　E．教育支出

2．行政管理支出的特征主要有（　　）。

A．公共性　B．非生产型　C．稳定性
D．投资性　E．强制性

3．社会消费性支出主要包括（　　）。

A．行政管理支出　B．国防支出　C．文教科卫支出
D．社会保障支出　E．补助支出

4．行政管理支出的内容包括（　　）。

A．行政管理费　B．公检法经费　C．武装警察部队经费
D．外交支出　E．债务利息支出

5．文教科卫支出主要包括（　　）。

A．教育支出　B．外交支出　C．卫生支出
D．科学研究　E．国家安全支出

6．一般来说，教育产品可以由（　　）提供。

A．企业　B．政府　C．学校
D．社会团体　E．家庭

7．下列适合政府提供的是（　　）。

A．公共图书馆　B．文物馆　C．图书音像的出版
D．文艺团体演出　E．防空雷达站

8．国防支出无论按照什么标准分类，最终都可以归结为（　　）。

A．人员生活费　B．训练维持费　C．作战费
D．装备费　E．调研费

9．国防支出的影响因素主要包括（　　）。

A．经济发展水平的高低　B．国家管辖范围的大小　C．国际政治形势
D．兵役制度　E．国防政策

10．在中国，下列属于政策性金融机构的是（　　）。

A．中国国家开发银行　B．中国农业发展银行　C．中国进出口银行
D．兴业银行　E．中国建设银行

四、判断题

1．国防支出还有波动性的特点，即国防支出受一定技术条件制约，且与国际国内局势变动密切相关。（　　）

2．社会总投资包括政府投资和非政府投资，追求社会效益最大化是非政府投资的最主要动因之一。（　　）

3．财政教育支出是指政府用于维持和发展各类教育事业方面的财政支出，即指预算内教育支出。（　　）

4．从经济性质看，基础设施从总体上说可以归类为混合产品，可以由政府提供，可以由市场提供，也可以采取混合提供方式。（　　）

5．农产品需求弹性小，加上人们的偏好也具有同一性，因而价格的变动对消费的影响非常大。（　　）

6．农业发展的根本途径是改善农业的生产条件，改善农业生产条件的必要条件之一是增加对农业的投入。（　　）

7．财政投资性支出主要包括基础设施投资支出、农业投资支出和社会保障支出。（　　）

8．农业补贴一般在经济比较落后的发展中国家，发达国家农业现代化程度很高，所以政府对农业不再进行补贴。（　　）

9．高等教育具有很强的纯公共产品属性，因此，理应由政府来提供和保证。（　　）

10．购买性支出由社会消费性支出和财政投资性支出两部分构成。（　　）

11．政府投资是一种非市场的投资行为，可以弥补市场失灵，促进资源的优化配置。（　　）

12．政府投资是以追求社会效益最大化为目标，因此无须重视经济效益。（　　）

五、简答题

1．简要分析教育的属性，并分析政府提供基础教育的理论依据。

2．简要分析卫生支出的属性，并分析政府提供公共卫生的理论依据。

3．简述财政投资性支出的必要性和特点。

4．简要分析基础产业财政投资的必要性。

5．简述我国农业财政投资的范围和重点。

6．国防支出的主要影响因素有哪些？

7．什么是财政投融资？简述财政投融资的基本特征。

8．政府投资有何特点？

六、论述题

1．试析政府投资与非政府投资的主要区别。

2．试述财政支持农业发展的理论依据。

3．试述我国行政管理支出增长变化的主要原因，并分析如何控制我国行政管理费的过快增长。

第四章 转移性支出

学习目标

- ☑ 掌握社会救济、社会保险、社会福利和社会优抚的含义
- ☑ 理解社会保障基金的来源及社会保障中的公平与效率
- ☑ 熟悉财政补贴的性质、分类和供求效应
- ☑ 熟悉税式支出的形式、特征和原则

案例导入

家电下乡政策

农村经济作为我国国民经济的基础，其重要性不言而喻。农村经济状况的稳定与否，直接关系着国民经济的根基。家电下乡就是从政策上给予农民优惠，增加农民收入，改善农民生活质量，提高农村经济水平。

2007年，财政部、商务部制定了家电下乡补贴政策，并开始在山东、河南、四川三省实行彩电、冰箱、洗衣机、手机四大家电下乡的小规模试点。具体政策内容为：非城镇户口居民购买彩色电视、冰箱、移动电话与洗衣机等四类产品，按产品售价13%给予补贴，最高补贴上限为电视2 000元（人民币，以下皆同）、冰箱2 500元、移动电话2 000元与洗衣机1 000元。2009年2月1日起，家电下乡开始在全国推行，并将摩托车、电脑、热水器和空调等产品也列入家电下乡政策补贴范围。

2012年，全国（不包括山东、河南、四川、青岛）家电下乡产品销售7 991.3万台，实现销售额2 145.2亿元，按可比口径计算，同比分别增长22.6%和18.8%。至2012年12月底，全国累计销售家电下乡产品2.98亿台，实现销售额7 204亿从销售地区看，安徽、河北、江苏3省销售额位居全国前三，合计占家电下乡产品销售总额的33%；从产品品类看，彩电、冰箱、空调、热水器4类产品销售均超过300亿元，合计占家电下乡产品销售总额的83.3%；从企业看，海尔集团、格力集团和海信集团位列销售额前三，分别为250.5亿元、189.8亿元和172.1亿元、合计占家电下乡产品销售总额的28.5%。

家电下乡政策是积极扩大内需的重要举措，是财政和贸易政策的创新突破。主要是顺应农民消费升级的新趋势，运用财政补贴、贸易政策，引导和组织工商联手，开发、生产适合农村消费特点、性能可靠、质量保证、物美价廉的家电产品，并提供满足农民需求的流通和售后服务；对农民购买的纳入补贴范围的家电产品给予一定比例（13%）的财政补贴，以激活农民购买能力，扩大农村消费，促进内需和外需协调发展。

（资料来源：商务部：《2012年全国家电下乡产品销售近8 000万台》，中国商务部网站，2013年1月8日）

政府转移支出主要包括社会保障支出、财政补贴支出以及税式支出，政府提供转移支出的目的主要是为了促进社会公平。

第一节　社会保障支出

一、社会保障的特征与资金来源

社会保障是指国家依据一定的法律和法规，在劳动者或全体社会成员因年老、疾病、伤残丧失劳动能力或丧失就业机会以及遇到其他事故而面临生活困难时，向其提供必不可少的基本生活保障和社会服务。《中华人民共和国宪法》规定：“中华人民共和国公民在年老、疾病或者丧失劳动能力的情况下，有从国家和社会获得物质帮助的权利。”社会保障主要包括社会救济、社会保险、社会福利和社会优抚几个方面。

（一）社会保障的特征

作为一种经济保障形式，社会保障具有以下几个基本特征。

1. 覆盖面的广泛性

社会保障的实施主体是国家，目的是满足全体社会成员的基本生活需要，因此，社会保障的受益范围是广泛的，也是多层次、全方位的。完整的社会保障体系犹如一张安全网，应覆盖社会经济生活的各个层次、各个方面。从原则上和道义上讲，任何一个社会成员都不应被排斥或遗漏在这张安全网之外。

2. 参与上的强制性

虽然社会保障惠及每一位社会成员，但每个人对社会保障的需求程度和社会保障对不同个人所产生的边际效用高低却各不相同，甚至有很大差别。这样在经过付出与收益之间的比较权衡之后，一些社会成员可能会宁愿选择不参与社会保障，这显然不利于社会整体利益，此时强制参与就是必要的，并且应以法律法规的形式加以确定。

3. 制度上的立法性

社会保障作为政府的社会政策，在为全体社会成员提供保障的同时，也要求全社会共同承担风险，这就牵扯到社会的各个方面，涉及各种社会关系。为了使社会保障具有权威性，以及正确地调整各阶层、群体以及个人社会保障利益关系，必须把国家、集体（雇主）、个人（雇员）在社会保障活动中所生的各种社会关系用法律形式固定下来。

4. 受益程度的约束性

社会保障只保障基本生存方面的风险，它所带来的只是基本生活保障需要的满足，而不是享受。受益程度的约束性是由社会保障存在的前提和基本出发点所决定的。由于社会保障的项目、水平及制度的健全与否都受到社会化大生产发展程度的制约。因此，如果保障项目过多、过滥或受益水平过高会影响效率，也影响社会成员的劳动积极性，从而不利于公平的兼顾及为社会成员创造相对平等的机会。

（二）社会保障基金的来源

世界上大多数国家实行由国家、企业和个人三方负担社会保障基金的办法，依据具体情况，这三种来源的构成比例有所不同。

国家财政负担即国家在财政预算中安排一部分资金，用于社会保障事业方向的开支，这是社会保障基金中重要的、稳定的来源。由于财政负担来自于一般税收，一些国家还征收社会保障税，从而使财政负担与税收关系更直接，体现人人负担的特点。

企业（雇主）缴纳的社会保障费是社会保障基金的又一重要来源。劳动者为某一企业提供了劳动力，创造了相当的社会财富，企业单位有义务为其交纳社会保障费。这些费用可以列入企业经营成本。

个人负担一部分社会保障费（特别是社会保险费）是必要的，可以收入高的多交一些，低的少交一些，有助于减少个人收入之间的差距，发挥了社会保障的调节作用。

二、社会保险

社会保险是社会保障体系中最重要的一环。社会保险是一种为丧失劳动能力或暂时失去工作的人提供收入的保险制度，一般是由政府举办并强制从业职工在其就业年份里拨出一部分收入缴纳保险税（费）作为保险基金，投保者缴纳社会保险税（费）满一定期限后，一旦由于保险计划规定的原因丧失劳动能力而收入中断或减少时，即可按规定获得一定的保险收入。具体包括养老保险、医疗保险、失业保险、工伤保险、生育保险等。

（一）社会保险的特点

（1）参加的强制性。社会保险是通过国家立法形式强制实施的保险制度。凡在法律规定范围内的劳动者，都必须参加。用人单位和劳动者参加社会保险，按月缴纳社会保险费，目的在于使劳动者在退休、失业、患病、工伤、生育等5种情况下获得帮助和补偿。参加社会保险既是用人单位和劳动者共同应尽的义务，更是劳动者的合法权益。

（2）社会保险的受益资格和受益水平部分取决于职工以往的缴款。

（3）只有在某些可确认的事件（如失业、疾病和退休等）发生时社会保险才能获得给付。

（4）领取社会保险的赔偿和福利时无须接受收入状况调查。

（二）政府介入社会保险的依据

（1）弥补保险市场因信息不对称问题而导致的市场残缺问题。政府提供养老保险、医疗保险、失业保险等项目的一个理由，就是私人市场不愿提供或无法提供社会保险。

（2）弥补收入分配上的市场缺陷，避免出现长寿者工作期间的积累可能不足以维持晚年生活、因意外事故而导致的提前退休问题等令个人福利状况大大下降的情况。

（3）社会保险是优质品，个人缺乏远见以致他们不会为自己的利益购买足够的保险，因此，政府必须强迫他们购买。

（4）相对于商业保险，社会保险的优势有节约交易成本、更有利于分散风险、可以实行指数化（将收入水平、利率水平与变动的物价水平直接挂钩）以弥补物价上涨带来的风险等。

（三）社会保险主要包括的项目

1. 养老保险

按照法律规定，劳动者达到一定年龄，即认定其进入老年。在劳动者进入老年后，由社会给予工资补偿的制度，就是养老保险。

我国社会养老保险的覆盖范围包括国有企业、城镇集体企业、私营企业、股份制企业、外商投资企业的职工以及城镇个体工商户的帮工，这称为基本养老社会保险。其目的是破除养老保险的所有制界限，促进劳动力的合理流动和优化配置，为各类企业创造公平的竞争环境。

养老保险制度的筹资模式一般分为三种：

第一种是现收现付制（pay-as-you-go），是一种以近期横向收付平衡原则为指导的基金筹集模式。这种模式要求先做出一年（至多几年）内某项社会保障措施所需要的费用的测算，然后按一定比例分摊到参加该保障措施的所有单位和个人，当年的基金收入仅用于满足当年支出的需要。

第二种是完全基金制（full funded），是一种以远期纵向收付平衡原则为指导的筹集模式。这种模式要求在对未来较长时间的宏观预测的基础上，预计保障对象在保障期内所需享受保障待遇的总量，据此按照一定的比例将其分摊到保障对象的整个投保期间。这种方式的主要特点是在初期收费率高、筹资见效快，之后在较长的时期内收费率保持相对稳定，收大于支的部分形成储备基金，需要通过具有较高回报率的投资予以保值。

第三种是部分基金制（partially funded），是一种把近期横向收付平衡原则与远期纵向收付平衡原则相结合作为指导的筹资模式。在满足现时一定支出需要的前提下，留出一定的储备以适应未来的支出需求。其特点是初期收费率较低，以后逐步提高，保持相对稳定。

2．医疗保险

医疗保险是一种以职工和单位缴纳的税（费）及政府补助为经费来源的社会保险制度，这种保险负责支付患病职工以及退休人员的医疗费用，职工的直系亲属也可享受一定的医疗补助。

（1）保险覆盖范围：我国要求城镇所有用人单位要参加医疗保险计划，包括所有制企业、机关、事业单位、社会团体、民办非企业单位。

（2）保险费用筹集：我国医疗保险由用人单位和职工共同缴纳，用人单位按照职工工资总额6%左右缴纳，个人按2%缴纳。

（3）运行模式：我国医疗保险实行社会统筹与个人账户相结合的运行方式。个人缴费全部计入个人账户，其余部分从企业缴费中划入，一般为30%。企业缴费除去划入个人账户的部分外，其余部分进入社会统筹基金。统筹基金的起付标准原则上应控制在当地职工年平均工资的 10%左右，最高支付限额原则上应控制在当地职工年平均工资的四倍左右。起付标准以下的主要从个人账户中支付或由职工个人负担；起付标准以上、最高支付限额以下的医疗费用则主要从统筹基金中支付。

（4）医疗保险经济效应。医疗保险是指在劳动者患病之后由政府给予假期和收入补偿、提供医疗服务的制度。该制度有助于人们减少突如其来的、不确定的医疗支出。不过，一旦人们得知他们已经加入医疗保险制度，又会倾向于过多地消费医疗服务，其原因是医疗保险承担了部分或全部的医疗支出。这是医疗保险制度中存在的道德风险问题。道德风险问题的存在，导致了人们对医疗服务的需求的过量增加，从而产生效率损失。

3．失业保险

失业保险是指在职工由于各种原因中断工作等待再就业的期间，为其提供基本生活及医疗等方面的物质帮助，并通过转业训练和生产自救，使其重新就业的社会保险制度。

（1）保险盖范围：我国要求城镇企业和事业单位都要参加失业保险计划。城镇企业包括国有企业、城镇集体企业、外商投资企业、城镇私营企业以及其他城镇企业。

（2）保险费用筹集：我国城镇企业和事业单位按照工资总额2%缴纳医疗保险，个人按1%缴纳，农民工不缴纳。

（3）失业保险金发放：失业保险金应按照低于当地最低工资标准、高于城市最低生活保障标准的水平发放。

（4）失业保险经济效应：失业保险的存在，一方面促使失业者花更多的时间来找工作，另一方面能使一部分失业者倾向于在失业概率较高的行业中就业。一份经济计量研究表明，美国失业保险的净补偿率每增加10个百分点，就会使失业持续期大约延长半周。

三、社会救济

社会救济是指政府对收入在贫困线以下的居民和因自然灾害遭受损失或发生其他不幸事故而生活困难者提供资金与实物资助的一种社会保障制度。社会救济、社会福利和社会优抚等一般没有建立基金，其财力主要来源于政府直接安排的预算支出。

（一）社会救济的资金来源

社会救济主要来源于政府的财政资金。一般来说，可以按照分税制的财政管理体制及事权和财权统一的原则，建立国家分级管理救济体制，即中央政府负责对特大自然灾害进行适当补助，地方政府负责一般的自然灾害救济及当地的贫困救济、孤寡病残救济支出，这些支出根据物价上涨幅度进行适度调整，以维护社会的稳定。

（二）我国贫困人口的规模

改革开放以来，我国的扶贫标准（贫困线）一直在提高。从20世纪80年代中期至今，尽管扶贫标准增长了5倍多，但增速远低于同期*GDP*总量、财政收入、居民收入增长速度以及物价上涨速度。2011年，我国将贫困线标准从2010年的农民人均纯收入从1 274元调高至2 300元（2010年不变价）。这道新的贫困线划分，使得全国贫困人口数量和覆盖面由2010年的2 688万人扩大到了1.28亿人，占农村总人口的13.4%，占全国总人口近十分之一。

2011年这道新的贫困线比1999年1 196元的扶贫标准线，整整提高了92%。联合国千年发展目标确定的日均消费低于1美元即属“绝对贫困”这一标准，以目前的汇率计算，中国的贫困标准已经基本上与国际接轨，即达到了“日均 1 美元”。而世界银行有两条贫困线标准，日收入2美元就已经是贫困线，适用于普通的发展中国家；日收入1.25美元，叫作绝对贫困线或极端贫困线，适用于非洲等20余个世界上最贫穷的国家。

提高贫困线标准的幅度创下了自该项公共政策出台以来的历史之最，这不仅表明政府消除贫困的决心，也体现了国家实现包容性增长的信心与承诺。2 300 元的贫困线标准不仅意味着各级政府今后的扶贫资金支出将大大增加，政府需要节省更多资金用于扶贫济困；还意味着我国统计意义上的贫困人口将大幅增加，同时“被脱贫”人口将大幅减少，更多弱势人群将能享受到政府扶贫的阳光雨露。

（三）我国反贫困计划

1. 农村反贫困计划

1978—1985 年，我国的反贫困进程主要是借助经济增长推动。在这期间，农村经济改革初步推进，并且取得令人意外的成就。按中国政府贫困标准计算的农村贫困人口在 8 年间减少了一半。不过，当时中国政府并不承认中国农村存在绝对贫困问题，没有正式实行专项的反贫困政策。1983—1984 年出现的第一次粮棉相对过剩及其引发的政策和体制变革，表明农业增长面临来自市场需求和政府补贴能力的新约束，农村经济和居民收入增长速度开始回落。与此同时，改革带来的观念变化，促使政府以更加务实的态度对待农村贫困问题。农村绝对贫困问题得到政府承认。为适应新形势下反贫困的需要，中国政府于 1986 年开始实施农村反贫困计划。

我国目前的扶贫资金主要分为三类：扶贫贷款、发展资金和以工代赈。

（1）扶贫贷款。

扶贫贷款是农村扶贫计划中最大的项目，重点支持有助于直接解决农村贫困人口温饱问题的种植业、养殖业和以当地农副产品为原材料的加工业中效益好、有还贷能力的项目。

早期的扶贫贷款主要采取信贷到户的方式，直接用于支持贫困户的发展。但到了 1990 年代初期，贫困县政府将很大一部分信贷资金用以支持本地区的县办企业和乡镇企业，导致能直接使贫困户受益的信贷资金只占很低份额。在认识到扶贫贷款项目难以到户之后，政府开始试验运用扶贫贷款开展农户小额信贷活动。所谓小额信贷，指的是由金融机构实施的、以农户的信用为基础、在核定的额度和期限内向农户发放的不需抵押、担保的贷款。它旨在缓解穷人在从事生产经营活动中对于资金小的活动中对于资金的需求。农户小额信贷项目一经推出，发展迅速。从目前的实施效果看，农户小额信贷有效缓解了农民贷款难的问题，对农村经济增长和农民收入提高已经起到积极作用。

（2）发展资金。

发展资金也称财政扶贫资金，主要用于发展贫困县的种植业和养殖业以及用于改变贫困农户基本生活条件的项目上。

发展资金涉及多个项目，包括支持不发达地区发展资金、“三西”地区（甘肃的定西地区、河西地区和宁夏的西海固地区）农业建设专项基金、边境建设资金、为支持不发达地区而发放的周转借贷资金等。

发展资金增长缓慢，从实际可比数额看，自 20 世纪 80 年代后期一直在减少，直到 1998 年才恢复到 1986 年的水平。发展资金计划在实施中存在一系列问题，包括筹集配套资金的困难、将资金挪用于支付管理费、资金的使用权力不明确、资金发放慢难以及时满足项目需要，以及资金分散使用使项目投资形不成规模效应，等等。

（3）以工代赈。

以工代赈是指政府投资建设基础设施工程，受赈济者参加工程建设获得劳务报酬，以此取代直接救济的一种扶持政策。它一方面为经济增长创造了物质基础，另一方面为贫困人口提供短期就业和获得收入的机会，缓解了贫困人口的食物短缺问题。该项目开始时通过将积压商品分配给贫困县和发放票券来支付项目投入和劳动报酬。

从 1996 年开始，以工代赈资金列入中央财政预算，开始直接向劳动者支付货币。早期以工代赈项目的资金几乎全部投向农村公路建设、饮用水工程建设和土地改良。在发展贫困地区基础设施和生产生活环境方面发挥了重要作用。同时，为农闲季节的农民提供了短期就业机会，提高了农民的收入水平。自 1990 年代初项目资金大幅增加后，项目投资开始多样化，包括在农田水利设施、造林、人工草场培育、电话线路架设，甚至教育、卫生等更广泛领域的投资。

2. 城市反贫困计划

我国城市反贫困政策的正式出台较晚。1994 年以后，中国城镇的经济环境发生了巨大的变化。国有单位和城镇集体企业提供的工作岗位开始以极快的速度锐减，导致了大规模的失业问题，使城镇贫困现象激增。1993 年 6 月 1 日，上海市开始实施城镇居民最低生活保障制度。1997 年 8 月，在经历 4 年多的试点、推广阶段之后，国务院发出了《关于在各地建立城市居民最低生活保障制度的通知》，标志着城市居民最低生活保障制度正式确立。

城市反贫困计划的形式是最低生活保障。最低生活保障是一个以收入调查为基础的扶贫方案，只有那些人均收入低于当地城市贫困线（最低生活保障线）标准的家庭才能得到救助。最低生活保障的补助机制是补差机制，即对于那些无依无靠、无家可归、无生活来源的城市居民，即“三无”人员或“五保户”（保吃、保穿、保住、保医、保葬或保教），按照其当地贫困线标准全额享受；对尚有一定收入的城市居民，按照家庭人均收入低于当地贫困线标准的差额享受。最低生活保障的经费最初由市、区（县级市）两级财政提供，还有一些地方由企业分担部分救济资金。从 1999 年开始，中央财政开始为社会救济注入最低生活保障资金。

四、社会福利与社会优抚

（一）社会福利

社会福利是指国家依法为所有公民普遍提供旨在保证一定生活水平和尽可能提高生活质量的资金和服务的社会保险制度。社会福利实际上属于社会保障的较高层次，所以在发展社会福利时要量力而行，循序渐进。

社会福利包括国家或社会团体兴办和提供的以全体社会成员为服务对象的公益性事业和社会服务。这些服务主要包括环境保护、教育、科学技术、文化、体育、卫生等，社会成员在享受这些社会福利时是免费或低费用的。

社会福利可分为两类，一类是局部性或选择性的社会福利，主要是指政府为照顾一定地区或一定范围的居民而提供的优惠措施，如对寒冷地区居民给予的冬季补贴，其他还有夏季的降温补贴以及独生子女补贴等。另一类是特殊社会福利，也称民政福利，指政府和社会慈善机构为残疾人和无劳动能力与生活能力的人筹办福利工厂、老人院等。

（二）社会优抚

社会优抚是指政府或社会对现役、退伍、复员、残废军人及军属给予抚恤和优待的一种社会保障制度。

社会优抚包括抚恤、优待和优抚社会化服务。抚恤是政府对因公伤残人员、因公牺牲及病故人员家属采取的一种物质抚慰方式，包括伤残抚恤和死亡抚恤；优待是指从政治上和物质上给予优待对象良好的物质或资金待遇、优先照顾与专项服务；优抚社会化服务是指国家和社会筹资建造服务设施，如革命伤残军人休养院、荣复军人慢性病疗养院等。

五、社会保障制度探究

（一）西方国家社会保障制度的类型和特点

西方国家的社会保障支出已形成相当的规模，并十分稳定，从财政收入角度看，社会保障税已成为仅次于所得税的第二大税类。西方国家社会保障制度的实施各有特色，但具有共同的特点：保障项目名目繁多；社会保障资金有确定的来源；社会保障支出依法由政府集中安排，由政府集中管理或一部分由民间团体和私人企业管理。

西方国家社会保障制度的类型大体分为四种：

（1）社会保险型。这是政府按照“风险分担，互助互济”的保险原则实施的社会保险计划。只要按规定缴纳了保险费，就可以享受政府提供的保险金。这种类型具有互助互济的收入再分配功能。

（2）社会救济型。这是政府在全社会范围内用资金或物资向生活到困难的人提供救济的一种保障计划方式。它有两个特点：一是受保人不需要缴纳费用，由政府从财政预算中筹资；二是需要对受保人的家庭收入及财产进行调查，只有符合相应条件的人，才有资格享受。

（3）普遍津贴型。这是政府按照“人人有份”的原则实施的社会保险计划，即不需要缴纳任何费用，受保人发生受保事故时，无论其经济条件如何，都可以享受政府的保障津贴。

（4）节俭基金型。这是政府实施的一种强制储蓄的社会保障计划。雇主和雇员都必须依法按工资的一定比例向雇员的个人账户缴费。个人账户由政府管理，一旦发生受保事故，便从个人账户提取资金支付保障津贴。一旦受保人去世，个人账户的资金可以由家属继承。这种类型具有强制储蓄的功能，不具有互助互济的收入再分配的功能。

（二）我国社会保障制度的发展历程

我国社会保障制度是在新中国成立之后逐步建立起来的，过去称为劳动保险制度。

1. 传统体制下的社会保障制度

在传统体制下，我国的社会保障体系被划分为两部分：一是集体所有制单位（广大农民和城镇集体单位）的社会保障制度，其资金来源于集体经营的提留，其保障对象只限于集体的成员；二是国有制单位的社会保障制度，其资金来源于全国所有的国有制企业和单位，其保障对象是在国有制企业和单位就业的人员。此外，政府财政还提供抚恤支出、会福利救济费和自然灾害救济费三个项目的社会保障。实际上，那时期我国的社会保障制度是与就业联系在一起的，是国有制单位“铁饭碗”制度下的“企业保险”。

2. 改革开放后社会保障制度的改革

随着市场经济体制改革步伐的加快，建立社会化的社会保障体系被急切地推上政府的议事日程。改革开放以来，我国在社会保险方面进行了一系列的改革和创建工作。目前，我国已形成以养老、失业、医疗三大保险为基本项目，以工伤保险、生育保险、社会救济和社会福利为辅助项目的社会保险体系。近些年我们财政社会保障支出情况如表 4-1 和表 4-2 所示。

表 4-1 1998—2006 年全国财政社会保障支出情况 单位：亿元

年份	社会保障支出	抚恤和社会福利救济	行政事业单位离退休	社会保障补助支出
1998	595.63	171.26	274.36	150.01
1999	1 197.44	179.88	393.92	623.64
2000	1 517.57	213.03	478.57	825.97
2001	1 987.40	266.68	624.72	1 096.00
2002	2 636.22	372.97	788.83	1 474.42
2003	2 655.91	498.82	894.97	1 262.12
2004	3 116.06	563.45	1 028.11	1 524.50
2005	3 698.86	716.39	1 164.83	1 817.64
2006	4 361.78	907.68	1 330.20	2 123.90

表 4-2 2007—2010 年全国财政社会保障支出情况 单位：亿元

年份	社会保障总支出	财政对社会保险基金的补助	行政事业单位离退休	就业补助	城市居民最低生活保障	自然灾害生活救助
2007	5 447.16	1 275.00	1 566.90	370.90	296.04	91.57
2008	6 804.29	1 630.88	1 812.49	414.55	411.70	356.92
2009	7 606.68	1 776.73	2 092.95	511.31	517.85	122.82
2010	9 081.40	2 307.46	2 351.59	620.54	539.32	330.65
2011	11 109.4	3 152.19	2 737.75	670.39	675.06	231.65

注：由于 2007 年政府收支分类科目发生调整，2007 年以后年度社会保障支出科目口径与以前年度不一致，因此，2007 年以后年度社会保障支出数据与以前年度无可比性。

资料来源：中华人民共和国财政部：《中国财政年鉴（2012）》，北京，中国财政杂志社，2012 年版。

（三）社会保障制度中的公平与效率

社会保障制度是社会发展和社会进步的产物，它解决的是整个社会成员的基本保障，以求得整个社会的安全，因此社会保障制度强调的是全体社会成员的公平性。不同项目的社会保障体现公平的程度有所不同：社会救济、社会优抚及部分社会福利事业支出主要由国家财政负担，凡符合条件者可以无偿使用，体现的主要是社会公平；社会保险项目一般由国家、单位和个人三方负担，职工享受的社会保险水平既要能保障职工的基本生活，又要与个人缴费多少挂钩，以激励职工的积极性，提高整体效率，体现的是社会公平和社会效率并重。

1. 社会保障制度中的公平

社会保障作为社会收入的再分配，是调节各阶层收入、实现社会公平的重要手段。收入再分配有两种类型：一是隔代人之间的收入再分配，是指在全社会、不同年龄段（通过“代”来区分）的人们之间出现的再分配，如老一代对经济增长贡献很大而得不到适当的养老保险待遇，则相当于从老一代人中收税向年轻一代再分配。保障体制和具体政策的不同对收入再分配的影响是不一样的。比如，现收现付制具有极强的社会再分配特性，基金制的再分配功能则小得多。隔代人之间的再分配是一个重要课题，如果处理不好，可能会使某些年龄段的人们享受超过其自身贡献所积累的社会财富，而另一年龄段的人们却不能享受他们贡献所积累的社会财富。这一矛盾还有可能因人口结构的变化而变得更加尖锐，这不仅仅是一个社会经济问题，更是一个社会政治问题，因而在设计社会保障制度时要充分注意这一点。二是同一代人之间的收入再分配，一般是指收入高、缴纳社会保险费（税）多的人得到的社会保障收入要低于其支付的数额，而缴纳社会保险费（税）少的人得到多于其支付的社会保障收入。这种收入的差距反映了政府的政策意图，是政府解决社会收入贫富不均问题所做的努力。当然，如果这种分配幅度过大，就可能影响各个收入阶层的积极性，这也是政府在制定社会保障政策时所应注意的一点。

2. 社会保障制度中的效率

社会保障制度中的效率问题主要体现在两个方面：一是对人们工作积极性的影响；二是对积累的影响。在一定的社会保障制度下，一个人工作的年限增多时，其支付的社会保障税也会随之增加，同时他的社会保障收益也会增加。当一个人认为自己已经能够获得足够的养老金，而再工作还要继续支付税收已不合算时，那么他就会宁愿选择退休甚至提前退休。在欧洲高福利国家，失业救济金给得过多，而且退休后的生活保障也是同等的，因而不利于鼓励人们工作的积极性。另外，这些国家为了提供社会保障所需的庞大资金，将个人所得税税率定得过高，会进一步挫伤人们的工作积极性。社会保障对积累也有一定的影响。一般而言，在推行强制性积累的社会保障资金等筹集方式时，一方面会增加强制性储蓄积累；另一方面社会保障的存在又使得人们不再为将来忧虑因而相应减少了自愿性的储蓄积累。

第二节 财政补贴

财政补贴是一国政府根据一定时期政治经济形势对指定的事项有财政安排的专项资金补助支出。

一、财政补贴的性质

作为一种转移性支出，财政补贴支出同社会保障支出有很多相似性。从政府角度看，无论是以补贴形式还是以社会保障形式拨付支出，都不能换回任何东西，即支付都是无偿的。从领取补贴者角度看，无论以什么名目得到政府的补贴，都意味着实际收入的增加，因而经济状况都较前有所改善。

然而，这两类转移性支出既然被冠以不同的名称，自然就有差别。差别主要体现在同相对价格体系的关系上。财政补贴总与相对价格的变动联系在一起：或者是补贴引起价格变动，或者是价格变动导致财政补贴。因为有这种联系，很多人索性就把财政补贴称为价格补贴或财政价格补贴。社会保障支出则不与产品和劳务的价格发生直接联系，固然人们获得保障收入后用于购买，可能使购买商品的价格发生变化，但这种影响既不确定，又是间接的。因为与相对价格结构有直接关联，财政补贴便具有改变资源配置结构、供给结构与需求结构的影响，而社会保障支出则很少有这种影响。根据上述分析，我们可以把财政补贴尤其是价格补贴理解为一种影响相对价格结构，从而可以改变资源配置结构、供给结构和需求结构的政府无偿支出。

二、财政补贴的分类

（一）一般分类

财政补贴可依据不同标准进行分类：

（1）从补贴对象划分，财政补贴可以分为个人补贴和企业生产经营补贴。

（2）从财政补贴列收列支的不同方法划分，可分为财政直接列入支出和冲减财政收入两种方法。世界大多数国家将财政补贴全部列入财政支出，我国将企业政策性亏损补贴以冲减收入方法处理，只有除此以外的其他补贴才在财政支出中列支。

（3）从财政补贴的环节划分，可分为生产环节补贴、流道环节补贴和消费环节补贴。

（4）从补贴的经济性质划分，可分为生产补贴和生活补贴。

（5）从财政补贴的透明度划分，可分为明补和暗补。我国的财政补贴，无论是对个人生活还是对企业生产经营，都有明补和暗补两种形式。

（二）我国财政补贴的分类

根据国家预算对财政补贴的分类，我国的财政补贴包括以下内容：

1. 价格补贴

价格补贴是指国家财政在商品购销价格倒挂的情况下，对工商企业支付的补贴和对消费者支付的提价补贴。

2. 企业亏损补贴

企业亏损补贴又称国有企业计划亏损补贴，主要是指国家为了使国有企业能够按照国家计划生产经营一些社会需要但由于客观原因可能亏损的产品，而向这些企业拨付的财政补贴。

知识拓展

企业亏损补贴与价格补贴的不同

企业亏损补贴与价格补贴两者有所不同，主要区别在以下几个方面：

（1）补贴对象不同。价格补贴主要与市场零售有关，而企业亏损补贴主要与工业生产资料有关。

（2）补贴的直接受益人不同。价格补贴的直接受益人主要是城乡企业居民，而企业亏损补贴的直接受益人主要是相关的企业。

（3）补贴的环节不同。价格补贴多补贴在流通环节，一般向商业企业提供，而企业亏损补贴在生产环节，一般向生产企业提供。

（4）补贴用途不同。价格补贴主要用于弥补购销倒挂给企业造成的价差损失，企业亏损补贴主要向经营价格倒挂产品的企业提供经营费用和合理留利。

3. 财政贴息

财政贴息是指国家财政对使用某些规定用途的银行贷款的企业，对其支付的贷款利息提供的补贴，也就是政府代企业支付部分或全部贷款利息。

三、财政补贴的供求效应

财政补贴在各国都是被当作一种调节经济的手段来使用的，它之所以能有这样的作用，是因为它可以改变相对价格结构。

（一）财政补贴对需求的影响

财政补贴可以改变需求结构。人们的需求客观上有一个结构，决定这个结构的因素要有两个：一是人们所需要的商品和劳务的种类；二是各种商品和劳务的价格。一般来说，商品或劳务的价格越低、需求越大；商品或劳务的价格越高，需求越小，居民对消费品的需求以及企业对投入品的需求，莫不如此。既然价格的高低可以影响需求结构，那么，能够影响价格水平的财政补贴便有影响需求结构的作用。

下面我们重点分析两种情况：

1. 暗补

所谓暗补是无限制的实物补贴的一种俗称，它是指消费者以低于市场价值的价格购买商品时所得到的潜在补贴。考察这种情况，主要分析财政补贴对消费者最佳购买量的影响程度。这里我们把商品划分为补贴品和非补贴品两类。由于这种暗补方式对于消费者来说是改变了补贴商品与非补贴商品的相对价格，假设非补贴商品的价格不变，则从短期看，这种暗补的结果就与两种商品中有一种商品降价的效应是一样的，如图 4-1 所示。

从图 4-1 中可以看到，E 代表补贴品的数量，Z 代表非补贴品的数量，KL 线是没有补贴时的预算线。现在，由于政府对 E 实行了补贴，也就相当于降低了 E 的售价，居民用同样多的货币就可以买到更多的 E，从而使 KL 线位移至 KL'，这表明消费者的实际购买力提高了。当预算线为 KL 线，使无差别线 U_0 与 KL 在 Q 点相切，与 Q 点相对应的消费量分别为 Oe_0 与 OF；现在由于存在对 E 的暗补，预算线 KL' 与无差别线 U_1 在 R 点相切，与 R 点相对应的消费量分别为 Oe_1 与 OG，这表明在暗补的条件下，消费者对两类商品（补贴品与非补贴品）的消费量都增加了。从图 4-1 中可以看出，在两种商品的简单情况下，政府对某一类商品实行暗补时，主要是通过改变预算线（价格线）的斜率而发生作用。

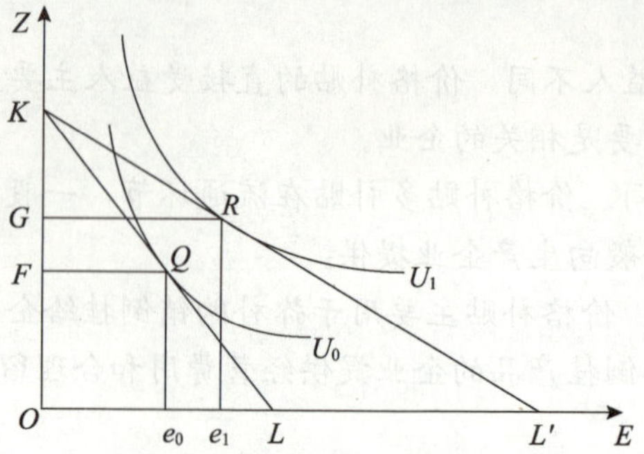

图 4-1　暗补的效应

2．明补

所谓明补是对于政府给消费者因产品涨价所损失的购买力提供的现金补偿的一种俗称。

与暗补相比，明补具有以下特点：明补是直接把补贴金发给消费者，它不是通过降低补贴品的价格，而是通过增加消费者的收入，让他们按原来的价格去购买更多的商品。这样，对于消费者来说。实质上商品已无补贴品与非补贴品之分，尽管政府在决定发放补贴的数额时是视某一类商品的物价补贴需要而定的、是区分过补贴品与非补贴品的。从这个意义上看，明补就是现金补贴，并且是有限的现金额补贴。中国目前由政府向城市居民发放的副食品价格补贴就属于明补。

虽然明补是针对一类商品的价格面进行的补贴，但消费者必定会把明补得来的钱按原来的边际替代比率分配到各个商品的支出上，而不会突出地投在政府所想补贴的商品上，其结果是所有消费品的消费都有可能上升。我们可以用图 4-2 来描绘明补的效应。

从图 4-2 中可以看到，实行明补后，预算线（价格线）的斜率不变，但收入上升了，所以使预算线向外平移了，由原来的 *KL* 外移到 *K′L′*，并与更高的无差异曲线 U_1 在 *S* 点相切，*S* 较之于原来的消费者均衡点 *Q* 是一个代表者更高满足水平的均衡点，这该点消费者对 E 的消费量从原来的 e_0 上开到 e_2，对于 Z 的消费量从 *OF* 上升到 *OG*，这说明，消费者在得到明补后对两类商品的购买量都会上升。

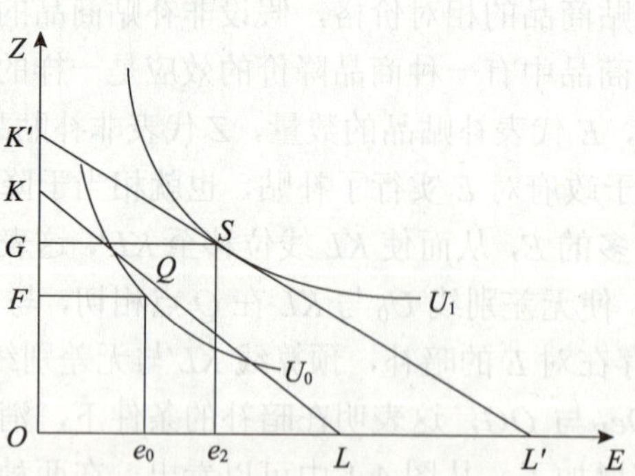

图 4-2　暗补的效应

（二）财政补贴对供给的影响

财政补贴还可以改变供给结构。这一作用是通过改变企业购进的产品价格（供给价格或销售价格加补贴），从而改变企业盈利水平而发生的。众所周知，在我国的供给结构中，农产品的供给曾有过若干次反复，探究一下反复的原因就不难发现，农产品供给状况改善的时候，总是政府向农业部门提供补贴或增加农业部门补贴的时候。提高农产品价格补贴，使从事农业生产有利可图，农产品供给自然增加，而农产品的增加对改善我国的供给结构，有着举足轻重的作用。

总的来看，财政补贴有调整需求结构和供给结构的作用，因此把它当作调节经济运行的政策手段来运用是理所当然的。然而，财政补贴既为一种调节手段，使用范围及规模就有一个限度，超过这个限度，其有利作用就可能趋减，甚至会出现消极作用。

四、财政补贴的作用

财政补贴的作用主要体现在以下两个方面。

（一）纠正不合理的价格结构，有助于价值规律发挥作用

以粮食价格补贴为例，此类补贴是由提高粮食的收购价格引起的，而提高粮食收购价格，是为了纠正价格中的扭曲因素，逐步消除工农产品剪刀差（指工农业产品交换时，工业品价格高于价值，农产品价格低于价值所出现的差额），使农产品价格比较接近它的价值。就这个意义来说，粮食价格补贴是对粮食生产必要耗费的一种补贴，毫无疑问，它是符合价值规律的，但是，用补贴来改变相对价格结构，只是使价值规律部分地发挥作用。仍以粮食价格为例，过去，粮价补贴是支付给商业部门的，商业部门得到补贴，得以维持粮食的售价不因购价的提高而提高，在这里，支付给企业（粮食部门）的补贴事实上是对消费的补贴。按照价值规律的正常要求，当粮食购价提高后，商业部门理应相应提高售价；售价提高后，职工实际工资下降，应相应地提高工资；提高工资，企业利润可能下降，上缴税利则会减少。这样一系列的反应，可能为经济社会难以承受，即便可以承受，于国家的社会福利目标也可能无益。在这里，粮价补贴切断了这一反应链条。它的作用就在于使价值规律在一定的范围内发挥有利的作用。

（二）纠正市场缺陷，借以实现国家的社会福利目标

价值规律的最重要作用是优化资源配置。但是，如果让它自发地去起作用，就不可避免地会产生周期性的有时是剧烈的波动。当出现经济波动时，政府给某些生产者以价格补贴，如粮食生产过剩时实行保护价格，以维护生产者的利益和积极性。或者对某些超出社会需要的产品给以补贴，暂时维持生产和工人就业，以利于资源合理配置。

价值规律优化主要着眼于效率，它必然将资源导向经济效益高的部门和经济发达地区，同时会引起国民收入分配在不同收入阶层之间发生较大的差异，在这种情况下，适当运用补贴手段，有利于促进落后地区的经济发展和调节 *GDP* 分配，以上情况，都可以看作是通过价格补贴有意识地运用价值规律的作用，来达到某种社会经济目标，如此看来，财政补贴是用来改变相对价格结构的。

由于社会经济性质不同，实际存在的作为社会经济运行条件的相对价格结构的状况不同，财政补贴作用的方向也是不同的。在计划价格体制下，当相对价格结构扭曲时，价格补贴的基本作用应是纠正价格结构的扭曲，从而弥补计划价格的不足。在自由价格体制下，价格补贴则被用来克服自由价格的自发性带来的消极作用，以实现自由价格机制所不能实现的社会目标。简言之，在运用补贴手段来调节经济运行时，必须与既定的经济制度和经济运行机制相适应。

五、我国财政补贴情况

在我国政府的财政统计中，财政补贴主要有价格补贴（在现行财政科目中称之为“政策性补贴支出”）和企业亏损补贴两大类，除此之外还有专项补贴和财政贴息，另外，税式支出实际上也是一种财政补贴形式。由于专项补贴和财政贴息没有综合统计数据，我们只考虑价格补贴和企业亏损补贴情况（见表 4-3），税式支出将在下一节专门阐述。

表 4-3　我国的财政补贴

单位：亿元

年份	价格补贴	企业亏损补贴	补贴合计	补贴合计占财政总支出的比重（%）
1980	117.7	—	117.7	9.6
1985	261.8	507.0	768.8	30.6
1990	380.8	578.9	959.7	26.2
1995	364.9	327.8	692.7	9.7
2000	1 042.3	278.8	1 321.1	8.3
2005	998.47	193.3	1 191.77	3.5
2006	1 387.52	180.2	1 567.7	3.9

注：由于企业亏损补贴作冲减财政收入处理，所以。补贴合计占财政总支出的比重根据以下公式计算：

补贴合计占财政总支出的比重：补贴合计/（财政支出＋企业亏损补贴）

资料来源：中华人民共和国国家统计局：《中国统计年鉴（2007）》，北京：中国统计出版社，2007。

2007 年政府收支分类改革后，企业亏损补贴还是冲减财政收入，在“非税收入”下的 06 款“国有资本经营收入”下设置了 02 项“国有企业计划亏损补贴”。对各类企业的政策性补贴支出按行业对应列入相应的功能分类。而对居民的价格补贴，属于行政事业单位职工的，参照工资列示方法，列入相应科目。

第三节　税式支出

美国哈佛大学教授、原财政部部长助理斯坦利·萨里（Stanley Surrey）于 1967 年首先提出了“税式支出”的概念。它一出现就引起了财政理论界的重视，并成为财税制度改革的重要领域。1968 年，美国将其运用于财政预算分析，公布了美国第一个税式支出预算。此后，许多国家相继开始对税式支出问题进行研究，并广泛运用于实际。

一、税式支出的概念和形式

税式支出是指各国政府为了实现政治经济及社会发展目标，通过采取与现行税法的基本结构相背离的税收制度来鼓励特定经济活动（如投资、扩大内需、购房、发行市政债券和慈善捐赠等），减少纳税人的特定负担而发生的政府支出。它属于一种特殊的政府支出。

税式支出的一般形式有税额减免、起征点、税收扣除、优惠税率、优惠退税、盈亏互抵、税收还贷、税收递延、税收抵免、加速折旧等。但并非所有税收优惠都是税式支出。作为税式支出必须具备两个必要条件：一是税式支出必须以一个具体税法中的规范性条款为基准，再考虑税法中偏离规范化的特殊条款——优惠减免规定，形成支出的依据。二是税式支出必须有明确的社会、经济政策目的，即由于减少税收使纳税人得益，从而使某一事件或某项业务得到支持和发展，以达到政府于预期的目标。

二、税式支出的特点

直接财政支出伴随着实实在在的资金运动过程，而税式支出虽名为支出，但无论在财政部门的账面上还是在纳税人的账面上，都不存在资金上收下拨的过程。与直接的财政支出相比，税式支出还具有以下4个特点。

1．时效性

税式支出与受益人的相关程度很高，纳税人本身直接受益，但长期使用必定会使资源配置与所得分配在公平上产生若干的扭曲现象，从而有损国民经济的均衡增长。因此，虽然税式支出有利于实现某种特定的目标，但也应充分考虑长期实施可能带来的无效率和不公平。

2．广泛性

长期以来，财政管理的资金一直以预算内资金为对象，财政支出的范围也受此制约。而现代社会税收的范围要大得多，不论是什么区域，不论是过去、现在还是将来，也不论是何种所有制，只要是纳税人，就有可能得到税收优惠，因此，有税收收入的存在，就有税式支出的客观性，税收收入的广泛性决定税式支出的广泛性。

3．灵活性

在一定的条件下，税式支出是影响税收收入的一个重要因素，税式支出与税收收入呈反比关系。由于税收优惠在时间、范围等方面可以做到具体问题具体分析，可以因事制宜、因地制宜、因纳税人制宜。因此，税式支出具有明显的灵活性特征。

4．间接性

一般财政预算支出必须经立法机关同意，编列正规预算，而税式支出一般是利用税收制度的特殊性来体现，它是一种隐蔽性的支出预算，具有明显的间接性特点。

三、税式支出的原则

税式支出是基于人们对客观经济规律的认识所采取的经济手段，它体现着人们的主观愿望，但客观规律不以人们的意志为转移，如果人们脱离经济规律随心所欲，乱用税式支出，就会适得其反。根据我国税法和税收实践，结合世界各国的有关情况，税式支出有以下4个原则：

（一）适度原则

在一定的社会经济条件下，税收收入与税式支出互为消长，实施税式支出必须坚持适度的原则。从宏观上看，实施税式支出不能影响国家财政收入的总规模，必须考虑在不减少国家财政收入已有规模的前提下，采取一定的税收鼓励措施，如果因采取税式支出而影响国家的财政收入，则势必给国家财政带来沉重的负担。从微观上看，不能单独考虑企业的物质利益，随便给予税式支出，这样不仅不会发挥税收优惠政策的应有作用，反而会影响企业公平竞争的环境，不利于企业加强经济管理和成本核算。同时，税式支出的方向和结构必须促进产业结构、产品结构的合理化调整，促进区域经济协调发展。因此，税式支出无论是从方向上、结构上，还是从地域上，都必须视社会政治经济发展的需要而有所调整，并且运用适度。

（二）配合原则

在社会主义市场经济条件下，国家必须运用财政税收、信贷等多种手段调节宏观经济运行，促进经济持续快速健康发展，因此，实施税式支出要注意与各种调节手段的有机配合、相辅相成。价格与税收的相关程度一般来说是很高的，在价格体系比较合理的情况下，通过税种、税率的配合就可以起到相应的调节作用，故税式支出的范围和量比较小。但当价格体系不合理时，仅靠税种、税率的调节就远远不够了，如从 1997 年下半年开始，我国经济发展出现了明显的通货紧缩趋势，为迅速扩大内需，实行了增支减收、扩大赤字的积极财政政策，在增发国债、扩大财政支出、增加基础设施建设的同时，运用提高退税率，减半或暂停征收固定资产投资方向调节税等手段及时实行了比较积极的税收政策等。

（三）倾斜原则

税式支出要鼓励先进、鞭策落后，应有利于调动企业各方面的积极性，促使企业通过主观努力改变落后情况。必须坚持维护国家经济利益的原则，不能不顾国家主权和经济利益，在国际税收交往中，要防止应该由我国取得的收入而无原则地外流的现象。

（四）效益原则

适度的税式支出可以促进经济的发展，培养税源，对宏观微观都有利。但是，过度的税式支出，不仅损害了全局利益，而且从微观上看，也不能更有效地激励纳税人挖掘自身潜力的积极性，从而增大对税式支出的依赖性。因此，实施税式支出首先必须确保宏观效益与微观效益相统一。其次，实施税式支出必须兼顾经济效益与社会效益的统一，经济效益与社会效益很难分开，如果从生产力发展的角度看，社会效益最终会表现为经济效益，如对民政、福利实行适度的减免税政策，不仅可以保证社会稳定，而且还可以通过一定方式使他们各尽所能，自食其力。

四、税式支出的作用

（一）加强税收管理

通过税式支出分析，对有关税种的优惠条款进行定性分析，正确区别和判断有效的通过税式支出与无效的税收流失。判断的主要标准为是否具有明显的社会政治经济效益。如果效益较好，就纳入税式支出，加以规范，如缺乏社会政治经济效益的，就要修改和取消有关法规和政策规定，停止税收减免，减少税收流失。

（二）提供税收优惠决策依据

由于税式支出分析是以税法的规范条款为基准，并以偏离规范的特殊条款为依据，因此，利用税式支出支持和鼓励受惠人就具有了明显的测算标准。在实际工作中，一般是先以税法的规范条款计算应收税额，再以规定减免税的特殊条款计算减收的税额，然后运用成本－效益分析法考察税额的减少与纳税人的受益情况及相应的社会政治经济效益。最终得出税收优惠效果评价。如果某些税收优惠产生的社会政治经济效益大于税式支出，其效果就是好的，该项税收优惠可以继续实行；反之，则应及时清理和调整有关税收优惠条款。

（三）选择财政扶持方式

税式支出是政府的一种特殊支出，它同直接的财政支出虽有差异，但可以在一定程度上相互替代，即税式支出的目标可利用财政支出来实现，财政支出的意图亦可以通过税式支出来达到。这样就使国家在面对纷繁复杂的社会经济现象时，在提供财政援助形式上具有了较大的选择余地，有利于国家进行通盘考虑，从而选择最佳的财政扶持方式。

五、规范我国的税式支出

我国税收优惠政策的实践由来已久，但对税式支出的规范化研究一直到 20 世纪 80 年代才开始予以重视。我国的税收优惠政策涉及关税、增值税、营业税、企业所得税等诸多税种，优惠方式有直接减免，起征点、免征额、先征后返、即征即退、超税负返还等。这些过渡性税收优惠从性质上基本可以被分为 3 类：一是鼓励性税收优惠政策，二是照顾性税收优惠政策；三是区域性税收优惠政策。

目前，我国财税部门正在对一些不适宜的税收优惠政策进行清理，原因是多方面，包括：由于执行政策的外部环境发生变化，明显不符合 WTO 规则和产业政策要求，操作困难，漏洞较多、需要规范，等等。但是，长期以来我国清理和规范过渡性税收优惠政策的传统做法是定性分析，缺乏必要的定量研究，因此，及时借鉴国外税式支出实践经验，加强税式支出与国家预算的联系具有十分重要的理论与实践意义。具体来说，应做好以下几个方面的工作。

（一）科学界定税式支出的范围

市场经济中的政府具有经济管理职能，但要锁定在市场失灵领域，并主要运用经济手段进行调节。由此所决定，税收的主要职能是取得财政收入，保证政府提供公共产品的物质需要。税收具有调节经济的职能，但要将调节的范围锁定在市场失灵领域。按照这一原则，在中国现阶段税式支出的范围应当是：首先在经济领域，保留农业、原材料、能源工业、交通运输业的税收优惠，保留中西部落后地区的税收优惠，保留投资、技术进步的税收优惠，保留环境保护的税收优惠；其次在社会领域，保留生活必需品和文化教育卫生体育事业的税收优惠；其他各项税收优惠均应以不同方式予以取消，其中，社会福利和政治的、军事的部分由财政支出解决，余下的小部分改为不征收，大部分通过税收制度改革消化掉。

（二）明确税式支出的政策目标

在确定税式支出范围的基础上，科学确定各项税收优惠的先后顺序，可以把技术进步作为税收优惠的第一目标，把产业结构调整优化作为税收优惠的第二目标。

（三）合理控制税式支出总量

当前，我国财政收入占 *GDP* 的比重同国际上一些发达国家或发展中国家相比，仍处于较低的水平，财政收支矛盾仍十分严峻。加强财政对税式支出的量控制具有十分重要的现实意义。在实际操作中，应以过去一定时期实际的税收优惠资料为基础，测算我国税式支出总量，同时根据近期国民经济发展水平及财政承受能力，确定我国税式支出的适度规模。

（四）优化税式支出的政策手段

从税种来说，主要应运用所得税与财产税等直接税实施税收优惠，尽可能不用商品税实施税收优惠。其必要性在于商品税具有税收负担转嫁的性质，商品税的税收优惠也会发生税收优惠的转嫁。由于税收优惠转嫁，税收优惠的归属具有不确定性难以考察税收优惠的效应，也难以对税收优惠进行成本－收益分析。此外，商品税与商品价格的关系十分密切。对商品实施税收优惠，极易扭曲商品价格，产生替代效应，降低经济效益。相对而言，所得税、财产税的负担不易转嫁，也很少扭曲商品价格，因此在实施税收优惠政策时，主要应选择所得税与财产说，不应选择商品税。

从税收要素看，在税基、税率税额、纳税时间 3 个优惠要素中，由税基和纳税时间构成的税收优惠属于间接税收优惠，由税率、税额构成的税收优惠属于直接税收优惠，无论从理论还是实践的角度看，间接税收优惠的优势均大于直接税收优惠。在选择税收优惠方式时，主要应当运用间接税收优惠，尽可能少用直接税收优惠。

（五）进行税式支出的成本—收益分析

对已经存在的税收优惠，为考察其利弊得失，决定其存废去留，需要进行成本－收益分析。对将要设置的税收优惠，为保证其取得预期的经济效果，也要进行成本－收益分析。根据成本－分析的基本原理，无论是成本还是收益，都有直接的与间接的、内部的与外部的，有形的与无形的、实际的与虚拟的之分。由于实际情况和技术上及资料上的原因，要完整地确定税收优惠的成本与收益既无必要，也无可能。初步设想，在进行税收优惠的成本－收益分析时，主要是确定其直接的、内部的、有形的、实际的成本与收益，对于一些具有外部性的优惠项目，也可以确定外部的、有形的、实际的成本与收益。

（六）建立税式支出的预算制度

要建立税式支出预算制度，首先要编制税式支出预算。现阶段我国税式支出一方面范围宽、规模大，另一方面从中央到地方的各级政府均没有编制税式支出预算的经验。在编制税式支出预算时，只能采取先易后难、先宽后严、先试点后实施、分阶段推进的方法。

初步设想：首先对某一部门或某一支出项目进行税式支出的成本预测，然后扩大到主要税种和重点项目的税式支出，最后编制出全面税式支出预算，纳入政府的预算管理体系。

（七）规范税式支出的管理权限

在税式支出管理权的纵向划分方面，应赋予地方政府一定的管理权限，在税式支出管理权的横向划分方面，由国务院单独制定统一的税式支出法规，对税式支出的具体项目、范围、内容、方法、审批程序、审批办法、享受税式支出的权利与义务责任等作详细规定。

【关键术语】

社会救济　社会保险　社会福利　社会优抚　财政补贴　税式支出

【网络资源】

1．登录国家统计局网站（http://data.stats.gov.cn/）查阅近三年我国社会保障支出年度数据和相关报表。

2．登录国家统计局网站（http://data.stats.gov.cn/）查阅近三年我国财政补贴年度数据和相关报表。

3．登录国家统计局网站（http://data.stats.gov.cn/）查阅近三年我国税式支出年度数据和相关报表。

【独立思考】

我国税收支出的主要问题

中国有多年的实施税收优惠政策的实践。大体上看，在1978年底开始实行改革开放政策以前，中国的税收优惠政策深受“左”的指导思想影响，带有浓厚的政治色彩，强调“公私区别对待”，鼓励发展国营、集体经济，限制个体、私营经济，甚至将税收作为“阶级斗争的工具”；改革开放以后的税收优惠政策则侧重于促进对外开放和对内搞活，发展经济，发挥经济杠杆的调节作用，并逐步适应市场经济发展的需要，但一度也出现过减免税过多、过滥的问题。

进入21世纪以来，财政部开始关注并组织力量专门研究税收支出问题，主要目的是试图通过建立一种新的模式解决中国税收优惠政策执行中存在的缺乏系统控制、管理和监督，过多、过滥、不透明、目标不清等问题。财政部认为，税收支出的基本含义是政府为实现一定的社会经济政策目标，通过对基准税制的背离给予纳税人的优惠安排。税收支出制度则是实现这种优惠安排的制度和相应的管理制度。税收不仅仅作为政府取得财政收入的工具而存在，还可以作为政府的一项支出计划，作为政府直接支出、信贷或者其他政策工具的替代方案而存在。因此，提出税收支出概念的意义在于把大量的税收优惠以科学、规范的形式管理控制起来。因此，税收支出制度的改革和完善是下一步中国财税改革的重点之一。

中国现行税制的税收优惠存在的主要问题是：

（1）偏多。由于层层授权，全国人民代表大会及其常务委员会、国务院、财政部、国家税务总局及其所属的省级国家税务局、海关总署、国务院关税税则委员会、省级人民政府及其所属的财政厅（局）、地方税务局都有权做出一些税收优惠规定，几乎涉及所有的税种、税制要素和政治、经济、文化、教育、科技、卫生、体育、民政、司法、军事、外交等各个领域，从而使得中国现行税制的税收优惠十分庞杂。而且，主要采用减免税等直接税收优惠形式，较少采用加速折旧、投资税收抵免等间接税收优惠形式。

（2）偏乱。缺乏总体规划和设计，方向不够明确，重点不够突出。例如，有些税收优惠交叉、重复；有些税收优惠政策上有矛盾；有些税收优惠制度上有漏洞；有些不适当的税收优惠被清理了，有些还没有被清理，有些还在陆续出台。有些省以下地方政府和税务机关出于地方利益的考虑，越权制定了一些税收优惠政策，且屡禁不止。一些纳税人借机逃税、避税。

（3）偏宽与偏严的情况并存，不利于准确体现公平原则和国家政策导向。例如，投资企业与内资企业在企业所得税的税前扣除和减免税等方面差异很大，显然不利于公平税负，平等竞争，容易引起误导和扭曲。

（4）管理偏松。例如，在税收优惠的实施过程中，有关项目的审批、项目执行情况的检查、项目最终成本与效益（结果）的考核（评价）、有关数据的统计与公布等，都没有统一的制度和规范；上级税务机关、财政部门、审计部门、各级政府和人民代表大会对此的监督也不够。因此，有些项目成本过高，效益不佳。

上述问题引发的后果是：不利于正确发挥税收在社会主义市场经济中的职能和作用，不利于保证税收收入的稳定增长，不利于在对外开放中树立法治国家的形象，不利于促进企业转换和完善经营机制，也不利于税收征管工作的开展。

（资料来源：刘认.《对税收支出问题的再探讨》，载《税务研究》，2003）

【思考】结合 2017 年我国转移性支出情况，评价社会保障支出、财政补贴、税式支出等转移性支出水平及改进方向。

【课后练习】

一、名词解释

1. 税收支出　2. 税收豁免　3. 纳税扣除
4. 税收抵免　5. 财政补贴　6. 转移性支付制度
7. 盈亏相抵　8. 现收现付制　9. 完全基金制
10. 转移性支出

二、判断题

1. 社会保险资金的运作分为现收现付制和完全基金制。（　　）
2. 在市场经济条件下，社会保险制度具有“内在稳定器”的作用。（　　）

3．税收支出是指国家将税收收入的一部分用于投入到财政转移性支出上的支出。（　　）

4．社会保险支出是一种影响相对价格结构，从而可以改变资源配置结构、供给结构和需求结构的政府无偿支出。（　　）

5．纳税扣除是指准许企业把一些合乎规定的特殊支出，以一定的比率或全部从应纳税额中扣除，以减轻其税负。（　　）

6．税收抵免是指允许纳税人从其某种合乎奖励规定的支出中，以一定比率从其应纳税额中扣除，以减轻其税负。（　　）

三、单项选择题

1．避免逆向选择的办法是（　　）。

A．提高保险费　B．降低保险费　C．实行社会保险　D．降低保障的标准

2．不会引起代际收入再分配的社会保障资金运筹方式是（　　）。

A．现收现付制　B．部分基金制

C．完全基金制　D．以上三种方式都不是

3．根据我国目前的现实情况，我国社会保险的筹资模式应采用（　　）。

A．现收现付制　B．完全基金制　C．部分基金制　D．财政拨款解决

4．从世界各国的情况来看，对于医疗、生育、失业等方面的保险，一般采用的筹资模式是（　　）。

A．现收现付制　B．完全基金制

C．部分基金制　D．财政拨款解决

5．（　　）是政府的一种无偿性支出，是财政支出的一种特殊形式。

A．财政补贴　B．社会保障　C．投资性支出　D．财政平衡

6．财政补贴制度改革的适度原则要求掌握补贴的（　　）。

A．时间界限　B．政策界限　C．地区界限　D．数量界限

7．某产业部门或企业用贷款建设某一项目，自己不付利息，由财政代付全部或部分利息，我们称之为（　　）。

A．财政补贴　B．财政贴息　C．现金补贴　D．价格补贴

8．社会保障制度是政府依据一定的法律规定，通过（　　）在社会范围内组织实施的对公众的基本生活权利予以保障的一种社会政策。

A．收入再分配　B．支出再分配　C．支出转移　D．补贴

9．社会救济支出资金来源于（　　）。

A．税收　B．领取人的缴纳　C．发行债务　D．企业缴纳

10．完全积累制的社会保障资金缴纳方式（　　）。

A．收费率较低　B．收费率一般　C．收费率较高　D．收费率特高

11．世界上大多数国家普遍采用的一种社会保障资金筹款方式是（　　）。

A．社会保障统筹交费　B．开征社会保险费

C．建立预算基金账户　D．发行国债

四、不定项选择题

1. 财政转移性支出直接表现为资金的无偿、单方面转移，下面哪些支出属于转移性支出？（　　）

A. 债务支出　　B. 财政补贴
C. 国家物资储备支出　　D. 国防支出

2.（　　）抵免适合于跨国了母公司或控股公司之间的税收抵免。

A. 直接　　B. 间接　　C. 抵税　　D. 特别

3. 转移性支出是指（　　）。

A. 社会保障　　B. 补贴　　C. 国债利息　　D. 行政管理

4. 在我国的转移性支出中，过去比重很小，现在开始上升，将来会进一步上升的是（　　）。

A. 社会保障　　B. 资本转移　　C. 财政补贴　　D. 债务利息

5. 避免国际重复征税的方法有（　　）。

A. 免税法　　B. 扣除法
C. 抵免法　　D. 减法
E. 消除法

6. 社会保障支出体现了（　　）的要求。

A. 社会福利政策　　B. 公平分配
C. 加快经济增长　　D. 实现充分就业
E. 物价稳定

7. 社会保险支出的资金来源有（　　）。

A. 社会保险税　　B. 财政支出中的转移支付
C. 现收现付制　　D. 基金制

8. 社会保障主要包括（　　）。

A. 社会保险　　B. 社会救济　　C. 社会福利　　D. 社会优抚

9. 社会保障资金的筹集方式有（　　）。

A. 完全基金制　　B. 企业积累制　　C. 现收现付制　　D. 部分基金制

10. 财政补贴的主要内容有（　　）。

A. 价格补贴和风险基金　　B. 企业计划亏损补贴
C. 财政贴息　　D. 其他财政补贴项目

11. 下列选项中属于社会保障支出的有（　　）。

A. 养老保险支出　　B. 失业保险支出
C. 工伤保险支出　　D. 社会救助支出

五、简答题

1. 简述财政补贴与社会保障支出的含义及其差别。
2. 试述财政补贴与社会保险支出的异同点。
3. 简述社会保险资金的运作模式。

4．简述市场经济下社会保障制度的经济意义。

5．简要分析财政补贴的经济效应。

6．简述税收支出。[中央财经大学2009研]

7．简述完全基金制。[中央财经大学2012研]

8．简述养老社会保险的两种筹资模式。[中央财经大学2009研]

9．简析财政补贴对经济的调节作用。[财政部财政科学研究所2010研]

六、论述题

1．试述税收支出的概念以及提出这一概念的意义。

2．试述中国社会保障制度及其改革措施。

3．试述财政补贴的作用及改革措施。

第五章

财政收入总论

学习目标

- ☑ 熟悉财政收入的含义与分类
- ☑ 掌握财政收入的原则
- ☑ 熟悉财政收入结构的含义和影响因素
- ☑ 熟悉财政收入规模的含义和影响因素

案例导入

人民日报：2018 年前 4 月财政收入增速为何快过 GDP？

财政部日前公布的数据显示：2018 年前四个月，全国一般公共预算收入 69 019 亿元，同比增长 12.9%。其中，税收收入 60 898 亿元，同比增长 16.5%；非税收入 8 121 亿元，同比下降 8.8%。

2018 年前四个月财政收入实现两位数增长。特别是在非税收入负增长的情况下，税收收入实现较快增长。为什么非税收入减少了，而税收收入增长比较快？财政收入增长明显高于 *GDP* 增速，两者出现较大差异的原因是什么？

财政部有关负责人表示："宏观经济稳中向好，是财政收入增长的基础。"2018 年前四个月，规模以上工业增加值增长 6.9%，规模以上工业企业利润同比增长 15%。社会消费品零售总额增长 9.7%，接近两位数增长。所以，反映增值水平的国内增值税和反映企业盈利水平的企业所得税分别增长 18.4%和 13%。

"工业产品价格继续上涨，对税收的拉动作用显著。"白景明分析，工业生产者出厂价格指数（*PPI*）在去年较快增长的基础上，今年前四个月仍然实现了 3.6%的增幅，国际大宗商品价格上涨，对以现价计算的税收拉动作用显著。前四个月，钢铁、化工、建材和煤炭等行业税收分别增长 105.4%、50.7%、26.8%和 26.1%。此外，国内外需求回暖，进口商品量价齐增，有效需求稳步增长，也带动进口货物增值税、消费税增长较快。

"对于大家关心的财政收入与 *GDP* 增长之间的关系，从长期来看，二者的走势有一定的相关性，但在个别月份或年份也会出现差异较大的情况。"财政部有关负责人表示，"今年前四个月税收收入增幅快于 *GDP* 增幅，主要跟我国现行税制结构有关，财政收入增长对价格变化弹性较高。我国税制结构以流转税为主，流转税占全部财政收入比重约四成，*PPI* 上涨将会带来流转税收入的明显增长。以增值税为例，在 *PPI* 上行周期，由于前几个月采购成本价格较低，进项税额相对少，而当月销售产品价格较高，销项税额相对多，因 *PPI* 上涨带来的增值税增收效果更明显。反之，在 *PPI* 下行周期，减收效果也更明显。"

（资料来源：人民网 http://www.people.com.cn/）

第一节　财政收入含义与分类

一、财政收入的含义

财政收入是指政府为履行其职能、实施公共政策和提供公共物品与服务的需要而筹集的一切资金的总和。财政收入表现为政府部门在一定时期内（一般为一个财政年度）所取得的货币收入。它是衡量一国政府财力的重要指标，政府在社会经济活动中提供公共物品和服务的范围和数量，在很大程度上取决于财政收入的充裕状况。

财政收入有静态和动态两种含义。从动态角度看，财政收入应理解为一个过程，它是政府凭借各种权力（包括政治权力和财产权利），利用各种手段，从微观经济主体那里取得一定量社会产品的一种活动或过程，是财政分配活动的第一阶段或基础环节。从静态角度看，财政收入又表现为一定的货币资金，即政府为履行其职能的需要而占有的以货币表现的一定量的社会产品价值。

二、财政收入的分类

财政收入问题是现代财政理论与实践的重要组成部分。财政收入的分析可以从多个角度进行，如财政收入的形式、财政收入的来源、财政收入的规模和结构等，这些分析的首要条件是必须对财政收入做科学的分类。

科学的分类方法一方面要具有一定的理论价值，另一方面要符合实际需要，与具体的国情相适应。从理论与实践相结合的意义上看，我国的财政收入适合做以下三个方面分类。

（一）按财政收入形式分类

财政收入形式是指政府取得财政收入的具体方式，即来自社会再生产各环节、国民经济各部门、各具体单位和个人的财政收入通过什么方式上缴国家。目前，世界各国取得财政收入的主要形式基本上是税收，其他的归属非税收形式。至于非税收的种类和地位，则视各国的政治制度、经济结构和财政制度的不同而有所区别。

我国在经济体制改革前，财政收入的主要形式是国有企业利润上缴和税收，其中，国有企业利润上缴占主导地位。另外，还存在国有企业上缴折旧基金这种收入形式。经济体制改革以来，通过改革分配制度、理顺分配关系和规范分配方式，使税收收入在预算收入中上升到绝对支配地位。

目前，我国财政收入形式从财政统计口径看，分为税收收入和其他收入两类，从整体预算看（包括经常性预算和建设性预算），则具体分为以下几种形式。

（1）税收收入。分设 20 款：增值税、消费税、营业税、企业所得税、企业所得退税、个人所得税、资源税、固定资产投资方向调节税、城市维护建设税、房产税、印花税、城镇土地使用税、土地增值税、耕地占用税、车船使用和牌照税、船舶吨税、车辆购置税、关税、契税、其他税收收入。

（2）社会保险基金收入。分设 6 类：基本养老保险基金收入、失业保险基金收入、基本医疗保险基金收入、工伤保险基金收入、生育保险基金收入、其他社会保险基金收入。

（3）非税收入。分设 8 类：政府性基金收入、专项收入、彩票基金收入、行政事业性收费收入、罚没收入、国有资本经营收入、国有资源（资产）有偿使用收入、其他收入。

（4）贷款转贷回收本金收入。分设 4 类：国内贷款回收本金收入、国外贷款回收本金收入、国内转贷回收本金收入、国外转贷回收本金收入。

（5）债务收入。分设 2 类：国内债务收入、国外债务收入。

（6）转移性收入。分设 8 类：返还性收入、财力性转移支付收入、专项转移支付收入、政府性基金转移收入、彩票公益金转移收入、预算外转移收入、上年结余收入、调入收入。

按财政收入形式分类方式与国际惯例较为一致。通过这种分类，可以了解财政收入过程中不同的筹集方式，了解每种筹集方式的特点和作用，另外，政府还可以分析运用各种方式取得的收入在总收入中所占的比例，以及根据需要和财源状况，充分利用各种收入手段，有效地筹集资金和调节经济。

（二）按财政收入来源分类

无论国家以何种方式参与国民收入分配，财政收入过程总是和该国的经济制度、经济运行密切相关的。如果把财政收入视为一定量的货币收入，它总是来自国民收入的分配和再分配。经济作为财政的基础和财政收入的最终来源，对财政分配过程和财政收入本身具有决定作用。

按财政收入来源分类，主要目的是体现财政收入从何处取得，反映各种收入来源的经济制衡关系，有利于选择财政收入的规模和结构，并建立经济决定财政、财政影响经济的和谐运行机制。按财政收入来源分类，从不同角度可分为若干类：

（1）按财政收入来源的价值形态不同，财政收入可以分为来源于生产资料耗费的补偿价值（C）的收入、来源于劳动力再生产价值（V）的收入和来源于剩余产品价值（M）的收入。

（2）按财政收入来源的所有制结构不同，财政收入可以分为国有经济收入、集体经济收入、私营经济收入、外资经济收入、个体经济收入。

（3）按财政收入来源的部门结构不同，财政收入可分为工业部门收入、农业部门收入、商业部门收入、服务业部门收入。

（4）按产业结构不同，财政收入可分为第一产业部门收入、第二产业部门收入、第三产业部门收入。

（5）按收入来源的地区结构不同，把财政收入分为某省、直辖市、自治区的收入，或东部、中部、西部收入等。

（三）按财政收入归属分类

财政收入的归属是指筹集的财政收入支配权属于中央政府还是地方政府，支配权属于中央政府的称中央财政收入，支配权属于地方政府的称为地方财政收入。我国地方政府又分为省（直辖市）、自治区、市（地级市）、县和乡镇四级，我国地方财政中也包括上述四级。

这种分类在实行分税制财政体制的国家具有重要的理论意义和实际意义。考虑到中央政府的特殊地位和职能需要，按照财权和事权相结合的原则，单一制国家（如法国）一般把财政稳定、充裕和涉及宏观调控的税收及非税收收入划为中央收入。联邦制国家（如美国）一般通过联邦宪法，规定联邦政府拥有征税优先权和举债优先权，以保证中央（联邦）政府在财政收入分配中的主导地位。我国从 1994 年开始实行分税制财政体制。明确界定中央财政收入和地方财政收入的来源和范围，有助于正确处理好中央财政和地方财政，以及地方各级财政之间的收入分配关系。

第二节　财政收入原则

一、财政收入一般原则

（一）作为筹资活动的一般原则

财政收入是政府运用国家强制力在参与社会总价值分配过程中所形成的资金，在筹集的过程中，政府应该遵守一定的客观原则，具体包括两个方面：财政收入的足额稳定和财政收入规模的适度合理。

1. 财政收入的足额稳定

财政收入的足额稳定包括两层意义：

一是财政收入的足额，指政府要筹集足额的资金，以满足政府向社会提供公共品的财力需要。财政收入足额是由政府提供公共品的财力需要决定的。同时，政府提供公共品的财力也要受到财政收入的制约，政府既可以通过增加其收入而使财政收入足额，也可以通过减少政府经费支出等使财政收入不足变为足额。

二是财政收入的稳定，主要指税收收入要相对稳定，要把税收同国民生产总值或国民收入的比例稳定在一个适度水平，不宜经常变动或急剧变动，以避免税收对正常经济秩序的冲击。税收收入的稳定是一个相对的概念，在经济发生重大变革、政府开支体系结构发生重大调整时，税收收入的稳定与平衡就会被打破，但这种稳定的打破也必须受到财政税法规定的制约，不能任意扩大。

2. 财政收入规模的适度合理

财政收入规模的适度合理是指财税收入取之有度，尤其是税收征收率不能高，要尽可能避免过多征收而伤害企业和个人的积极性，影响经济持续稳定发展，而最终又影响财政收入的增长。

（二）作为分摊活动的一般原则

组织财政收入活动也可以看作是公共品成本的一种分摊活动，在现代经济条件下，这种成本分摊有两大原则。

1. 效率原则

所谓效率，简单地说，就是收益与成本之间的一种对比关系。组织财政收入的效率原则实际包含两层含义：一是在筹集财政收入的过程中，财政收入的筹集对整个国民经济是有效率的，即它能带来更多的收益，可以更好地配置资源，优化国民经济结构，平衡地区间的经济发展。二是财政收入的筹集过程是有效率的，即筹集成本比较低。总而言之，筹集财政收入要保证其收益最大，成本最小。

2. 公平原则

财政收入主要是为政府供给公共产品提供财力支持，或者说是分摊提供公共产品成本的过程，这个过程要求有一定的公平性，即需要将公共产品的供给成本与从中获益的社会成员及其获益程度联系起来。公平原则要求财政收入在筹集的过程中要做到从公共产品中收益最多的人多承担财政收入所带来的成本。但是绝对的公平是很难达到的，因此，在筹集财政收入过程中，还要注重支付能力原则。在现代社会中，一般认为收入多的人比收入少的人要担负更多的公共产品供给成本是一种较为合理的制度安排。

二、我国财政收入原则

在我国市场经济条件下，组织财政收入一般遵循以下几项原则。

（一）发展经济、广开财源原则

发展经济、广开财源是我国组织财政收入的首要原则。经济发展是制约财政收入规模的重要因素。随着经济发展，社会财富不断增加，政府可支配的财源也相应增大，财政收入的来源随之扩大。国民收入的规模和增长速度同时制约着财政收入的规模和增长速度。离开经济的发展，财政收入的组织就会成为无源之水，无本之木。广开财源必须以发展经济为前提，只有发展经济才能广开财源。

发展经济、广开财源原则体现了经济与财政的辩证关系。财政对经济具有很强的反作用力，财政收入的大小及使用效率对经济的发展速度和状况产生很深刻的影响，因此要做到增收增支。在当前的市场经济条件下，政府要为市场提供相应的公共服务以保证经济顺利发展，促进财政增收。同时，广开财源也要按市场规律办事。广开财源的目的并不仅仅在于尽可能多地筹集财政资金，而且要追求经济效率损失最小，更好地培育和完善市场，促进经济发展，从而增大财源。

（二）兼顾三者利益和两级利益原则

所谓“兼顾三者利益”，是指财政在处理国民收入分配、取得自身收入的过程中，不能只顾财政收入的取得，还应将必要的财力留给单位和个人，以调动和发挥他们的积极性。在市场经济条件下，企业是独立的商品生产者和经营者，是市场活动的主体。因此，财政在从国有企业取得收入时，应摒弃过去那种“切蛋糕”的做法，而应更多地发挥市场的作用，主要通过生产要素的优化配置和市场竞争，使企业和个人获得必要的国民收入份额，以杜绝国家在参与国民收入分配过程中的主观随意性，以防止财政过分压缩企业和个人财力的现象发生，同时，通过有序的市场运行，消除企业和个人过分挤占国家财政收入的现象。

所谓“兼顾中央与地方两级利益”，是指国家财政在处理国民收入分配、取得自身相应收入的过程中，应该同时兼顾中央级财政和地方级财政的利益关系。按目前的财政管理体制，我国的国家财政是分别由中央预算和地方总预算构成的两级财政。两级财政各有其具体职能，也形成各自的利益关系，因此在组织财政收入时应兼顾两级利益关系。

（三）区别对待、合理负担原则

在市场经济条件下，国家应该减少对市场运行的干预。这就要求财政政策应尽可能保持中性，以利于市场机制发挥作用。区别对待原则是指按照国家产业政策，对不同行业和产品实行区别对待的政策，通过引导市场促使国民经济结构合理化。随着经济市场化程度不断提高和价格改革的推进，应尽可能缩小财政“区别对待”的范围和程度。

随着改革开放的发展，我国居民个人之间的收入差距逐步扩大，个人收入的结构也日趋复杂。因此，在我国目前已实行对个人收入征税制度的情况下，必须研究如何在个人收入分配方面贯彻财政“合理负担”原则。

（四）按“税收价格”来安排和组织财政收入原则

在市场经济条件下，为了避免政府活动对市场运行的干预，政府活动的范只限于那些市场失灵的领域，因而财政支出的范围是有限的。财政组织收入应根据“税收价格”理论来进行。所谓“税收价格”理论，就是财政收入要与政府必须承担的服务所需费用相一致。如果财政在组织收入时继续贯彻“越多越好”的原则，那么，必然造成过多地将私有部门资源转移到国家财政手中，不利于资源的优化配置。因此，财政组织收入时，应按市场能否有效配置社会资源来确定财政支出范围，而确定这类支出的“税收价格”，按照受到市场约束的财政支出来组织和安排财政收入。

第三节 财政收入结构分析

一、财政收入结构的含义

财政收入结构是指财政收入的构成因素以及各因素之间的相互关系，主要指财政收入的来源结构。它反映了财政收入的基本构成内容及各类收入在财政收入总体中的地位，同时也反映了一定时期内财政收入的来源和财政收入政策调节的目标、重点和力度。

对财政收入结构进行分析，目的在于揭示财政收入的结构与经济结构之间的内在联系机器规律性，理顺分配关系，寻求增加财政收入的途径，加强对现有收入的监督和管理。

二、财政收入结构的影响因素

影响财政收入结构的主要因素包括：

（1）经济发展状况。经济发展状况特别是经济效益的提高，会使税收收入以及国有资产收益占财政总收入的比重呈上升趋势。

（2）制度选择状况。制度选择主要涉及经济体制、财政体制以及财政收入制度的选择。不同的制度下，财政收入呈现不同的结构。例如，在市场经济条件下，多种经济成分并存，规范性收入所占比重较大。因此，在财政收入结构中，必然出现以税收收入为主的态势。

（3）财政运行状况。一国财政运行状况的优劣会对该国财政收入结构造成重要影响。一般来说，财政运行状况良好时，债务收入的比重较低，财政收入规模能较好地控制在警戒线内；反之，财政运行状况恶化时，政府为解决财政困难将不得不大量举债，导致债务收入所占的比重较高，甚至超过了警戒线，为今后的财政运行埋下了很大的隐患。

三、财政收入构成的分析

财政收入的结构，包括财政收入的价值结构、所有制结构、产业部门结构和征收级次结构。如果一国财政收入结构合理，就能促进经济有效发展，财政收入也能不断增长。

（一）财政收入的价值构成

马克思在他的“再生产理论”中研究了社会总产品的实物构成和价值构成，按照马克思的再生产理论，社会产品的实物由生产资料和消费资料构成，社会产品的价值由*C*、*V*、*M*三部分构成。*C*是补偿生产资料消耗的价值部分，*V*是新创造的价值中归劳动者个人支配的部分，*M*是新创造的归社会支配的剩余产品价值部分。从我国实际情况看，*M*是财政分配的主要对象，是财政收入的主要来源，但也有一部分财政收入来自*C*和*V*。

1. 财政收入中来自*C*的部分

财政收入中来自*C*的部分过去主要是指国有企业上缴财政的折旧基金部分。从理论上讲，政府对国有企业的部分折旧基金进行统筹使用是可行的。因为国家作为国有企业的产权代表，具有这种经济权力，而且固定资产的价值补偿和实物替换在时间上和空间上是分离的，从而使国家集中调剂使用部分折旧基金成为可能。

我国的情况是 1967 年以前国有企业折旧基金全部上交国家财政，由国家统筹安排，用于固定资产再生产，1997 年以后实行部分折旧留归企业支配，部分上交国家财政和企业主管部门，主管部门的折旧基金实行分级管理制度。自 1985 年开始，我国再次改革折旧基金的管理制度，企业的折旧基金不在上交国家财政。目前情况下，由于现行税制设计的缺陷，如增值税采用生产型增值税，使固定资产补偿价值构成某些流转税税基，部分*C*间接地形成国家财政收入。

国家集中企业部分折旧基金，从实施效果看并不理想。其原因主要是财政集中的折旧基金大多用在了新的投资项目上，因此造成国有企业更新改造大量欠账。在市场经济条件下，国有企业和其他企业一样是市场竞争主体，自主经营，自负盈亏，国家不再直接参与国有企业的生产、经营活动，一般财政也不宜直接对企业的补偿基金进行分配。

2. 财政收入中来自*V*的部分

*V*是指工资、奖金及其他个人收入，属于个人消费基金范畴。财政参与*V*的分配主要出于两方面的原因：

（1）调节劳动者之间收入差距的需要。从总体上讲，*V* 是山社会维持劳动力再生产的平均费用所决定的，应留归劳动者个人。但由于客观上存在的个人拥有的财产、劳动能力等方面的差别，各个劳动者实际得到的货币收入在数量上是不同的。一部分劳动者的收入远远高于社会平均必要产品的价值，而另一部分劳动者的收入则大大低于社会平均必要产品的价值。为了维护收入分配的公正、合理，保持社会稳定，政府应以社会管理者的身份，凭借政治权力，采用税收和补贴等方式，对劳动者的收入进行再调节。

（2）政府增加财政收入，提高公共服务质量的需要。劳动者收入在具体使用上可分三个层次：维护劳动者自身及其家属最低限度的生活需要，发展个人专门技能或知识能力方面的需要，业余休闲或享受部分的支出。在现代文明社会中，维护合格劳动者再生产的费用应主要包括前两部分，它不应成为财政分配的对象。而第三部分通常与高收入有关，政府从中集中部分财政收入用于提供公共物品或服务的支出是可行的，同时也是合理的。

目前财政收入中来自价值*V*的部分有两种，一种是直接来源于*V*的财政收入，包括直接向个人征收的税，如个人所得税、个人交纳的房产税、契税、土地使用税、车船使用税等，以及直接向个人收取的规费收入（如户口证书费、结婚证书费、护照费等）和罚没收入等；另一种是间接来源于 V 的财政收入有销售烟酒、化妆品等产品的消费税中包含工资收入的转化，服务行业和文化娱乐业等企事业单位上缴的税收等，其中一部分是通过对 V 的再分配转化来的。

从现实情况看，V 虽然构成财政收入的一部分，但它在整个财政收入中所占的比例很小。从发展趋势看，V 在财政收入中的贡献会越来越大。随着我国经济体制改革的逐步深化和居民收入水平的不断提高，居民个人就其收入缴纳税收情况会越来越普遍。

3. 财政收入的主要源泉——社会剩余产品价值 M

从财务角度看，企业在销售商品或提供劳务等经营业务中实现的营业收入，扣除成本、费用后为企业纯收入，相当于剩余产品价值。按现行税制和财务会计制度的规定，国家对企业纯收入要进行三个层次的分配。第一层次，征收流转税金，包括增值税、消费税、城市维护建设税、资源税、土地增值税及教育费附加等；第二层次，征收所得税，包括企业所得税、外商投资企业和外国企业所得税；第三层次，参与企业税后利润分配，主要是对国有企业，集中其一部分国有资产收益和其他收入。

从国家参与剩余产品价值分配的环节和形式看，财政收入的绝大部分是由社会产品价值中的 M 构成的。在 C、V 价值部分既定或比例不变的情况下，社会产品价值量越多，可供财政分配的 M 也越多，财政收入也随之增长；当社会产品价值量不变，C、V 价值部分减少或比例下降时，财政收入随 M 的增加而增加。M 是国家财政收入的主要源泉。因此，增加财政收入的有效途径为：一方面大力发展经济，增加经济总量；另一方面提高经济增长的质量，大力降低单位产品的物化劳动消耗和活劳动消耗。

（二）财政收入的所有制构成

财政收入所有制结构是指来自不同经济成分的财政收入所占的比例。这种结构分析的意义在于，说明国民经济所有制构成对财政收入规模和结构的影响及其变化趋势，从而采取有效措施，增加财政收入，并合理分配收入负担。

我国现在处于社会主义初级阶段，基本经济制度是以公有制为主体、多种所有制经济共同发展。公有制经济的主体地位主要表现在公有资产在社会总资产中占优势，国有经济控制国民经济命脉，对经济发展起主导作用。相应地，我国财政收入绝大部分来自公有制经济，其中主要来自国有经济。在这种情况下，国家可以通过两种形式参与国有经济单位剩余产品价值分配。一种是凭借政治权力，以一般社会管理者身份，向国有经济单位征税，取得财政收入；另一种是以资产所有者身份，参与国有企业税后利润分配，集中一部分国有资产收益。参与企业税后利润分配是国有经济所独有的，其他经济单位利润在交纳所得税后留归自己支配，国家一般不再参与分配。因此，就企业创造的剩余产品价值而言，国家集中的部分中国有经济单位要比其他经济单位多。

国有经济是我国财政收入的最主要源泉。在过去传统体制下，国有经济居绝对主导地位，其所提供的财政收入也占绝对比例。经济体制改革以来，我国在支持公有制经济主体地位的同时允许和鼓励非公有制经济发展。在公有制内部，集体经济特别是乡镇企业发展较快。因此财政收入来源于国有经济的比例，自经济体制改革以来有下降趋势。

（三）财政收入的产业部门构成

社会剩余产品价值是由国民经济各部门共同创造的，所以研究财政收入的来源，有必要从财政收入与国民经济各部门这个角度来分析，即分析各部门如何为财政提供收入、提供多少收入等，这就是所谓的财政收入的部门结构。

这里的部门有双重含义，一是按传统意义分类，分为工业、农业、建筑业、交通运输业及服务业等；二是按现代意义上的产业分类，分为第一产业、第二产业和第三产业。研究财政收入的部门结构，有利于我们正确认识国民经济各部门在创造财政收入中的地位和作用。

1. 传统产业部门结构

按传统意义分类，工农业是国民经济中两大生产部门，它们创造的国民收入始终占国民收入总额的 80%以上，也是提供财政收入的主要部门。具体表现为农业是财政收入的基础，工业是财政收入的支柱。

农业是国民经济的基础，为国民经济其他部门的发展提供基本条件。没有农业的发展，国民经济其他部门的发展和财政收入的增加都将受到制约，从这个意义上说，农业也是财政收入的基础。农业部门提供的财政收入表现为两种形式。一种形式是直接上缴的农（牧）业税，目前我国已废除农业税。另一种形式是通过工农业产品价格“剪刀差”，间接提供财政收入，即农业部门创造的一部分价值通过工农业产品交换，而转到工业部门实现。据估计，农业部门间接提供的财政收入比其直接上缴的收入多得多，只是在直接统计中没有表现出来。

工业是国民经济的支柱，是创造和实现国民收入的主要部门，也是财政收入的主要来源。工业产值在国民生产总值中所占比例最大。工业部门的劳动生产率比农业高得多。因此，来自工业部门的各项税收和国有资产收益是财政收入的主体。由于过去我国工商税收主要在生产环节征收，所以工业部门提供的财政收入在整个财政收入中所占比例较高。

工农业以外的其他部门对财政收入的影响日益重要。交运输业和商业服务业是连接生产与消费的纽带，交通运输业作为生产活动在流通领域的延续，是一种特殊的生产活动，直接创造和提供财政收入。商业以货币为媒介，从事商品交换活动，对生产活动具有重大影响。

2. 现代产业部门结构

现代产业结构分类与传统的部门结构是不同的，但又是相互交叉的。如果把传统的部门结构与现代产业结构分类简单对比，第一产业相当于农业、林业、牧业和渔业，第二产业相当于工业和建筑业，第三产业相当于上述部门以外的其他部门。应当说明，部门结构属于传统的核算方法的分类，已经不能完全适应市场经济体制的要求，而按第一、第二、第三产业的分类是我国改革后的现行核算方法的分类，当前更具实践价值。

在发达国家，第三产业占 *GDP* 的比例已达 60%以上，提供的财政收入占全部财政收入的 50%以上。目前我国第三产业还不够发达，但已显露出迅速增长的态势，近年来占 *GDP* 的比例已达 30%。随着改革的深化和经济的发展，我国第三产业将以更快的速度增长，将成为财政的重要来源。因此，加强第三产业部门的管理，建立系统化、科学化的管理制度，并加强税收征管，应是今后财政的工作重点。

（四）财政收入的征收级次构成

从财政收入的归属或征收级次看，许多国家都是由中央政府征集较多份额，然后再拨付给地方政府使用。在我国财政收入构成中，中央财政收入所占比例一直偏低，严重影响了中央的宏观调控能力。1994 年我国进行了分税制改革，要求逐步理顺中央与地方之间的财政分配关系，以提高中央财政收入占总收入的比例。从实施的效果看，刚开始比较理想，中央财政收入比例由 1993 年的 22%提高到 1994 年的 55.7%，后来由于地方政府强化了地方税收征管，并增加税外收费，使地方财政收入增长速度较快。相应地，中央财政收入比例又呈下滑态势，1998 年降为 49.5%，大大低于国际上实行市场经济的国家中央政府财政收入占财政收入平均 60%的比例。

第四节 财政收入规模分析

一、财政收入规模的含义

财政收入规模可以从绝对量和相对量两个角度来衡量。财政收入的绝对量是指一定时期内财政收入的实际数，即财政总收入。从绝对量看，我国政府财政收入规模位居世界前列，如表 5-1 所示。

表 5-1 2008—2012 年我国财政收入规模的国际比较情况

国家	2008 年	2009 年	2010 年	2011 年	2012 年
美国	46 535	42 880	44 374	44 950	45 230
日本	16 714	16 380	17 914	17 790	18 120
德国	16 057	14 836	14 107	14 900	15 224
法国	14 185	12 826	12 513	12 888	13 052
意大利	10 652	9 877	9 516	11 023	12 202
英国	11 379	8 806	9 015	11 000	11 998
中国	11 177	12 646	16 626	16 500	19 000

财政收入相对量是指一定时期内财政收入与有关经济指标的比率，通常用财政收入占国内生产总值的比例来表示。财政收入占国内生产总值的比例，称为国民经济的财政负担率，综合反映出政府与微观经济主体之间占有和支配社会资源的关系，反映政府调控经济运行和影响社会资源配置的程度和地位。从相对量看，我国财政收入规模处于中等收入国家水平。

二、财政收入规模的影响因素

财政收入规模和财政收入增长速度，受各种政治经济条件的制约和影响，这些条件包括经济发展水平、生产技术水平、收入分配制度及价格因素等。

（一）经济发展水平

经济发展水平对财政收入的影响是最为基础的。经济发展水平反映一个国家的社会产品的丰富程度和经济效益的高低。经济发展水平高，社会产品丰富及其净值——国民生产总值就多，或者说，则该国的财政收入总额较大，占国民生产总值的比例也较高。经济发展水平对财政收入影响表现为基础性的制约，二者之间存在源与流、根与叶的关系，源远则流长，根深则叶茂。

从世界各国的现实状况考察，发达国家的财政收入规模的绝对数和相对数两方面大都高于发展中国家，而在发展中国家中，中等收入国家又大都高于低收入国家，绝对额是如此，相对数亦是如此。如 1986 年中央政府经常性收入占国民生产总值的比例，低收入国家平均为 15.4%，中等收入国家平均为 24%，而英国为 37.9%，法国为 40.9%，意大利为 36.7%，荷兰则高达 51.6%。再从几个发达国家历史发展的纵向比较看，英、法、美三国 1880 年财政收入只相当于国民生产总值的 10%左右，到 20 世纪 80 年代则上升为 20%～40%，到了 2013 年上升为 30%～50%，这些主要的发达国家财政收入的数据表明了一个基本的财政原理：经济决定财政，经济不发达，财政收入就不会丰裕。

（二）生产技术水平

生产技术水平指生产中采用先进技术的程度，它内含于经济发展水平之中，是影响财政收入规模的重要因素。较高的经济发展水平是以较高的生产技术水平为支柱的，对生产技术水平的分析是对经济发展水平分析的深化。

较高的生产技术水平对财政收入规模的促进作用表现在两个方面：一方面，由于技术进步导致生产速度加快和产品质量提高；另一方面，技术进步带来物质消耗降低和经济效率提高。现代社会的生产技术加速进步，使社会积累更为丰富，带动 GDP 的快速增长，为财政收入的增长奠定了基础，对财政收入增加具有直接和明显的影响。

（三）收入分配制度

收入分配制度对财政收入规模的制约主要表现在两个方面：一是政府的国民收入初级分配政策决定剩余产品价值占整个社会产品价值的比例，进而决定财政分配对象的大小。如福利基金政策、折旧政策及财务会计制度等，都会影响剩余产品价值的形成和数额，在国民收入既定的前提下，决定着 *M* 占国民收入的比例。二是政府的再分配政策决定财政集中资金的比例。如税收政策、利润分配政策等，直接影响财政收入占剩余产品价值的比例。

（四）价格因素

财政收入是一定量的货币收入，是在一定的价格体系下形成的，又是按一定时点的现价计算的，所以由于价格变动引起 *GDP* 分配必然影响财政收入的增减。

价格变动对财政收入的影响，首先表现为对价格总水平升降的影响。一般情况下，商品和劳务的价格升降，会扩大或缩减税基，直接影响名义财政收入的增减。至于实际财政收入是否变化，则视具体情况而定。若政府推行赤字财政政策，实行国民收入超分配，导致物价上涨，甚至通货膨胀，政府会取得价格再分配所得，即通常所说的“通货膨胀税”政府收入会因价格变动，取得实际增长。若通货膨胀主要是由信用扩张引起的，财政在再分配中，会形成名义收入增长，而实际收入下降。

其次，价格的变动作用于具体的税收制度，对财政收入产生不同的影响。如果是以累进所得税为主体的税制，纳税人适用的税率会随着名义收入的增长而提高，即出现所谓“档次爬升”效应，从而财政在价格再分配中所得份额将会增加。如果实行的是以比例税率的流转税为主体的税制，这就意味着税收收入的增长率等同于物价上涨率，财政收入只有名义增长，而不会有实际增长。如果实行的是定额税，在这种税制下，税收收入的增长总要低于物价上涨率，所以财政收入即使有名义增长，而实际必然是下降的。

最后，价格总水平的变动往往是和产品比价（各种不同产品在价格之间的比例关系）的变动同时发生的，而产品比价关系变动以另一种形式影响财政收入。产品比价变动之所以会影响财政收入缘于两个原因：一是产品比价变动引起货币收入在企业、部门和个人各经济主体之间的转移，形成 *GDP* 的再分配，使财源分布结构发生变化；二是财政收入在企业部门和个人之间的分布呈非均衡状态，或者说，各经济主体上缴财政的税利比例是不同的，因此产品比价变化导致财源分布结构改变时，相关企业、部门和上交的税利会有增有减，而增减的综合结果就是对财政收入的最终影响。

三、合理的财政收入规模的标准和意义

（一）合理的财政收入规模的标准

衡量一国财政收入规模是否适度、合理，主要看是否兼顾以下两个标准：

一是效率标准，即财政收入规模的确定是否有利于促进社会资源的充分有效利用和国民经济的协调、健康发展。如果财政集中过多，虽然有利于政府为企业和居民提供良好的公共物品或服务，但会影响社会投资和消费的正常增长，从而会损害效率；反之，如果财政集中不足，则难以满足政府职能的需要，由此必然影响经济社会的稳定和效率的提高。

二是公平标准，即在确定财政收入规模时，应当公平地分配财税负担。不同所有制、不同部门、不同地区等提供的财政收入，应与其经济能力相适应。

（二）合理确定财政收入占 GDP 比例的意义

具体地说，合理确定财政收入占 *GDP* 的比例具有以下几方面意义。

1. 财政收入占 GDP 的比例影响资源有效配置

在市场经济中，市场主体主要包括企业、居民和政府三个部分，由于社会经济资源是有限的，所以各利益主体通过资源的占有、支配和享有，客观上存在此增彼减的关系，就整个社会经济资源配置而言，按照边际效益递减规律，无论哪一个主体的资源投资增量超过客观上所需的数量，都不会实现资源配置的最优化。这样，问题的焦点就集中在政府对有限经济的资源配置程度，即财政收入占 *GDP* 的比例，理想状态是政府集中配置的资源与其他利益主体分散配置的资源形成恰如其分的职能互补关系，或者说，形成合理的私人

产品与公共产品结构，使一定的资源消耗获得最有效益。

2．财政收入占 GDP 的比例影响经济结构优化

在一定时期内，可供分配使用的国内生产总值一定的。但是，经过工资、利息、利润、财政税收等多种分配形式的分配、再分配最终形成的 GDP 分配则有可能是多种多样的。不同的分配结构，对产业部门结构的影响也不同。

在 GDP 一定时，若政府财政集中过多，就会改变个体纳税人的可支配收入用于消费与投资的结构，而且税负过高也会降低企业纳税人从事投资经营能力和积极性。若因政府加税而使消费者休闲的代价变得相对较低时，人们宁愿选择消费和休闲，而不是投资和工作，致使国内生产总值在投资与消费之间的结构失衡。当然，在宏观财税负担一定时，如果财税负担在不同产业部门、不同地区、不同所有制之间的分布不合理，也会通过误导生产要素向财税负担相对较轻产业、地区和所有制的不合理流动，从而 GDP 的生产与分配结构失衡，影响整个国民经济的稳定协调发展。

3．财政收入占 GDP 的比例影响公共需要和个人需要的满足

经济生活中的任何需要（公共需要和个别需要）都要以 GDP 所代表的产品和劳务来满足。政府征集财政收入的目的就在于实现国家职能，满足社会的公共需要。公共需要是向社会提供的安全、秩序、公民基本权利和经济发展的社会条件等方面的需要。其中，既有经济发展形成的公共需要，又有社会发展形成的公共需要。前者的满足可直接推动社会经济发展，后者的满足则可直接推动社会发展并间接推动经济发展。总之，满足公共需要实际上形成了推动经济、社会发展的公共动力。

GDP 中除财政集中分配以外的部分，主要用于满足个别需要。个别需要是企业部门和家庭部门的需要。满足个别需要是经济生活中形成个别动力的源泉。个别动力对国民经济发展具有直接的决定作用。实际上，公共动力对经济社会的推动作用也需要借助于个别动力的保障来实现。在 GDP 一定时，需要找出公共需要满足程度与个别需要满足程度的最佳结合点，这实际上也就是财政收入占 GDP 的合理比例问题。

4．财政收入占 GDP 的比例是财政收入政策的直接目标，是财政政策的中介目标

财政收支作为一个整体，其运作必然要服从财政政策目标。同时，财政收支作为相对独立的政府经济行为，不仅要有财政政策目标作为终极目标指向，而且还要有更为明确、直接、具体的目标，来指示其运作的方向和力度。这些直接、具体的目标决定了财政政策目标，并指导着财政分配活动，可将其称为中介目标。指导财政收入活动的中介目标是财政收入政策目标，而最主要的财政收入政策目标就是财政收入占 GDP 的比例。

【关键术语】

财政收入　税收收入　社会保险基金收入　非税收入　财政收入结构
财政收入规模

【网络资源】

1．登录国家财政部网站（http://www.mof.gov.cn/zhengwuxinxi/caizhengshuju/）查阅近

三年我国财政收支情况。

2．登录国家统计局网站（http://data.stats.gov.cn/）查阅近三年我国财政收入年度数据和相关报表。

3．登录中国财政部财政科学研究所网站（http://www.crifs.org.cn）查阅有关“央地财政关系改革”的相关文献。

【独立思考】

31省份公布财政收入，各省财力强弱折射地方产业差异

2018年年初，31省份陆续公布了2017年预算执行情况，根据各地2017年预算执行报告统计，广东、江苏、上海三地的一般公共预算收入位居前三甲，广东省更是高达1.31多万亿元；增速上，山西、西藏、内蒙古增长较快，吉林、天津出现负增长；财政自给率方面，东高西低的态势十分明显。

一个地方的财政收入是该地综合实力的展现，作为地方财力的表现形势，财政收入还反映了未来该地区在政府支出上的能力，不仅包含政府公共事业的支出，同样还包含着对该地市场及产业发展的支出。从2017年数据中，我们明显看出了，随着经济的发展，虽然总体上各地政府财政收入都有较大幅度的增长，但从总量上来看，显示出了明显的东强西弱。

东强西弱格局由来已久，特别是改革开放之后，不同省份的经济差距不断拉大，数据显示，东西部差距从1978年的408.2元上升到2013年的30 856.62元，当然，剔除价格因素变化，以1978年的价格为标准，东部地区和中西部地区人均实际*GDP*差距也从1978年的408.22元上升到2013年的5 178.73元。东西部的人均*GDP*比值在2附近徘徊。

笔者认为，因地方财政收入依仗着地方产业的发展，从而财力在基数水平上东强西弱反映出产业结构和产业经营效益在东西的差异。

首先，总体来看我国产业的变更，随着经济发展，像许多发达国家一样，第一产业比重不断下降，第三产业比重不断增多，反应在具体的指标上，有学者运用农业部门劳动力份额来反应产业结构的变迁，数据显示，我国从1980年的近乎80%下降至如今25%左右，可见，整体的产业变化很是明显，分开看东西部地区差异，抛开东西部在初始值方面的20%差距，其在总体上下降时有相同趋势的，但具体到省份来看，在2017年财力排名表前几位的省份都是具有较低的劳动力份额占比，而类似排名靠后的基本都属于占比较高的。

其次，地区产业差异较为明显，东部发展更趋向如今的高利润行业，就像目前令资本疯狂的互联网行业，多聚集于沿海地区。我们都明白要想富先修路的道理，特别是东部沿海城市，不管是政策支持也好还是海上交通便利，总之其借助对外开放先于内陆城市发展起了更加具有效益的产业，之后的结果便是当某个产业发展进入成熟阶段，就开始向西移动，按照不同的资源禀赋开始进行产业的变迁，可以说初期东部地区的产业都

是领先于西部一定时间的，这也改变了东部在资源和人口上的劣势，使其成为资本富集的地区，但要注意的是，此时的产业形成并不是来源于资源禀赋，更多依靠政府政策引导。

产业的差异由地区差异而起，反过来又加剧地区差异，任由产业自由发展可能导致地区差异过大，区域产业趋同等不良影响。由于产业差异的不断加大，造成地区发展的不平衡，会造成市场需求于供给的失调，同样，小区域内产业的趋同也使得了同业竞争激烈，效益产出低下，缺乏创新，渐渐沦为政府政绩相互竞争的筹码。

财力数据上还有一点值得我们注意，由于中国进入经济新常态加上税收政策改革，地区的发展也会有相应的调整。一方面，经济增速的放缓丝毫不影响高端产业的盈利逐年攀升，因而可能对西部造成更加不利的影响，另一方面，分税制和营改增对地方政府形成的财政压力可能迫使政府加大对该区域已有产业的过渡扶持，而拖慢地区产业结构升级。

窃以为，产业差异导致的财力差距是种必然，但承认差异并不是无所作为，我们要保证产业分布的合理，即不同地区按照不同资源禀赋合理规划地区产业。政府在此过程中扮演非常重要的角色，一方面，中央政策的出台引导区域产业的协同发展，并规范各地政府行为，避免政绩竞争带来同产业恶性竞争，另一方面，中央和地方双管齐下，利用税收再分配力量，有的放矢，利用政策力量引导资金流向，避免资金，资源，人才的错配，形成各地结构性要素供给不足。

资料来源：盘和林经济观察（作者系中国财政科学研究院应用经济学博士后）

【思考】结合 2017 年我国各省财政收入情况和相关知识分析财政收入规模的影响因素。

【课后练习】

一、名词解释

1．财政收入　　2．预算内收入　　3．政府性基金收入

二、判断题

1．预算外财政收入是全口径财政收入中不可置疑的部分。（　）

2．在合理调节财政收入规模的基本政策思路中，坚决实行“以收定支”的方针。（　）

3．政府性基金收入的管理方式是在一般预算之外编制政府性基金收支预算，构成政府预算体系的重要组成部分。（　）

4．税收与政府提供的商品和服务有关，一般不规定特定用途，由政府统筹安排使用。（　）

5．基础设施建设配套费收入构成政府性基金收入的主体。（　）

三、单项选择题

1．目前我国财政统计中的“财政收入”属于（　）。

A．预算内收入　　B．预算外收入

C．体制外收入　　D．预算内收入和预算外收入

2．目前世界各国取得财政收入的主要形式基本上是（　）。

A．企业收入　B．政府收入　C．收费　D．税收

3．政府部门对其所提供的公共设施的使用者按一定的标准收取的费用称为（　）。

A．税收　　B．规费

C．使用费　　D．罚没收入

4．计划经济体制下财政收入最主要的来源是（　）。

A．税收　B．债务　C．企业利润　D．收费

5．当价格总水平上升时，（　）最有利于提高财政在价格再分配中所占的份额。

A．人头税　　B．定额资源税

C．比例流转税　　D．累进所得税

6．制度外罚没属于（　）。

A．预算内非税收入　　B．预算外非税收入

C．制度外非税收入　　D．预算收入

7．政府推行赤字财政政策，实行国民收入超分配导致物价上涨甚至通货膨胀，政府会取得价格再分配所得，即通常所说的（　）。

A．通货膨胀　　B．通货膨胀收入

C．通货膨胀税　　D．国民收入再分配

8．价格变动使财政收入只有名义增长，而不会有实际增长，实行的税率是（　）。

A．全额累进税率　　B．超额累进税率

C．比例税率　　D．定额税率

9．财政分配的对象都是社会产品中的剩余产品或与其对应的（　）。

A．产值　B．利润　C．价值　D．收益

10．政府以国家信用为依托取得的财政收入是（　）。

A．存款　B．公债　C．税收　D．罚款

四、不定项选择题

1．影响财政收入规模的主要因素包括（　）。

A．经济发展水平　　B．生产技术水平

C．分配制度与分配政策的变化　　D．价格

2．（　）有可能成为财政收入的源泉。

A．C　B．V　C．M　D．$V+C$

3．财政收入的数量界限即财政收入占国民收入的比重，该界限的确定具有（　）。

A．主观性　B．重要性　C．客观性　D．现实性

4．税收收入的自动变化是指（　）的税收收入。

A．比例征税　B．累进征税　C．固定总额税　D．免税

5．按财政收入的管理方式可将财政收入分为（　）。

A．税收收入　B．非税收入　C．预算内收入　D．预算外收入

6．政府性基金收支预算的管理原则是（　　）。

A．以收定支　　B．以支定收　　C．专款专用　　D．结余结转使用

7．我国的政府收入包括（　　）。

A．负债　　B．预算内收入

C．预算外收入　　D．制度外收入

8．在我国主要以非税收入形式存在的政府收入有（　　）。

A 预算外收入　　B．预算内收入

C．制度外收入　　D．经济建设收入

五、简答题

1．简述技术进步对财政收入规模的影响。

2．简述收费不同于税收的性质及其特殊作用。

3．简述财政收入的分类。

4．为什么说经济发展水平和技术进步对财政收入规模起决定作用？

5．简述合理调节财政收入规模的基本政策思路。

6．简述财政收入划分，以及中国财政收入的情况。[中国人民大学 2009 研]

六、论述题

1．论述财政收入的经济来源。

2．试述制约财政收入规模的因素。

3．试述我国政府非税收入存在的问题及改革措施。

4．从我国当前的收入分配差距谈财政的收入再分配功能。

第六章

税收收入

学习目标

☑ 熟悉税收的概念、特征、分类和原则
☑ 理解税收负担的含义、分类和衡量
☑ 熟悉税负转嫁与税收归宿的内涵、分类和形式
☑ 熟悉税收的效应和经济影响
☑ 熟悉税收制度的含义、构成要素
☑ 熟悉商品课税、所得课税、资源课税与财产课税的含义

案例导入

中石化每天上缴税款 8.8 亿元是财政幻觉

2013 年 4 月 1 日，《中国经营报》刊登文章说，中石化董事长傅成玉在“两会”上说，2012 年中石化每天给国家上缴税款 8.8 亿元，国家支出的每 100 元钱里就有中石化的 3 元 3 角。傅成玉认为纳税够多，红利就该免了。

实际情况是，中石化确实上缴了巨额税金，但这些巨额税金中，绝大多数并非企业所得税等直接税。数据显示，2012 年中石化净利润为 635 亿元。按照目前企业所得税 25%的税率计算，应纳企业所得税大致为 158 亿元。按照傅成玉每天 8.8 亿元计算，则去年中石化总纳税为 3 212 亿元。那这相差的 3 000 亿元税金应该就是经营中缴纳的间接税，即增值税、消费税等。数据显示，2012 年中石化经营收入为 27 860 亿元，3 000 亿元的各项间接税占经营总收入的 11%多一些，正好符合中国间接税税负的实际情况。众所周知，企业所得税等直接税与商品税等间接税是截然不同的。直接税是将企业利润的一部分拿出来上缴给国家，这减少了企业的财富。间接税则不然，企业将此税收完全包含在价格之中，由消费者承担。企业所起的作用仅仅是将千家万户消费者缴纳的税金，转缴税务部门而已。目前，中国实行间接税为主的税制，其所制造的财政幻觉迷惑作用非常强烈。人们弄不清自己的纳税实情，只知道国家有不少纳税大户，是国家财政的支柱。纳税大户则以它们缴纳的税（实际上来自广大消费者提供的税金）为筹码，讨价还价，谋取更多特权。

（资料来源：李贺，郭志达，邵文娟. 财政学基础：理论·实务·案例·实训，上海：上海财经大学出版社，2016.）

第一节　税收的概念、特征和分类

一、税收的概念

税收是历史上最早出现的一个古老的财政范畴，它是社会生产力发展到一定阶段、产生了阶级统治机关（即国家）时才出现的，税收的历史与国家的历史一样的久远。从税收产生到现在的几千年中，人类社会经历了奴隶社会、封建社会、资本主义社会和社会主义社会的重大历史变迁。在这个过程中，古今中外众多的政治家、哲学家、经济学家、伦理学家乃至神学家一直在探索税收的奥秘，即国家为什么要向居民征税、居民为什么要向政府纳税这个看似简单实则复杂的问题。直到资本主义生产方式建立以后，人们才得以从理论上系统地研究税收问题，并逐步形成一个比较科学的认识。

1776 年，亚当·斯密最早回答了什么是税收的问题。他指出：”公共资本和土地是君主或国家所持有的两大收入源泉，但它们不能用于支付也不够支付一个大的文明国家的必要费用，那么这必要费用的大部分就必须依赖于这种或那种税收。换言之，人民须拿出自己的一部分私人收入，给君主或国家，作为一笔公共收入。”1784 年，孟德斯鸠给税收下了定义：“公民所付出的自己财产的一部分，以确保他剩余财产的安全和快乐地享用这些财产。”而英国《新大英百科全书》对税收的定义是：在现代经济中，税收是国家收入最重要的来源，税收是强制和固定征收的，它通常被认为是对政府财政收入的捐献，用以满足政府开支的需要，而并不表明是为了某一特定的目的。总而言之，西方经济学家、财政学家们对于税收概念的阐述众说纷纭。

概括地说，税收是政府以其社会职能为依据，凭借政治权力，依照法律规范，强制、无偿地取得财政收入的一种形式。

二、税收的特征

（一）无偿性

政府征税以后，税款就成为政府财政收入的一部分，由政府预算安排直接用于满足国家行使职能的需要，不再直接返还给纳税人，也不付出任何形式的直接报酬和代价。

针对具体的纳税人而言，政府征税不是与纳税人之间进行等量财富的交换或补偿，而是纳税人无偿地缴纳，政府不需要对纳税人直接返还已纳税额，也不需要直接对纳税人提供相应的服务或给予相应的特许权利，它只是所有权的单向转移。明确税收的无偿性特征，可以把税收同国有资产收益、公债和规费收入等财政收入形式区别开来。

需要指出的是，税收无偿性是针对具体纳税人而言的。如果从社会总体角度考察，税收所与公众之间的利益关系是一种互利关系。一方面，公民向政府纳税，另一方面，政府提供公共服务，即所谓的“取之于民，用之于民”。只不过这种互利并不存在个体意义上的对等，也就是纳税多的并不一定享受更大的利益，纳税少的也并不必然享用更少的福利。基于这种考虑，有学者也把税收的无偿性特征称为“税收的一般报偿性”。

（二）强制性

税收并非纳税人的自愿奉献，它是一切有纳税义务的主体都必须依法缴纳的，如果纳税人不依法纳税，就要受到法律的制裁。政府以社会管理者身份，直接凭借政治权力，用法律、法令形式对征纳双方的权利与义务进行规范。从根本上说，税收的强制性是政治权力所决定的，因而它是一种超经济强制（指生产资料的所有者对直接生产者具有政治、法律的强制力量），不受生产资料所有制的限制，对不同所有者都可行使政府课税权。

税收的强制性包括两个方面：一是税收分配关系的建立具有强制性，它是通过立法的程序确定的，政府依法征税，纳税人必须依法纳税，不允许有任何超越税法的行为。二是税收征收过程具有强制性。税收征税的法律保证是税法，税法从征税和纳税两方面来规范、约束、保护和巩固税收分配关系。

（三）固定性

税收的固定性，是指政府通过法律形式预先规定了对什么征税及其征收比例等税制要素，并保持相对的连续性和稳定性。即使这些要素内容适时调整，也要经过必要的法律程序，而且之后要保持一定时期的相对稳定。

对政府来说，税收的固定性可以保障财政收入的及时稳定，可以防止政府不顾客观经济条件和纳税人的负担能力，滥用征税权力；于纳税人来说，税收的固定性可以保护其合法权益不受侵犯，增强其依法纳税的法律意识，同时也有利于纳税人根据税收法律制度的规定对经营计划等做出最有利的选择。

税收的三个特征是一个完整的统一体，它们相辅相成，缺一不可。其中，无偿性是核心，强制性是保障，固定性则是对强制性和无偿性的一种规范和约束。

三、税收的分类

税收分类就是按照一定的标准和方法，对形式或特点相同或相近的税种进行的系统分析、归纳和综合。为了分析国家的税制结构、税源分布和税收负担，比较税种的特点和作用，正确制定税收政策和税收法规，加强税收管理，有必要按照不同的标准对不同的税种进行科学的综合和归类。目前，对税收的分类主要有以下几种。

（一）以征税对象为标准，可分为商品课税、所得课税和财产课税

以征税对象划分税种是最基本、最常见的一种分类方法，经济合作与发展组织（OECD）就是采用这种方法对税收进行分类的，即把税收分为三大类：

（1）对商品或劳务征税，即根据商品和劳务的流转额进行课征，包括所有以商品和劳务服务为征税对象的税种，有增值税、营业税、消费税、关税等。

（2）对所得或利润的征税，即根据纳税人取得的收入或利润额进行课征，是以纳税人的净所得（纯收益或纯收入）为征税对象的税种，包括个人所得税、企业所得税等。

（3）对财产征税，即根据纳税人财产数量或价值额进行课征，是以财富的存量形式，即各类动产和不动产为征税对象的税收，有财产税、遗产税、赠予税等。

（二）以税收负担能否转嫁为标准，可分为直接税和间接税

直接税是指由纳税人直接负担、不易转嫁的税种，这种税的纳税人就是负税人。一般认为所得税和财产税属于直接税。

间接税是指纳税人能够将负税转嫁给他人负担的税种，这种税的纳税人不一定是负税人。一般认为对商品课税属于间接税，如增值税、消费税、关税等。

（三）以税基的两种基本形式区别为标准，可分为从量和从价税

税收的计税依据叫作税基，是计税的具体数量标准，税基的两种基本形式是物理形式和价值形式，物理形式如面积、体积、重量等，价值形式如销售额、营业收入、应纳税所得额等。以税基的两种基本形式区别为标准，可分为从量和从价税。

从量税，亦称从量计征，指以课税对象的重量、面积、件数、容积等数量指标为依据，采用固定税额计征税收。例如，我国的消费税制度中规定，汽油的消费税是按销售数量每升一定数额计征的，2015 年我国成品油消费税为 1.52 元/升。

从价税，亦称从价计征，指以征税对象的价值或价格为计税依据。例如，我国的营业税制度中规定，营业税的税基为属于征税对象范围的营业额，包括全部价款和价外费用。

比较而言，从量税计算简便，但税负水平是固定的，税额并不随着收入的增加而增加，这样有时不尽合理，因而只有少数税种采用这种计税方法，如我国的资源税等。而从价税则在更加广泛的范围内受到肯定，它的税额会随着收入的增加而增加，更适应市场经济的情况，同时也有利于贯彻国家的税收政策，因而大部分税种都采用这一计税方法。

（四）以税收管理和使用权限为标准，可分为中央税、地方税与中央地方共享税

中央税是指管辖权和收入支配权划归中央的税收；地方税是指管辖权和收入支配权划归地方各级的税收；中央地方共享税是指中央与地方共同课征或支配使用的税收。

中央税和地方税的划分方法因国家政体和管理体制的不同而有所不同：

（1）有些国家的地方政府（州、省、县等）拥有税收立法权，可以自行设立税种，这类税种显然就是地方税；而中央政府开征的税种就是中央税。中央税与地方税的隶属关系是十分明确的。

（2）有些国家的税种是由中央政府统一设立的，但根据财政管理上的需要，特别是为了调动地方的积极性，划出一部分税种给地方，其管理和使用权限也相应下放给地方，从而形成另外一种类型的地方税。

（3）有的国家还设立中央与地方共享税，这种税的收入由中央和地方按一定比例分成。

（五）以税收与价格的关系为标准，可分为价内税和价外税

凡税金构成价格组成部分的，称为价内税；凡税金作为价格之外附加的，称为价外税。与之相适应，价内税的计税依据称为含税价格，价外税的计税依据称为不含税价格。

第二节　税收的原则

税收制度的建立乃至贯彻实施执行，必须遵循一定的指导思想，这些指导思想就是税收原则。税收原则对政府税收制度来说十分重要，是判断税收制度优劣的标准。经济学家们在研究、分析税收问题时，都很关注政府依据什么原则征税，并形成各种不同的看法。从各国税收制度的实践来看，税收基本遵循的原则有财政原则、公平原则和效率原则。

一、财政原则

税收的财政原则的基本含义是：一国税收制度的建立和变革，都必须有利于保证国家的财政收入，即保证国家各方面支出的需要。财政原则包含两个方面的要求。

第一个要求是通过征税获得的收入要能充分满足一定时期财政支出的需要。为此，也要求选择确定合理的税制结构模式，尤其是选择确定税制结构中的主体税种。因为主体税种的收入占整个税收入的比重最大，从而对税收总收入的影响力度也最大。一般来说，应当注意选择税源充裕而收入可靠的税种作为主体税种。

第二个要求是税收收入要富有弹性。税收弹性是指税收收入增长率与经济增长率之间的比率，可用以下公式表示：

$$E_T = \frac{\Delta T / T}{\Delta Y / Y}$$

其中：E_T为税收弹性；T为税收收入；ΔT为税收收入增量；Y为国民收入（或是其他指标如国民生产总值、国内生产总值增量）；ΔY为国民收入增量（或是其他指标如国民生产总值增量、国内生产总值增量）。

税收弹性反映了税收对经济变化的灵敏程度。当$E_T = 0$时，表明税收对经济增长没有反应；当E_T=1时，表明税收与经济是同步增长的，当时$E_T > 1$，表明税收的增长快于经济的增长，税收随经济的发展而增加，并且税收参与国民收入分配的比例有上升的趋势；当$E_T < 1$时，表明税收的增长速度落后于经济的增长速度，这时税收的绝对量有可能是增加的，但税收参与国民收入分配的比例呈下降的趋势。

税制设计应当使税收具有较好的弹性。一般来说，应使 E_T 保证国家财政收入能与日益增长的国民收入同步增长，而无须通过经常调整税基、变动税率或者开征新的税种来增加收入。

需要说明的是，税收的财政原则并非是说政府收入越多越好，而是说税收收入应达到其应该具备的规模。税收收入应该具备的规模主要取决于国家一定时期的职能范围。此外，它和国家信用制度的发达程度也有关系。在国家信用制度不发达的条件下，国家财政收入几乎完全依赖于税收收入，因为国家要通过信用方式筹资十分困难。反之，若国家信用制度发达，国家可以比较容易地通过信用方式筹集一部分资金，这时财政收入对税收的依赖性就会相应地减弱。

二、公平原则

税收是社会分配环节的重要组成部分，既然是分配，而且是政府主导的分配，首要的原则当然是公平。自亚当·斯密以来，许多经济学家都将公平原则置于税收原则之首位。就税收制度本身来看，税收公平对维持税收制度的正常运转也是不可缺少的。倘若税收制度不公平，一部分纳税人看到与他们纳税条件相同的另一部分人少交税款甚至享受免税待遇，那么这部分人也会逐渐丧失自觉申报纳税的积极性，进而进行逃税、避税活动，甚至进行抗税。这样，税制本身也不能得以正常贯彻执行。税收公平不仅仅是一个经济问题，同时也是一个政治和社会问题。实践证明，公平的税收制度有利于化解社会矛盾，保持社会稳定；反之，税收分配的不公平，则易激化矛盾，诱发社会的不稳定因素。

税收公平包括普遍征税和平等征税两个方面。所谓普遍征税，通常指征税遍及税收管辖权之内的所有法人和自然人，换言之，所有有纳税能力的人都应毫无例外地纳税。当然，征税的普遍性也不是绝对的，政府出于政治、经济、国际交往等方面的考虑，给予某些特殊的纳税人以免税照顾，并不违背这一原则，相反，这被认为是对这一原则的灵活运用。

所谓平等征税，通常指政府征税的比例或数额与纳税人的负担能力相称。具体有两个方面的含义：一是纳税人能力相同的人同等纳税，即所谓的横向公平；二是纳税能力不同的人不同等征税，即所谓的纵向公平。简言之，对能力大者多征税，对能力小者少征税，对无能力者可以不征税。上面所提到的纳税能力，通常从收入、财富和消费三个方面来衡量，它们对应的税制分别为所得税、财产税和消费税。

当然，论及公平问题，税收分配固然重要，但并不全面，还必须考虑到税前收入的分配以及被认为与公平问题有联系的其他收益的分配。也就是说，税收分配的公平问题必须联系由市场决定的分配状态来看。倘若由市场决定的分配状态已经达到公平的要求，那么，税收就应对既有的分配状态作尽可能小的干扰；倘若市场决定的分配状态不符合公平要求，税收就应发挥其再分配的功能，对既有的分配格局进行正向矫正，直到符合公平要求。

三、效率原则

（一）经济效率原则

经济效率原则是指税收制度和税收政策应当有利于经济发展，对经济发展带来积极影响，保证并促进市场经济的正常运行和经济效率的总体提高。经济效率原则包括以下三个方面。

1. 避免产生税收的额外负担

如果社会从征税中获得的利益大于市场各方为该税付出的代价，则这些额外的利益称为税收的额外收益；如果社会从征税中获得的利益小于市场各方为该税付出的代价，则这些额外的损失称为税收的额外负担。

例如，在商品流转环节针对交易额征收流转税，会使价格上涨，从而减少一部分市场需求，造成一种福利损失，而市场需求的减少又会引发市场上供应方的福利损失，如此连环传导，无疑会给市场的资源配置活动带来负面影响，进而扭曲市场机制的正常运行轨迹。

2. 追求税收中性

所谓税收中性，是指政府课税不扭曲市场机制的正常运行，或者说不影响私人部门原有的资源配置状况。税收中性包括两种含义：一是国家征税使社会所付出的代价以税款为限，尽可能不给纳税人或社会带来其他的额外损失或负担；二是国家征税应避免对市场经济运行的干扰，特别是不能使税收超越市场机制而成为资源配置的决定因素。

在现实生活中，国家征税必然对商品购买、劳动投入以及储蓄和投资等诸多方面产生不同程度的影响，所以保持完全税收中性是不可能的。税收中性原则的实践意义在于尽量减少税收对市场经济正常运行的干扰，使市场机制在资源配置中发挥基础性作用。一般而言，商品税形成的税收额外负担比较大，所得税则比较小，其他条件相同的条件下，税基越宽则额外负担可能越小，税率越低则额外负担越小。因此，出于降低税收的额外负担的考虑，一般认为税收制度应当尽量降低商品税的比重，提高所得税的比重；就所得税而言，应当扩大税基，降低税率。

3. 促进资源的有效配置

征税是政府调节资源配置失灵的重要手段。比如，在经济活动存在负外部性（即外部成本）的情况下，政府通过征收具有针对性的税收，可以实现外部成本内部化，从而控制甚至于减少该经济活动的存在；当经济活动存在正外部性（即外部收）时，政府可以通过减免税收来实现外部收益内部化，从而保护和鼓励该活动的开展，增加生产与消费的规模。再比如，对于市场中的劣值品，如烟酒产品等，政府可以通过征收具有针对性的税收，提高该劣值品的消费门槛，帮助市场纠正一些不合理的消费偏好；另一方面，对于市场中的优值品，如高雅艺术、教育、公共卫生、科技成果利用等，政府可以通过税收的优惠政策，促进市场的形成和扩大。

（二）行政效率原则

行政效率可以从征税费用和纳税费用两个方面来考察。

征税费用是指税务部门在征税过程中所发生的各种费用，比如，税务机关的房屋建筑、设备购置和日常办公所需的费用，税务人员的工薪支出等。这些费用占所征税的比重即为征税效率。征税效率的高低和税务机关本身的工作效率密切相关的，而且对于不同的税种，其征税效率也存在差异。

纳税费用是纳税人依法办理纳税事务所发生的费用。比如，纳税人完成纳税申报所花费的时间和交通费用，纳税人雇用税务顾问、会计师所花费的费用等。相对于征税费用，纳税费用的计算比较困难，因此，有人把纳税费用称为税收隐蔽费用。

提高税收的行政效率的途径为：一方面采用先进的征收手段，节约征管方面的人；另一方面简化税制，使纳税人容易理解和操作，减少纳税费用。

第三节　税负转嫁与税收归宿

一、税收负担概述

（一）税收负担的含义

税收负担简称税负，是指政府征税而给纳税人或其他经济主体带来的经济利益的损失或转移，是纳税人应履行纳税义务而承受的经济负担。

税收负担是国家税收政策的核心。税收负担从绝对额考察，是指纳税人应支付国家的纳税额；从相对额考察，是指税收负担率，即纳税人的应纳税额与其计税依据价值的比率。这个比率通常被用来比较纳税人或各类课税对象的税收负担水平的高低，因而它是国家研究制定和调整税收政策的重要依据。任何一项税收政策首先要考虑的就是税收负担的高低。税收负担定低了，会影响国家财政收入；定高了，又会挫伤纳税人的积极性，妨碍社会生产力的提高。一般说来，税收负担水平的确定既要考虑政府的财政需要，又要考虑纳税人的实际负担能力。

（二）税收负担的分类

税收负担是一个总体概念，在实际运用中有多种形式。

1. 按税收与国民经济的关系，可分为宏观税收负担和微观税收负担

宏观税收负担指一个国家在一定时期内对其所有纳税人课征的税负总额。研究宏观税收负担，可以比较国与国之间的税负水平以及总的税负内部构成情况。

微观税收负担指一定时期内的单个涉税主体的税负情况。单个涉税主体可以是单个纳税人、某个纳税人集合、单个产品、单个行业、单个市场、单个税种等。研究微观税收负

担，便于分析企业之间、行业之间、产品之间的税负水平以及单个涉税主体的税负构成问题，为制定合理的税负政策提供决策依据。

2. 按税负能否转嫁，可分为直接税收负担和间接税收负担

直接税收负担指纳税人依据税法规定而直接承担的税负。

间接税收负担指由于税负转嫁，纳税人承受的比税法规定的多的一部分税负。

3. 按税收负担的内容，可分为名义税收负担和实际税收负担

名义税收负担指纳税人按照税法规定缴纳税款而形成的税收负担，在相对指标上通常表现为税法规定的名义税率。

实际税收负担指纳税人实际缴纳税款所形成的税收负担。它在相对指标上表现为纳税人承受的实际税率。

名义税收负担与实际税收负担往往存在背离的情况，一般是后者低于前者。究其原因，主要是存在减免税、税基扣除以及由于管理原因导致的征税不足。

（三）税收负担的衡量

1. 宏观税收负担的衡量指标

宏观税收负担的衡量是考察一定时期内（通常是 1 年）国家税收收入总额在整个国民经济体系中所占的比重。这实际上是从全社会的角度来考核税收负担，从而可以综合反映一个国家或地区税收负担的总体情况。

宏观税收负担的衡量指标主要有两个：一是国内生产总值税收负担率，简称 GDP 税收负担率；二是国民收入税收负担率，简称 NI 税收负担率。其计算公式分别如下：

国内生产总值税负率＝税收总额/国内生产总值×100%

国民收入税负率＝税收总额/国民收入×100%

式中，税收额是指一国政府利用税收手段参与国民收入分配所集中的财富的货币形态，是全体纳税人实际纳税总量。

2. 微观税收负担的衡量指标

微观税收负担的衡量是考察纳税人实际纳税额占其可支配产品的比重。由于流转税存在税负转嫁问题，因此衡量微观税负比衡量宏观税负复杂。简单地把企业或个人缴纳的全部税收除以其毛收入总额，有时并不能真实地反映其税收负担水平。通常采用下列指标来反映企业的税收负担状况：

企业税收总负担率＝（纳税总额/同期销售收入或者同期所得额）×100%

企业流转税负担率＝（流转税总额/同期销售收入）×100%

企业所得税负担率＝（所得税总额/同期所得额）×100%

企业资产税负担率＝（所得税总额/同期资产平均值）×100%

企业净资产税负担率＝（所得税总额/同期净资产平均值）×100%

和企业税收负担的衡量类似，个人税收负担通常采用下列指标来反映：

个人税收负担率＝（个人纳税总额/同期个人收入总额）×100%

家庭税收负担率＝（家庭纳税总额/同期家庭收入总额）×100%

（四）税收负担的影响因素

1. 政府职能范围

政府职能范围越广泛，对经济活动的参与程度就越高，客观上需要更多的财政收入来满足其支出的需要，则宏观税负相对较高。而政府职能范围相对较小的国家，由于政府职能相对地弱于市场职能，政府的职能只是纠正“市场失灵”，公共财政活动区域相对有限，因而所需的财政收入相对要少，则其宏观税负较低。

2. 社会经济发展水平

经济发展水平是决定宏观税收负担的最根本因素。一个国家的社会经济发展总体水平可以通过国民生产总值和人均国民生产总值这两个综合指标来反映。国家的国民生产总值越大，总体负担能力越高。特别是人均国民生产总值最能反映国民的税收负担能力。一般而言，在人均国民收入比较高的国家，社会经济的税负承受力较强。

世界银行的调查资料也表明，人均国民生产总值较高的国家，其税收负担率也较高；人均国民生产总值较低的国家，其税收负担率也较低。发达国家的税负自20世纪70年代以来逐步上升，世界范围内税收占*GDP*的比重平均为30%～35%，工业国家平均为33%～38%，而发展中国家为20%～25%，我国税收占*GDP*的比重为20%左右。

国家通过税收能够积累多少资金，社会总体税收负担应如何确定，不取决于人们的主观愿望，也不能只考虑国家的需要，必须首先考虑社会经济体系和纳税人承受能力。只有税收负担适应本国经济发展水平和纳税人的承受能力，税收才能在取得所需的财政收入的同时刺激经济增长，同时提高社会未来的税负承受力。如果税收负担超出了经济发展水平，则势必会阻碍社会经济的发展。

3. 国家的宏观经济政策

国家的宏观经济政策是指国家或政府为了增进整个社会的经济福利、改进国民经济运行状况、达到一定的政策目标而有意识和有计划地运用一定的政策工具制定的解决经济问题的指导原则和措施。

任何国家为了发展经济，必须综合运用各种经济、法律以及行政手段来强化宏观调控体系。国家会根据不同的经济情况，采取不同的税收负担政策。如在经济发展速度过快过热时，需要适当提高社会总体税负，以使国家集中较多的收入，减少企业和个人的收入存量，抑制需求的膨胀，使之与社会供给总量相适应。此外，还要根据经济情况的发展变化，在征收中实行某些必要的倾斜政策和区别对待办法，以利于优化经济结构和资源配置。

4. 税收征收管理能力

税收征管能力是指税务机关和税务人员贯彻执行税收政策，组织税收征管活动的能力和素养，具体包括征管决策能力、为国聚财能力、依法治税能力、征管执行能力、税源监控能力、税收分析能力、征管信息资源的深加工能力、征管要素的优化配置能力等。

由于税收是由国家无偿征收的，所以税收征纳矛盾比较突出。因此，一个国家的税收征收管理能力也会对税收负担的大小和构成产生影响。税收征收管理能力强的国家，在制定税收负担政策时，可以根据社会经济发展的需要设置合理的但是征管技术要求较高的税种，以削弱征纳双方的矛盾；而税收征管能力较差的国家为了保障财政收入的需要，在制定税制时，就不得不更多地采用征管技术难度低但不一定合理的税种，由此更容易引发征纳双方的矛盾。

二、税负转嫁与税收归宿

（一）税负转嫁的内涵及分类

税负转嫁是指商品交换过程中，纳税人通过提高商品销售价格或压低购进价格的方法，将税负转嫁给购买者或供应者负担的一种经济现象。其具体表现为该税款最初的纳税人与最后的负担者可能不一致。

对税负转嫁的理解应把握以下几个方面。

（1）税负转嫁是与商品价格直接联系的。国家课税以后引起商品价格上升而实现转嫁，课税在先，价格变动在后。税负转嫁是一个客观的过程，是纳税人通过价格变动将所纳税款转移给他人负担的过程。没有税收价值转移的过程不能称为转嫁。

（2）税负转嫁是各经济主体之间税负的再分配，也是经济利益的一种再分配。税负转嫁的结果必然导致纳税人与负税人不一致。

（3）税负转嫁是纳税人的一般行为倾向，是纳税人的主动行为。因为课税是对纳税人经济利益的侵犯，在利益机制的驱动下，纳税人必然千方百计将税负转移给他人，以维护和增加自身的利益。

依据税负转嫁的程度，可把税负转嫁分为部分转嫁（不完全转嫁）和全部转嫁（充分转嫁）。前者指纳税人只把部分税收负担转嫁给负税人，后者指纳税人将全部税收负担转嫁给负税人。

需要注意的是，税负转嫁与逃税是有区别的：逃税指个人或企业以不合法的方式逃避纳税义务，包括偷税、漏税和抗税等；税负转嫁是经济现象，逃税是社会的、政治的现象；税负转嫁的结果只是税收负担结构及税负归宿不同，政府的税收并无减少或损失，逃税的结果是无人承担纳税义务，使政府的税收收入总量减少或损失，是一种不正常的违法行为，必然受到法律制裁。

（二）税收归宿的内涵及分类

税收归宿亦称“税负归宿”“赋税归宿”“课税归宿”。它是税收负担的最后归着点，即税收负担运动的最后归着环节，表明全部税收负担最后是由谁来承担的。

税负转嫁往往不是一次形成的，而是一个经济过程。例如，同一笔税款，厂家转嫁给批发商，批发商转嫁给零售商，零售商转嫁给消费者，则消费者就是税负转嫁的归宿。国家对纳税人课税，其税负的运动结果有三种情况：一是纳税人将所缴纳的税款通过转嫁使税负最终落在负税人身上；二是税负无法转嫁而由纳税人自己承担；三是转嫁一部分，纳税人自己承担一部分。不管出现何种情形，税负总是要由一定的人来承担，归着于一定的人身上。

依据税收的最后实际负担情况，税收归宿可分为法定归宿和经济归宿。法定归宿是指由税法规定的纳税人负担税款，经济归宿是指税负不由纳税人负担而由其他人负担。如果法定归宿就是经济归宿，则税负转嫁没有发生。因此，税收的法定归宿始终只有一个，而经济归宿则可能是一个、两个甚至更多。

三、税负转嫁的形式

根据税负转嫁的途径和方向，税负转嫁方式主要有前转、后转、混转、消转、税收资本化等。

（一）前转

前转又称顺转，指纳税人将其所纳税款顺着商品流转方向，通过提高商品价格的方法，转嫁给商品的购买者或最终消费者负担。前转是卖方将税负转嫁给买方负担，通常通过提高商品售价的办法来实现的。在这里，卖方可能是制造商、批发商和零售商，买方也可能是制造商、批发商、零售商，但税负最终要转嫁给消费者负担。前转的过程可能是一次，也可能是经过多次，如图 6-1 所示。

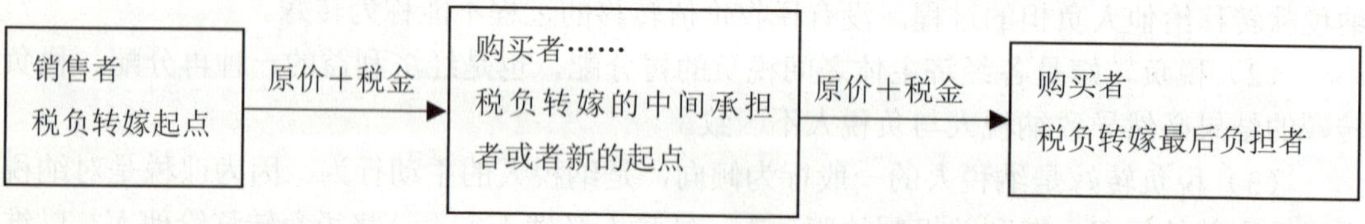

图 6-1　税负前转

在这里，销售者是税负转嫁的起点。国家课税后，销售者就可以提高价格，以原价加税金的价格销售商品，从而实现税负前转。如果加价等于税金，则可以实现全部转嫁，称为充分转嫁或完全转嫁；如果加价小于税金，则只能实现部分转嫁，称为不充分转嫁；如果加价大于税金，则纳税人不但可以实现完全转嫁，而且还会获得超额利润，称为超额转嫁。当购买者属于经营者时，他又会再次提高价格，将税负向前转嫁给消费者负担。

前转是最主要的税负转嫁形式。前转的顺利与否要受到商品供求弹性的制约。税负前转实现的基本前提条件是课税商品的需求弹性小于供给弹性，即当需求弹性大于供给弹性时，转嫁较难进行；供给弹性大于需求弹性时，转嫁容易进行。

提　示

供给弹性是商品的供给量对市场价格变动所做出反应的程度，用弹性系数表示如下：

供给弹性系数＝供给变化百分比/价格变动百分比

需求弹性是指商品的需求量对市场价格的升降所作出的反应程度，用弹性系数表示如下：

需求弹性系数＝需求变化百分比/价格变动百分比

（二）后转

后转又称为逆转，即纳税人将其所纳税款逆着商品流转的方向，以压低购进商品价格的办法，向后转移给商品的提供者。例如，对某种商品在零售环节征税，零售商将所纳税款通过压低进货价格，把税负逆转给批发商，批发商又以同样的方式把税负逆转给制造商，制造商再以同样方式压低生产要素价格把税负逆转于生产要素供应者负担。

税负后转实现的前提条件是供给方提供的商品需求弹性较大，而供给弹性较小。

（三）混转

混转又叫散转，是指纳税人将自己缴纳的税款分散转嫁给多方负担。混转是在税款不能完全向前顺转，又不能完全向后逆转时采用。例如，织布厂将税负一部分用提高布匹价格的办法转嫁给印染厂，一部分用压低棉纱购进价格的办法转嫁给纱厂，一部分则用降低工资的办法转嫁给本厂职工等。严格地说，混转并不是一种独立的税负转嫁方式，而是前转与后转的结合。

（四）消转

消转是指纳税人用降低课税成本的办法使税负在新增利润中求得抵补的转嫁方式，即纳税人在不提高售价的前提下，采取改进生产技术、提高工作效率、节约原材料、降低生产成本等形式，使所缴纳的税款在所得的利润中求得补偿。因为它既不是提高价格的前转，也不是压低进价的后转，而是通过改善经营管理、提高劳动生产率等措施降低成本增加利润，所以称之为消转。

（五）税收资本化

税收资本化亦称“税负资本化”，即纳税人以压低资本品购买价格的方法将所购资本品可预见的未来应纳税款从所购资本品的价格中作一次扣除，从而将未来应纳税款全部或部分转嫁给资本品出卖者，如图 6-2 所示。

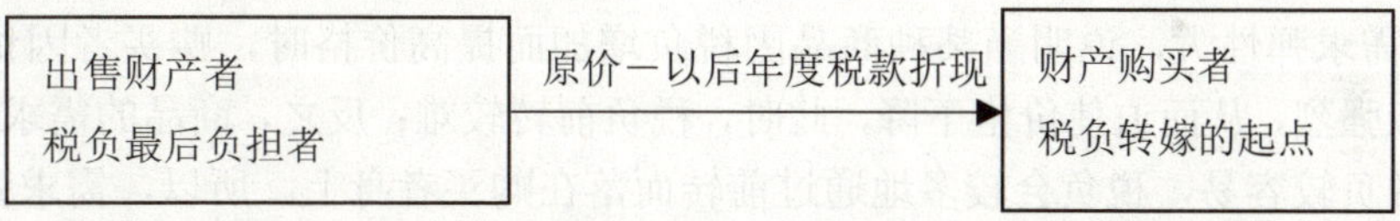

图 6-2　税负资本化

例如，某一工业资本家甲向另一资本家乙购买一幢房屋，该房屋价值 50 万元，使用期限预计为 10 年，根据国家税法规定每年应纳房产税 1 万元。甲在购买之际将该房屋今后 10 年应纳的房产税 10 万元从房屋购价中作一次扣除，实际支付买价 40 万元。对甲来说，该房屋价值 50 万元，而实际支付 40 万元，其中的 10 万元是甲购买乙的房屋时“购买”的乙的纳税义务，由乙付给甲以后代乙缴纳的税款。实际上，甲在第一年只需缴纳 1 万元的房产税，其余的 9 万元就成为甲的创业资本，这就是税收资本化。它一般表现为课税资本品价格的下降。

税负资本化是税负后转的一种形式，它与税负后转有相同点又有不同点。相同点在于都是买主将应当支付的税款通过压低购进价格转由卖主承担。不同点主要表现在两个方面：首先，转嫁的对象不同，税负后转的对象是一般消费品，税收资本化的对象是耐用资本品，主要有土地、房屋、股票等；其次，转嫁的方式不同，税负后转是商品交易时发生的一次性税款一次性转嫁，而税负资本化是商品交易后发生的预期历次累计税款一次性转嫁。

四、税负转嫁的影响因素

根据税负转嫁的定义可以得知，税负转嫁的基本条件是通过价格升降实现的，如果价格不能自由浮动，纳税人虽有转嫁的动机，却不存在转嫁的条件，税负转嫁也是不可能。在价格可以自由浮动的前提下，税负转嫁的程度还受到多种因素的影响。

1．税种的性质

由于税负转嫁的最主要方式是变动商品的价格。因此，以商品为课税对象，与商品价格关系密切的增值税、消费税、关税等比较容易转嫁，而与商品及商品价格关系不密切或距离较远的所得税和财产税往往难以转嫁。

实际生活上，并非所有的商品税都能实现转嫁，也并非所有的所得税和财产税都不能转嫁。国家对商品的课税，在不具备转嫁条件时是不会转嫁的，所得税和财产税在具备一定的转嫁条件时也有可能发生税负的转嫁。

2．商品的供求弹性

供求弹性是影响税负转嫁最直接的因素。在自由竞争的市场上，课税商品价格能否增高，不是供给一方或需求一方愿意与否的问题，而是市场上供求弹性压力的问题。一般来说，供给弹性大、需求弹性小的商品课税容易转嫁，供给弹性小、需求弹性大的商品课税不容易转嫁。因而，商品供求弹性的大小决定了税负转嫁的方向和数量。

（1）商品的供给弹性越大，说明生产者对商品销售价格下降而做出的反应强烈，其产量下降的幅度大于价格下降的幅度，从而促使价格上升，税负通过抬高价格转嫁出去；反之，供给弹性小的商品，生产者难以控制价格水平，税负前转的可能性就小。所以，供给弹性越大，税负越向需求者转嫁。

（2）需求弹性大，说明当某种商品因税负增加而提高价格时，购买者因价格提高而做出的反应强烈，从而追使价格下降，此时，税负前转较难；反之，商品的需求弹性较小，卖者转嫁税负较容易，税负会较多地通过前转而落在购买者身上。所以，需求弹性越大，税负越向供给者转嫁。

（3）综合考虑供给和需求弹性时，当某种商品的需求弹性大于供给弹性时，说明当某种商品由于政府征税而价格变动，其需求量的变动幅度大于供给量的变动幅度。在这种情况下，税负前转较困难，会更多地向后转嫁或不能转嫁，税负会更多地由生产要素提供者或生产者自己承担。反之，当需求弹性小于供给弹性时，说明当某种商品由于政府征税而引起价格变动，其需求量的变动幅度小于供给量的变动幅度。在这种情况下，税负前转比较容易，会更多地由消费者（购买者）承担。

总之，商品的供求弹性是制约税负转嫁的形式及规模的关键因素。税负通常是一部分通过提价形式向前转给消费者，一部分通过成本减少（或压价）向后转给供应者或生产要素提供者。究竟转嫁比例如何，根据供需弹性而定。

3．课税范围宽窄

征收范围广的税较易转嫁，征收范围窄的税难以转嫁。税负转嫁必然引致商品价格的升高，若其他商品可以替代加价的商品，消费者往往会转而代之，从而使税负转嫁失效。但若一种税收课税范围很广，甚至波及同类商品的全部，消费者无法找到价格不变的代用品时，只好承受税负转嫁的损失。

4．垄断程度

对垄断性商品课征的税负容易转嫁，对竞争性商品课征的税负较难转嫁。因为垄断性商品在较大的市场范围内占有独占性，生产者和经营者基本上掌握价格的控制权，提价转嫁税负的能力强，税负容易转嫁。竞争性商品要根据市场供求状况调整价格，提价转嫁税负的能力较弱，税负不易转嫁。

5．税收和价格的关系

从价课税的税负容易转嫁，从量课税的税负不容易转嫁。从量课税是按课税对象的数量重量、容积、面积、体积征税，税额不受价格变动的影响，购买者对提价转嫁税负比较敏感，纳税人担心转嫁税负得少失多，因此不易转嫁。从价课税条件下，价格随税负转嫁而上升，购买者不易察觉，相对来说比较容易转嫁。

第四节 税收经济效应

一、税收效应

税收效应是指纳税人因国家课税而在其经济选择或经济行为方面做出的反应。从另一个角度说，税收效应是指国家课税对消费者的选择以及生产者决策的影响，也就是税收对经济所起的调节作用。税收效应有多种表现形式，其中最重要的是收入效应和替代效应。

（一）税收的收入效应

税收收入效应是指课税减少了纳税人可自由支配的收入和改变了纳税人的相对所得状况，从而降低了商品购买量和消费水平，如图 6-3 所示。

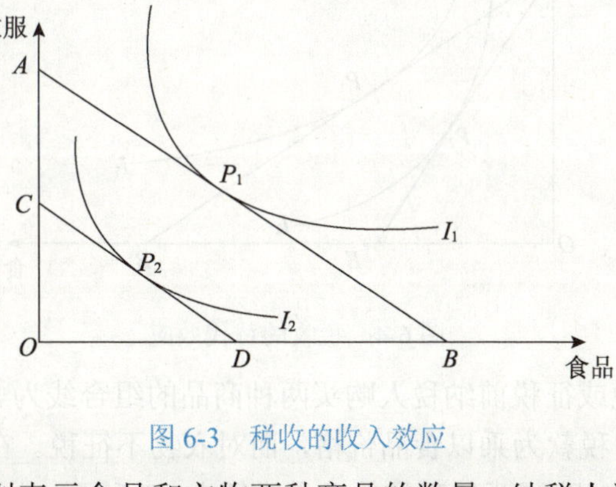

图 6-3 税收的收入效应

图中横轴和纵轴分别表示食品和衣物两种商品的数量。纳税人消费偏好可用一组无差异曲线来表示，每条曲线表示个人得到同等满足程度下在两种商品之间选择不同组合的轨迹。假定纳税人的收入是固定的，而且全部用于购买食品和衣物，两种商品的价格也是不变的。将纳税人购买两种商品的数量组合连成一条直线，即图中 *AB* 线，此时纳税人对衣物和食品的需求都可以得到满足。由于边际效用随数量递减，无差异曲线呈下凹状。*AB*

线与无数的无差异曲线相交，但只与其中一条 I_1 相切，切点为 P_1。在这一切点上（P_1），纳税人以其限定的收入购买两种商品所得到的效用或满足程度最大，即用于衣物的支出为 P_1 与轴线的垂直距离乘以衣物的价格，用于食品的支出为 P_1 与轴线的水平距离乘以食品的价格。

如果政府决定对纳税人课征一次性税收（如个人所得税），税款相当于 AC 乘以衣物的价格或乘以食品的价格，那么，该纳税人购买两种商品的组合线由 AB 移至 CD。CD 与另一条无差异曲线 I_2 相切，切点为 P_2。在这一切点上，纳税人以其税后收入购买两种商品所得到的效用或满足程度最大，即用于衣物的支出为与轴线的垂直距离乘以衣物的价格，用于食品的支出为与轴线的水平距离乘以食品的价格。

从以上分析可知，由于政府课征一次性税收而使纳税人在购买商品的最佳点由 P_1 移至 P_2。这说明政府课税后对纳税人的影响表现为因收入水平下降而减少商品购买量或降低消费水平，但不改变购买的两种商品的数量组合。

税收的收入效应本身并不会造成经济的无效率，它只表明资源从纳税人手中转移到政府手中。但因收入效应而引起纳税人对劳动、储蓄和投资等所作出的进一步反应则会改变经济的效率与状况。

（二）税收的替代效应

替代效应是指国家实行选择性征赋税政策而对纳税人经济行为的影响。具体表现为，当政府对一部分商品课税，而对另一部分商品不课税，或对一部分商品课重税，对另一部分商品课轻税时，会造成商品比价关系的变化，从而使纳税人相对增加无税或轻税商品的购买，减少含税或重税商品的购买，即发生已无税或轻税商品对含税或重税商品的“替代”行为，如图 6-4 所示。

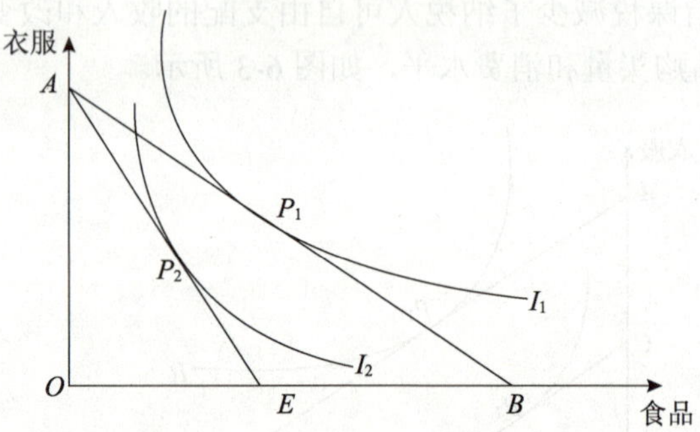

图 6-4　税收的替代效应

仍假定政府不征税或征税前纳税人购买两种商品的组合线为 AB，最佳选择点仍为 P_1 现假定只对食品征税，税款为乘以食品价格，而对衣物不征税。在这种情况下，纳税人则会减少食品的购买量，对购买两种商品的组合线便由 AB 移至 AE，与无差异曲线 I_2 相切于 P_2。在这一点上，纳税人以税后收入购买商品所得到的效用或满足程度最大，即用于衣物的支出为 P_2 与轴线的垂直距离乘以衣物的价格，用于食品的支出为 P_2 与轴线的水平距离乘以食品的价格。

由此可见，由于政府对食品征税而对衣物不征税，改变了纳税人购买商品的选择，其

最佳点由 P_1 移至 P_2。这意味着纳税人减少了食品的购买量，相对增加了衣物的购买量，从而改变了两种商品的数量组合，也使消费者的满足程度下降。

税收的替代效应一般会妨碍人们对消费或活动的自由选择，不利于生产要素供应进而导致经济的低效或无效。因此，国家在制定税收制度时应尽量事先避免某些税种的替代效应。

二、税收的经济影响

（一）税收对劳动供给的影响

在市场经济中，劳动者对劳动和收入的选择包括是否工作以及是否努力工作，这就是通常所说的人们在工作已取得收入和享受闲暇之间进行的选择。当然，工作的时间越多和工作质量越高，收入就越多，生活就越富裕。但要取得收入就要放弃闲暇，要取得更多的收入就要放弃更多的闲暇。人们对两者之间的取舍取决于许多因素，诸如个人的偏好、工资率的高低（闲暇的机会成本）、其他收入水平的高低等，此外还有政府征税的因素。税收对劳动供给的影响是通过税收收入效应和替代效应来表现的。

税收对劳动供给的收入效应表现在，当政府对工资收入课税时，劳动者实际支配的收本减少，为了维持税前的收入和水平，必须减少闲暇时间，更加努力地工作，从而使劳动力供给增加。它表明个人收入的减少，但并未改变闲暇与劳动的相对价格。

税收对劳动供给的替代效应表现在，由于政府对劳动收入课税降低了实际工资率，改变了劳动与闲暇之间的“比价”关系，即劳动的相对“价格”提高，闲暇的相对“价格”降低，使劳动者以更多的闲暇代替劳动，从而减少劳动力的供给。它表明了纯粹的价格变化效应。

税收对劳动供给产生的收入效应和替代效应是成反方向运动的，即收入效应激励纳税人为增加收入而努力工作，替代效应则抑制纳税人工作的积极性。如果收入效应大于替代效应，征税对劳动供给主要是激励作用，它促使人们增加工作；如果收入效应小于替代效应，征税对劳动供给就会形成超额负担，人们可能会选择闲暇代替劳动。两种效应相抵后的净效应状况，取决于经济、文化、社会等多种因素。在各税种中，个人所得税对劳动供给的影响加大，如果提高个人所得税税率，使劳动者的边际收入下降，则他们会选择更多的休息而不是工作。

（二）税收对居民储蓄的影响

储蓄是投资的重要资金来源，因而储蓄规模对投资数量有很大的制约作用，对经济增长也有重要的影响。税收的储蓄效应同样分为收入效应和替代效应。

税收对储蓄的收入效应是指政府对个人所得征税以后，个人的实际收入会下降，导致当期的消费减少，但当期储蓄会增加。

税收对储蓄的替代效应是指政府对个人所得征税以后，个人的实际收入会下降，为了保持当期消费的必要水平，纳税人会减少当期储蓄而增加当期的消费支出。

这两种效应对纳税人储蓄行为选择的影响方式不同，实际作用的结果究竟是增加还是减少储蓄受多种主观因素的制约，其中，纳税人的偏好、税制以及纳税人的经济状况等都是重要因素。一般来说，当消费偏好较强的纳税人，税收对储蓄的替代效应起主导作用；

反之，则收入效应起主导作用。具有累进性或累进程度较高的税负与不具有累进性或累进程度较低的税负相比，前者的替代效应较强，后者可能会产生一定的收入效应。在对所有的社会成员均按统一标准课税情况下，收入水平低的纳税人与收入水平高的纳税人相比，前者的替代效应明显，而后者的收入效应明显。

近年来，我国家庭储蓄增长速度很快，目前城乡居民储蓄存款余额已超过10万亿元。就我国的情况而言，税收对储蓄的影响并不明显，这说明人们对储蓄的态度还取决于税收以外的诸多因素，如居民对未来消费的预期、其他投资渠道等。因此，应该适当地运用税收杠杆促进储蓄向投资转化。

（三）税收对投资行为的影响

在市场经济条件下，影响纳税人投资行为的因素主要有两种：投资的预期收益和投资的风险。税收正是通过这两项因素来影响纳税人的投资行为。

政府课税减少纳税人的投资收益，并影响投资收益和投资成本的比率，从而对纳税人的投资行为产生方向相反的两种效应：一是因为税收减少纳税人可支配的收入，使纳税人为了实现既定的收入目标而增加投资，即发生收入效应；二是税收使投资收益减少而降低了投资对纳税人的吸引力，造成纳税人以消费代替投资，即发生了替代效应。

在企业所得税的征收中，还有就扣除和税收抵免的规定，这都可能影响企业投资的资本使用成本和税后实际收益率。就折旧扣除而言，如果课税时允许的折旧扣除与实际的折旧扣除一致，则税收对企业投资的资本使用成本和税后收益不发生影响，对投资的影响是中性；如果课税时允许的折旧扣除大于实际的折旧扣除，即实行加速折旧，则税收降低了企业投资的资本使用成本而增加了税后收益，会对投资产生刺激作用。就税收抵免而言，由于税收抵免降低了企业投资的资本使用成本，实际上是鼓励了税收投资的税收政策。

税收对纳税人投资风险因素的影响，取决于所得税的征收是否允许纳税人用投资亏损抵销以后的投资收益。在不允许抵销的情况下，税收会抑制纳税人的风险投资行为；相反，如果允许抵销，则税收对投资风险具有一定的激励作用。

第五节　税制制度

一、税收制度的含义

税收制度简称税制，是国家各种税收法律、法规、条例、实施细则和征收管理办法的总称，是国家征税和纳税的法律规范。

通过制定税收制度，一方面可以以法律形式约束纳税人，规定纳税人必须履行的纳税义务，另一方面可以以法律形式约束税务机关，规定税务机关必须履行的征税职责。税制一旦经国家法律形式确定后，征纳双方都必须遵照执行，可见，作为征税和纳税规范的税收制度是税收活动分配的具体体现，是处理征纳双方分配关系的法律依据。

二、税制要素的构成

从内容上看，税制的主体是税种，而每一税种都由各个税制要素组成，即各个单行的税收法律制度所具有的共同的基本要素。

税收的法律制度本身分税收实体法和税收程序法两大领域。实体法包括全部实体税种的法律制度，如增值税法、营业税法等；程序法则是指用来规范税收征收和管理的执行程序的法律制度，如税收征收管理法。与之相对应，税制的构成要素，也应该分实体性的制度要素和程序性的制度要素两个方面。我们在这里只选择实体性的制度要素进行介绍，这些制度要素主要包括：纳税义务人、征税对象、税目、税基、税率、纳税环节、纳税期限、纳税地点、减税免税、罚则等项目。不同的税种虽有不同的内容，但不同税种都是由这些共同的基本要素组成的。除此之外，每个税种可能会有一些特殊的、不为其他税种所共有的条款，如扣缴义务人条款，这些条款便不具备制度构成要素的性质。

（一）纳税义务人

纳税义务人即纳税人，又叫纳税主体，是税法规定的直接履行纳税义务的单位和个人。纳税人可以是自然人，也可以是法人。自然人是个人，在法律上为一定权利和义务的主体，他们以个人身份来承担法律所规定的纳税义务；法人是组织形式，具有权利能力和行为能力，具有独立的财产和经费，依法独立承担民事责任。

与纳税人有密切联系的两个概念是代扣代缴义务人和代收代缴义务人。他们都没有纳税义务，但是又都有协助税务机关扣缴或收缴税款义务。前者在向纳税人支付收入、结算货款、收取费用时进行代扣并代缴，如单位在向职工发放工资薪金时，代扣代缴个人所得税；后者在向纳税人收取商品或劳务收入时进行代收并代缴，如受托加工应税消费品的企业，在向委托人交货时，代收代缴该消费品的消费税。从经济分析的角度出发，与纳税人有联系的还有一个概念，即负税人。负税人是指最终承担税款的单位和个人，它与纳税人有时是一致的，如在税负不能转嫁的条件下；有时是分离的，如在税负可以转嫁的条件下。

（二）征税对象、税目

征税对象又叫课税对象、征税客体，它是征纳税双方的权利义务共同指向的客体或标的物。每一种税都必须明确对什么征税，每种税的征税对象都不会完全一致，因此征税对象是一种税区别于另一种税的主要标志。如增值税的征税对象是商品（含应税劳务）在流转过程中产生的增值额，企业所得税的征税对象是企业和组织的生产经营所得和其他所得等。征税对象体现着征税的最基本界限，决定着征税的基本范围。在现代社会，国家的征税对象主要包括所得、商品和财产三大类，国家的税制往往也是以对应于这大类征税对象的所得税、商品税和财产税大类为主体。

税目是征税对象的具体化，是在税法中对征税对象分类规定的、具体的征税项目，反映具体的征税范围，是对征税对象的质的界定。税目的主要作用包括：一是明确征税范围，通过税目确定征税的具体界限，列入税目的就是应税产品，没有列入税目的就不是应税产品。二是通过规定各种税目，可以对不同的项目制定高低不同的税率，以体现国家政策。税目的设计方法有两种：一种是列举法，即按照每一种商品或经营项目分别设计税目，如消费税中的 14 种消费品，一种商品就是一个税目；另一种是概括法，即按照商品大类或行业设计税目，如营业税中的 7 个行业税目和无形资产、不动产大类税目。在具体运用上，应该把两种方法有机地结合起来，使其既有利于征管，又便于贯彻国家政策。

（三）税基

税基又叫计税依据，是据以计算征税对象应纳税款的直接数量依据，是对征税对象的量的规定。税基的作用是解决征税对象应纳税额的计算问题，它是计算应纳税额的基数，通常税基与税率相乘等于应纳税额。

税基的存在形态可以是价值形态，如营业收入、应纳税所得额等，也可以是物理形态，如面积、体积、重量等，前面介绍过的一种税收的分类，即从价税和从量税的分类，便是按税基的基本形态不同而分类的。

（四）税率

税率是对征税对象的征收比例或征收额度，它是计算税额的尺度。税率反映征税的深度，是衡量税负轻重的重要标志，同时它也是国家税收政策最直接的体现，因此，税率被视为是税制的核心。税率的具体形式大体分为 3 种。

1. 比例税率

比例税率是对同一征税对象，不论其数额大小，只规定一个相同的征收比例。比例税率又可分为以下几种具体形式。

（1）单一比例税率，即对一个税种只规定一个税率，如企业所得税采用的税率为 25%。

（2）差别比例税率，即对一个税种规定不同比例的税率。按适用的范围又可分为：

① 产品差别比例税率，即对不同的产品使用不同的税率，如现行消费税按不同消费品（如烟、酒、贵重首饰等）设计税率；

② 行业差别比例税率，即对不同行业采取不同税率，同行业内采用一个税率，如现行营业税中，交通运输业税率为 3%，金融保险业税率为 5%；

③ 地区差别比例税率，即按照不同的地区规定不同的税率，同一地区采用同一比例税率，如我国的城市维护建设税规定，纳税人所在地为城市区的税率是 7%，所在地为县城和建制镇的税率是 5%，其余的为 1%。

（3）幅度比例税率，即对同一征税对象，税收法律制度只规定其税率的上限和下限，各地可因地制宜在此幅度内自行确定一个比例税率。

2. 累进税率

累进税率是指随着征税对象数量的增加而逐渐提高的税率，即按征税对象数额的大小划分为若干等级，不同等级的征税数额分别适用不同的税率，征税数额越大，适用税率越高。累进税率因计算方法的不同，又有全额累进税率、超额累进税率、超率累进税率等具体种类。

（1）全额累进税率。

全额累进税率是把征税对象的全部数额按照与之相适应的税率征税，即按课税适应的最高级次的税率统一征税。

（2）超额累进税率。

超额累进税率是把征税对象按数额大小划分为不同的等级，每一等级由低到高分别规定税率，各等级分别按本级的税率计算税额，将计算结果相加后得出应纳税额。下面举例说明全额累进税率的超额累进税率的运用。

设某纳税人应纳税所得额为25 000元，分别按全额累进税率和超额累进税率计算其应税额，适用税率见表6-1。

表6-1 企业所得税的税率

级数	所得额（元）	税率（%）
1	所得税≤4 000	5
2	4 000≤所得税≤10 000	10
3	100 000≤所得税≤20 000	15
4	20 000≤所得税≤50 000	20
5	所得税≥50 000	25

解 ① 按全额累进税率计算：

从表6-1中可知，所得额为25 000元的，适用税率为20%，则，

应纳税额＝25 000×20%＝5 000（元）

② 按超额累进税率计算：

从表6-1中可知，所得额250 000元，分别适用的税率档次和应纳税额为：

4 000元的适用税率为5%：税额＝4 000×5%＝200（元）

4 000～10 000元的适用税率为10%：税额＝（1 000－4 000）×10%＝600（元）

10 000～20 000元的适用税率为15%：税额＝（20 000－10 000）×15%＝1 500（元）

20 000～25 000分的面用视率为25%：税额＝（25 000－20 000）×25%＝1 000（元）

应纳税额＝200＋600＋1 500＋1 000＝3 300（元）

提　示

全额累进税率与超额累进税各有不同的特点，主要表现在：

① 在征税对象数额相同、名义税率相同的条件下，全额累进税率的税负重，超额累进税率的税负轻。

② 在征税对象数额级距的临界点附近，全额累进会出现税负增加超过征税对象数额增加的不合理现象；超额累进则不存在这一问题。

③ 在计算方法上，全额累进计算简便，超额累进计算复杂，为了克服这一计算上的缺陷，在实际工作中常使用“超算扣除数”来简化计算过程，其计算公式如下：

应纳税额＝用全额累进方法计算的税额－速算扣除数

速算扣除数，从理论上说是这样算出来的：

速算扣除数＝全额累进税额－超额累进税额

从现实来说，速算扣除数并不需要纳税人费心去计算，因为它在税率表中有专设的一栏，随同税率一并公布（见表 6-2）。因此，人们只要把它和对应的税率一并代入公式中即可，因此，速算扣除数起到了简化计算过程的作用。

表 6-2　累进税率及速算扣除表

级数	所得额（元）	税率（%）	速算扣除数（元）
1	所得税≤4 000	5	0
2	4 000≤所得税≤10 000	10	200
3	10 000≤所得税≤20 000	15	700
4	20 000≤所得税≤50 000	20	1 700
5	所得税≥50 000	25	4 200

由于超额累进税率比全额累进税率有较大的优越性，所以实际工作中一般都使用超额累进税率计算税额。

（3）超率累进税率。

超率累进税率是以征税对象数额的某种相对率的高低为标准划分若干级距，分别规定相应的差别税率，相对率每超过一个级距，超过的部分就按高一级的税率计算征税。目前我国的税种中，只有土地增值税采用这种税率。

假设纳税人的应税项目增值额为 300 万元，增值率为 300%，使用税率见表 6-3。

表 6-3　累计税率表

级数	增值税	税率（%）
1	不超过 50%部分	30
2	超过 50%不超过 100%	40
3	超过 100%不超过 200%	50
4	超过 200%部分	60

每级距的增值额分别为：

第 1 级：300/300%×50%＝50（万元）

第 2 级：300/300%×（100%－50%）＝50（万元）

第 3 级：300/300%×（200%－100%）＝100（万元）

第 4 级：300/300%×（300%－200%）＝100（万元）

应纳税额＝$\sum$（每级距的增加值×适用税率）

＝50×30%＋50×40%＋100×50%＋100×60%＝145（万元）

3．定额税率

定额税率也称固定税率，是按单位课税对象直接规定一个固定税额，而不采取百分比的形式。例如，对啤酒征收的消费税，按销售数量规定每吨税额；征收土地使用税，按土地的面积规定每平方米税额。

采用定额税率，应纳税额不会随征税对象金额的变化而变动。定额税率按其适用范围又可分为3种类型：

（1）地区差别定额税率，如原盐税，规定每吨盐的税额，辽宁原盐税为141元，广东为130元。

（2）幅度定额税率，如城镇土地使用税，大城市每平方米税额为1.5～30元。

（3）分级定额税率，如车船税，对应税船舶按净吨位多少，分了4个税额级别，分别为每吨3元、每吨4元、每吨5元和每吨6元。

4．其他税率分类

以上3类税率为法律上的税率形式，若从经济分析的角度来考察，税率又可分为名义税率和实际税率、平均税率和边际税率等税率形式。

名义税率即为税率表中所列的税率，是纳税人实际纳税时适用的税率。实际税率是反映纳税人正式税负的有效税率，在没有税负转嫁的情况下，它等于税负负担率。有些税种由于实行免税额、税前扣除和超额累进征收制度，纳税人负担的税款低于按税率表上所列税率计算的税款，形成名义税率比实际税率偏高。

边际税率本来是指按照边际效用相等的原则设计的一种理论化税率模式，其中主要功能是使社会福利牺牲最小，实际上是按照纳税人收益多少分等级课税的税率。平均税率是实际纳税额与征税对象的比例，它往往低于边际税率，比较二者之间的差额，是分析税率设计是否合理、税制是否科学的主要方法，一般来说，平均税率接近实际税率，而边际税率类似名义税率。

（五）纳税环节、纳税期限与纳税地点

1．纳税环节

纳税环节是指税收法律制度规定的征收对象在从生产到消费的流转过程中应当缴纳税款的环节。企业的生产经营过程复杂而多元，到底在什么情况下应该计税缴纳。即明确规定发生纳税义务的时间和场所，这一点至关重要。例如，流转税在生产和流通环节纳税，所得税在分配环节纳税等。合理确定纳税环节，对加强税收征管、有效控制税源、方便征税、保证财政收入，具有十分重要的意义。

2．纳税期限

纳税期限是指税收法律制度规定的关于税款缴纳时间方面的规定，纳税人每次发生纳税义务后，不可能马上去缴纳税款。合理的纳税时间安排，应该是参照会计核算的常规和税收征管的要求，确定若干个有规律的缴税期限。例如，我国的增值税制度规定，纳税人以一个月或者一个季度为一个纳税期的，自期满之日起15日内申报纳税；以1日、3日、5日、10日、15日为一个纳税期的，自期满之日起5日内申报纳税，等等。

3. 纳税地点

纳税地点是指税收法律制度规定的各个税种的纳税人具体缴纳税款的地点，它是根据各税种的不同纳税环节的具体规定，并考虑有利于控制税款的源泉而制定的。

（六）减税与免税

减税与免税是指对某些纳税人或征税对象采取减少征税或免予征税的特殊规定。税收的减免税是政府的经济政策的重要手段，其作用往往也很大。

需要注意的是，关于减免税的规定中常提到起征点这个词，偶尔也会提及免征额，语意却常常混淆。所谓起征点，是指税收法律制度规定的征收对象开始征税的最低界限。所谓免征额，是指税法规定的征税对象全部数额中免予征税的数额。起征点与免征额有一致的时候，即当征税对象数额小于起征点和免征额时，都不予征税；两者也有不一致的时候，即当征税对象数额大于起征点和免征额时，采用起征点制度的要对征税对象的全部数额征税，采用免征额制度的仅对征税对象超过免征额的部分征税。规定的起征点和免征额是对纳税人的一种照顾，但两者照顾的侧重点显然不同，前者照顾的是低收入者，后者是对所有纳税人的照顾。

（七）罚则

罚则主要是指对纳税人违反税收法律制度的行为应当采取的处罚措施做出的规范性规定。它主要体现了税收制度的强制性，是税收法令得以贯彻执行的保证。

纳税人的违反税收法律制度的行为是指纳税人未按规定办理税务登记、纳税鉴定、纳税申报、提供纳税资料、拒绝接受税务机关监督检查的行为。主要包括以下几种：

（1）偷税，指纳税人使用欺骗、隐瞒等手段逃避纳税的行为，如伪造、涂改、销毁账册、票证或记账凭证、少报或隐瞒应税项目等。

（2）抗税，指纳税人拒不按照税法履行义务的行为。

（3）欠税，指纳税人未按规定的纳税期限交纳税款的行为。

税务机关根据纳税人违章行为情节轻重不同，可分别采取批评教育、征收滞纳金直至交司法部门追究刑事责任。

三、商品课税

（一）商品课税的含义和特征

商品课税是泛指所有以商品为征税对象的税类。就我国现行税制而言，包括增值税、消费税、关税及一些地方性工商税种。同其他税类对比而言，商品课税有下述4个方面特征。

1. 课征普遍

商品课税以商品交换并形成销售收入为前提。在现代社会中，商品是社会生产、交换、分配和消费的对象。商品生产和商品交换是社会生产的主要形式，对商品的课税自然是最具普遍性的税类。

2. 以商品和非商品的流转额为计税依据

这里的商品流转额是指商品销售的收入额，非商品流转额是指交通运输、邮政通信以及各种服务性行业的营业收入。由于商品课税以流转额为计税依据，在税率既定的前提下，税额大小直接依存于商品和劳务价格的高低及流转额的多少，而与成本和费用水平无关。根据商品课税的这一特征，商品课税又被称为流转课税。

3．实行比例税率

除少数税种实行定额税率外，大多数税种适用比例税率制是商品课税的一个重要特征。

4．计征简便

商品课税以流转额为计税依据，与商品成本和盈利水平无关，实行比例税率，计税征税都十分简便。商品课税的优点是税源充裕、课征方便，并可以抑制消费，增加储蓄和投资，有利于经济发展。

但正如前面指出的，由于商品课税与商品价格相关，所以一国征收商品课税会干扰国内市场运行并形成分配不公，会阻碍国际上资金、劳动力和商品的自由竞争和流动。总之，商品课税是特征鲜明、功能突出、缺陷明显的一个税类。在税收实践中，必须扬长避短，这也正是我国商品课税制度建设中应遵循的基本原则。

（二）增值税

我国的商品课税有多个具体税种，这里只简要介绍具有代表性的主要税种及其基本制度规定，即增值税、消费税，目的在于说明商品课税的课税对象、纳税人、税率及计征方法等税制中的主要问题。

1．增值税概述

增值税是就商品价值中增值额课征的一个税种，它是我国商品课税体系中的一个新兴税种。

（1）增值税的特点。

第一，多环节征收。商品在流通的各个环节，只要产生了增值额，就产生了增值税纳税义务。

第二，属于价外税。无论是一般纳税人，还是小规模纳税人，在计算增值税时，都应以不含税的销售额为计算依据。

第三，征收面广。无论是企业、单位，还是个体工商户、其他个人（个体工商户以外的个人），内资企业还是外资企业，只要发生了增值税应税行为，就应依法缴纳增值税。

第四，对一般纳税人实行税款抵扣制。增值税一般纳税人在计算各期应纳税额时，采取销项税额减去进项税额，以其差额作为应纳税额的税款抵扣办法。

第五，采用比例税率。无论是一般纳税人的税率，还是小规模纳税人的征收率，均采用的是比例税率（或征收率）。如一般纳税人的税率主要是 16%、10%，小规模纳税人的征收率为 3%。

第六，具有税负转嫁性。从表面上看，增值税是由发生增值税应税行为的企业、单位及个人缴纳的。但实质上，增值税的税负是由最终消费者承担的。

（2）增值税的类型。

一般而言，增值税的计税依据是商品和劳务价款中的增值额，但各国的增值税制度对购进固定资产价款的处理有所不同，据此，增值税可分为 3 种类型：

一是生产型增值税，计税依据中不准许抵扣任何购进固定资产价款，就国民经济整体而言，计税依据相当于国民生产总值。

二是收入型增值税，只准许抵扣当期应计入产品成本的折旧部分，就国民经济整体而言，计税依据相当于国民收入。

三是消费型增值税，准许一次全部抵扣当期购进的用于生产应税产品的固定资产价款，就国民经济整体而言，计税依据只包括全部消费品价值。

由于计税依据有差别，因而不同类型增值税的收入效应和激励效应是不同的。从财政收入看，生产型增值税的效应最大，收入型增值税次之，消费型增值税最小；从激励投资着眼，则次序相反。西方国家采用生产型增值税者较少，普遍采用后两种类型。

（3）增值税的计征方法。

增值税的计征方法比较复杂，从理论上讲，有3种计征方法：

一是将纳税单位纳税期内新创造的价值（如工资、利润、利息和其他增值项目）逐项相加作为增值额，然后按适用税率求出增值税税额，称为“加法”；

二是企业单位纳税期内的销售收入额减去法定扣除额（如原材料、燃料、动力、零配件等）后的余额，作为增值额，称为“减法”（或扣额法）；

三是不直接计算增值额，而是从按销售收入额计算的税额中，扣除法定外购商品的已纳税金，以其余额作为增值税应纳税额，通常称为“扣税法”。在实践中，由于“加法”计算复杂，误差较大，很少有国家采用。

2. 我国现行的增值税制度

在中华人民共和国境内销售货物、提供应税劳务，销售服务、无形资产或者不动产以及进口货物的单位和个人为增值税的纳税义务人。增值税税率一般由增值税一般纳税人使用。主要分以下三档：

（1）基本税率。

① 纳税人销售或者进口货物，除特殊规定外，税率一般为16%。即增值税一般纳税人销售或者进口货物，除低税率适用范围内的货物以及销售个别旧固定资产、旧货等特殊情况适用征收率外，税率一律为16%。

② 提供增值税应税劳务，税率一律为16%。

③ 提供有形动产租赁服务，税率为16%。

（2）低税率。

增值税一般纳税人销售交通运输、邮政、基础电信、建筑、不动产租赁服务，销售不动产，转让土地使用权，销售或者进口下列货物，税率为10%：

① 粮食等农产品、食用植物油、食用盐。

② 自来水、暖气、冷气、热水、煤气、石油液化气、天然气、二甲醚、沼气、居民用煤炭制品。

③ 图书、报纸、杂志、音像制品、电子出版物。

④ 饲料、化肥、农药、农机、农膜。

⑤ 国务院规定的其他货物。

农业产品，这里需要说明的是，农业产品的具体品目应按照财政部、国家税务总局（财税字〔1995〕52号文）《关于印发（农业产品征税范围注释）的通知》执行，包括种植业、养殖业、林业、牧业、水产业生产的各种植物、动物的初级产品。除农业生产者销售自产农业产品予以免征增值税外，一切单位和个人销售外购农业产品或将外购农业产品生产、加工后销售的仍然属于注释所列农业产品的，应按规定税率征税。

对在进口环节与国内环节，以及国内地区间个别货物（如初级农产品、矿产品等）增值税适用税率执行不一致的，纳税人应按其取得的增值税专用发票和海关进口完税凭证上注明的增值税额抵扣进项税额。主管税务机关发现同一货物进口环节与国内环节以及地区间增值税税率执行不一致的，应当将有关情况逐级上报至共同的上一级税务机关，由上一级税务机关予以明确。

音像制品，指正式出版的录有内容的录音带、录像带、唱片、激光唱盘和激光视盘。

电子出版物，指以数字代码方式，使用计算机应用程序，将图文声像等内容信息编辑加工后存储在具有确定的物理形态的磁、光、电等介质上，通过内嵌在计算机、手机、电子阅读设备、电子显示设备、数字音/视频播放设备、电子游戏机、导航仪以及其他具有类似功能的设备上读取使用，具有交互功能，用以表达思想、普及知识和积累文化的大众传播媒体。

二甲醚，指化学分子式为 CH_3OCH_3，常温常压下为具有轻微醚香味，易燃、无毒、无腐蚀性的气体。

增值税一般纳税人提供金融服务、增值电信服务、生活服务、现代服务（租赁服务除外)、销售无形资产（销售土地使用权除外)，适用税率为6%。

（3）零税率。

纳税人出口货物和财政部、国家税务总局规定的应税服务，税率为零，但国务院另有规定的除外。

根据增值税征收原理和鼓励出口政策，下列货物和服务实行0%的税率：

① 出口货物。

② 提供国际运输服务。国际运输服务是指：在境内载运旅客或者货物出境、在境外载运旅客或者货物入境、在境外载运旅客或者货物。

③ 提供航天运输服务。

④ 向境外单位提供的完全在境外消费的下列服务：研发服务、合同能源管理服务、设计服务、广播影视节目（作品）的制作和发行服务、软件服务、电路设计及测试服务、信息系统服务、业务流程管理服务、离岸服务外包业务、转让技术。

⑤ 境内的单位和个人提供的往返中国香港、中国澳门、中国台湾的交通运输服务以及在香港、澳门、台湾提供的交通运输服务。

⑥ 自2013年8月1日起，境内纳税人提供程租服务，如果租赁的交通工具用于国际运输服务和港澳台运输服务，由出租方按规定申请适用增值税零税率。向境内单位或个人提供期租、湿租服务，如果承租方利用租赁的交通工具向其他单位或个人提供国际运输服务和港澳台地区运输服务，由承租方按规定申请适用增值税零税率。境内的单位或个人向

境外单位或个人提供期租、湿租服务，由出租方按规定申请适用增值税零税率。

⑦ 境内的单位和个人提供适用增值税零税率的应税服务，如果属于适用简易计税方法的，实行免征增值税办法。如果属于适用增值税一般计税方法的，生产企业实行“免、抵、退”税办法；外贸企业将外购的适用增值税零税率应税服务出口的实行免退税办法；外贸企业直接将适用增值税零税率的应税服务出口的，视同生产企业连同其出口货物统一实行“免、抵、退”税办法。

⑧ 境内的单位和个人销售适用增值税零税率的服务或无形资产的，可以放弃适用增值税零税率，选择免税或按规定缴纳增值税。放弃适用增值税零税率后，36个月内不得再申请适用增值税零税率。

（三）消费税

1. 消费税概述

消费税是对消费品和特定的消费行为按流转额征收的一种商品税。广义上，消费税应对所有消费品包括生活必需品和日用品普遍课税；但从征收实践上看，消费税主要指对特定消费品或特定消费行为等课税。消费税主要以消费品为课税对象，属于间接税，税收随价格转嫁给消费者负担，消费者是税款的实际负担者。

消费税是国家贯彻消费政策、引导消费结构从而引导产业结构的重要手段，因而在保证国家财政收入，体现国家经济政策等方面具有十分重要的意义。

（1）消费税的特点。

① 征收范围具有选择性。消费税并非是对所有的消费品征税，而是以特定消费品为征收对象。目前我国消费税只选择了 15 个税目的消费品征收消费税。征收的具体品目采用直接列举法，只有《消费税税目税率表》中列举的应税消费品才征收消费税，没有列举的则不应征收消费税。其征税界限清晰，征税范围是有限的。

② 单一环节征收。消费税一般是在商品的生产、委托加工和进口环节征收，金银首饰、铂金首饰和钻石及钻石饰品是在零售环节征收，其他环节不征收消费税。无论在哪个环节征税，都实行单一环节征收，以零售环节为纳税环节的应税消费品，在零售环节以前的诸环节都不征收消费税（批发卷烟除外）。

③ 属于价内税。消费税不同于增值税，增值税属于价外税，应用不含税销售额乘以适用税率来计算增值税额。而消费税则属于价内税，是以含消费税的销售额乘以适用税率来计算应纳税额。

④ 税负具有转嫁性。消费税是对消费应税消费品的课税。因此，税负归宿应为消费者。但为了简化征收管理，我国消费税直接以应税消费品的生产经营者为纳税人，在产制销售环节、进口环节或零售环节征收税款，并作为商品价格的一个组成部分由购买者最终负担。

⑤ 税率和计征方式具有多样性。消费税的税率是多样的，啤酒、黄酒和成品油三个税目实行的是定额税率；卷烟、白酒实行的是复合税率；其他税目实行的是比率税率。因而产生了三种不同的计征方式，即从量定额计征方式、从量定额和从价定率复合计征方式，以及从价定率计征方式。

（2）应税消费品的类型。

① 一些过度消费会对人体健康、社会秩序、生态环境等方面造成危害的特殊消费品，如烟、酒、鞭炮、焰火、木制一次性筷子等。

② 奢侈品、非生活必需品，如高档手表、贵重首饰及珠宝玉石等。

③ 高耗能消费品，如小汽车、摩托车等。

④ 不可再生和替代的资源类消费品，如成品油。

⑤ 具有一定财政意义的产品，如化妆品。

2. 我国现行的消费税制度

在种类繁多的消费品中，征收消费税的为数极少。在《中华人民共和国消费税暂行条例》以下简称《消费税暂行条例》）中，当时确定征收消费税的品目有 11 个，包括：烟、酒、化妆品、护肤护发品、贵重首饰、汽油、柴油、汽车轮胎、摩托车、小汽车、烟花爆竹等。

消费税采取从价定率和从量定额两种征税办法。从价定率的办法是根据商品销售价格和税法规定的税率计算征税，包括雪茄烟、烟丝、化妆品等；从量定额的办法是根据商品销售数量和税法规定的单位税额计算征税，对黄酒、啤酒、成品油使用从量定额计算方法；对白酒、卷烟采用从价定率和从最定额混合计算方法，其应纳税额＝应税销售数量×定额税率＋应税销售额×比例税率，如白酒定额税为每斤（500 克）0.5 元，比例税率为 20%。消费税根据不同的税目或子目确定相应的税率或单位税额。

消费税实行价内征收办法，从价定率征收，以含有消费税税金而不含增值税税金的消费品价格为计税依据。消费税从理论上说最终是由消费者负担的，但为了减少纳税人的数量，从而减低征收费用，防止税款流失，消费税的纳税环节确定在生产环节。

鉴于营业税、消费税与增值税之间存在较强相关性，为了保持这三个税种相关政策和征管措施之间的有效衔接，在 2008 年 11 月对《消费税暂行条例》进行了相应修改，内容是:（1）将 1994 年以来出台的政策调整内容更新到新修订的消费税条例中，如部分消费品金银首饰、铂金首饰、钻石及钻石饰品）的消费税调整在零售环节征收、对卷烟和白酒增加复合计税办法、消费税税目税率调整等。（2）与《增值税暂行条例》衔接，将纳税申报日期从 10 日延长至 15 日，对消费税的纳税地点等规定进行调整。

四、所得课税

（一）所得课税的优缺点和功能

1. 所得课税的优缺点

所得课税是对所有以所得额为课税对象的税种的总称。所得课税是一种优缺点十分鲜明的税类，它具有 4 个方面的特征和优点：

（1）税负相对公平。所得课税是以纯收入或净所得为计征依据。一般实行多得多征、少得少征的累进征税办法，合乎量能课税的原则。同时，所得课税往往规定起征点、免征额及扣除项目，可以在征税上照顾低收入者，不会影响纳税人的基本生活。

（2）一般不存在重复征税问题，不影响商品的相对价格。所得课税是以纳税人的总收入减去准予扣除项目后的应税所得额为课征对象，征税环节单一，只要不存在两个以上课税主体，就不会出现重复征税，因而不至于影响市场的运转。所得税的应税所得额不构成商品价格的追加，且不易转嫁，因而一般不会干扰各类商品的相对价格。

（3）有利于维护国家的经济利益。在国际经济交往与合作不断扩大的现代社会，跨国投资和经营的情况极为普遍，于是就必然存在跨国所得。对跨国所得征税任何一个主权国家应有的权益，这就需要利用所得税可以跨国征收的天然属性，参与纳税人跨国所得的分配，维护本国利益。

（4）课税有弹性。所得来源于经济资源的利用和剩余产品的增加，从长远来看，随着资源利用效率的提高，剩余产品也会不断增长，因而所得课税不仅税源可靠，而且可根据国家的需要灵活调整，以适应政府支出的增减。

所得课税也存在某些缺陷，主要是：

（1）所得税的开征及其财源受企业利润水平和人均收入水平的制约。

（2）所得税的累进课税方法会在一定程度上压抑纳税人的生产和工作积极性的充分发挥。

（3）计征管理也比较复杂，需要较高的税务管理水平，在发展中国家广泛推行往往存在困难。

2. 所得课税的功能

所得税是国家筹措资金的重要手段，也是促进社会公平分配和稳定经济的杠杆，所得税的后两种功能在当今社会备受重视，并成为各国社会政策和经济政策的主要传导工具。

首先，所得税是一种有效的再分配手段。它通过累进课征可以缩小社会贫富差距和企业之间实际收入水平的差距；通过减免税对特殊困难的纳税人给予种种照顾，从而缓解社会矛盾，保持社会安定。所得税也是政府稳定经济的重要工具。由于所得税的弹性较大，因而政府可以根据社会总供给和总需求的平衡关系灵活调整税负水平，抑制经济波动；经济增长速度过快，总需求过旺时，提高所得税税负水平；当经济处于萧条时期，社会总需求萎缩时，降低所得税税负水平。

其次，所得税具有“内在稳定器”和“人为稳定器”功能。由于所得税一般实行累进税率，当经济过热、社会总需求过大时，企业和个人的所得会大幅度增加，原来按较低税率纳税的人要改按较高税率纳税，税收收入会自然增加，从而可以抑制纳税人的投资和消费冲动，维持经济稳定；当经济萧条时，则反之。所得税的内在稳定器功能，在西方国家成为国家财政政策的核心内容。

（二）企业所得税

企业所得税是以我国境内的企业和其他取得收入的组织为纳税人，以其生产经营所得和其他所得为征税对象而征收的一种所得税。

作为企业所得税的征税对象的所得，主要包括生产经营所得、劳务所得、投资所得和资本利得等。

2007 年 3 月 16 日经第十届全国人民代表大会第五次会议通过《中华人民共和国企业所得税法（以下简称《企业所得税法》），于 2007 年 8 月 1 日实施。其主要内容如下：

1．纳税人

在中华人民共和国境内，企业和其他取得收入的组织（统称企业）为企业所得税纳税人。企业分为居民企业和非居民企业。居民企业是指依法在中国境内成立，或者依照外国（或地区）法律成立但实际管理机构在中国境内的企业。非居民企业是指依照国外（或地区）法律成立且实际管理机构不在中国境内但在中国境内设立机构场所的，或者在中国境内未设立机构、场所，但有来源于中国境内所得的企业。

2．税率

企业所得税的税率为25%。非居民企业取得《企业所得税法》第三条第三款规定的所得，适用税率为20%，第三条第三款规定的情况是“非居民企业在中国境内未设立机构、场所的，或者虽设立机构、场所但取得与其所设机构、场所没有实际联系的，应当就其来源于中国境内的所得缴纳企业所得税”。

3．应税所得额

企业每一纳税年度的收入总额，减除不征税收入、免税收入、各项扣除以及允许弥补的以前年度亏损后的余额，为应纳税所得额。收入总额为企业以货币形式和非货币形式从各种来源取得的收入，包括销售货物收入、劳务收入、转让财产收入、股息红利、利息收入、租金收入、特许权使用费收入、接受捐赠收入及其他收入。不征税收入有财政拨款、依法收取并纳入财政管理的行政事业性收费和政府性基金、国务院规定的其他不征税收入。该法还明确规定了准予扣除和不得计算扣除的费用和支出。

4．税收优惠

国家对重点扶持和鼓励发展的产业和项目，给予企业所得税优惠，如：从事农、林、牧、渔业项目所得，从事国家重点扶持的公共基础设施项目投资经营所得，从事符合条件的环境保护、节能节水项目的所得，符合条件的技术转让所得免征所得税；国家需要重点扶持的高新技术企业，按15%的税率征收企业所得税；创业投资企业从事国家需要重点扶持和鼓励的创业投资，可以按投资额的一定比例抵扣应纳所得税额；企业的固定资产由于技术进步等原因，确需加速折旧的，可以缩短折旧年限；企业综合利用资源，生产符合国家产业政策规定的产品所取得的收入，可以在计算应纳税所得额时减计收入；企业购置用于环境保护、节能节水、安全生产等专用设备的投资额，可以按一定比例实行税额抵免；等等。

（三）个人所得税

个人所得税是以自然人取得的各类应税所得为征税对象所征收的一种税，是政府利用税收对个人收入进行调节的一种手段。

作为征税对象的个人所得，有狭义和广义之分。狭义的个人所得仅限于每年经常、反复发生的所得。广义的个人所得是指个人在一定期间内，通过各种来源或方式所获得的一切利益，不论这种利益是偶然的，还是临时的；是货币、有价证券，还是实物等。

目前，包括我国在内的世界各国所实行的个人所得税，大多以广义解释的个人所得为基础。

《中华人民共和国个人所得税法》以下简称《个人所得税法》于1980年9月10日经

第五届全国人民代表大会第三次会议审议通过，随后进行了多次修订。2011年的修正主要是对工薪所得税的修正，主要内容有：（1）减除费用标准由2 000元/月提高到3 500元/月；（2）调整工薪所得税税率结构，由9级调整为7级，取消了15%和40%两档税率；（3）将最低的一档税率由5%降为3%。适当扩大了低档税率和最高档税率的适当范围，减轻了所有个体工商户纳税人的税负，纳税期限由7天改为15天。

现行《个人所得税法》的主要内容如下：

1. 个人所得税的课税对象和纳税人

个人所得税的课征对象是个人所得。按税法规定，在中国境内有住所，或者无住所而在境内居住满一年的个人，从中国境内和境外取得的所得依法缴纳个人所得税。在中国无住所又不居住或者无住所而在境内居住不满一年的个人，从中国境内取得的所得，依法缴纳个人所得税。应纳税的个人所得包括：

（1）工资、薪水所得；

（2）个体工商户的生产、经营所得；

（3）对企事业单位的承包经营、承租经营所得；

（4）劳务报酬所得；

（5）稿酬所得；

（6）特许权使用费所得；

（7）利息、股息、红利所得；

（8）财产租赁所得；

（9）财产转让所得；

（10）偶然所得；

（11）经国务院财政部门确定征税的其他所得。

2. 个人所得税的税率

（1）工资、薪金所得，适用超额累进税率，税率为3%～45%（见表6-4）。

表6-4　个人所得税税率表一

（工作、薪金所得适用）

级数	全月应纳税所得额（元）	税率（3%）
1	不超过1 500元的	3
2	超过1 500元至4 500元的部分	10
3	超过4 500元至9 000元的部分	20
4	超过9 000元至35 000元的部分	25
5	超过35 000元至55 000元的部分	30
6	超过55 000元至80 000元的部分	35
7	超过80 000元的部分	45

说明：本表所称全月应纳税所得额指依照《个人所得税法》第六条的规定以每月收入额减除费用3 500元以及附加按减除费用后的余额。

（2）个体工商户的生产、经营所得和对企事业单位的承包经营、承租经营所得，适用5%～35%的超额累进税率（见表6-5）。

表6-5 个人所得税税率表二

（个体工商户的生产、经营所得和对企事业单位的承包经营、承租经营所得适用）

级数	全年应纳税所得额（元）	税率（%）
1	不超过1 500元的	5
2	超过1 500元至3 000元的部分	10
3	超过3 000元至6 000元的部分	20
4	超过6 000元至10 000元的部分	30
5	超过10 000元的部分	35

说明：本表所称全年应纳税所得额是指依照《个人所得税法》第六条的规定，以每一纳税年度的收入总额减除成本，费用以及损失后的余额。

（3）稿酬所得适用比例税率，税率为20%，对劳务报酬所得一次收入畸高的，可以实行加成征收，具体办法由国务院规定。

（4）特许权使用费所得，利息、股息、红利所得，财产租赁所得、财产转让所得，偶然所得和其他所得，适用比例税率，税率为20%。

3. 应纳税所得额的计算

（1）工资、薪金所得，以每月收入额减除费用3 500元后的余额，为应纳税所得额。

（2）个体工商户的生产、经营所得，以每一纳税年度的收入总额减除成本、费用以损失后的余额，为应纳税所得额。

（3）对企事业单位的承包经营、承租经营所得，以每一纳税年度的收入总额减除必要费用后的余额为应纳税所得额。

（4）劳务报酬所得、稿酬所得、特许权使用费所得、财产租赁所得，每次收入不超过4 000元的，减除费用800元；4 000元以上的，减除20%的费用，其余额为应纳税所得额。

（5）财产转让所得，以转让财产的收入额减除财产原值和合理费用后的余额为应纳税所得额。

（6）利息、股息、红利所得，偶然所得和其他所得，以每次收入额为应纳税所得额。

4. 允许免、减项目和扣除项目

免纳个人所得税的项目包括：省级人民政府、国务院部委和中国人民解放军以上单位，以及外国组织、国际组织颁布的科学、教育、技术、文化、卫生、体育、环境保护等方面的奖金；国债和国家发行的金融债券利息；按照国家统一规定发给的补贴、津贴；福利费、抚恤金、救济金；保险赔款；军人的转业费、复员费；按照国家统一的规定发给干部、职工的安家费、退休工资、离休工资、离休生活补助费；依照我国有关法律规定应予免税的各国驻华使馆、领事馆的外交代表、领事官员和其他人员的所得；中国政府参加的国际公约、签订的协议中规定免税的所得；经国务院财政部门批准免税的所得。

经批准可以减征个人所得税的项目包括：残疾、孤老人员和烈属的所得；因严重自然灾害造成重大损失的；其他经国务院财政部门批准减税的。纳税义务人从中国境外取得的所得，准予其在纳税额中扣除已在境外缴纳的个人所得税税额，但扣除额不得超过该纳税义务人境外所得依法计算的应纳税额。

五、资源课税与财产课税

（一）资源课税与财产课税的一般特征

人类的财富有两类：一是大自然赐予的各种资源，如土地、河流、矿山等；二是人类经过劳动，利用已有资源制造出的社会财产，如房屋、机器设备、股票证券等。两类财富有时是难以截然分开的，如土地，既是一种自然资源，又是一种社会资源，还是一种社会财富，而且两类财富具有某些相同或类似的性质。与此相适应，对两类财富的课税也具有某些相同的特点和作用。

对自然资源的课税称为资源税。资源税有两种课征方式，一是以自然资源本身为计税依据，这种自然资源必须是私人拥有的；二是以自然资源的收益为计税依据，这种自然资源往往为国家所有。前一种资源税实质就是财产税，即对纳税人拥有的自然财富的课税，它与对纳税人拥有的其他形式财产的课税并没有根本的差别。很多国家的自然资源为私人所有，因而这些国家只有财产税而没有资源税。

财产税也有两种课税方式：其一是以财产价值为计税依据；其二是以财产收益为计税依据。而第二种财产税又与资源税密切联系，如果是以对自然财富收益的课税，往往可以纳入资源课税。很明显，财产税和资源税具有较强的同一性。

财产课税和资源课税的特征可以归纳为以下几点：

（1）课税比较公平。个人拥有财产的多寡往往可以反映其纳税能力，对财产课税符合量能纳税原则。企业或个人占用的国家资源有多和少、有和无的差别，有质量高低的差别，而这种差别又会直接影响纳税人的收益水平，课税可以调节纳税人的级差收入，也合乎受益纳税原则。

（2）具有促进社会节约效能。对财产的课税可以促进社会资源合理配置，限制挥霍和浪费。对资源的课税可以促进自然资源的合理开发和利用，防止资源的无效损耗。

（3）课税不普遍，且弹性较差，这是财产课税和资源课税固有的缺陷。无论是财产课税还是资源课税都不可能遍及所有财产和资源，因而征税范围较窄。同时，由于财产和资源的生成和增长需要较长时间，速度较慢、弹性较差，因而财产课税和资源课税都不可能作为一个国家的主要税种，一般是作为地方税种。

（二）现行资源税

资源税的课税对象是开采或生产应税产品的收益，开采或生产应税产品的单位和个人为资源税的纳税人，它的作用在于促进资源的合理开发和利用，调节资源级差收入。资源税分别由国家税务局和地方税务局负责征收管理，所得收入由中央政府和地方政府分享。

2016 年 7 月 1 日，我国全面推进资源税改革。在煤炭、原油、天然气等已实施从价计征改革基础上，对其他矿产资源全面实施改革。改革后，资源税的税目包括以下几种：

（1）原油。开采的天然原油征税；人造石油不征税。

（2）天然气。专门开采的天然气或与原油同时开采的天然气征税。

（3）煤炭。包括原煤和以未税原煤加工的洗选煤。

（4）金属矿。包括铁矿、金矿、铜矿、铝土矿、铅锌矿、镍矿、锡矿、钨、钼及未列举名称的其他金属矿产品原矿或精矿。

（5）非金属矿。包括石墨、硅藻土、高岭土、萤石、石灰石、硫铁矿、磷矿、氯化钾、硫酸钾、井矿盐、湖盐、提取地下卤水晒制的盐、煤层（成）气、海盐、稀土及未列举名称的其他非金属矿产品。

纳税人在开采主矿产品的过程中伴采的其他应税矿产品，凡未单独规定适用税额的，一律按主矿产品或视同主矿产品税目征收资源税。

资源税采用从价定率或者从量定额的办法计征，分别以应税产品的销售额乘以纳税人具体适用的比例税率或者以应税产品的销售数量乘以纳税人具体适用的定额税率计算，实施“级差调节”的原则。级差调节是指运用资源税对因资源贮存状况、开采条件、资源优劣、地理位置等客观存在的差别而产生的资源级差收入，通过实施差别税率或差别税额进行调节。资源条件好的，税率、税额高一些；资源条件差的，税率、税额低一些。我国资源税税率如表 6-6 所示。

表 6-6 资源税税目税率幅度表

序号	税目		征税对象	税率幅度
1	金属矿	铁矿	精矿	1%～6%
2		金矿	金锭	1%～4%
3		铜矿	精矿	2%～8%
4		铝土矿	原矿	3%～9%
5		铅锌矿	精矿	2%～6%
6		镍矿	精矿	2%～6%
7		锡矿	精矿	2%～6%
8		未列举名称的其他金属矿产品	原矿或精矿	税率不超过 20%
9	非金属矿	石墨	精矿	3%～10%
10		硅藻土	精矿	1%～6%
11		高岭土	原矿	1%～6%
12		萤石	精矿	1%～6%
13		石灰石	原矿	1%～6%
14		硫铁矿	精矿	1%～6%
15		磷矿	原矿	3%～8%
16		氯化钾	精矿	3%～8%
17		硫酸钾	精矿	6%～12%
18		井矿盐	氯化钠初级产品	1%～6%
19		湖盐	氯化钠初级产品	1%～6%

表 6-6（续）

序号	税目		征税对象	税率幅度
20	非金属矿	提取地下卤水晒制的盐	氯化钠初级产品	3%～15%
21		煤层（成）气	原矿	1%～2%
22		粘土、砂石	原矿	每吨或立方米 0.1 元～5 元
23		未列举名称的其他非金属矿产品	原矿或精矿	从量税率每吨或立方米不超过 30 元；从价税率不超过 20%
24	海盐		氯化钠初级产品	1%～5%
25	原油			6%～10%
26	天然气			6%～10%
27	煤炭			2%～10%

注：1. 铝土矿包括耐火级矾土、研磨级矾土等高铝粘土。
2. 氯化钠初级产品是指井矿盐、湖盐原盐、提取地下卤水晒制的盐和海盐原盐，包括固体和液体形态的初级产品。
3. 海盐是指海水晒制的盐，不包括提取地下卤水晒制的盐。
4. 轻稀土按地区执行不同的适用税率，其中，内蒙古为 11.5%、四川为 9.5%、山东为 7.5%。中重稀土资源税适用税率为 27%。钨资源税适用税率为 6.5%。钼资源税适用税率为 11%。

（三）现行财产税

财产税是对纳税人拥有或支配的应税财产就其数量或价值额征收的一类税收的总称。财产税在我国的香港地区称为物业税。财产税不是单一的税种名称，而是一个税收体系。财产税可分为两大类：一类是对财产的所有者或者占有者的课税，包括一般财产税和个别财产税；另一类是对财产的转移课税，主要有遗产税、继承税和赠予税。我国现行的具有对财产课税性质的税种有房产税、城镇土地使用税、耕地占用税等。

【关键术语】

税收　商品课税　增值税　消费税　所得课税　资源课税　财产课税　税负转嫁　税收效应　税收制度

【网络资源】

1. 登录国家税务总局网站（http://www.chinatax.gov.cn/n810214/n810631/index.html）查阅近三年全国税务部门组织税收收入情况。

2. 登录中国社会科学院财政战略研究院（http://naes.org.cn/）查阅有关“税制改革”的相关文献。

3. 登录中国财政部财政科学研究所网站（http://www.crifs.org.cn）查阅有关“特朗普减税政策的可行性及影响”的相关文献。

【独立思考】

税负转嫁存在的条件

资本主义社会存在税负转嫁，这早已为中外学者所一致承认。而社会主义社会是否也存在税负转嫁，则一直存有争论，再推而广之，封建社会和奴隶社会是否也存在税负转嫁，就很少有人探讨了。要回答这些问题，必然要涉及对税负转嫁存在条件的认识，笔者认为，归纳起来，税负转嫁存在的条件有两个：

1. 纳税人具有独立的经济利益是税负转嫁的主观条件

国家征税，表明原来归属纳税人拥有的一部分价值向国家的单方面无偿转移，是纳税人的一种物质利益损失，在纳税人具有独立的经济利益的条件下，必然要想法避免或减少因纳税而减少的物质利益。在排除偷税漏税等非法手段以后，通过经济交易中的价格变动来合法转移税负就成为纳税人的一个重要和基本的选择。反之，如果纳税人没有独立的经济利益，也就失去了转嫁税负的内在动机。在我国过去高度集中的计划经济体制下，国有企业的利润全部上缴，亏损由国家拨款弥补，生产发展所需资金也由国家拨款，工资奖金标准由国家统一制定，企业没有自身的经济利益，即使作为纳税人纳税，由于和其直接经济利益无关，也不存在转嫁税负的强烈欲望和内在要求。当然也就谈不上税负转嫁的存在了。

2. 自由价格机制的存在是税负转嫁的客观条件

在自由价格机制运行条件下，国家征税后，由于纳税人有自由定价权，因而可在商品和要素市场供求弹性制约下决定价格变动幅度，进而决定是全部转嫁税负，还是部分或无法转嫁税负。许多学者在讨论税负转嫁存在的条件时，往往指明税负转嫁和商品经济的内在联系，笔者对此并不反对，但感到这种提法似乎还不够具体和明确。众所周知，商品经济有简单商品经济和社会化商品经济之分，在我国还提出过有计划的商品经济，并且理论界也大多认为我国改革前也存在商品经济，但不论是改革前的商品经济，还是有计划的商品经济，无疑其价格运行机制都是以国家定价的计划价格为主。而在计划价格条件下，纳税人没有定价权，国家征税后，纳税人无法通过价格变动来转嫁税负，如果说在这样的商品经济条件下存在税负转嫁，那么也只能是在计划价格以外的少数实行浮动价格和自由价格的领域。此外，在商品经济产生之初的物物交换时期，不存在货币价值形式，亦无税负转嫁。在商品经济的前提下，将税负转嫁的客观条件进一步明确为自由价格机制的存在应是有一定意义的。明确了这一点后，还可得出这样的结论，即由于自由价格运行机制程度不同地存在于奴隶制经济、封建经济、资本主义经济和社会主义经济中，所以只要在当时国家开展相关税收，就存在税负转嫁的可能性，只是程度、范围及对经济的影响不同而已。

总之，只要同时具备以上两个条件，税负转嫁的存在就是必然的，是不以人们的意志为转移的，税负转嫁现象本身和某种具体社会制度是不存在必然联系的。

（资料来源：石丁：《税负转嫁几个问题的再探讨》，载《河北经贸大学学报》，2000）

【思考】结合材料和 2017 年我国不同行业税收情况，说说我国税收转嫁可能存在的领域。

【课后练习】

一、名词解释

1．税收的强制性　2．纳税人　3．起征点
4．免征额　5．税收超额负担　6．税负转嫁

二、判断题

1．如果政府课税改变了消费者以获取最大效用为目的的消费行为，或改变了生产者以获取最大利润为目的的市场行为，就会改变私人部门原来（税前）的资源配置状况，这种改变就被视为税收的非中性。（　）

2．税收的无偿性，指的是国家征税以后，税款即为国家所有，既不需要偿还，也不需要对纳税人付出任何代价。税收的无偿性与税收的强制性不同，它是绝对的。（　）

3．纳税人与负税人指的是同一人。（　）

4．定额税率是对同一课税对象，不论其数额大小，统一按一个比例征税。（　）

5．按课税对象的数量、重量、容量或体积等标准对课税对象予以度量的税收称为从量税。（　）

6．供给弹性较小、需求弹性较大的商品的课税较易转嫁，供给弹性较大、需求弹性较小的商品的课税不易转嫁。（　）

三、单项选择题

1．在累进税率下，每一级税率就是相应级距的课税对象数额的（　）。
A．边际税率　B．平均税率　C．比例税率　D．累退税率

2．在（　）情况下，税收全部向前转嫁，落在生产要素的购买者身上。
A．需求完全无弹性　B．需求完全有弹性
C．需求富有弹性　D．需求缺乏弹性

3．个人所得税税率的基本形式是（　）。
A．累进税率　B．比例税率　C．累退税率　D．定额税率

4．（　）是指生产要素购买者将所购生产要素未来应纳税款，通过从购入价格中预先扣除（即压低生产要素购买价格）的方法，向后转嫁给生产要素的出售者。
A．前转　B．后转　C．消转　D．税收资本化

5．在下列税种中税负不易转嫁的是（　）。
A．增值税　B．公司所得税　C．消费税　D．营业税

6．周转税的计税依据是（　　）。

A．$V+M$　　B．M　　C．$C+V+M$　　D．$C+V$

7．下述有关从价税的表述正确的是（　　）。

A．从价税以课税对象的数量为计税依据

B．比例税是从价税

C．定额税是从价税

D．从价税与商品流转额无关

8．一种税区别于另一种税的主要标志是（　　）。

A．纳税人　　B．课税对象　　C．课税依据　　D．税率结构

9．在下列税中，属于中央税的是（　　）。

A．增值税　　B．资源税　　C．消费税　　D．证券交易印花税

10．税收的强制性依靠的是（　　）。

A．国家对国有企业生产资料的所有权

B．国家对生产资料的所有权

C．国家的政治权力

D．社会习惯势力

11．国家以社会管理者身份参与企业分配的形式是（　　）。

A．税收　　B．国债　　C．利润上缴　　D．股息或红利

12．在税收要素中，体现纳税人负担轻重的最主要要素是（　　）。

A．税率　　B．附加和加成　　C．起征点　　D．减免税

13．直接税和间接税的划分标准是（　　）。

A．按课税对象的性质分类　　B．按税负能否转嫁分类

C．按税收的管理权限分类　　D．按税收和价格的关系分类用

14．营业税实行的是（　　）。

A．比例税率　　B．全额累进税率

C．超额累进税率　　D．定额税率

15．土地增值税实行的是（　　）。

A．比例税率　　B．超额累进税率　　C．定额税率　　D．超率累进税率

16．所谓增值额是指（　　）。

A．$C+V+M$　　B．$C+V$　　C．$V+M$　　D．$C+M$

17．税法中规定的课税对象开始征税时应达到的一定数额称为（　　）。

A．免征额　　B．起征点　　C．速算扣除款　　D．计税金额

18．企业所得税的计税依据是（　　）。

A．应纳税所得额　　B．销项税额　　C．进项税额　　D．总产值

19．按课税对象的性质划分，增值税属于（　　）。

A．流转课税　　B．收益课税　　C．财产课税　　D．行为课税

20．变动税率可分为（　　）两种形式。

A．累进税率和累退税率　　B．全额累进税率和超额累进税率

C．全额累税率和超额累税率　　D．平均税率和边际税率

21．以税收收入形态为标准，税收可分为（　　）。

A．对人税与对物税　　B．实物税与货币税

C．直接税与间接税　　D．从价税与从量税

22．税负转嫁与需求弹性成（　　）比，与供给弹性成（　　）比。

A．正，正　　B．反，反　　C．正，反　　D．反，正

23．一般来说，纳税人的（　　）行为是不违法的。

A．避税　　B．偷税　　C．抗税　　D．骗税

四、不定项选择题

1．税收的三性指的是（　　）。

A．强制性　　B．固定性　　C．有偿性　　D．无偿性

2．一般来说，一国税率可划分为哪几类？（　　）

A．比例税率　　B．定量税率　　C．定额税率　　D．累进税率

3．下列各项属于国家征税时的课税依据的是（　　）。

A．纯所得额　　B．商品流转额　　C．个人全部所得　　D．财产净值

4．下列说法不正确的是（　　）。

A．需求弹性大、供给弹性小的课税对象，税负主要由生产者承担

B．需求弹性小、供给弹性大的课税对象，税收主要由消费者承担

C．向生产者征收与向消费者征收两种方式下税收归宿是不同的

D．向生产者征收与向消费者征收两种方式下税收归宿是相同的

5．下列哪种情况下可能产生较大的超额负担（　　）。

A．土地税

B．对高新技术投资予以补贴

C．对黑莓果酱征税

D．对买一杯苏打水征税，而对买一瓶或一桶苏打水不征税

6．现对某产品征税，已知该产品为 m 单位，每单位税率为 t，售价为 p 元，每一元的税率为 T，若采用从量税进行征收，则总税额为（　　）。

A．mt　　B．pT　　C．mT　　D．pt

7．在垄断条件下，若边际成本为常数（即 MC＝0），供给具有完全弹性，则税的负担由（　　）承担。

A．买方　　B．卖方

C．买卖双方各承担 1/2　　D．买方承担 1/3，卖方承担 2/3

8．公平类税收原则不包括（　　）。

A．受益原则　　B．能力原则

C．促进经济发展原则　　D．征税费用最小化和确实简化原则

9．对于一笔税款，厂家转嫁给批发商，批发商转嫁给零售商，零售商再转嫁给消费者的过程称为（　　）。

A．后转　　B．前转　　C．混转　　D．税收资本化

10．消费税实行的征收办法为（　　）。

A．价内税　　B．价外税　　C．价内价外税　　D．超额累进税

11．一般认为，价外税比价内税（　　）转嫁，价内税课征的侧重点为（　　），价外税课征的侧重点是（　　）。

A．更容易，厂家或生产者，消费者　　B．更容易，消费者，厂家或生产者

C．更难，厂家或生产者，消费者　　D．更难，消费者，厂家或生产者

12．一般来说，税收努力取决于哪两类因素？（　　）

A．一国的人均收入水平　　B．税务管理效率

C．税制的完善程度　　D．税务部门的征收管理水平

五、简答题

1．纳税人与负税人有何区别？

2．什么是税收中性和超额负担？

3．简述税收“三性”。

4．简述税收原则。

5．分析税负转嫁概念的内涵。

6．试述不同分类标准下的税收分类。

7．简述税收资本化。[中央财经大学 2010 研]

8．简述你对税收效率的理解。[财政部财政科学研究所 2010 研]

9．比较全额累进税率与超额累进税率的优缺点。[中央财经大学 2009 研]

六、论述题

1．试述税负转嫁与归宿的一般规律。

2．试述税收“中性”和税收调节作用的关系。

3．试述税收对投资和储蓄的影响

4．试述税负转嫁的条件。

5．请利用税负转嫁理论，结合我国现实中的流转税，分析我国的税负转嫁情况。

第七章

公　债

学习目标

- ☑ 熟悉公债的性质、特征和类别
- ☑ 理解公债的经济效应与政策功能
- ☑ 熟悉公债的发行、流通、偿还制度
- ☑ 熟悉公债的规模与负担
- ☑ 熟悉公债资金的使用与管理

案例导入

欧债危机

2009年末，发端于希腊的欧洲主权债务危机慢慢由单一国家主权债务危机演变为整个欧元区的债务危机，进而发展为制约并影响欧洲乃至全球经济复苏的一场“债务风暴”。

2011年下半年，欧债危机出现了向法国等核心国家蔓延的势头，欧洲银行业受到了严重威胁。在这一危急时刻，欧盟（EU）和国际货币基金组织（IMF）领导人开始着手系统解决欧债危机。2011年10月，第二轮欧盟峰会终于就希腊债务减记、欧洲金融稳定基金（EFSF）扩容、银行业资本状况等三个议题达成了全面共识。欧盟相关各方同意，减记私人部门所持希腊债务50%，约为1 000亿欧元；同意将杠杆化引入EFSF，最高杠杆比例为4～5倍，EFSF规模将达到1万亿欧元左右；要求银行资本充足率在2012年年中之前达到9%。与此同时，欧元区和IMF将向希腊提供1 000亿欧元（约合1 400亿美元）的新一笔援助。

然而上述一揽子协议，似乎并未对稳定金融市场起到实质性作用。2011年11月24日惠誉将葡萄牙主权评级由“BBB－”下调至“BB＋”（垃圾级别），并给予负面的评级展望。另外，10年期意大利国债收益率再度上升至7%以上；西班牙同期国债收益率继续走高，这意味着两国政府通过市场融资几乎不可能。德国2011年11月23日发行总值约60亿欧元的政府债券，结果仅有39亿欧元被市场投资者认购，德国央行被迫买下其余部分，此次拍卖是欧元问世以来德国最不成功的一次国债发售。德国作为欧洲头号经济强国，其长期国债一直是资本市场热捧的优质资产，该次遭受冷遇反映的是投资者对欧元区经济前景的悲观。

随后，瑞士信贷银行发布研究报告指出，由于债务危机有向更大规模经济体蔓延的趋势，欧元已经到了“最后的紧要关头”。德国央行发布月报，将2012年德国经济增长预期下调至0.5%～1%，并警告称，如果欧洲主权债务危机严重恶化，不排除其经济进入“明显疲软”的可能性，这表明欧元区核心区国家有被希腊等主权债务危机国家拖垮的危险。

（资料来源：周逢民：《欧洲危机最新进展及未来走向》，《银行家》2013年1月2日）

第一节　公债概述

一、公债的产生与发展

（一）世界范围内公债的产生与发展

公债是公共债务的简称，是一国政府运用信用原则在社会上筹集财政资金的一种手段。公债的产生和发展经历了一个漫长的过程。公债产生于中世纪，到工场手工业时期即16—17世纪，才开始流行于全欧洲。公债的产生和发展有两个原因：一是国家财政支出超出财政收入；一是社会上存在闲置资金。

在中世纪，商品经济和信用制度不发达，社会上没有比较充裕的闲置资金，此时的国家借债通常是以高利贷形式出现。到了16世纪，西方殖民制度和海上贸易迅速发展，世界市场进一步扩大，使得社会货币财富迅速积累，另一方面，各国为争夺市场而进行战争，造成军费支出不断增加。为了筹措军费和弥补国库亏空，公债得到了迅速发展。

公债的发展对资本主义的产生和发展起了一定的促进作用。公债是促进资本原始积累的有力杠杆，因为公债使货币所有者在不承担投资风险、不从事经营动的条件下得到大量财富，从而为加速资本主义生产的发展积累了大量货币资本。同时，公债制度还对现代银行业务活动及证券市场的发展起了促进作用。例如，1694年成立的英格兰银行就是以支持政府、向政府贷款，借此取得特许发行银行券的权力而发展起来的。

进入19世纪末20世纪初，资本主义从自由竞争时代发展到垄断资本主义时代，垄断资本主义国家经济和政治发展的不平衡，决定了其瓜分和重新瓜分殖民地以及世界市场战争的必然性。公债成为国家筹集战争经费的重要工具。

20世纪30年代以后，公债更是进入了繁荣发展时期。它不仅成为弥补财政赤字的主要手段，而且成为国家干预经济，提高就业水平和缓解经济危机的重要政策工具。

（二）我国公债的产生与发展

我国现代意义上的公债始于清朝末期。清政府为了对内对外战争的需要，从1894年（清光绪二十年）开始大量举借内债和外债。之后，北洋军阀政府和国民党政府也多次发行公债和举借外债。

新中国成立后，我国的公债发行经历了三个阶段：

第一个阶段是中国成立伊始。为了保证仍在进行的战争的供给和恢复国民经济，我国于1950年发行了“人民胜利折实公债”，实际发行额为3.12亿元。在外债方面，则有苏联政府以机器、设备和器材等实物方式提供的政府贷款56.63亿卢布，折合人民币51.67亿元，用于156项国家重点工程建设。

第二个阶段为1954年至1958年，为了保证国家经济建设的顺利开展，从1954年起，我国连续5年发行5次“经济建设公债”，5年共发行35.44亿元。

第三个阶段是从1979年开始至今。1978年后，我国的工作重心转向经济建设，为了弥补建设资金的不足，自1979年开始我国公开利用外债进行经济建设，而在国内，则从1981年开始发行大量内债来筹集建设资金。现在，公债已成为我国经济生活中一种不可或缺的现象。特别是1998年我国实施积极财政政策，公债作为一种政策工具正式走上我国宏观经济的舞台，在宏观经济调控中发挥了重要作用。

二、公债的性质

公债是一国政府运用信用原则在社会上筹集财政资金的一种手段，其具体形式有发行有价证券和直接借款等。作为一种以政府财政承担还本付息为前提条件的借贷行为，公债的实质是以政府为债务人的债权债务关系，公债的这种本质特征决定了公债具有双重属性。

1. 公债是一种特殊的信用范畴

公债是以国家为主体的借贷行为，它以国家或政府的信誉为担保，有别于以私人财产和收益为担保的市场主体之间发生的借贷行为。正因为如此，对购买者或投资者来说，公债的风险要比企业债务或私人债务小，其风险甚至为零。

2. 公债是一种特殊的财政范畴

之所以说公债是一种特殊的财政范畴，首先表现为通过发行公债所筹集的资金是财政收入的特殊形式，它是在国家通过税收等方式取得的财政收入不能满足需要的情况下的一种特殊的财政筹资方式。通过公债筹集的资金是一种非经常性的财政收入。其次，作为一种信用形式，公债到期要还本付息。公债的偿还性，决定了公债是一种预期的财政支出。这使得它在本质上区别于具有无偿性的税收。当然，从公债的还本付息的来源来说，由于公债的归还最终要依靠税收，所以，可以说公债是变相的、延期的税收，或者说是税款的提前使用。马克思指出："由于国债是依靠国家收入来支付年利息等等开支，所以现代税收制度就成为国债制度的必要补充。"借债使政府可以抵补额外的开支，而纳税人又不会立即感到负担。

三、公债的特征

作为一种特殊的财政范畴及信用范畴，公债与取得财政收入的其他形式或手段比较，具有一些鲜明的特点。

（一）从债务人或财政的角度来看

从债务人或财政的角度来看，公债具有自愿性、有偿性与灵活性的特点。

作为一种运用信用原则的筹资手段，公债具有自由认购、自由买卖和自由转让的特点。公债的发行原则上以认购人自由认购为前提，一般情况下，政府不做强制性要求，否则违背信用关系的基本原则。并且，公债的发行还有以承诺在一定时期后向债权人偿还本金并支付利息为前提，到期政府必须履行这种承诺。正因为这种承诺，引发出公债的负担等一系列经济问题。

所谓灵活性是指公债的发行相对于税收由税收法律预先规定，在征收过程中不能随意更改而言，公债是否发行、发行的规模和条件可由政府根据财政状况及宏观调控和经济建设的需要决定，不需要以立法形式预先规定发行标准和条件。

（二）从债权人和认购人的角度来看

从债权人和认购人的角度来看，公债是一种投资工具。它与其他投资金融工具一样，要求具备收益性、流动性，安全性的特征。公债到期后除收回本金外，还可获得一定的利息，其收益是可预期的，其收益的大小与公债的期限长短相关。而且，公债券作为债凭证，是有价证券的一种形式，公债的持有人可根据自身的需要，随时在证券市场上转让变现，其流动性与一般资产无异。但是，公债由于是以政府信誉担保的，所以，对公债的投资几乎没有风险，是一种安全的资产。

四、公债的类别

为了从不同角度对公债进行经济分析，公债可按其特点、发行方式、债务主体、发行地域等多种标准进行分类。

（一）按可否自由流动，可分为可转让公债和不可转让公债

公债一般具有自由认购、自由买卖和自由转让的特点。大多数的公债是可以在证券市场上公开买卖的，这种公债称为可转让公债，也称上市公债。这类公债对于购买者来说，在需要现金时可以将公债出售，因而有利于公债的推销。对政府来说，也可以利用可转让公债的流动性，调节国家债务总额及构成，从而调节金融市场。

但也有一小部分公债是不能在证券市场上公开出售的，称为不可转让公债，也称非上市公债。不可出售公债一般规定较长的期限，并给予较高的利息率或其他优待条件，一般采用记名的方式发行，目的就是为了限制买卖活动。

（二）按偿还期限，可分为短期公债、中期公债和长期公债

短期公债是指发行期限在一年之内的公债。短期公债具有周转期短和流动性大的特点，对货币流通、借贷资本市场的供需及利率的影响较大，所以，它成为执行货币政策、调节市场货币流通量的重要工具之一。

长期公债通常指 10 年以上的公债，其包括永久公债或无期公债。所谓永久公债，是指发行公债时不标明偿还期，债券持有人可按时领取利息，但无权要求清偿，政府则有权根据财政状况按市场价格随时收回债券。长期公债由于偿还期较长，容易受到通货膨胀的影响，因此在各国的债务总额中占的比重较小。

中期公债是介于长短期之间的公债。中期公债较之短期公债来说，偿还期限长，政府可以在较长时期内使用发行中期公债得到的资金。因此，在各国发行的公债中，中期公债占有重要的地位，中期公债在我国公债中也占有相当大的比重。

（三）按债务主体，可分为中央政府公债和地方政府公债

中央政府公债是指由中央政府可发行的公债，中央政府公债因规模大、范围广，加之中央政府一般拥有金融政策的特权，所以中央公债对货币、利率等宏观经济因素具有重要的影响。

地方政府公债是指由地方政府发行公债用于地方政府的特定方面，并由地方政府负责清偿的公债。

（四）按债权人国境，可分为国内公债和国外公债

国内公债和国外公债的根本区别在于发行地域不同，也可以说是债权人的居留地不同。目前，国际货币基金组织（IMF）和大多数国家政府均以债权人是否为居民作为区分国内国债和国外国债的根本依据，面向居民发行的国债界定为国内国债，面向非居民发行的国债界定为国外国债。

除以上的划分方法外，公债还可以从其他角度进行分类，如按公债有无担保划分，可将公债分为有担保公债和无担保公债；按公债的债务收入用途划分，可将公债分为赤字公债和建设公债；按公债本质划分，可分为货币公债和实务公债；等等。

第二节 公债的经济效应与政策功能

一、公债的经济效应理论的发展

公债理论的发展经历了一个漫长的演进过程，基本上是由负债有害论到负债必要论再到相继抉择来发展的。

（一）古典的公债观——公债有害论

在20世纪30年代经济大危机以前的资本主义自由竞争时期，经济学家一般是反对国家干预的。反映在公债理论上，这一时期的古典学派经济学家大多对公债持否定态度，认为负债有害。代表经济学家有佛朗斯·魁奈、亚当·斯密、大卫·李嘉图，约翰·斯图亚特·穆勒、让·巴蒂斯特·萨伊等，概括起来，他们的主要观点如下：

（1）政府举债必然使民间生产资金转为财政用途，妨碍工商业的发展；

（2）用公债来弥补政府公共收支的赤字，会使政府形成一种不负责任的开支风气；

（3）公债的发行会引起市场利率上涨，阻碍生产规模的扩大；

（4）公债的大量增长会造成国力的衰弱。

（二）凯恩斯革命与公债观的转变——公债有益论

20世纪30年代的经济大危机，是公债理论发展史上的重大转折点，该时期形成了以凯恩斯为代表的公债观的转变——公债有益论。经济危机的爆发动摇了经济学家们对市场经济内在稳定机制的信念，把政府干预经济提上了议事日程。反映在公债理论上，就是这一时期的大多数经济学家对公债的态度开始由否定转向肯定，形成了新的公债理论。

凯恩斯是公债有益论的倡导和先行者，1936年在他的《就业、利息与货币通论》一书中，他把资本主义经济发生经济衰退和严重失业，归因于有效需求不足，即消费需求不足和投资需求不足。在他看来，要使经济经常保持在充分就业和繁荣的水平上，必须通过政府的财政活动来扩大有效需求，也就是政府要增加开支，削减税收，实行赤字财政，而赤字财政必然导致大量增发公债。

凯恩斯的观点有许多追随者，较为典型的有阿尔文·汉森、塞穆尔·哈里斯、劳伦斯·R.克莱因、A.P.勒纳、理查德·A.马斯格雷夫等。他们的主要观点是：（1）以公债支持财政赤字的实行可以直接或间接地扩大社会需求，从而消除经济危机和失业；（2）公债可以作为政府调节、干预经济的重要杠杆，其作用不仅在于吸收通货膨胀时期的剩余购买力，增加经济衰退时期的需求以稳定经济，还在于通过财政引导社会资源的合理培植。

（三）现代公债观的辩证发展——公债益害论

早在19世纪经济学家就提出了公债的双重性，但并没有成为关于公债的主流思想，如英国经济学家穆勒和德国经济学家瓦格纳都提出了公债两重性理论，认为公债利弊兼具，应从公债的资金来源和使用方向等作具体的分析。公债的双重性成为主流思想是 20 世纪 70 年代后对经济滞胀和凯恩斯干预政策的反思。

20 世纪 70 年代后，西方非主流学派倾向于否定凯恩斯主义的公债观，对公债有害性的一面揭示较多。而主流学派则倾向于维护凯恩斯主义的公债观，对公债有益性的探讨也有了更深的认识。其争论的焦点主要在于公债政策是否有效，如何才能有效。总结起来，主要有以下两种代表性观点。

1. 非主流学派认为公债政策无效或基本无效

（1）理性预期学派。

罗伯特·巴罗根据李嘉图《政治经济学及赋税原理》中有关征税和举债效应问题的比较认为，在理性预期下政府以课税或举债筹资的实际效果相等，其对消费和投资的影响是无差别的，不会引起人们经济行为的调整，公债政策最终是无效的。这就是西方公债理论中被布坎南称作“李嘉图等价定理”的一个著名命题。

（2）货币主义学派。

弗里德曼认为中央银行的货币供应量政策将最终决定公债政策的有效性，公债政策自身无法单独有效。

（3）公共选择学派。

布坎南认为政府因内部效应，导致依靠发行公债来扩大公共消费，结果势必会摧毁一个民族、一个国家或一个社会的资本或资产。这种公债政策实际上不仅无效，而且有害。

2. 主流学派仍认为公债政策是基本有效的

凯恩斯之后的主流经济学派（后凯恩斯主义、新凯恩斯主义）仍坚持积极的公债政策是有效的。当经济面临有效需求不足的衰退时，举债扩大支出将可刺激需求，对经济产生积极影响。但在反对学派的挑战之下，他们更加注重公债政策适用的经济条件（有效需求不足）、公债支出的投向（主要是投资性支出）、公债还本付息负担的安全性与公平性（债务规模与结构、债务转移问题）等的研究，从而深化了对公债的认识。

目前，就公债理论的发展现状而言，经济学界普遍认为健全的公债政策就应该是繁荣时期削减部分公债，危机时期增加公债，增加支出，即实行相机抉择的公债政策。

二、公债的政策功能

与公债的经济效应对应，公债的政策功能也有积极和消极两个方面。

（一）积极的政策功能

1. 弥补财政赤字

公债是与财政赤字相联系的财政收入形式，它是作为弥补财政收支差额的来源而产生的，弥补财政赤字是公债最基本的功能。财政赤字一般是指财政收入小于财政支出即收不抵支的差额。

弥补财政赤字一般来说有三种方法，即增加税收、增发通货（在我国主要表现为向银行透支和借款）和举借公债。相比另外两种方法，以发行公债的方式弥补财政赤字，只是社会资金使用权的暂时转移，既不会招致纳税人的不满，又不会无端增加流通中的货币量，还可迅速地取得所需资金。此外，公债的发行或认购通常建立在资金持有者自愿承受的基础上。通过发行公债筹集的社会资金，基本上是资金持有者暂时闲置不用的资金，将这部分资金暂时集中起来，归政府使用，在正常情况下不会对经济社会发展造成不利的影响。所以，通过发行公债弥补赤字是世界各国的普遍做法。

2. 筹集建设资金

在资本有机构成一定的条件下，积累的资金越多，建设的速度就越快。而对大多数发展中国家来说，建设资金的相对不足或短缺，往往是制约这些国家经济发展的突出问题。由于税收收入的数额有限，且主要用于满足政府经常性支出的需要；增发通货又会引起无度的通货膨胀，给正常的经济发展带来障碍。因此，世界上许多国家都把发行公债作为一种长期、稳定的建设资金来源，以求加快经济的发展速度。这种方法运用经济学上的术语也称作负债发展经济。

知识拓展

我国利用公债推进经济发展

中国的经济和社会发展具有两大特点：其一，作为一个发展中国家，目前也面临着建设资金短缺方面的制约，只有从各方面筹集尽可能多的社会资金，才有可能加快经济和社会的发展；其二，作为一个长期实行过计划经济体制的国家，传统体制的惯性作用又使得人们习惯于主要依靠国家投资来推动本企业、本地区以至整个社会的发展；由此决定了中国的现实国情，即我国的经济和社会发展速度怎样，主要取决于国家能够掌握多少可用于经济建设的财政资金。

然而，改革开放政策实施以来，随着政府各项减税让利举措的大规模推行，财政收入占 GDP 的比重大幅度下降，在财政支出未能相应地减少反而急剧增加的势头下，财政赤字的规模越来越大。我们也知道，尽管政府的财政资金是捆在一起使用的，难以区分哪些是经常性的收入，哪些是举债的收入。但是，在政府的两大类支出——经常性支出和建设性支出的力量对比中，经常性支出往往刚性较强，建设性支出则常常处于相对较弱的地位。一旦财政资金面临紧缺，经常性支出和建设性支出的安排出现“互挤”，让步的便往往是建设性支出。因此，如果不发行国债，势必要压缩建设性支出，从这个角度讲，公债的发行具有明显的筹集建设资金功能。

目前，中国政府的建设性支出很大一部分是靠举借公债的收入来支撑的。尤其是 1998 年实行积极财政政策以来，这种趋势更为明显。仅 1998—2003 年的六年期间，我国就发行了长期建设国债 8 000 亿元，用于基础设施、基础产业、技术进步、经济结构调整等方面支出。2004—2005 年又发行 1 900 亿元长期建设国债用于公共卫生、基础教育、环境保护等公共服务、可持续发展以及振兴东北和西部大开发等方面。面对美国次贷危机的消极影响，我国于 2009 年发行了 500 亿元长期建设国债，以推动 4 万亿经济刺激方案的顺利推进。

3．调节经济运行

公债是对社会资源的重新配置，是财政调节经济的重要手段。政府发行公债首先会改变民间和政府部门占有资源的规模，影响社会资源在两大部门原有的配置格局。政府公债资金用于不同方向，又会对经济结构产生多方面的影响：用于公共投资，将会改变原有的投资与消费的比例；用于公共消费，将会改变社会的消费结构。进而言之，国家发行公债，扩大财政支出的过程，能够调节社会总供需关系，是扩张性财政政策的重要工具。另外，短期公债还可以作为中央银行在公开市场的重要操作工具，调节流通中的货币量。

（二）消极的政策功能

公债消极的政策功能即公债对经济发展的不利方面，主要表现如下：

1．发行公债会在一定程度上弱化政府的预算约束

在财政收入中，税收是最主要的收入来源，税收具有固定性特征，税收收入是稳定的，对财政支出形成“硬约束”。而当公债出现之后，政府可以通过发行公债这种人为的办法来增加财政收入。尤其是当出现财政资金短缺，形成一定规模的财政赤字后，就可以通过增发政府债券等方式来增加财政收入，于是，财政收入对财政支出的约束就变成“软约束”，就会导致政府支出的扩大。

2．公债规模过大，会增加国家的债务负担，形成公债风险

公债带来的债务负担包括直接负担和间接负担。直接负担就是公债投资者认购公债付出的货币资金的代价，会导致认购者牺牲一些当前消费。间接负担主要指公债的发行一旦超过了合理的度，就会给整个国家和社会带来的损失，带来公债风险。

公债风险指政府债务与其资产在规模和结构上不匹配，使得政府债务的可持续性和经济社会发展受到损害的一种可能性。公债风险主要表现为两个方面，一是财政风险，即举债规模过大，导致财政收支体系和债务清偿机制紊乱；二是货币风险，即公债引发一国货币超量发行，导致通货膨胀，使正常的经济活动遭到破坏。

3．公债会对私人投资形成“挤出效应”

公债会对私人投资形成“挤出效应”，是指公债的发行会减少民间（非政府）部门的资金供给，同时形成金融市场利率上升的压力，进而导致民间投资减少的现象。

第三节　公债制度

公债制度是政府对公债的发行、流通、偿还三个环节中各种规章的总称，是政府对公债进行管理的法律依据。

一、公债的发行

公债的发行是指公债售出或被企业、团体和个人认购的过程。它是公债运行的起点和基础环节，包括发行条件、发行方式和发行市场等内容。

（一）公债发行条件

公债的发行条件是指对公债发行本身诸方面所做的规定，涉及的内容较多，如公债的票面额、发行价格、期限、利息率、发行数额、偿还方式、能否转让等问题。但其中相对重要的是公债的票面额、发行价格、公债发行数额、公债利率、利息偿付以及公债期限的确定。

1. 公债的票面额

公债票面额是指政府核定的债券所代表的价值。此价值被印制在债券正面或正反两面上，因此称“票面额”，又称“票面价值”。公债票面额的大小应依据公债的性质、国家的富裕程度、发行对象类型以及交易的习惯来确定。一般来说，大面额的公债券适合于高购买力的认购者，小面额的公债券适合于低购买力的认购者。如果公债数量巨大、发行对象面广，公债券的票面额就应多样化。如果公债允许上市交易，公债券的面额应适应交易所需要面额的大小以方便市场正常交易。

2. 公债的发行价格

公债的发行价格是指投资者购买公债时所必须支付的价格。它是债券票面价值的货币表现。公债发行价格与市场利率有着密切关系。按照公债发行价格与其票面值的关系，公债发行价格通常可以分为平价发行、折价发行和溢价发行三种。

（1）平价发行，即公债的发行价格与公债票面价值相同。其前提是公债利率与市场利率大体相当，政府的信用必须良好。我国近几年发行的政府债券都属于平价发行。

（2）折价发行，即公债的发行价格低于公债的票面名义价格，到期后政府仍按票面额偿本付息。这种发行价格，一般是在公债的利率低于市场利率或政府发债困难的情况下采用。实质上是通过提高利率，以刺激购买，虽有利于公债发行，但政府负担过重，一般较少采用。

（3）溢价发行，即公债的发行价格高于公债票面额。这种发行只有在举债者信誉较高，或者公债利率高于市场利率的条件下才有可能顺利发行，一般也较少采用。

3. 公债发行数额

公债发行指当次公债发行所要筹集的资金总额。这一主观举债规模能否顺利实现须考虑具体的市场状况，这就涉及公债发行规模的问题。

公债的发行规模受下述因素限制：

一是生产力发展水平的高低。生产力发展水平较低时，社会所能创造的财富较少，政府向社会举债的规模将受到限制。

二是公债的用途。如果举债的目的在于增加生产性投资，公债的规模相应可以大些。其原因在于生产性投资可以创造财富，增加产出，增强政府的偿债能力。

三是私人部门的资金需求。公债的作用在于将私人部门的闲置资金或借贷资金转移到公共部门手中，这种转移在社会可供资金总量既定的情况下必然减少私人部门的可用资金数，如果公债规模过大，极有可能产生对私人部门发展的抑制。当然，在举借外债的情况下，这一约束相应较小，但国际收支这一制约因素将成为确定举借外债规模所必须考虑的问题，过度举借外债可能使国家面临货币贬值的困境。

四是公共部门使用资金的效率。公债作为一种资金转移，其结果如何还取决于资金的使用效率。如果公共部门的资金使用效率低下，就会给还本利息带来困难。

综合考虑以上因素，确定合理的发行数量，才能使公债的发行取得良好的预期效果。

4. 公债利息

公债利息是指公债利息与本金的比例。公债利息的确定是否恰当，直接影响公债能否顺利发行。

决定公债利息的因素通常包括三个因素：

一是市场利率的高低。人们在购买公债前，必须权衡是将货币用于储蓄或投资还是用于购买公债，其权衡的主要依据是收益率，若公债利率低于市场利率，社会借贷资金就会转向银行储蓄，造成公债推销困难。因此，确定公债利率要将市场利率作为参考率。

二是政府的信用。公民的投资通常要兼顾收益和风险两方面，投资者总要回避风险，在相同的利率条件下，公债因其风险较低而优于其他种类的投资。因此，如果政府信用度高，公债利率即使在一定程度上低于市场利率也不难销售。如果政府的信用程度较差，公债利率必须较高才能顺利出售。

三是社会资金的供给量。公债利率将因社会资金供给量的增多而下降。

在确定公债利率时，需注意兼顾上述三个因素。

5. 利息偿付

利息偿付指国家按照规定支付给公债认购者的报酬，利息按承购数额和公债利息率计算。

公债利息的付方法主要有三种：

一是分期付息。即在偿还期内规定偿还利息的固定时间和次数，以及每次支付利息的金额或比例，只付息不还本。此种方法往往适合于附有息票的公债券的利息支付。

二是息随本还。即在公债偿还期满时，利息连同本金一次偿还债权人，或者连同本金分几次还，既付息又还本。

三是发行时贴息。即采取折价发行公债的方法，发行价格与面额的差额即是利息。

确定公债利息的偿付次数与时期时，要结合公债的管理成本和金融市场的状况。付息的次数太多，手续过于复杂，公债的偿还费用会增加；集中一次付息可能会由于所付利息过于集中而引起金融状况的波动。

6. 公债期限

公债的还本期限是指从公债发行日起到还本付息日止的这段时间。公债期限的确定要考虑举债者的资金需求、社会资金的构成情况和当时的市场状况。如果资金需求具有长期性，如生产性投资需要，公债的期限应相应长些。如果资金需求具有短期性，如弥补收支的季节性差异，公债的期限可以短些。举债者的上述资金需求只有在公债市场发育成熟、社会资金能够满足其需要的基础上才有意义。因此在确定公债的还本期限时，既要考虑公债市场的发育程度，还要考虑社会的资金构成情况。

（二）公债发行方式

公债的发行方式是指采用何种方法和形式来推销公债。目前，世界各国所采用的公债发行方式多种多样，但都具有各自的特色，归纳起来大致可分为以下几类。

1．直接推销法

直接推销法亦称承受发行法，是指一种由财政部门直接与认购者举行一对一谈判出售公债的发行方式。其主要特点在于：发行机构只限于政府财政部门，而不通过任何中介或代理机构；认购者主要限于机构投资者，主要是商业银行、储蓄银行、保险公司各种养老基金和政府信托基金等；发行条件通过直接谈判，协商确定；适用于某些特殊类型的政府债券的推销。

此种方式的优点是既可充分挖掘各方面的社会资金，又使财政部门在发行上具有较大的灵活性。不过，这种方式也有其不足之处，即只能在有限的范围采用，如只适于发行少数特定类型的债券，而不能扩大到一般债券；只适用于机构投资者，而不能扩大到个人投资者。

2．包销法

包销法是指政府将发行的债券统一售予银行，再由银行自行发售的方法，又称银行承受法。包销是公债发行权的转让，有三种具体方法：由中央银行承受、由专业银行承受和由金融集团包销。

包销法的优点是银行能自主执行发行权和发行事务，可以保证大规模公债发行任务的完成，有利于公债收入提前入库和及时使用，是目前国际上最常见的包销方式。但也存在缺点，如果不能全部推销出去，银行自身承担的公债过多，货币供应量增加会导致信用膨胀。

3．公募法

公募法是指政府向社会公众公开募集公债的方法，一般适用于自由公债。具体又分为直接公募法、间接公募法和公募招标法三种。

（1）直接公募法，即财政部直接承担发行公债的责任，由财政部门或委托其他部门面向全国公众募集公债，自行推销，发行费用和损失全部由国库承担。这种发行方法的优点是能够广泛吸收社会上的闲散资金，一般不会引起通货膨胀；缺点是推销时间长，发行成本高，政府不能及时取得所筹集的资金。

（2）间接公募法，即由政府委托银行或其他金融机构代理推销公债，通过银行系统向公众募集公债，故又称“委托募集法”。这种方法的优点是发行手续简化，发行成本较低；公债收入入库及时；金融机构通过公债经营可灵活地调节市场货币流量和流向；金融机构本身并不认购政府债券，不会引起中央银行的货币非经济发行。其缺点是会与民间部门争投资，排挤民间部门的筹资活动，产生所谓“挤出效应”。

（3）公募招标法，即在金融市场上通过公开招标发行公债。投资者根据自己的判断参加投标，通过竞争，以此排列中标者名单，让其认购公债，故又称“竞价投标法”。具体包括竞争投标与非竞争投标、价格投标与利率投标等多种形式。其优点是可以避免因市场利率不稳而影响预定发行任务不能顺利完成的情况，缺点是政府在发行条件上处于被动地位。

4．公卖法

公卖法是指政府委托经纪人在证券交易所出售公债的方法。其优点是可以吸收社会游资，调节社会资金运转；缺点是公债收入不够稳定，同时也给证券交易造成较大的压力。

知识拓展

我国公债发行方式

改革开放以来，我国公债发行方式经历了20世纪80年代的行政分配，从90年代初的承购包销，到目前的定向发售、承购包销和招标发行并存的发展过程，总的变化趋势是不断趋向低成本、高效率的发行方式，逐步走向规范化与市场化。

（1）定向发售。定向发售方式是指定向养老保险基金、失业保险基金、金融机构等特定机构发行公债的方式，主要用于国家重点建设债券、财政债券、特种公债等品种。

（2）承购包销。承购包销方式始于1991年，主要用于不可流通的凭证式公债，是由各地的公债承销机构组成承销团。通过与财政部签订承销协议来决定发行条件、承销费用和承销商的义务，因而是带有一定市场因素的发行方式。

（3）招标发行。招标发行是指通过招标的方式来确定公债的承销商和发行条件。根据发行对象的不同，招标发行又可分为缴款期招标、价格招标、收益率招标三种形式。招标发行将市场竞争机制引入公债发行过程，从而能反映出承销商对利率走势的预期和社会资金的供求状况，推动了公债发行利率及整个利率体系的市场化进程。此外，招标发行还有利于缩短发行时间，促进国情一、二级市场时间的衔接。基于这些优点，招标发行已成为我国公债发行体制改革的主要方向。

（资料来源：邱晖，财政学．北京：电子工业出版社，2014.）

（三）公债发行市场

公债发行市场是指以发行债券的方式筹集资金的场所，又称为公债的一级市场。其职能是完成公债的发行任务，使政府筹措到所需资金，也为社会上的资金所有者提供投资并获取收益的机会。公债发行市场的参与主体有三方：一是作为公债发行者的政府，二是作为公债投资者的资金所有者，三是作为发行中介的银行、承购公司和信托公司等证券承销机构。

二、公债的流通

公债的流通是指投资者买卖、转让已发行的公债的过程，即公债的交易，主要包括公债交易市场、公债交易方式等内容。

（一）公债交易市场

公债交易市场是投资者买卖、转让已经发行的公债的场所，又称为公债流通市场、转让市场或二级市场。其职能是为已发公债提供一个再次出售的机会，使公债持有者在需要资金的时候能够卖出公债收回资金，并向新的投资者提供投资选择的机会，由此形成一种流动性。公债交易市场与发行市场的参与主体一样，也是政府、投资者和中介机构。

公债交易市场的组织结构包括场内交易市场、场外交易市场和其他交易市场。

1. 场内交易市场

场内交易指在证券交易所进行债券买卖。交易主体主要有证券经纪商和交易商等。经纪商代理客户买卖债券，赚取手续费，不承担交易风险；交易商为自己买卖债券，赚取差价，承担交易风险。

场内交易市场的特点包括：有集中、固定的交易场所和交易时间；有较严密的组织和管理规则；采用公开竞价交易方式，遵循“价格优先”和“时间优先”的交易原则；有完善的交易设施和较高的操作效率。

2. 场外交易市场

场外交易市场主要由银行间债券市场和柜台交易市场组成。

银行间债券市场是指金融机构之间在场外市场完成债券交易。从交易模式来看，银行间债券市场采用无形市场、个别询价、个别清算的场外交易方式；参与者以商业银行为主，辅以保险公司、信用社、证券公司、财务公司、基金以及外资银行在华分行等各类金融机构。

柜台交易市场是指在证券交易所以外的市场所进行的债券交易，又称“店头交易”或“场外交易”。交易的证券多为未在交易所挂牌上市的证券，但也包括一部分上市证券。

这种交易市场的优点主要有：① 为个人投资者投资于公债二级市场提供更方便的条件，可以吸引更多的个人投资者；② 有利于银行提高其设备利用率和人员的劳动效率，增加银行的中间业务收入，提高银行的经营效益；有利于把银行间债券市场的记账式公债与柜台交易公债市场相连接，促进各市场之间的价格、收益率趋于一致；可以使货币当局主要通过银行间市场进行的公开市场业务产生的效果能直接影响到社会，提高了货币政策的效能。

发达国家的债券交易大都在场外市场通过一对一询价完成。我国银行间债券市场始于1997年，其交易系统是由全国银行同业拆借中心和中央公债登记结算有限责任公司两部分构成，前者为前台部门，负责办理债券交易的清算，后者为后台部门，负责办理债券的托管和结算。

3. 其他交易市场

其他交易市场主要指机构投资人和个人投资人完全绕开证券商，相互间直接进行交易的公债交易市场。

（二）公债交易方式

1. 公债现货交易

公债现货交易是指公债交易双方在成交后即时进行清算交割其债券和价款的一种交易方式。所谓“即时”是指按照证券交易所规定的日期（1～3 天）内交割，成交日和交割日不一定是同一天。

公债现货交易的特点是：成交和交割基本上同时进行，或在规定的极短时间内完成交割手续；现货交易是实物交易，卖方必须向买方转移公债；在交割时，买方必须如数支付价款。我国的公债交易主要采用现货交易方式，并于当天交割。

2. 公债期货交易

公债期货交易是指公债买卖双方成交以后按契约中规定的价格、数量，进行远期交割的一种公债交易方式，其又称期货合约交易方式或定期清算交易方式。

相对于公债现货交易，公债期货交易具有如下特点：公债期货交易属于远期交易，其成交时间和交割时间相隔一段时间；公债期货交易的标的可以是公债本身，也可以是公债期货合同；公债期货具有套现保值与投机功能。我国公债期货交易始于 1992 年，但在 1995 年已暂停。

3. 公债回购交易

公债回购交易是指公债持有人在卖出（或买人）一笔公债的同时，与买方（或卖方）签订协议，事先约定到一定期限后按规定的价格或收益率再买回（或卖出）公债的一种交易活动。公债回购具有担保功能，为持券者和资金持有者相互提供了一种灵活的融资和融券的渠道，其实质是投资人融通债券或短期资金。

与公债期货交易相比较，回购交易有以下特点：回购交易是现货交易与远期交易的结合，对于债券持有者来说，是卖债券的即期交易和买债券的远期合同的结合，对于货币持有者来说，是买债券的即期交易和卖债券的远期合同的结合；回购交易要发生两次券款交割，回购交易在签订合同时就有一次券款的交割，待回购合同到期时，还有一次方向相反的券款交割。我国公债回购交易始于 1994 年，是我国公债交易的重要方式之一。

4. 公债期权交易

公债期权交易是指公债交易双方为限制损失或保障利益而订立合约，统一在约定的时间内，按指定价格买进或卖出契约中指定的债券，也可以放弃买进或卖出债券的交易方式。

公债期权交易具有如下特点：与期货交易相比，期权交易的风险小；交易双方买卖的并不是债券本身，而是一种买卖债券的权利，这种权利能保证期权购买者到期按约定的价格和数量实现买进或卖出，也允许期权购买者到时放弃行使买卖债券的权利，任其作废；期权购买是行使这种权利，还是放弃这种权利，取决于当时的市场状况，即如果行使这种权利得到的好处超过其期权费就行使，反之就放弃，损失的只是期权费。

三、公债的偿还

公债的偿还是指政府依照发行条件对到期的公债清偿本息的行为。它是公债运行的终点，主要涉及偿还方法和偿还的资金来源两部分内容。

（一）公债的偿还方法

公债的偿还通常依照公债发行时的契约或法律规定的条件进行。一般来讲，可供政府选择的公债偿还方法主要有以下几种。

1. 一次偿还法

一次偿还法是在到期日按票面金额一次全部偿清本息。这是一种传统的公债偿还方法，优点是公债偿还管理工作简单易行，缺点是缺乏保值措施的情况下，公债持有人容易受到通货膨胀的影响，并且一次集中还本付息，有可能造成财政支出的急剧上升，给政府预算平衡造成较大压力。

2. 分期偿还法

分期偿还法是对一种公债规定几个还本期，每期偿还一定比例，直至公债到期时，本金全部偿清。这种偿还方法的优点是可以分散公债还本对国库的压力，缺点是手续繁杂、工作量大，债务管理的费用比较高。这种偿还方法适用于所有债券持有人。

3. 抽签偿还法

抽签偿还法是在公债偿还期内，通过定期按债券号码抽签对号以确定偿还一定比例债券，直至偿还期结束，全部债券皆中签偿清时为止。

抽签又可以分为一次性抽签和分次抽签两种。前者是指对政府发行的某期公债，在它到期前的某个时间举行抽签仪式，集中把各年度每次还本公债的号码全都抽出，予以公告；后者是对政府发行的某期公债按分批还本的次数定期抽签，以确定还本公债的号码，分几批还本就分几次抽签。这种偿还方法适用于实物券形式的公债，并且带有一定的随机性。

4. 市场购销法

市场购销法是在公债的存在期限内，通过定期或不定期地从证券市场上赎回（或称“买回”）一定比例的债券，赎回后不再卖出，一直到期满，政府持有全部或绝大部分公债。

这种偿还方法的优点是给投资者提供了中途变现的可能性，并有利于维护公债市场的价格；缺点是政府需为市场购销进行大量繁杂的工作，业务成本较大。这种偿还方法只适用于各种期限的上市公债，并以短期公债为主。市场购销法是西方国家常用的公债偿还办法。

5. 以新替旧偿还法

以新替旧偿还法是政府通过发行新债券来兑换到期的旧债券，以此达到偿还公债的目的。这种方法的优点从财政的角度看，显然增加了筹措还债资金的灵活性；从持有者的角度看，只要认为其有利，便可拥有继续持有债券的优先权；缺点是如果经常使用这种偿还方法，很可能会损害政府的信誉。

（二）公债偿还的资金来源

政府在公债到期需要还本付息时，必须有一定的资金来源。政府用于偿还公债的资金来源大致有以下几个方面。

1. 设立偿债资金

它是由政府预算设置专项基金用以偿还公债，即每年从财政收入中拨交一笔专款设立基金，由特定机关管理专供偿付公债之用，而不得用作其他用途。其有利之处在于为偿还债务提供了一个稳定的资金来源，以便于均衡各年度的还债负担，有利于把政府的正常预算与债务收支分离开，对制定正确的财政政策十分有益。其弊端在于偿债基金常被挪用而形同虚设。

2. 依赖财政盈余

依赖财政盈余即政府在预算年度结束时以当年财政收支的结余作为偿还公债的资金。这种方法的前提是政府预算要有盈余。目前世界上多数国家的财政收支很少出现盈余，因此这种方法不具有实践价值。

3. 通过预算列支

通过预算列支即将每年的公债偿还数额命名为财政支出的一个项目（如“债务还本”）而列入当年支出预算，由正常的财政收入（主要指税收）保证公债的偿还。其优点是资金来源比较稳定、可靠，手续也较简便；缺点是由于不同年份的偿债数额不同，若某年度偿债数额较大时，可能会冲击当年预算的安排和执行。

4. 举借新债

举借新债即政府通过发行新债券，为到期债务筹措偿还资金，也就是以借新债的收入作为还旧债的资金来源。这种方法既有实践上的可行性，也有理论上的合理性。正因如此，它便成为各国政府偿还公债的基本手段。然而，这种方法实际上是公债期限的延续，容易导致政府债务的膨胀，使政府陷入恶性的债务循环之中。

第四节 公债的规模、负担与效应

一、公债规模

公债规模是指公债发行数量的大小，具体表现为某个时点上国家债务的总和。

（一）公债规模的衡量指标

公债规模的衡量指标有两类：一类是表示公债规模的绝对指标；另一类是表示公债规模的相对指标。

1. 绝对指标

公债规模的绝对指标包括当年发行的公债总额、当年到期需还本付息的债务总额和历年累积的债务总额。

（1）当年发行的公债总额，指政府在某一财政年度内发行的公债数量，可以考察一国政府在某一财政年度内资金的匮乏情况，也可以反映当年公债对当年经济的影响。

（2）当年到期需还本付息的债务总额，指当年应由政府清偿的公债的本息之和，可以考察一国政府公债在当年给财政造成的压力，也可反映公债对当年财政支出的影响。

（3）历年累积的债务总额，指政府已经发行而尚未到期的公债总额，可以考察应由一国政府清偿但尚未清偿的公债总额，也反映了公债总量对经济的影响。

2. 相对指标

相对指标有公债依存度、公债偿债率、公债负担率和公债借债率。

（1）公债依存度。

公债依存度是指当年的政府债务收入与财政支出的比例关系。公债依存度从流量上反映了一个国家的财政支出中有多少是依靠发行公债筹集资金来实现的。当公债的发行量过大，公债依存度过高时，表明财政支出过分依赖公债收入，财政处于脆弱的状态，并对其未来发展构成潜在的威胁。这一指标的国际公认警戒线是：公债依存度不能超过 15%～20%；中央财政的公债依存度（当年的公债收入与中央财政支出之比）不能超过 25%～30%。

（2）公债偿债率。

公债偿债率是指当年到期的公债还本付息额与政府财政收入的比例关系。这一指标反映了政府财政的债务清偿能力。公债收入的有偿性决定了公债规模必然受到国家财政资金状况的制约，因此，要把公债规模控制在与财政收入适当的水平上。这一指标国际警戒线是 10%左右。

（3）公债负担率。

公债负担率是指当年公债累计余额与当年经济总规模的比例关系。这是从存量上反映公债规模的一个指标，是从国民经济的总体和全局来考察和把握公债数量界限的。根据世界各国的经验，发达国家的公债累积额最多不能超过当年国内生产总值的45%。由于发达国家财政收入占国内生产总值的比值较高（一般为 45%左右），所以，公债累积额大体上相当于其当年财政收入总额。据测算，我国财政的预算内收入加上预算外收入也只占国内生产总值的 20%左右，所以，我国的公债负担率应保持在 20%以内。

（4）公债借债率。

公债借债率是指当年公债发行额与当年 GDP 的比率。这一指标反映了当年 GDP 对当年公债增量的利用程度。西方发达国家的借债率一般在 3%～10%，而中国的借债率普遍低于发达国家的水平，即使与借债率较低的法国、英国和加拿大等相比，也要低 2、3 个百分点，这说明从国民经济全局来看，我国的年度债务发行规模还是存在一定空间的。

（二）公债的合理限额

1．内债的合理限额

内债的合理限额是指内债在一定条件下的最合理的数量界限，确定合理的内债规模应综合考虑以下几个因素：

（1）政府需要。内债作为政府弥补财政赤字、筹集建设资金和调节宏观经济的一种重要工具，其发行规模应当与政府需要相适应。一是取决于政府预算差额。政府预算差额扩大，则内债规模就应相应扩大；反之，则应相应缩小。二是取决于经济发展状况和政府对经济实施宏观调控的需要。经济衰退，需要政府扩大财政支出以刺激经济增长时，内债规模应随之扩大；反之，经济过度扩张，需要政府紧缩财政支出以抑制经济增长时，内债规模应随之缩小。

（2）国内承受能力。国内承受能力是制约内债规模的主要因素。从内债的资金来源看，主要取决于经济发展速度和经济发展质量，*GDP* 越大则应债能力就越强；从应债主体看，主要取决于应债主体的收入水平和财务状况。

（3）政府偿还能力。公债偿还主要依靠税收等经常性财政收入，而经常性收入的增加又主要依赖于 *GDP* 的增加。因此，衡量政府偿还能力的主要指标是公债依存度。

（4）公债的使用方向、结构和效益。公债的使用方向、结构和效益也是制约公债规模的重要因素，甚至从某种意义上说是一个决定性的因素。显然，使用方向和结构合理、经济效益和社会效益好，就可以多发些债；反之，就会限制公债的发行。

2．外债的合理限额

外债的合理限额是指政府在一定条件下举借外债的合理数量界限，其实质是政府的负担问题。确定适度的外债规模，需要考虑以下两个方面的情况：

（1）外债的清偿能力。外债的清偿能力可以运用以下指标来衡量：

① 偿债率。偿债率是指当年还本付息额占当年出口收入的比重。这是衡量一国外债水平的一个中心指标，这一比率可作为判断债务国清偿能力的高低和对它贷款风险大小的标志。按照国际惯例，安全线为 20%，危险线为 30%。

② 经济债务率。经济债务率是指当年外债余额与国内生产总值之间的比例。说明一国新创造的价值中被外国资本所占的比重。国际上公认这一比值的安全线应该小于 30%。

③ 出口债务率。出口债务率是指外债规模与出口收入之间的关系。其经济含义为当年外债余额占当年出口总收入的比重。按国际上公认的标准，这一比值应该小于 100%。

（2）国内配套能力。为了更好地控制外债规模，在实际操作中，还必须考虑一国的国内配套能力。国内配套能力主要包括如下内容：

① 资金配套。引进项目的规模能发展多大，必须考虑与国内资金的配套关系。借用外债、引进国外设备，同时要具备相应的国内配套资金，以兴建土建工程、水、电、交通等配套设施，以及购买生产原料等，只有如此才能真正形成生产能力。

② 措施配套。只有各部门、各相关主体相互协调，才有可能对外债进行有效管理。一般来说，措施配套包括税收、海关、外汇管理、经济立法，以及引进必要的技术和管理人才等。

③ 物资配套。一般借用外债是为了引进关键设备和技术，而生产原料、燃料及设备配套等主要依靠国内资源。因此，要周密计划国内有多少配套物资，有多大承受能力。

二、公债负担

公债不仅存在一个负担问题，而且如何衡量处理公债负担也是财政理论与实践的重要内容。公债负担是指公债融资的再分配效应。债券总要形成负担，这里所说的公债负担是从公债的发行、使用以及偿还的过程来考察的。公债负担有以下表现形式。

1．认购人负担

公债作为认购者收入使用权的让渡，这种让渡是暂时的，但对认购者的经济行为会产生一定的影响，可能会削减认购者的当前消费和储蓄。所以，公债发行必须考虑认购人的实际负担能力。

2．政府即债务人负担

政府借债是有偿的，到期要还本利息。尽管政府借债时获得了经济收益，但偿债却体现为一种支出，借债的过程也就是公债负担的形成过程。虽然说政府不是公债负担的最终承担者，但作为直接的债务人是一定要考虑偿还能力的。所以，借债只能量力而行。

3．纳税人负担

不论公债资金的使用方向如何、效益高低，还债的收入来最终还是税收。马克思所说的公债是一种延期的税收，就是指公债与税收的这种关系。尽管可把所缴税款看作享用政府以债务资金提供公共物品或服务的成本，但不同纳税人的税收负担是不平衡的，有些纳税人会增加额外负担。

4．代际负担

公债不仅形成一种当前的社会负担，而且在一定条件下还会向后推移，形成代际负担。就是说，由于有些公债的偿还期较长，连年以新债还旧债并不断扩大债务规模，就会形成这一代人借的债转化为下一代甚至几代人负担的问题，如果转移债务的同时为后代人创造了更多的财富或奠定了创造财富的基础，这种债务负担的转移在某种意义上被认为是正常的；如果公债收入被用于当前的消费，或者使用效率低下，留给后代人的只有净债务，那么，债务转移必将极大地影响后代人的生产和生活，导致经济增长速度放慢和未来生活水平下降。

5. 国民负担

举借外债是国外资源的净流入，但偿还外债时却是国内资源的净流出，从而产生国民负担问题。

三、公债效应

公债效应是公债对社会经济的影响。公债效应主要反映在以下三个方面。

（一）公债的资产效应

公债的资产效应是指公债发行量的变化，不仅影响国民收入，而且影响居民所持有资产的变化。在国民收入决定分析的模型中，总消费函数起着至关重要的作用，而总消费函数通常被表述为可支配的总收入和总财富的函数，也就是消费将随着收入和财富的增加而增加，当人们持有债券而增加消费时，说明公债具有资产效应。

正因为公债具有资产效应，所以公债在经济增长中具有稳定功能。由于公债的增加比税收的增加能够增加居民持有的资产（一方面，人们心中感到富有了而可能增加消费，另一方面，人们的劳动意愿可能随之下降而减少储蓄），因而发行公债在经济萧条时具有扩大消费而经济旺盛时具有抑制消费的功能，而且人们持有资产是为了预防萧条，所以经济萧条时效应更大，经济繁荣时的效应相对较小。此外，公债利息的支付，也具有稳定的作用。在萧条时期，税收收入减少，尤其是实行累进税制，税收减少的趋势更为明显，这时公债利息支付保持在一定水平上，对消费需求会起维持作用。在繁荣时期，税收收入会比国民收入增长更快，而公债利息支付是一定的，这又会起到抑制消费需求的作用。

（二）公债的需求效应

公债的需求效应是指政府通过公债融资增加支付支出，并通过支出的乘数效应增加总需求，或通过将储蓄转化为投资，并通过投资的乘数效应，拉动经济的增长。公债对总需求的影响有两种不同的情形。

1. 中央银行购买公债

中央银行购买公债相当于过去传统体制下的财政向中央银行透支或借款，也就是现在所谓的债务货币化。中央银行购买公债，银行持有公债账户增加，同时财政国库存款账户增加，财政用公债支付时，则形成企业存款和居民储蓄或手持现金，商业银行存款增加。由此推理可知，中央银行购买公债将导致银行准备金增加从而增加基础货币，对总需求发挥扩张作用，构成通货膨胀因素。当然，这种扩张效应也不是绝对的。如果中央银行每年增加的基础货币是适应经济增长而增加的基础货币，在这个限度内购买公债，就不一定发生通货膨胀；或者说，中央银行购买公债时严格限制再贷款规模，也可能不会发生货币供给过多的问题。

2. 商业银行或居民个人购买公债

商业银行或居民个人购买公债则和中央银行购买公债的情形不同。商业银行或居民个人购买公债，一般说只是购买力的转移或替代，不会产生增加货币供给从而扩张总求的效应。如果在经济繁荣时期，由下资金供求紧张，发行公债会带动利率上升，可能民间投资发生“排挤”效应，不利于民间投资的增长；如果在经济萧条时期，实际则是商业银行暂时闲置的资金转由财政使用，将居民储蓄转化为投资，弥补了储蓄与投资之间的缺口，这不仅可以推动经济的增长，而且有利于提高商业银行的效益。

（三）公债的供给效应

发行公债作为一种扩张政策，不仅具有需求效应而且同时具有供给效应，即增加供给总量和改善供给结构。比如，公债收入用于投资，一方面增加投资需求，另一方面也必然提供供给，而且由于投资领域的不同，也就同时改变供给结构。

在我国实施积极财政政策的几年中，公债投资集中力量建成了大批重大基础设施项目，办了一些多年想办而没有办的事，既增加了有效供给，也基本解除了长期存在的基础设施的“瓶颈”，改善了供给结构。

第五节 公债资金的使用与公债管理

一、公债资金的使用

（一）公债资金的使用方向

政府发行公债是将资源的使用权和支配权从私人部门转向公共部门，再将筹集到的公债资金用于公共服务提供和投资领域的过程，就是公债资金的使用过程。简单而言，公债资金的使用就是政府将筹集到的公债资金，按照一定方式和渠道，有计划得用于生产和人们生活的各个方面的分配活动。公债资金可用于以下方面：弥补财政赤字、政府投资性支出、公共消费性支出、转移性支出等方面。

公债资金的使用方向不同，将对经济和社会产生不同的影响。因此，应保证公债正确的使用方向，提高资金使用效益。在经济发展的初期，私人资本的力量比较薄弱，为了促进经济增长，政府在收入有限的情况下，通过发债为经济发展创造基础性条件是完全必要的。但是债务收入毕竟是需要偿还的。这就要求政府对债务收入的使用首先必须保证正确的使用方向，强调消费性支出一般不能安排，而应安排投资性支出，但这并不是要求财政去从事竞争性项目投资，单纯去追求盈利，而是要从事私人资本的确没有能力投资而又是社会经济发展所必需的基础性项目投资以及社会基础设施建设。在资金投向合理的条件下，还必须提高资金的使用效益，在保证实现投资目标的条件下，尽可能节约使用资金，努力做到少花钱、多办事、办好事。

（二）公债风险

公债风险是指政府在运用公债组织收入和安排支出过程中，由于财政制度和财政手段的缺陷以及多种不确定的经济因素所造成损失和困难的可能性。当出现公债无法偿还的情况，这就是所谓公债危机。公债风险不一定就必然成为公债危机，前者只是后者的潜在可能性，只要处理得当，公债风险就不会酿成公债危机。

长期以来，为避免因政府举债给国民经济造成不利影响，确保公债安全运行，我国政府一直高度重视对公债风险进行有效监控，并责成我国财政部具体负责日常管理工作。财政部结合我国国情，对我国财政赤字率和政府债务相对规模的安全警戒线进行了测算。结果表明，我国的最大财政赤字率应小于4.04%，最大安全债务相对规模在50.50%以内较为合适。我国政府债务的规模风险、偿还风险都是较低的。

二、公债管理

公债管理是指政府为了控制公债的规模和构成，调整公债购买主体的结构、选择适当的公债期限结构和利率水平，提高公债资金的使用效率等而采取的一系列措施，包括对公债活动全过程进行的组织、决策、规划、指导、监督和调节等一系列环节。

（一）公债管理的原则

公债管理的原则取决于不同国家以及同一国家不同时期的客观经济条件。现代经济运行条件下，公债管理的基本原则是：

① 政府债券必须是安全可靠的投资，到期必须立即偿还而且要随时能变现；

② 公债必须维持其货币价值，以避免通货膨胀和通货紧缩的影响；

③ 公债应当尽可能广泛地为全体公众所拥有，以配合累进所得税制，促进收入分配的公平化。

（二）公债管理的政策

所谓公债管理政策是指政府在发行新债或以新债还旧债时，通过公债种类、发行条件等政策性操作，对经济运行产生预期影响的政策。

公债管理政策需要解决一下问题：

① 在发行新公债时，是发行长期公债还是短期公债？长期公债与短期公债如何搭配组合？

② 在公开市场操作时，应将哪一种类和条件的公债作为对象？是减少短期上市未偿公债的数量而增加长期上市未偿公债的数量或是相反？从公债管理政策的角度来看，公债种类的多样化是有利的。因为，公债种类多样化一般来说都伴随着公债购买者增多，民间持有公债的数量就会增加，在费用一定的情况下，能保持政府收入的稳定。

③ 在发行公债时，如何确定公债利率？一般来说，偿还期限越长，利率就越高，但利率变化对经济的影响较小，而且利息支付比较稳定。相反，偿还期限越短，利率就越低，但利率变化对经济的影响较小。因此，利率差异导致利率变化对经济影响的不同。

④ 公债持有主体如何选择？如果以银行特别是中央银行作为购买主体，势必带来通货膨胀压力，对经济稳定产生冲击；如果以企业作为购买主体，无疑会减少企业对于实际资本的投资；如果以个人作为购买主体，可能减少消费，也可能减少私人储蓄。可见，公

债管理政策是财政政策和货币政策的延伸，对国民经济运行产生极大影响。

（三）公债管理的目标

既然公债管理政策既与财政货币政策密不可分，又是一种独立的经济政策，那么，作为更接近于财政政策的公债管理政策，其目标必须符合财政政策目标的要求。就财政政策与经济运行的关系来看，财政政策目标体系可列为三大类，即经济稳定目标（包括价格稳定目标、充分就业目标、国际收支平衡目标）、经济发展目标（包括经济增长目标、资源合理配置目标）以及收入公平分配目标。

因此，财政政策的上述目标也是公债管理政策的目标。同时，公债管理政策作为独立的政策，又有自身的目标，如扩大公债的发行和分配范围、确保政府债券的顺利推销、维持政府债券市场的稳定、尽可能降低举债成本、实现均衡的期限构成、提高公债资金的使用效益等。

公债管理政策的自身目标与财政政策总体目标之间有时会发生冲突。例如，从财政角度来说，公债管理政策的直接目标是公债的利息负担最小化，但从经济稳定的观点来看，公债发行要保持一定的流动性。这两个目标在现实中往往是对立的。如果公债总额一定，短期公债的比重若高，流动性就高，市场利率下降。利率降低意味着持有资产的价值增加，而且通过资产效应促使个人消费需求增加。同时，利率降低使企业的投资需求增加，总需求亦增加。相反，长期公债的比重若高，则流动性降低，市场利率升高，总需求减少。因此，在维持一定总需求的前提下，要适当选择使公债利息负担最小的短期公债与长期公债的搭配组合。

可见，如何确定短期公债与长期公债的搭配是公债管理重要目标之一。为了降低公债的利息成本，在经济衰退时期，由于利率水平较低，故应趁机发行长期债券，以减轻利息负担；在经济繁荣时期，则宜发行短期债券，以免增加长期公债的高利负担。可是，为了经济稳定，在经济衰退时期应当发行短期债券，以刺激总需求增加；而在经济繁荣时期，应当发行长期债券，以抑制需求过旺。这样，在政策目标上出现了两个问题：一是在公债管理政策自身目标与财政政策总体目标发生冲突时，以哪一目标为主？二是如何解决公债政策目标之间的冲突？就前一问题而言，由于公债管理政策只是财政政策的实施工具，故此，从全局来说，公债管理政策目标要服从财政政策总体目标。就后一个问题而言，如果通过货币政策能实现经济稳定，则利息费用最小化可以作为公债管理政策的主要目标。但是，如果公债管理要同时实现上述两个目标，就需要适当选择公债种类。

【关键术语】

可转让公债　不可转让公债　公债的发行　公债的流通　公债的偿还　公债规模　公债负担　公债风险

【网络资源】

1. 登录国家财政部网站（http://www.mof.gov.cn/zhengwuxinxi/caizhengshuju/）查阅 2018 年 5 月地方政府债券发行和债务余额情况。

2．登录中国财政部财政科学研究所网站（http://www.crifs.org.cn）查阅有关“控制地方债风险”的相关文献。

【独立思考】

美国10万亿美元国债背后的秘密

1940 年之后，除了少数几年外，美国基本年年有赤字，而且越来越大，然而国力也越来越强，这是为什么呢？

美国2005年的财政赤字是3 183亿美元，占财政收入的15%，当年联邦政府的债券利息开支为1 840亿美元，占全年财政开支的约8%，美国国债余额约9万亿美元。尽管如此，美国政府不仅不提高税率、不要老百姓多缴税还债，反而在布什政府期间不断减税。美国人当然缴得起更多的税，但政府还是更愿意借债花费，使赤字越来越大。这是怎么回事？这不仅有悖于我们传统的理财理念，而且有悖于一般的常理。美国这些年的经济国策真的有损其国力吗？

答案的关键还在于政府的融资成本和民间的投资回报率，只要纳税人的投资回报率高于政府公债利息，最优的国策就是：少征税，把钱留给老百姓去投资创业，藏富于民，政府尽量用公债来补充财政赤字。相反地，如果公债利息高于民间投资回报率，那么靠赤字负债发展是下策。同时，如果政府的投资回报低于民间投资回报，政府就既不应该借债发展，也不应该加税，而是要减税和退税。

举例来说，假设所得税税率是 20%，政府公债利率永远为 5%。先假定老百姓的投资回报率今后每年都是 6%。在这种情况下，如果少向老百姓征收 10 000 元税，那么老百姓把这 10 000 元用于投资后，第一年得到 600 元税前回报，其中 120 元缴税，剩下的 480 元加本金 10 000 元重新用于投资；第二年得到 628.8 元税前回报，其中 125.76 元缴税，剩下的 503.04 元加本金 10 000 元再用于投资；依此类推，年复一年，不仅老百姓的财富越滚越多，而且政府的税收也按每年 4.8%的速度增长，政府得到一个永久的税收流，这个税收流的总折现值为 60 000 元(以政府公债利率 5%作为折现率)。换言之，如果政府通过借债维系开支，把更多的钱留给老百姓投资，那么今天每少收 10 000 元的税，实际上政府最终得到的是今天值 60 000 元的未来收入流，使国家财富净增 50 000 元。如果老百姓的投资回报率是 5%，那么政府通过减税得到的额外好处为零；而如果投资回报低于 5%，则减税会吃亏。当然，如果民间投资回报远高于 5%的国债利率，那么借国债并同时减税就让这个国家发财了。其妙诀在于让老百姓收入变成资本后，就能通过利滚利、钱滚钱让国力和民财同时上涨。当民间的投资回报很可观的时候，政府增税等于“杀鸡取卵”，害民又损己。

上面的例子当然有一些理想化的假设。比如，在现实中，政府公债利率可能会不断波动，民间投资回报也会时高时低。如果是这样，那么，只有在民间投资回报与国债利率之差更大的时候，“发国债同时又减税”的国策才是最优的。

不管怎样，这个例子基本反映了美国第二次世界大战之后经济国策的总体逻辑。

美国的资本市场最发达，给美国政府提供了无限的将未来收入证券化变现的能力。由于人们对美国制度的稳定性非常有信心，美元和美国政府公债是世界投资者最为放心的增值保值手段，因此其公债利率在21世纪初保持在4%左右，这是美国老百姓所无法得到的融资成本。换句话说，如果美国民间要借钱投资，他们需要支付的利息远比美国政府要支付的利息高，在这种情况下，与其由个人或私人公司去借钱，还不如由美国政府代替老百姓借，并同时通过减税让老百姓把钱留着自己去投资。那么，美国民间的投资回报如何呢？以美国股市为例，从 1926 年到 21 世纪初，平均年回报率约为10%；二战以后，平均年回报率为 12%。相比之下，其间政府公债利率平均为 6%左右。也就是说，从1926年到21世纪初，民间投资回报率与政府公债成本间的差平均为4%，二战后为6%。

外国人和外国政府喜欢买美国国债，美国政府用低息借到这些钱后，通过减税把钱转给美国老百姓去做股票等生产性资产的投资，这种策略的效果是让美国财富超速增长。这即是自己有鸡再“借鸡生蛋”的效果。由此，人们终于明白了美国靠赤字、靠国债、靠减税做强的道理了。那么，什么时候需要开始逆转靠赤字发展的国策呢？一旦民间投资回报率相对公债利率太低，即是放弃赤字的时候。

资料来源：陈志武：《治国的金融之道》，载《经济观察报》，2006-10-23.

【思考】结合美国国债的发行情况和相关知识，说说公债对经济的促进作用。

【课后练习】

一、名词解释

1．国债　　2．凭证式国债　　3．平价发行
4．承购包销方式　　5．国债负担　　6．国债回购
7．国债负担率［中国人民大学 2009 研］　　8．国债依存度
9．国债市场

二、判断题

1．国家借款是最原始的举债形式，具有手续简便、成本费用较低等优点，因而现代国家在对民众和企业借款时仍主要采用这一方式。（　　）

2．合理的国债期限结构应该是以中长期国债为主的期限结构。（　　）

3．从政府财政角度看，溢价发行可以说是最为有利的，因为政府在发行价格上可以得到价差收入。（　　）

4．国债发行是为了弥补财政赤字，然而国债发行也可以牵动财政赤字的出现。（　　）

5．我国社会主义财政具有鲜明的生产建设性，国债发行得越多，生产建设资金就越多，也越有利于经济发展。（　　）

6．国债产生的基本条件是商品经济和信用经济的发展。（　　）

三、单项选择题

1．国债与私债的本质区别在于（　　）。

A．发行的依据或担保物不同　　B．发行的利率不同

C．发行的方式不同　　D．发行的机构不同

2．我国目前国债规模的具体情况是（　　）。

A．国债负担率高，国债依存度高　　B．国债负担率高，国债依存度低

C．国债负担率低，国债依存度高　　D．国债负担率低，国债依存度低

3．各国政府偿还国债的基本手段是（　　）。

A．设立偿债基金　　B．预算盈余

C．经常性预算收支　　D．发行新债

4．以下不是影响国债负担的因素的是（　　）。

A．认购者即债权人的负担　　B．政府即债务人的负担

C．纳税人的负担　　D．负税人的负担

5．中期国债的偿还期限是（　　）。

A．1 年　　B．2 年　　D．10 年　　C．1～10 年

6．公债与其他财政收入形式的明显区别是（　　）。

A．强制性　　B．灵活性　　C．直接返还性　　D．有偿性

7．弥补财政赤字的最佳选择是（　　）。

A．扩大内需　　B．增加公共支出

C．发行国债　　D．减少公共支出

8．商业银行购买公债的货币效应是（　　）。

A．扩张性的　　B．紧缩性的　　C．中性　　D．不确定

9．公债依存度是指（　　）。

A．当年公债发行额占当年财政收入的比重

B．当年公债累计余额占当年财政支出的比重

C．当年公债发行额占当年财政支出的比重

D．当年公债累计余额占当年 GDP 的比重

10．公债的偿债率是指（　　）。

A．累计还本付息额占国民收入的比重

B．当年还本付息额占当年国民收入的比重

C．当年还本付息额占当年财政收入的比重

D．当年还本付息额占偿债资金的比重

11．新中国成立后，1950 年我国发行的国债是（　　）。

A．国家经济建设公债　　B．人民胜利折实公债

C．国库券　　D．金边债券

12．下列指标中，反映政府偿债能力的是（　　）。

A．当年国债发行额

B．当年国债还本付息额占当年财政收入的比重

C．历年累计债务总额

D．当年国债还本付息额

13．按能否在交易市场上自由买卖为标准，国债可分为（　　）。

A．政府借款和发行债券　　B．内债和外债

C．可转让国债和不可转让国债　　D．凭证式国债和记账式国债

四、不定项选择题

1．国债以筹措和发行的性质为标准分为（　　）。

A．内债　　B．强制国债　　C．外债　　D．自由国债

2．国债的发行方式有（　　）。

A．公募法　　B．包销法　　C．公卖法　　D．摊派法

3．国债的功能包括（　　）。

A．弥补财政赤字　　B．筹集建设资金　　C．扩大内需　　D．调节经济

4．公债产生的基本条件是（　　）。

A．政府支出的需要　　B．商品货币经济高度发达

C．公债利息较高　　D．社会上存在借贷资本

5．公债的作用包括（　　）。

A．弥补财政赤字

B．调节预算收支差额

C．为加快经济建设、调节产业结构筹集资金

D．调节宏观经济运行

6．下列指标中，反映国债规模的是（　　）。

A．当年发行债务总额　　B．当年到期需要还本付息的债务总额

C．政府偿还率　　D．国债负担率

7．国债通常指国家公债的简称，按其举债的形式包括（　　）。

A．政府借款　　B．内债　　C．外债　　D．发行债券

8．国债与税收相比不同的是（　　）。

A．国债遵循信用原则，具有偿还性　　B．国债认购一般具有自愿性的原则

C．国债是以国家为主体的分配关系　　D．国家以国家信誉为基础

9．下列属于国债产生的必要条件是（　　）。

A．由国家财政上的需要　　B．有平等对立的经济关系

C．有大量闲置的货币资本　　D．有货币信用制度的发展

10．新中国成立至1979年期间，我国发行的国债有（　　）。

A．人民胜利折实公债　　B．国家经济建设公债

C．国库券　　D．转换债券

五、简答题

1. 简述并评价李嘉图等价定理。
2. 试述国债的作用以及对经济的影响。
3. 简述国债与私债的区别。
4. 如何理解国债市场的含义及其功能？

六、论述题

1. 试述我国国债市场的现状、问题和完善方式。
2. 试述国债市场的组成和功能。
3. 分析影响国债负担率升降的因素及其相互关系。
4. 比较衡量国债依存度的不同方法，并分析我国当前国债依存度的情况。

第八章 非税收收入

学习目标

☑ 熟悉非税收收入的内容和特点
☑ 熟悉政府性收费的类型和管理
☑ 熟悉国有资产收入的概念及形式
☑ 熟悉政府性基金的内涵及管理

案例导入

媒体质疑余秋雨涉嫌侵吞国有资产

上海徐家汇商城股份有限公司 2009 年 10 月 23 日完成网上发行申购和网下申购缴款，发行价为每股 16 元，募集资金 11.2 亿元。位列徐家汇第十大股东的知名学者余秋雨身价暴增 8 298.24 万元，投资 10 年回报高达 34 倍。一时间，关于涉嫌国有资产流失的说法躁动坊间。

余秋雨入驻徐家汇是巧合？

“内部职工股”是指在 20 世纪 90 年代我国进行经济体制改革的初期，股份公司按照国家有关规定，以定向募集方式设立，面向本公司职工发行的股。1999 年以前，企业上市时都会从发行额度中切割出一部分，由内部职工按公开发行定价自愿认购，徐家江的职工股也是这样产生的。然而，当新股成为“肥肉”时，内部职工股成了权力的觊觎对象，大量职工股通过潜规则流入社会，引发了一系列投机行为，造成“内部股公众化，法人股个人化”等问题。有些公司拿职工股当行贿的工具，以使公司获准上市。为了遏制这一腐败乱象，1998 年底，证监会决定停止发行职工股，并规定凡是有职工股的企业，必须清退后才能上市。余秋雨是否有侵吞国有资产之嫌，其如何拿到徐家汇 1.5%的股权是事件的关键。

为什么是余秋雨？

2001 年 12 月，职工持股会决定将所持有限公司的 24.5%股权按照不低于每股 2.85 元的价格转让。根据当时国资从竞争性领域逐步退出的国企改革精神和外资进入商业领域所受的限制，以及有关规避同业竞争的要求等因素，同时为符合《公司法》关于有限责任公司股东人数不能超过 50 人的规定，最终确定职工持股会所持股权受让方的范围为除国资和外资以及商业企业以外的符合法定要求的法人和自然人，以选择一家有实力的非国有企业受让全部股权为首选。当时，公司先后与多名有意向的潜在投资者进行了联系洽谈，但其中不少公司考虑了产业方向、投资风险等因素后，最终没有受让股权。在当时能联系到的法人和个人投者中，最后同意接每股 2.923 9 元价格以现金受让股权的只有 2 家公司和 4 名自然人，其中一名就是余秋雨。

徐家汇公告显示，其招股书中还有公司总经理金国良等自然人股东，金国良是自然人股东中的最大股东，持 4.49%的股份；在其他大股东中，有三个人是“一家三口”：孙庚祥、俞杏娟和孙玉婷，3 人共计持有发行人股份超过 1 728 万股，约占总股份的 5%。余秋雨持有 518.6 万股占 1.25%的股份位列第十位。如果余秋雨暴富是运气好，那这些人是否都是巧合呢？

2001 年余秋雨斥资 241.22 万元购入了 1.5%的股份，每股受让价格为 2.92 元。经过股份制改造转增股本之后，余秋雨持股数量增至目前的 518.64 万股。剔除公司现金分红等因素粗略计算，余秋雨的持股成本仅 0.46 元左右。据一些信息披露，加上分红，这些原始股东没有支付成本。一位了解徐家汇的匿名员工说，徐家汇的 42 位自然人股东，借着公司上市都完成了资产暴富的神话。

问题：公司改制出让职工股，退出来的职工股必然要有人来接手，关键问题是由谁来接手？怎么选择受让人？机会是否均等？商城是国有控股公司，其股权分配机制与利益分配机制有谁主导？纳税人作为国有资产的真正拥有者，知情权是首先应该保障的；其次，纳税人的收益权应该得到保障，代表纳税人持股的机构无权将利益转赠他人。

（资料来源：中国工商时报，2011 年 03 月 04 日。）

第一节　非税收收入概述

非税收收入是指除税收和政府债务收入以外的财政收入，是由各级政府、国家机关、事业单位、代行政府职能的社会团体及其他组织，依法利用政府权力、政府信誉、国家资源、国有资产，或提供特定公共服务、准公共服务取得的财政性资金，其是政府财政收入的重要组成部分。

一、非税收收入的内容

非税收收入是政府参与国民收入初次分配和再分配的一种形式，属于财政资金范畴。广义地说，非税收收入是指政府通过合法程序获得的除税收以外的一切收入。按照建立健全公共财政体制的要求，政府非税收收入管理范围包括以下内容。

（一）政府性基金收入

政府性基金收入是指各级政府及其所属部门根据法律、行政法规，以及中共中央、国务院有关文件规定，为支持某项公共事业发展，向公民、法人和其他组织无偿征收的、具有专项用途的财政资金。

（二）专项收入

专项收入是指具有特定来源、按照特定目的建立并规定有专门用途的收入，包括排污费收入、水资源费收入、教育费附加收入、矿产资源补偿费收入、内河航道养护费收入等。

（三）彩票资金收入

彩票资金收入是指政府为支持社会公益事业发展，通过发行彩票筹集的一项财政资金。

（四）政府性收费收入

政府性收费收入是指国家机关、事业单位、代行政府职能的社会团体及其他组织根据法律、行政法规、地方性法规等有关规定，依照国务院规定程序批准，在向公民、法人提供特定服务的过程中，按照成本补偿和非营利原则向特定服务对象收取的费用。

（五）罚没收入

罚没收入是指国家司法机关、依法具有行政处罚权的国家行政机关、法律法规授权的具有管理公共事务职能的组织等，依据法律、法规和规章的规定，对公民、法人或者其他组织实施处罚所取得的罚款、没收的违法所得、没收的非法财物及其变价收入等。

（六）国有资本经营收入

国有资本经营收入是政府非税收收入的重要组成部分，包括国有资本分享的企业税后利润，国有股股利、红利、股息，企业国有产权（股权）出售、拍卖、转让收益，以及依法由国有资本享有的其他收益。

（七）国有资源有偿使用收入

国有资源有偿使用收入包括土地出让收入，新增建设用地土地有偿使用费，海域使用金，探矿权和采矿权使用费及价款收入，场地和矿区使用费收入，出租汽车经营权、公共交通线路经营权、汽车号牌使用权等有偿出让取得的收入，政府举办的广播电视机构占用国家无线电频率资源取得的广告收入，利用其他国有资源取得的收入。

（八）国有资产有偿使用收入

国有资产有偿使用收入包括：国家机关、实行公务员管理的事业单位、代行政府职能的社会团体，以及其他组织的固定资产和无形资产因出租、出售、出让、转让等而取得的收入；世界文化遗产保护范围内实行特许经营项目的有偿出让收入和世界文化遗产的门票收入；利用政府投资建设的城市道路和公共场地设置停车泊位取得的收入；利用其他国有资产取得的收入。

（九）以政府名义接受的捐赠收入

以政府名义接受的捐赠收入是指以各级政府、国家机关、实行公务员管理的事业单位、代行政府职能的社会团体及其他组织名义接受的非定向捐赠货币收入，不包括定向捐赠货币收入、实物捐赠收入，以及以不实行公务员管理的事业单位，不代行政府职能的社会团体、企业、个人或者其他民间组织名义接受的捐赠收入。

（十）主管部门集中收入

主管部门集中收入主要是指国家机关、实行公务员管理的事业单位、代行政府职能的社会团体及其他组织中所属事业单位收入

（十一）政府财政资金产生的利息收入

政府财政资金产生的利息收入是指税收和非税收收入产生的利息收入，按照中国人民银行规定计息，统一纳入政府税收收入管理范围。

二、非税收收入的特点

（一）灵活性

政府非税收收入的灵活性主要表现在以下 3 个方面：

一是形式多种多样。政府非税收收入既可以按照受益原则采取收费形式收取，又可以为特定项目筹集资金而采取各种基金形式收取，还可以为校正外部效应而采取罚款形式收

取等。

二是时间灵活。有的政府非税收收入是为了政府某一特定活动的需要，而在特殊条件下出现的过渡性措施，如三峡工程建设基金等有特殊用途的基金收入，一旦完成了既定的目标，就应该“功成身退”，具有明显的阶段性和时效性的特点。

三是收取的标准灵活。各地方可以根据不同时期本地的实际情况制定不同的征收标准，比如我国幅员辽阔，各地经济发展和气候条件迥异，各地对污染的承受能力也不同，对污染采用收取排污费这种较为灵活的非税收收入方式来调节，作为地方收入由各地自行确定具体的收费标准，可以实现治理各地环境污染和维持社会的可持续发展。

因此，政府非税收收入在时间、范围、形式、标准等方面都比税收要灵活得多。税收本身具有固定性，税收制度不可能经常变更，税收政策不可能随时进行调整。但是客观情况却是复杂多样不断变化的，在立项、收费的标准制定上的灵活性，决定了政府非税收收入广泛适用性，也正因为政府非税收收入在设计和调整等方面比税收灵活，所以，在体现国家公观调控意图时，政府非税收收入具有税收无法替代的特殊调控作用。

（二）来源的不稳定性

政府非税收收入的具有不确定和不稳定的特点。由于非税收收入是对特定的行为和其他特定的管理对象征收，且该行为或该对象消失或剧减，某项非税收收入也会随之消失或剧减。例如，惩罚性收费收入中的排污费收入就取决于当地的污染状况而收取，且随着该地区治污效果的提高而减少。也正由于非税收收入的不确定和不稳定的特性，使其难以成为国家财政收入的主要来源，筹集资金也并非是收取非税收收入的主要目的。

（三）收费对象的非普遍性

政府非税收收入总是和社会管理职能结合在一起，有特定的管理对象和收取对象。对各管理面门来说，其收费对象是一定的范国。相对比较稳定，虽然收费的对象可能存在项目上的重叠和交叉，但不具有普遍性。

（四）资金使用的特定性

政府非税收收入的使用往往与其收入来源联系在一起。如政府性收费收入应用于补偿使用政府提供的公共服务的成本，罚没收入往往用于补偿外部负效应，国有资产与资源收益原则上应用于国有资产的营运和国有资源的开发利用等。

第二节 政府性收费

政府性收费（亦称为行政事业性收费）是指国家机关、事业单位、代行政府职能的社会团体及其他组织依据国务院规定程序批准，在向公民、法人提供认定服务的过程中按照成本补偿和非营利原则向特定服务对象收取的费用。

一、政府性收费的类型

（一）按收费的性质不同划分

按收费的性质不同，政府性收费可分为规费和使用费。

1. 规费

规费是指公共部门因向居民或企业提供某种特定服务或实施行政管理而收取的手续费和工本费。规费通常包括行政规费和司法规费两类。

（1）行政规费是指公共部门各种行政活动的收费，名目繁多，范围广泛，一般包括内务规费（如户籍规费）、外事规费（如护照费）、经济规费（如商标登记费、商品检验费、度量衡鉴定费）、教育规费（如毕业证书费）及其他行政规费（如注册会计师、律师、医师等执照费）。

（2）司法规费又可分两类：一是诉讼规费，如民事诉讼费、刑事诉讼费；二是非诉讼规费，如结婚登记费、出生登记费、财产转让登记费、继承登记费和遗产管理登记费等。

2. 使用费

使用费是指政府根据既定标准，向享受政府所提供的特定公共产品或服务的使用者收取的费用。使用费按照使用者的受益程度来分配，收费的标准一般通过特定的程序制定，通常低于该种产品或劳务的平均成本，如公路使用费、公共交通的车票、公园门票费、水费、电费、煤气费、教育收费、使用体育设施收费、到公共医院看病收费等。使用费的目的主要在于提高政府提供的公共设施的使用效率或避免公共产品的拥挤问题。

（二）按收费的主体不同划分

按收费的主体不同，政府性收费可分为行政性收费、事业性收费和经营性收费。

1. 行政性收费

行政性收费是指政府行政部门在履行职能、进行社会与经济管理时依法收取的费用。政府机关提供的服务种类繁多，但并非都要收取费用。只有当政府提供的服务能给某人或单位带来某种特定的权益，如证明一种权利或身份等，才进行收费。

2. 事业性收费

事业性收费是指政府授权实行事业管理的单位向服务对象收取的费用，其实质是对劳务服务的部分补偿，如学校、医院、科研单位、文化馆、体育馆、图书馆、剧院、出版社等单位向服务对象收取的费用。事业性收费对象与服务对象是统一的，征收单位不能向未享受其服务的单位或个人收取费用。

3. 经营性收费

经营性收费是指国有企业事业单位向社会提供劳务时按市场原则所收取的费用。

（三）按收费的经济效应划分

按收费的经济效应，政府性收费可分为限制性收费、准入性收费和校正性收费。

1. 限制性收费

限制性收费是指政府针对自然垄断行业边际成本递减、边际成本低于平均成本的特点，为提高社会净收益，由政府直接提供或委托经营，按公共定价方法定价所收取的费用。

2. 准入性收费

准入性收费是指政府从社会管理的角度出发，对某些行业往往实行必要的市场准入制度，通过颁发或拍卖许可证而收取的费用。准入性收费，一方面可以将一些资源使用效益不高的经营者排除在外；另一方面也可以规范经营行为，如资源开发许可、建筑许可、烟草专卖许可等。

3. 校正性收费

校正性收费是指政府针对外部不经济行为而收取的公共费用，一般按照社会治理外部负效应所需成本来核定收取。校正性收费可以迫使企业将这部分惩罚性收费计入生产成本，从而校正社会成本和私人成本的差异，使生产者负担起真实的活动成本，从而有效地限制外部不经济行为，使生产达到适度规模。

（四）按收费的层次划分

按收费的层次，政府性收费可分为中央政府收费和地方政府收费。

1. 中央政府收费

中央政府收费是指由中央政府统管的全国性收费。

2. 地方政府收费

地方政府收费是指由地方各级政府统管的收费。地方政府收费又分为省级政府收费、地市级政府收费、县级政府收费和乡镇政府收费。

二、政府性收费的管理

政府性收费属于财政资金范畴。作为财政管理体系的重要组成部分，行政事业性收费的正常运转既是实现综合财政预算管理、建立公共财政收入征收管理体制的重要途径，又是严肃财经纪律、推进反腐倡廉和依法理财的强硬手段。

（一）政府性收费管理存在的问题

1. 既得利益受到影响，理念上存在误区

这主要表现为一些部门对政府性收费的财政属性及所有权、使用权和管理权的认识不清，把政府性收费等视为单位自有资金，认为政府不必调控，财政无须管理，从而造成政府性收费管理缺位。

2. 征管主体不明确，征收行为不规范

政府性收费管理主体不明确主要表现在政府性收费由各执收单位自行征收，票据开具不规范，多人收费、多人开票现象普遍。这种多方征收、多头管理的格局，肢解了财政管理职能，增加了政府性收费管理成本，造成了“收费养人”局面，这是形成编制人员膨胀的主要根源。

3. 资金管理不到位，政府难以统筹调剂

目前对政府性收费主要是采取“收支两条线”的管理方式，未真正触及执收执罚单位利益，仍然是“谁收谁用、多收多用、多罚多返”，加上传统的“重预算内、轻预算外”

习惯势力影响，政府性收费难以全额进入预算“笼子”；财政部门在部门预算安排上采取的是“先非税后预算”的方式，这样，单位甚至财政机关相关管理部门往往不愿把政府性收费管理基数编制过高，造成科学的部门预算夹带相当成分的人力因素，从而使政府性收费预算管理流于形式，政府统筹调剂乏力。

4. 法律法规不健全，监督缺乏约束力

政府性收费在立项、定标、征收、票据管理和资金使用各个管理环节，目前还没有一套完整、统一、规范、系统的法律法规；政府性收费和罚没收入虽有一些地方性规章，但由于监督不严或不合时宜，因此政府性收费管理无章可循或有章难循。

5. 处理处罚决定难执行，违规违纪层出不穷

政府性收费管理部门级别较低，在外来压力的干涉和作用下，正常工作开展有困难，导致个别单位有恃无恐，顶风违纪现象时有发生，再加上处罚时对单位处罚得较多，很少涉及有关领导和责任人员，从而给处罚执行造成了一定的难度。

（二）加强政府性收费管理的措施

政府性收费管理是政府财政收入管理的重要组成部分，加强政府性收费管理是理顺分配关系、健全公共财政职能的客观要求。近几年来，各级财政部门在加强政府性收费管理，以及建立、健全监督管理制度等方面进行了有益探索，对规范收入分配秩序、从源头防范腐败起到了积极作用。

1. 明确管理主体，实行分级管理

政府性收费征管主体只能是管理政府资金的财政部门。因此，在管理过程中要强调财政部门的主体地位，变征收管理主体“多元”为“一元”。在财政部门内部设立专门的管理机构，负责政府性收费的全面管理工作，统一征收，统一管理，统一政策。按照社会主义公共财政的基本要求，一切政府性收费，都必须纳入财政管理的范围之内。

2. 清理整顿收费项目，推动收费政策公示制度

对现有的政府性收费进行认真的整顿和清理，坚决取消不合法的收费项目。对于重复征收的项目，应该合并的就要合并，杜绝行政机关“搭车”收费或越权收费现象的发生。对于还有必要保留的政府性收费项目，重新研究论证，公开收费政策审批权限，公开收费具体内容和征缴程序，建立收费政策公开办事机制。

3. 严格票据管理，重点抓好源头

票据的管理是政府性收费征管的源头，也是监督执收单位是否认真执行“收支两条线”规定的一个关键环节。加强票据管理总的原则是：要做到统一领发、统一使用、统一保管、统一核销和统一监督，力求票据与项目相结合、票据与收入相结合、票据与稽核相结合。

4. 深化收缴管理改革，健全收缴管理制度

政府性收费管理改革是我国财政国库管理制度改革的重要内容。第一，规范和完善政府性收费收缴方式，建立统一的收缴管理体系，按照统一规范、运行高效、监督有力的目标要求逐步完善；第二，要健全政府性收费管理制度；第三，要规范政府性收费收缴账户管理；第四，要完善政府性收费收缴管理系统建设；第五，加强政府性收费收缴执行情况分析。

5. 加快信息化建设，健全法制体系

以“金财工程”收入管理系统为基础，结合政府性收费管理的内容，设计开发管理软件，以科技为依托，实现政府性收费从票据领购到自动核销、单位开票到自动入账、银行代收到传递信息、财政处理信息到分类管理等环节的一系列工作的微机网络化管理。强化政府性收费监督检查机制。针对目前政府性收费管理无法可依的情况，有必要从法律建设入手，健全法律体系，在制度上规范和约束政府性收费项目的审批、标准制定征收管理、资金分配等工作。另外，还要强化政府性收费的监督检查，形成法律监督社会监督、职能部门监督三位一体的监督体系，在监督方式上，要将突击检查和日常监督事后检查和事前、事中监督，个案解剖和重点稽查，局部检查和整体监控等方式有机结合。真正做到问题不放过，一切行动都要做到有法可依、有章可循。

第三节 国有资产收入

一、国有资产的概念和分类

（一）国有资产的概念

在现实经济生活中，国有资产的概念有广义和狭义两种不同理解。广义的国有资产是指属于国家所有的各种财产、物资、债权和其他权益，包括国家以各种形式对企业投资所形成的经营性资产，国家通过向行政事业单位拨款形成的非经营性资产，国家依法拥有的土地、森林、河流、矿藏等资源性资产。

狭义的国有资产就是经营性国有资产，是指国家作为出资者在企业中依法拥有的资本及其权益。经营性国有资产包括企业国有资产，行政事业单位占有、使用的非经营性资产通过各种形式为获取利润转作经营的资产，国有资源中投入生产经营过程的部分。

（二）国有资产的分类

1. 按经济用途分类

按经济用途不同，国有资产可以划分为经营性国有资产和非经营性国有资产。

经营性国有资产是指国家作为出资者在企业中依法拥有的资本及其权益。具体地说，经营性国有资产是指从事产品生产、流通、经营服务等领域，以营利为主要目的，依法经营或使用产权属于国家所有的一切财产。经营性国有资产有以下几个特征，即运动性、增值性和经营方式的多样性。

非经营性国有资产是指用于事业、行政、公益服务而不直接参与生产、流通的国有资产，包括科学、教育、卫生、体育等机构使用的非经营性国有资产；国家机关、人民团体等机构使用的非经营性国有资产；部队、公安及其他直接供公共使用的非经营性国有资产。非经营性国有资产不直接参与生产经营过程和创造物质财富，但是具有重要的社会效益。

2. 按存在形态分类

按资产存在形态不同，国有资产可以划分为有形国有资产和无形国有资产。

有形国有资产是指具有价值形态和实物形态的资产，包括以下三种资产：一是固定资产，如国有的建筑物、机器设备、运输工具、铁路和桥梁等；二是流动资产，如国有企业的原材料、辅助材料、燃料、半成品、产成品等；三是资源性资产，指在人们现有的知识、科技水平条件下，对某种资源的开发，能带来一定经济价值的国有资源。

无形国有资产是指不具备实物形态，却能在一定时期里提供收益的资产，包括以下三种资产：一是国有可确指无形资产，如专利权、发明权、商标权、著作权、出版权、人力资本等；二是国有不可确指无形资产，如国有企业的商誉；三是国有非实物形态的权利，如国有金融性产权，包括债款、证券，以及由于非实物形态出资形成的权利和工业企业及国有企业单位基于包括自然资源在内的各种资源的占有形成的土地使用权、租赁权、探矿区、采矿权及其他权利。

3. 按行政隶属关系分类

按行政隶属关系不同，国有资产可划分为中央政府管理的资产和地方政府管理的资产。

4. 按所处的地理位置分类

按所处的地理位置不同，国有资产可划分为境内国有资产和境外国有资产。境内国有资产是指在一国国境范围内的国有资产，是一国国有资产的主体。境外国有资产是指一国拥有的在国境范围以外的国有资产。

5. 按照形成方式分类

按形成方式不同，国有资产可分为资源性国有资产和开发利用形成的国有资产。

资源性国有资产是指在人们现有的认识和科技水平条件下，通过开发利用能给人们带来经济价值的国有自然资源。根据《宪法》规定，除属于集体所有的森林、草原、荒地、滩涂外，其余自然资源都为国家所有，一般包括土地资源、矿产资源、森林资源、水资源、草原资源和野生动物资源等。

开发利用形成的国有资产是指国家通过加工、改制、开发利用形成的国有资产，一般包括房屋建筑物、机器设备、器具、工具、技术和知识产权等。

二、国有资产收入的概念及形式

国有资产收入是指国家凭借其所拥有的资产取得的财政收入，即经营和使用国有资产的企业、事业单位和个人把其收入的一部分交给资产所有者——国家。国有资产收入既包括经营性国有资产收入（国有资产收益），也包括非经营性国有资产的使用所带来的收入，同时还包括资源性资产、无形资产等其他国有资产的经营和使用所带来的收入。

国有资产收入的形式主要取决于国有资产的运作方式，随着国有资产运作方式的多样化，国有资产收入的形式也相应多样化。目前，国有资产收入的形式主要有以下几类。

1. 经营性国有资产收入

经营性国有资产收入主要包括企业上缴的利润、租金、股利和国有资产产权转让收入等。

（1）利润是我国国有资产收益的一般上缴形式，主要适用于国家直接经营和实行承包经营的国有企业。

（2）在实行租赁经营的方式下，国家在一定时期内让渡了国有资产的使用权和经营权，必然要求承租者对国家的这种让渡给予价值补偿。这种价值补偿量取决于出租国有资产的价值、收益能力和出租国有资产的供求状况等因素。

（3）股利是国家作为股东，凭借其持有的股份参与股份制企业利润分配取得的收入。股利包括股息和红利两部分。

（4）国有资产产权转让收入，既包括国家通过国有资产产权转让、出售、拍卖、兼并等方式取得的产权转让收入，也包括国家通过国有资产使用权转让取得的收入，如特许垄断经营收取的特许权使用费、土地使用费、国家资金贷款取得的利息收入及其他使用权转让收益。

2. 行政事业单位的国有资产收入

行政事业单位的国有资产收入的形式主要有事业收入、行政事业单位国有资产的转让收入、事业单位的投资性收入等。

3. 资源性国有资产收入

资源性国有资产收入主要包括矿产资源管理收入、水资源管理收入、土地资源管理收入、海洋资源管理收入、草原资源管理收入、河流航道使用费收入、森林采伐管理收入及其他资源管理收入等。

三、国有企业亏损补贴

国有企业在生产经营中，如果收不抵支，就会出现亏损。产生亏损的原因有很多，但总的来说，无非是两个方面的原因：一是执行国家的有关经济政策造成的，称为政策性亏损。二是由于企业自身经营管理不善造成的，称为经营性亏损。这两种亏损的性质不同，相应的弥补方法也有所区别。

（一）政策性亏损的处理

政策性亏损不是由企业主观原因造成的，而是企业按照政府计划生产某些产品或者提供某种服务而导致的亏损，所以应由国家财政予以补贴。

政策性亏损补贴一般由财政部门会同相关主管部门，根据有关政策规定，核定补贴范围、补贴形式和确定实施补贴时间。

补贴的形式分为定额补贴和计划补贴两种。定额补贴是按产品核定单位损补贴额，再乘以销量来确定补贴总数。计划补贴是按计划核定的损总额给补贴。无论哪种方法都需要财政部门认真核定，并编制年度国有企业政策性亏损补贴计划。对核批到企业的亏损补贴，一般都实行“亏损补贴包干，超额不补，减亏分成或全部留用”的方法，以促进企业挖掘内部潜力，减少亏损，提高国有资产的经营收益。

（二）经营性亏损的处理

对于国有企业的经营性亏损，国家财政原则上不予补贴，由国有企业自负盈亏。一般企业严格按照国家法律、法规的规定处理经营性亏损。承包与租赁经营企业，按照承包或租赁合同的规定上缴国家财政收益，不足部分由企业自有资金补足，直到挂账由以后年度补缴。

总之，国有资产管理部门应以积极的态度对待企业出现的经营性亏损，及时帮助企业具体分析出现经营性亏损的原因，针对不同情况，采取相应措施，改善企业经营管理，扭亏为盈。对于确属于国家宏观调控需要，遇到暂时经营困难的企业，国家可适当给予追加投资，帮助企业解决实际困难。对于处于竞争性行业或国有经济退出部门的企业，因经营不善发生亏损，可采取转让、拍卖直至破产等形式，实现国有资本的退出和国有资源的优化配置。

第四节　政府性基金

一、政府性基金的内涵

政府性基金是指各级人民政府及其所属部门根据法律、国家行政法规规定并经国务院或财政部批准，为支持某项事业发展，向公民、法人和其他组织征收的具有专项用途的资金，以及参照政府性基金管理或纳入基金预算、具有特定用途的财政资金。政府性基金主要包括各种基金（如三峡工程建设基金）、资金（如农业土地开发资金）、附加（如地方教育附加）和专项收费（如车辆通行费）等。

二、政府性基金与行政事业性收费的区别

政府性基金与行政事业性收费都是政府为提供特定社会公共产品或服务，参与国民收入分配和再分配的一种形式，是政府筹集资金的一种手段，是政府非税收收入的重要组成部分。两者的主要区别如下：

第一，从收取方式上来看，政府性基金与被征收主体一般不直接发生管理或服务关系，而行政事业性收费与具体服务的提供或管理职责的行使直接相联系。

第二，从收入性质上来看，政府性基金一般具有强制性和无偿性，因此也称政府性基金为准税收，而行政事业性收费除了专项收费以外，一般都具有补偿性的特点。

第三，从收入来源上来看，政府性基金的资金来源途径和形式较多，可以以税收、价格为载体征收，也可按销售收入，营业收入、固定资产原值等的一定比例收取。而行政事业性收费的资金来源一般只能来自于被管理或服务对象。

第四，从资金规模和使用方式上来看，政府性基金征收的数额一般都比较大，而且要严格实行专转款专用，是具有专门用途的资金，而行政事业性收费的数额一般较小，主要是用于相关管理或服务中的有关开支。

三、我国政府性基金及其管理的发展历程

我国的政府性基金除农（牧）业税附加（1958 年开征）、城镇公用事业附加（1964 年开证）、育林基金（1972 年开征）以外，都是 20 世纪 80 年代以后才正式设立的。

我国在政府性基金运行的初期，由于基金数量较少，所以并未专门为其制定具体的管

理制度，一般是将其纳入行政事业性收费而一并管理。不过，进入 20 世纪 90 年代后，随着乱收费现象在全国愈演愈烈，政府性基金的管理也出现了诸多问题，违规设立基金、专项资金挪作他用等问题在不少地区和部门都有所显现，为了及时规规划政府性基金的管理，中共中央、国务院发布了《关于坚决制止乱收费、乱罚款和各种摊派的决定》（中发〔1990〕16 号）文件、国务院、办公厅转发《财政部、审计署、监察部对各种基金进行消理登记意见的通知》（国办发〔1995〕125 号）明确规定设立政府性基金的审批权要集中到财政部。由财政部会同有关部门审批，重要的要报国务院批准。

1996 年 7 月 6 日国务院下发《关于加强预算外资金管理的决定》（国发〔1994〕29 号），再次明确政府性基金的立项审批批、征收权限都在中央和国务院，地方无权批准设立基金项目。同时，决定对地方财政部门按国家规定收取的各项税费附加，从 1996 年起不再作为预算外资金管理，统一纳入地方预算、作为地方财政的固定收入，并从 1996 年起将养路费等 13 项数额较大的政府性基金（收费）纳入财政预算管理，并在 1997 年的国家预算收支科目中设立了"基金预算收支科目"，以反映纳入预算内管理的 13 项基金的收支和按国家规定由地方财政部门收取的各项税费附加收支。同年 12 月 13 日财政部发布《财政部关于制发政府性基金预算管理办法的通知》（财预字〔1996〕435 号），分别从预算原则、预算级次划分、预算科目设置、预算编制、预算执行、结算编报等方面对政府性基金的预算管理做了具体规定。

20 世纪 90 年代末期以来，随着我国国民经济的持续快速增长，政府财力的逐步增强，国家在逐步规范政府性基金的管理。2000 年 3 月 9 日，财政部发布《关于加强政府性基金管理问题的通知》，进一步明确了财政部对政府性基金的管理权限，并重点强调要加强政府性基金的收支使用管理。2009 年 10 月 10 日，财政部发布的《关于进一步加强地方政府性基金预算管理的意见》（财预〔2009〕376 号）中指出，近年来随着深化部门预算、综合预算等改革，地方财政部门对政府性基金（以下简称基金）预算管理越来越重视，基金预算管理水平不断提高，但由于体制机制等方面的原因，目前地方基金预算管理仍不尽科学规范，存在基金预算编制比较粗放、基金预算编制范围不够完整、基金预算约束力不强、基金预算与公共财政预算之间缺乏协调和衔接等问题，要充分认识基金预算管理的重要性，深化改革，提高基金预算编制的精细化水平，加强管理，加大基金预算统筹安排力度，周密部署，积极扎实地推进基金预算管理工作。

【关键术语】

非税收收入　政府性收费　国有资产收入　政府性基金

【网络资源】

1．登录国家财政部网站（http://www.mof.gov.cn/zhengwuxinxi/caizhengshuju/）查阅 2018 年 6 月份全国彩票销售情况。

2．登录国家财政部网站（http://www.mof.gov.cn/zhengwuxinxi/caizhengshuju/）查阅 2018 年 1—6 月全国国有及国有控股企业经济运行情况。

【独立思考】

财政部关于取消、调整部分政府性基金有关政策的通知
2017年3月15日财税〔2017〕18号

发展改革委、住房城乡建设部、商务部、水利部、税务总局、中国残联，各省、自治区、直辖市财政厅（局）：

为切实减轻企业负担，促进实体经济发展，经国务院批准，现就取消、调整部分政府性基金有关政策通知如下：

一、取消城市公用事业附加和新型墙体材料专项基金。以前年度欠缴或预缴的上述政府性基金，相关执收单位应当足额征收或及时清算，并按照财政部门规定的渠道全额上缴国库或多退少补。

二、调整残疾人就业保障金征收政策。

（一）扩大残疾人就业保障金免征范围。将残疾人就业保障金免征范围，由自工商注册登记之日起3年内，在职职工总数20人（含）以下小微企业，调整为在职职工总数30人（含）以下的企业。调整免征范围后，工商注册登记未满3年、在职职工总数30人（含）以下的企业，可在剩余时期内按规定免征残疾人就业保障金。

（二）设置残疾人就业保障金征收标准上限。用人单位在职职工年平均工资未超过当地社会平均工资（用人单位所在地统计部门公布的上年度城镇单位就业人员平均工资）3倍（含）的，按用人单位在职职工年平均工资计征残疾人就业保障金；超过当地社会平均工资3倍以上的，按当地社会平均工资3倍计征残疾人就业保障金。用人单位在职职工年平均工资的计算口径，按照国家统计局关于工资总额组成的有关规定执行。

三、“十三五”期间，省、自治区、直辖市人民政府可以结合当地经济发展水平、相关公共事业和设施保障状况、社会承受能力等因素，自主决定免征、停征或减征地方水利建设基金、地方水库移民扶持基金。各省、自治区、直辖市财政部门应当将本地区出台的减免政策报财政部备案。

四、各级财政部门要切实做好经费保障工作，妥善安排相关部门和单位预算，保障其依法履行职责，积极支持相关事业发展。

五、各地区、有关部门和单位要通过广播、电视、报纸、网络等媒体，加强政策宣传解读，及时发布信息，做好舆论引导。

六、各地区、有关部门和单位要严格执行政府性基金管理有关规定，对公布取消、调整或减免的政府性基金，不得以任何理由拖延或者拒绝执行。有关部门要加强政策落实情况的监督检查，对违反规定的，应当按照《预算法》《财政违法行为处罚处分条例》等法律、行政法规规定予以处理。

七、本通知自2017年4月1日起执行。《财政部关于征收城市公用事业附加的几项规定》（〔64〕财预王字第380号）、《财政部 国家发展改革委关于印发<新型墙体材料专项基金征收使用管理办法>的通知》（财综〔2007〕77号）同时废止。

（资料来源：中华人民共和国财务部网站，http://szs.mof.gov.cn.html. ）

【思考】结合材料和统计数据说说我国政府性基金收取情况。

【课后练习】

一、名词解释

1．政府收费　2．行政性收费　3．事业性收费　4．市场准入性收费

二、判断题

1．负荷定价法是指政府在保持企业收支平衡的情况下，采取尽可能使经济福利最大化的定价方式。（　）

2．所谓公共定价是指政府提供的大量满足私人需要的“市场性物品（包括服务）”的价格的确定。（　）

3．规费是行政单位对违规和不法行为予以的惩戒。（　）

4．事业性收费是指非营利的事业单位及其类似机构在社会公共服务中，依照有关政策规定收取的费用。（　）

5．过桥费属于补偿性收费，而公路运输管理费属于集资性收费。（　）

6．政府性收费是政府为提供纯公共产品而收取的费用。（　）

7．政府性收费在用途上一般比较注重受益者与付费者之间的联系。（　）

8．对外溢性公共设施，按使用者受益状况收取费用会有助于提高该设施的使用效率。（　）

9．政府收费是对准公共产品全部成本的回收。（　）

10．事业性收费实质上是对劳务服务成本的部分补偿。（　）

11．政府收费的公平原则就是“谁受益谁负担”。（　）

12．政府收费的目的是补偿项目成本。（　）

13．收费价格又称收费标准，也称为“费率”。收费标准的确定、执行和调整是否合理，直接关系到政府收费行为的导向力度和社会效果。（　）

三、单项选择题

1．（　）是指政府直接制定自然垄断行业（如能源.通信和交通等公用事业和煤、石油、原子能、钢铁等基本品行业）的价格。

A．纯公共定价　B．管制定价　C．价格管制　D．市场性定价

2．下列不属于公共定价方法的是（　）。

A．边际成本定价　B．平均成本定价　C．二部定价　D．一次定价

3．下列费用属于补偿性收费的是（　）。

A．排污费　B．公路管理费　C．过路过桥费　D．机场建设费

4．下列项目中属于使用费的是（　）。

A．律师执照费　B．商标登记费

C．出生登记费　D．公园门票收费

5．对公共设施使用者收取使用费时，是依据使用者的（　　）。

A．收入状况　　B．能力状况　　C．受益状况　　D．财产状况

6．下列政府收费项目中，属于使用费的项目是（　　）。

A．高速公路通行费　　B．工商执照费

C．药品生产许可证费　　D．护照费

7．为了听取社会公众对政府收费定价的意见，应该建立（　　）制度。

A．价格听证　　B．价格审批　　C．价格检查　　D．价格预测

8．罚款是政府的一种何种收费（　　）。

A．专项筹集性收费　　B．事业服务性收费

C.行政管理性收费　　D．行为特许性收费

9．在公共定价中，以某项已经确定的收费标准为基础，比照核定与其相关或相类似项目的收费标准，这一思路称之为（　　）。

A．比例法　　B．成本法　　C．收益法　　D．负荷定价法

10．将多项可以相对独立和分解的收费项目综合起来，核定的一揽子收费标准，以避免分解收费、搭车收费和延伸收费，这一定价思路称之为（　　）。

A．综合法　　B．事业服务性收费

C．收益法　　D．成本法

11．在征收个体工商管理费时，工商行政管理部门对从事商品购销活动的个体商户按照营业额的0.5%～1.5%费；对从事劳务活动的个体商户按收益的2%～3%收费，这一收费的定价思路是（　　）。

A．综合法　　B．比费法　　C．收益法　　D．成本法

12．在电力、煤气、自来水、电话等行业，按需求的季节、月份、时区的高峰和非高峰的不同，有系统地制定不同的收费标准，以平衡需求状况，这一定价思路属于（　　）。

A．边际成本法　　B．负荷定价法　　C．平均成本法　　D．最大利润法

13．下列关于行政事业性收费说法正确的是（　　）。

A．行政事业性收费收入属于税收收入

B．行政事业性收费收入属于非税收收入

C．行政事业性收费依据不含任何政治权利

D．行政事业性收费依据不含任何财产所有权

14．下列关于非税收收入，说法正确的是（　　）。

A．非税收收入与税收收入呈现此消彼长的关系

B.非税收收入都是非法的

C．非税收收入就是预算外资金

D.非税收收入管理改革的目标是将其全部纳入预算

15．新中国成立后一直到改革前，我国国有企业上缴利润在预算收入科目中的称谓是（　　）。

A．国有企业利润上缴　　B．企业收入

C．非税收收入　　D．国有资产收益

四、不定项选择题

1．通常政府非税收收入中不包括（　　）。

A．公共债务收入　　B．社会保险基金　　C．使用费

D．规费　　E．A、B、C 正确

2．下列哪些是政府非税收收入（　　）。

A．行政事业性收费收入

B．政府性基金收入

C．国有资源有偿使用收入

D．国有资产有偿使用收入

E．国有资本经营收入

3．规费一般包括和（　　）。

A．行政规费　　B．司法规费　　C．使用费

D．以上都正确　　E．以上都不正确

4．下列哪些属于使用费（　　）。

A．公路使用费　　B．公共交通的车票　　C．公园门票费

D．水费、电费、煤气费　　E．教育收费

5．行政性收费主要包括（　　）。

A．管理性收费　　B．惩罚性收费　　C．资源性收费

D．以上都正确　　E．以上都不正确

6．公共定价的方法包括（　　）。

A．平均成本定价法　　B．二部定价方法　　C．负荷定价法

D．以上都正　　E．以上都不正确

7．行政规费一般包括（　　）。

A．内务规费　　B．外事规费　　C．经济规费

D．教育规费　　E．其他行政规费

五、简答题

1．政府非税收收入主要包括哪些内容？

2．非税收收入与税收在属性上的共同点和不同点是什么？

3．政府性收费应具有哪些基本的特征？

六、论述题

1．试述我国的行政性收费与事业性收费的区别。

2．分析我国税费改革的必要性。

第九章 财政预算

学习目标

- ☑ 熟悉政府预算的含义、功能及分类
- ☑ 熟悉政府预算的程序
- ☑ 掌握预算编制、预算审批、预算执行、政府决算的内容

案例导入

遏制腐败的药方之一：预算改革

2010 年 3 月，在国务院召开的廉政工作会议上，温家宝总理强调，要推进财政预算公开，让老百姓清清楚楚地知道政府花了多少钱、办了什么事，才能够有效监督政府。可是，目前我们的政府预算存在三大痼疾：一是预算和采购没什么关系，二是预算的集约化和集权化不够，三是对预算采购缺少事后监督和审计。

首先，采购跟预算基本没什么关系。我们现在基本上是给各个部门划一笔钱，至于你拿这钱采购什么东西，按照什么标准来采购，我们的预算部门基本无权过问。预算本来的目的就是要防止经手官员徇私舞弊，防止在采购过程中随意操作，而且，预算二字的本来意思就是花钱之前预先算算账。可是，我们现在越到基层，预算越是走形式。连采购都管不了的预算，还能叫预算吗？

其次，打开政府采购信息网，到处都是各地方政府的招标信息，各地方政府自己规定投标人的要求和资质，还可以不公开投标者的信息。这种独立采购的方式缺少制约，缺少规模优势。

更严重的是，我们缺少事后监督和审计。现在是怎么审计的呢？就看看有没有发票，有的话就不过问了，这样根本看不出供应商是不是有问题，定点企业在采购的过程中有没有腐败。审计方便我们可以参照香港的做法，香港审计署是独立编制，完全不和其他政府部门来往，它每年要发布两份报告书，每次发布报告书之前所有部门都睡不好，因为无论事情大小，审计署都要问责，从道路保养到档案维护，从食物标签到湿地公园，甚至连自来水的跑冒滴漏这些事情都要问责。所有这些问责都会被审计署公开披露出来的，这样任何政府部门的负责人都要面对公众和媒体的穷追猛打，搞不好仕途都会受到影响。

（资料来源：做好预算改革才能制“适度腐败”中财网，2012 年 6 月 5 日）

第一节　政府预算概述

一、政府预算的含义及功能

就公共财政本身而言，预算是指政府预算，是政府在每个财政年度的全部收支结构一览表。简言之，政府预算是经法律程序批准的政府年度财政收支计划。

政府预算作为政府的财政收支计划，首要功能是反映政府的活动范围和方向。从形式上看，政府预算按一定标准将公共收入与支出分门别类地列入特定的表格，它不仅表明了政府各部门是如何使用其经费的，也表明了政府的各项收入是从何种来源筹措的，从而能够清楚地反映政府的财政活动。从实际内容来看，政府预算的编制是政府对公共收支的计划安排，预算的执行是公共收支的筹措和使用过程，预算的执行结果又会形成决算。所以，政府预算反映着政府介入经济社会生活的范围、规模和程度。一本政府预算，就是一本政府活动的详细计划和记录。

政府预算的另一项重要功能就是控制政府支出的规模。一方面，政府的全部收支项目及其规模都纳入预算，预算能够全面反映政府的收支状况。另一方面，政府预算必须经过国家立法机关的审批才能生效，并最终形成国家的重要立法文件，这就使得政府的支出被置于立法机关和全体公民的监督和制约之下，而通过这一监督和制约，实际形成了对政府支出规模的有效控制。

二、政府预算的分类

（一）按政府级次分类

在现代社会，大多数国家都实行多级预算。比如，联邦制国家的政府预算通常由联邦政府预算、州政府预算和地方政府预算组成。根据《中华人民共和国预算法》（简称《预算法》）规定，我国实行一级政府一级预算，预算级次的设置与政权体系的层次基本对应，设立中央政府预算和地方各级政府预算。不具备设立预算条件的乡、民族乡、镇，经省、自治区、直辖市政算和地方各级政府预算府确定，可以暂不设立预算。我国政府预算主要包括两级。

1. 中央预算

中央预算即中央政府预算，是经法定程序批准的中央政府的年度财政收支计划，包括中央本级预算、中央对地方的税收返还和转移支付预算。从中央预算收入和支出构成分析，中央预算收入包括中央本级收入和地方向中央的上解收入，中央预算支出包括中央本级支出、中央对地方的税收返还和转移支付。中央预算是中央履行职能的基本财力保证，在政府预算体系中占据主导地位。

2. 地方预算

地方预算即地方政府预算，是经法定程序批准的地方各级政府的年度财政收支计划的统称，由各省、自治区、直辖市总预算组成。地方各级总预算由本级政府预算（简称本级预算）和汇总的下一级总预算组成。没有下一级预算的，总预算即指本级预算。从地方预算收入和支出构成分析，地方各级政府预算收入包括地方本级收入、上级政府对本级政府的税收返还和转移支付、下级政府的上解收入。地方各级政府预算支出包括地方本级支出、对上级政府的上解支出、对下级政府的税收返还和转移支付。地方预算是保证地方政府职能实施的财力保证，在预算管理体系中居于基础性地位。

（二）按编制形式分类

按编制形式不同，政府预算可分为单式预算和复式预算。

1. 单式预算

单式预算是将政府的全部财政收支汇集编入个统一的预算表之中，而不区分各项财政收支的经济性质的预算形式。其优点是符合预算的完整性原则，整体性强，便于立法机关审批和社会公众了解；缺点是没有把全部的财政收支按经济性质分列和分别汇集平衡，不利于政府对复杂的经济活动进行深入分析。

2. 复式预算

复式预算是把预算年度内的全部财政收支按收入来源和支出性质的不同，分别汇集编入两个或两个以上的收支对照表，从而编成两个或两个以上的预算。

复式预算的典型形式是双重预算，即按经济性质把财政收支分别编入经常预算和资本预算（又称普通预算和特别预算、经费预算和投资预算、统一基金预算和贷款基金预算等）。虽然各国使用的复式预算的名称不尽相同，但从内容上看，经常预算包括政府一般财政收支，在一般情况下，经常预算的收支应保持平衡并力争有结余，结余转入资本预算。资本预算反映政府有关公共事业的投资支出及其借款和各种资金的结余。复式预算的另外一种形式是多重预算，即由一个主预算和若干个分预算组成。

复式预算的优点在于：科学，严谨，便于政府对财政活动进行分析，有利于对收支的控制。其缺点是：复式预算总体功能较弱，编制和审批比较复杂，对预算管理水平有着较高的要求。

知识拓展

我国的政府预算

目前，我国各级政府预算由公共财政预算、政府性基金预算、国有资本经营预算和社会保险基金预算共同构成，形成了由4个预算组成的有机衔接的政府预算体系，以全面反映政府收支总量、结构和管理活动，实现政府预算的科学性、完整性和系统性。

公共财政预算是由一般预算演变而来的，是政府凭借国家政治权力，以社会管理者身份筹集以税收为主体的财政收入，用于保障和改善民生、维持国家行政职能正常运转，保障国家安全等方面的收支预算。我国各级政府从 2011 年开始向各级人民代表大会报告公共财政预算收支情况。

政府性基金预算是政府通过向社会征收基金、收费，以及出让土地、发行彩票等方式取得收入，专项用于支持特定基础设施建设和社会事业发展等方面的收支预算。我国从 1997 年开始向全国人大报告中央政府性基金收支情况，2010 年起全面编制中央和地方政府性基金预算。

国有资本经营预算是国家以所有者身份依法取得国有资本收益，并对所得收益进行分配而发生的收支预算。我国从 2008 年开始实施中央国有资本经营预算，试行范围为国资委所监管的企业、中国烟草总公司和中国邮政集团公司，以后逐步扩大实行范围。

社会保险基金预算是指根据国家社会保险和预算管理法律法规建立，反映各项社会保险基金收支的年度计划。我国自 2010 年开始试编社会保险基金预算，包括企业职工基本养老保险基金、失业保险基金、城镇职工基本医疗保险基金、工伤保险基金、生育保险基金等内容。2011 年后试编范围进步扩大到新型农村社会养老保险基金、城镇居民基本医疗保险基金和城镇居民养老保险基金，待条件成熟时，逐步过渡到编制社会保障预算。

（三）按计划指标的确定方法分类

按计划指标的确定方法不同，政府预算可分为增量预算和零基预算。

1. 增量预算

增量预算指财政收支计划指标是在以前预算年度基础上，按照新的预算年度的社会经济发展情况加以调整以后确定的。增量预算采用基数加增长的预算编制方法，较为简便，但往往不能客观地反映各预算部门和单位的现实需求，各部门经费多少，不是取决于事业的发展，而是取决于原来的基数，造成财政资金在部门之间的分配格局的固化，不利于经济结构和社会事业发展布局的调整。

2. 零基预算

零基预算指财政收支计划指标的确定，只以社会经济在预算年度的发展状况为依据，不考虑以前年度的财政收支情况。零基预算的明显优点是有利于优化支出结构，提高预算效率，控制预算规模，但要求编制单位具备科学的预测和评估方法以及统一的标准，而且工作量较大。目前，世界各国的预算主要采用增量预算方法，零基预算尚未成为确定的编制预算的一般方法，通常只用于某些具体收支项目上。

（四）按是否具有法律效力分类

按是否具有法律效力，政府预算可分为正式预算和临时预算。

1. 正式预算

正式预算是指政府依法将各预算年度的预计收支编成预算草案，经立法机关审核通过后宣告正式成立、取得法律地位的预算。

2. 临时预算

临时预算是指预算年度开始时，由于某种特殊原因使得政府编制的预算草案未能完成法律程序，因而不能依法成立，在这种情况下，为了保证正式预算成立前政府活动的正常进行而编制的暂时性的预算。这种临时性预算不具备法律效力，只是作为政府在正式预算成立前进行必要的财政收支活动的依据。

（五）按预算内容的分合分类

这里有两种理解：一是如果从预算项目（科目）的分合来看，总预算就是政府财政收支的综合计划，它分列一般经费收支和各类特别收支项目；而分预算则是建立在总预算中一般经费收支和各类特别收支基础上的详细款项。二是如果从预算的部门分合来看，部门预算如国防预算就是分预算，而各部门预算的汇总就是总预算。

三、政府预算的原则

政府预算的原则是指政府选择预算形式和体系应遵循的指导思想，也是制定政府财政收支计划的方针。目前，在财政经济理论界影响较大，并为多数国家所接受的原则主要有以下 5 条。

1. 完整性原则

这是指政府预算应该包括全部财政收支，反映政府的全部财政活动，不允许有预算之外的财政收支，也不允许有政府预算规定范围以外的财政活动。

2．统一性原则

这是指各级政府编制一个统一的预算，其中所包含的预算收入和支出都要按统一方法和口径加以计算和全额编列。

3．可靠性原则

这是指预算收支每一个项目的数字指标，都必须运用科学方法，依据充分确实的资料，进行正确的计算与填列，不得假定、估算或编造。

4．公开性原则

这是指全部财政收支必须经过立法机关审查批准，而且要采取一定形式向社会公布，政府预算反映政府的活动范围、方向与政策，与全体公民的切身利益息息相关。因此，政府预算的编制及其执行情况必须采取一定的形式公之于世，让公民了解财政收支情况，并将预算置于民众的监督之下。

5．年度性原则

任何国家政府预算的编制与执行，都要有时间上的界限，即表现为一定的期间，一般将一年作为基本单位，也就是预算年度（亦称财政年度），即预算收支起止的有限期限。所谓的年度性原则，是指政府必须按照法定的预算年度编制预算。同时不允许将不属于本年度的收支列入本年度的政府预算中。

目前，世界各国采用的预算年度有两种：一种是历年制预算年度，即从每年1月1日起至同年12月31日止，称之为历年制。目前采用历年制的国家最多，包括中国、法国、德国、比利时、奥地利、丹麦、芬兰、希腊、冰岛、意大利、荷兰、西班牙、葡萄牙、挪威和瑞士等国家。另一种是跨年制，即人为地确定一个预算年度的起止日期，这样一个预算年度就跨越两个日历年度，跨年制包括：4月制（从4月1日起至次年3月31日止为一个财政年度）、7月制（从7月1日起至次年6月30日止为一个财政年度）、10月制（从10月1日起至次年9月30日止为一个财政年度）。

四、政府预算的立法

为了保证政府预算的正确编制和执行，使预算的组织和管理走向规范化、法制化，必须有一个体现国家方针政策和预算原则的预算法。所谓预算法是调整各级政府、国家机关、社会团体在筹集和分配预算资金过程中所发生的社会关系的法律规范的总称。它是政府预算管理的法律规范，是组织和管理预算的法律依据。

（一）预算法的类型

预算法有3种类型：

（1）权责法：以划分各级预算的管理权责为内容。

（2）组织法：以预算组织和管理的基本规定为内容。

（3）程序法：以预算的编制、审查、核准的程序为主要内容。

（二）预算法的主要内容

预算法对预算关系的法律调整包括下列法律规定：

（1）作为预算法主体的国家机关、社会组织在政府预算活动中的地位、职责和权限；

（2）预算管理的基本原则和预算体系；

（3）预算收支形式及范围的划分；

（4）预算管理程序；

（5）法律责任。

（三）预算法的表现形式

预算法的表现形式是指预算法是通过什么样的法律条文、法律文件、法规和规章表述出来的。一般来说，预算法有以下几种表现形式：

（1）宪法。各国宪法是各国预算法的基本渊源，它是规定各国权力机关和行政机关在预算活动方面的权限和权利的规范，这些规范是各国预算法的最高法律形式，也是各级国家权力机关制定其他预算法规的法律依据。

（2）预算基本法。这是国家权力机关制定和颁布的预算法律，是预算工作的基本法，是规范预算活动的基本法律。如我国自 1995 年 1 月 1 日起实施的《预算法》就属于预算基本法，《预算法》共 11 章 79 条。

第一章“总则”主要阐明立法的宗旨和依据、预算管理的基本原则、预算管理级次、预算组成体系以及预算年度等预算管理方面的基本问题。

第二章“预算管理职权”主要规定各级人民代表大会及其常委会、各级人民政府、各级财政部门以及各部门、各单位在预算管理中的职责和权限。

第三章“预算收支范围”主要是对政府预算收入和支出的主要项目、各级预算收支范围的划分做出了规定。

第四章“预算编制”对预算编制形式、中央预算与地方预算编制的一些原则以及预算编制上的几个具体问题做出相应的规定。

第五章“预算审查与批准”主要规定预算审批的时间、程序等问题。

第六章“预算执行”则就各级政府、各级财政部门、预算收入征收部门、国库以及各部门、各单位在预算执行中的行为作了规范化的规定。

第七章“预算调整”主要是预算调整的概念、预算调整的程序以及有关部门在预算调整中的职责权限做出了要求。

第八章“决算”则对决算的编制要求、报送审批程序及决算审查中有关部门的职责权限做出相应规定。

第九章“监督”具体规定了各级人大及其常委会、各级人民政府、各级财政部门和审计部门对预算、决算的监督管理职权。

第十章“法律责任”则对几种预算违法行为的具体表现和对违法单位的处罚措施做出了原则规定。

第十一章“附则”对有关问题如预算外资金管理、民族自治地方预算管理问题等做了有关补充规定。

（3）预算法规。这是指中央政府以及地方各级政府制定和颁布的有关预算管理的条例、规定和办法的总称。

（4）预算规章。这是指国家行政机关及其职能部门在法律规定的范围内所颁发的各项实施细则和指令，是使预算基本法更为具体化的一种重要法律形式。

（四）预算法的调整对象

预算法的调整对象概括地讲是预算关系，它包括预算管理关系和预算收支关系两大方面。预算法所调整的预算管理关系和预算收支关系，在现实中是紧密结合在一起的，它们互相作用，共同构成了预算法的调整对象。

1. 预算管理关系

我国的《中华人民共和国宪法》和《预算法》对各预算组织在预算程序当中的具体职权和相互关系做出了明确规定：

——各级人民代表大会的职权主要包括：预算的审批权；预算、决算的监督权；对预算、决算方面不适当的决定的撤销权（各级人民代表大会有权改变或者撤销本级人民代表大会常务委员会关于预算、决算的不适当的决定）。

——各级人民代表大会常务委员会的职权主要包括：决算的审批权；预算执行的监督权；预算调整方案的审批权；对预算、决算方面不适当的决定的撤销权（各级人民代表大会常务委员会有权撤销本级人民政府和下一级人民代表大会关于预算、决算的不适当的决定）。

——各级政府的职权主要包括：预算管理具体办法的确定权，预算、决算草案的编制权；预备费动用的决定权和预算调整方案的编制权；预算执行的组织和监督权；对预算、决算方面不适当的决定的撤销权（各级政府有权改变成撤销本级各部门和下级政府关于预算、决算的不适当的决定）；按预算法规定的程序向各级人民代表大会作关于预算草案的报告，向各级人民代表大会及其常委会报告预算执行情况。

——各级财政部门的职权主要包括：具体编制本级预算、决算草案；具体组织本级预算或总预算的执行；提出本级预备费动用方案和预算调整方案；定期按预算法规定的程序向本级政府和上一级政府财政部门报告预算执行情况。

——各部门、单位的职权主要包括：各部门编制本部门预算、决算草案；组织和监督本部门预算的执行；定期向本级政府财政部门报告预算的执行情况。各单位编制本单位预算、决算草案；按照国家规定上缴预算收入，安排预算支出，并接受国家有关部门的监督。

——各级人民代表大会及其常委会、各级人民政府、各级财政部门审计部门都具有相应的预算监督管理职权：全国人民代表大会及其常务委员会对中央和地方预算、决算进行监督。县级以上地方各级人民代表大会及其常务委员会对本级和下级政府预算、决算进行监督。乡、民族乡、镇人民代表大会对本级预算、决算进行监督。各级政府监督下级政府的预算执行；下级政府应当定期向上一级政府报告预算执行情况。各级政府财政部门负责监管检查本级各部门及其所属各单位预算的执行，并向本级政府和上一级政府财政部门报告预算执行情况。各级政府审计部门对本级各部门、各单位和下级政府的预算执行、决算实行审计监督。

2. 预算收支关系

从政府预算体系构成分析，我国各级政府预算分为政府公共预算、政府性基金预算、国有资本经营预算和社会保障预算，各预算由预算收入和预算支出组成。

政府公共预算收入包括各项税收入、行政事业性收费收入、专项收入和其他收入。政府公共预算支出按照其保障功能分类，可分为一般公共服务支出，外交、公共安全、国防支出，农业、环境保护支出，教育、科技、文化、卫生、体育支出，社会保障及就业支出和其他支出；政府公共预算支出按照其经济性质和具体用途分类，包括工资福利支出、商品和服务支出，对个人和家庭的补助、对企事业单位的补贴、转移性支出、赠予、债务利息支出、债务还本支出、基本建设支出、其他资本性支出、贷款转贷及产权参股和其他支出。

政府性基金预算编制遵守“以收定支、专款专用、收支平衡、结余结转下年安排使用”的原则。政府性基金预算收入主要包括基金收入（如国家重大水利工程建设、铁路建设、旅游发展、政府住房等）、资金收入（如港口建设费、文化事业建设费、国有土地使用权出让收入、彩票公益金等），附加费收入（如公路客货运、燃油、地方教育、城市公用事业等）。政府性基金预算支出根据政府性基金收入情况安排，自求平衡，不编制赤字预算。

国有资本经营预算收入是各级人民政府及其部门、机构履行出资人职责的企业（即一级企业）上交的国有资本收益。具体包括：(1) 应交利润，即国有独资企业按规定应当上交国家的利润。(2) 国有股股利、股息，即国有控股、参股企业国有股权（股份）获得的股利、股息收入。(3) 国有产权转让收入，即转让国有产权、股权（股份）获得的收入。(4) 企业清算收入，即国有独资企业扣除清算费用后的清算净收入，国有控股、参股企业国有股权股份扣除清算费用后应分享的公司清算收入。(5) 其他国有资本收益。按照资金使用性质，国有资本经营预算支出划分为资本性支出、费用性支出和其他支出 3 种。

我国社会保障预算尚未编制，目前，只编制社会保险基金预算。由于各项社会保险基金均要求专款专用、分账核算，因此，社会保险基金预算按险种分别编制。社会保险基金收入主要包括保险费收入、财政补贴收入、其他收入和转移性收入；社会保险基金支出主要包括保险待遇支出、其他支出和转移性支出。

从政府预算级次划分来看，预算收入划分为中央预算收入和地方预算收入。预算支出划分为中央预算支出和地方预算支出。预算收入应当统筹安排使用；确需设立专用基金项目的，须经国务院批准。上级政府不得在预算之外调用下级政府预算的资金。下级政府不得挤占或者款截留属于上级政府预算的资金。

第二节　政府预算程序

预算程序又称预算周期或预算过程，它起于一个预算年度开始以前，而讫于一个预算年度结束之后。就整个政府预算程序来说，根据各阶段的主体不同，可以分为 4 个阶段：政府预算编制、政府预算审批、政府预算执行、政府决算。

一、政府预算编制

一般地说，政府预算的编制由政府行政机关负责。政府预算的编制工作基本上可以分为两步：一是预算草案的具体编制，二是预算草案的核定。

1. 预算草案的具体编制

预算草案是未经法定程序审查和批准的政府年度财政收支计划。关于预算草案的具体编制，根据主持具体编制工作的机构不同可以分为两种类型：

（1）由财政部门主持预算编制工作，内容包括收入和支出两个部分。财政部门负责指导政府各部门编制支出预算草案并审核和协调这些预算草案，同时根据种种经济统计资料和预测，编制收入预算草案，最后综合收入和支出两个部分，把预算草案交给有法定预算提案权或咨请国会审议权的个人或机构核定。属于这种类型的国家包括日本、中国等。

（2）由政府特设的预算机关主持预算编制工作，财政部门只负责编制收入预算。分开编制的原因是想通过这一方式来加强预算编制工作，保证收入和支出预算的合理性和客观性，避免财政部门统编支出和收入预算可能带来的各种矛盾。属于这种类型的国家有法国等。

2. 预算草案的核定

由财政部门或特设机构编成的预算草案要交给有法定预算提案权或咨请国会审议权的个人或机构进行核定，如内阁或总统，然后在下一预算年度开始前作为法律提案交付国家权力机关审批。这种预算草案的核定问题就是预算提案权或咨请审议权的分属问题。

依预算提案权或咨请审议权的分属不同，可以把预算的编制分成 3 种类型：一是总统预算咨请审议权，即由总统核定预算草案，如美国。二是内阁、国务院或部长会议预算提案权，属于这种类型的包括中国（国务院预算提案权）、俄罗斯（部长会议预算提案权）、日本（内阁预算提案权）等。三是委员会预算提案权，这主要指实行委员制共和政体国家，如瑞士。

二、政府预算审批

（一）预算审批机构及程序

审批政府预算的机构是国家立法机构，立法机构的具体名称则随各国政体的不同而不同。在实行民主共和制的国家中，审批政府预算的立法机构是议会，而在实行人民代表大会制的国家中，审批政府预算的立法机构是人民代表大会。

因为各国的政体不同，各国立法机构的预算控制权也各有不同。如英国、德国和日本，由于是议会的多数派才能组建政府，而且内阁成员本身就是议员，因此，虽然政府编制的预算要经议会的批准，但政府对国会的影响很大，政府总是能够利用其在议会中的多数优势使其预算方案得以通过。而在美国，由于总统是选民选举产生的，当选总统与其党派在国会中是否占多数没有必然联系，总统对国会预算审批权的影响较小。与英、德、日等国相比较，美国国会拥有的预算权力较大，不仅可以审议总统所提交的预算草案，而且可以自由增加或减少支出计划和经费额度，甚至可以自行起草预算案，这难免会经常导致立法和行政部门之间的预算争议与冲突。

我国实行人民代表大会制，各级政府预算由同级人民代表大会批准。审批的一般程序是：首先由财政部门代表本级政府向人民代表大会作预算报告并提交预算草案，然后由人大财经委员会进行具体审查并提出审查报告，提请大会审议表决。

（二）预算审批关系

预算审批关系是指各级政府编制的预算草案，应由哪级权力机关审批后才能成为执行的依据。这实际上是个预算审批级次问题，各国的政府预算都是由权力机关审批的，但在预算审批级次方面，做法不太一致。在实行单一政体的国家中，预算级次一般分为中央预算和地方预算。国家最高权力机关审批国家预算，既包括中央预算，也包括各级地方预算。但也有些国家如英国联邦议会只审批中央预算。在实行联邦制政体的国家中，预算一般分为联邦预算、州（邦、共和国）预算和各级地方预算。在这类国家中，各级权力机关只负责审批本级政府的预算，不审批下级预算。

1995年，我国颁布实施的《中华人民共和国预算法》规定，全国人民代表大会审查中央和地方预算草案，批准中央预算；县级以上地方各级人民代表大会审查本级总预算草案，批准本级预算。也就是说，全国人民代表大会只批准中央预算，不批准地方预算；县级以上地方各级人民代表大会只批准本级政府预算，不批准汇总的下一级总预算。这样规定，可以较好地解决重复审批预算的问题，同时也有利于增强各级人大和政府的责任。

三、政府预算执行

预算执行是指经法定程序批准的预算进入具体实施阶段，包括组织预算收入、拨付预算资金和预算调整等内容。

（一）政府预算收入的执行

各级预算收入征收部门是负责预算收入的征收管理机关，国家金库是具体经办预算收入的收纳及库款支拨的机关，一般由本国中央银行代理，县级以上各级政府全部收入和支出都纳入国库单一账户体系进行管理，实行国库集中收付制度。

预算收入征收部门，必须依照法律、行政法规的规定，及时、正确、足额征收应征的预算收入，不得违反法律、行政法规规定，擅自减征、缓征或者免征应征的预算收入；有预算收入上缴任务的部门和单位，必须依照法律、行政法规和国务院财政部门规定，将应当上缴的预算资金及时、足额地上缴国家金库，不得截留、占用、挪用或者拖欠。按照法律、行政法规和国务院财政部门规定，对特定专用资金可以设立财政专户，但财政专户必须纳入国库单一账户体系管理。各级政府年度预算执行中有超收收入的，除依照法律、行政法规规定安排支出外，可以用于冲减赤字，或者安排预算稳定调节基金用于补充以后年度预算资金的不足。

（二）政府预算支出的执行

在财政部门拨付资金和主管部门转拨资金时，要做到按预算拨款、按预算级次拨款、按规定的程序拨款和按进度拨款。在保证资金供应的同时，财政部门和参与预算执行的各部门、各单位要加强预算支出的控制管理。一是要控制支出用途，确保预算资金按预算规定的用途使用；二是要控制支出范围，不得任意扩大预算资金的开支范围；三是要控制支出标准，严格执行国家规定的开支标准；四是要建立健全控制管理体系，建立健全会计核算和财务管理制度，确定支出效果的考核标准，以有效发挥资金使用效益。

（三）预算费的设置

预备费是各级总预算中不规定具体用途的当年后备基金，主要用于解决在预算执行中发生的某些临时急需和事前难以预料的特殊开支。在各国的预算中，一般都设有预备费，但名称不尽相同。如美国称为后备基金，日本称为预备费，罗马尼亚称为预算后备基金。对预备费的设置比例或额度，各国法律一般未作明确规定，一般由议会在审批预算时确定。我国在《预算法》中明确规定：各级政府预算、公共预算应当按照本级政府将公共预算支出额的1%～3%设置预备费，用于当年预算执行中的严重自然灾害救灾、突发公共事件处理、重大政策调整增加的支出及其他难以预见的临时性支出。各级政府预算预备费的动用方案，由本级政府财政部门提出，报本级政府决定。

（四）预算调整

预算调整是预算执行中的一项重要工作内容。所谓预算调整，是指经过批准的各级预算，在执行过程中出现的预算变更。如：经过批准的收支平衡的预算出现赤字，或者举借债务数额增加的；需要增加预算总支出的；需要调入预算稳定调节基金，或者需要减少预算总支出的。各国关于预算调整权限的规定，大致有两种情况：

（1）预算调整权集中在议会，政府如果需要追加预算或增加临时拨款，必须提出预算调整方案，经议会审议批准。例如，法国的法律规定，政府追加预算或申请补助，要以调整财政案的方式提交议会审议批准；英国的法律规定，政府如要追加预算开支或临时拨款，必须向议会提交议案，由议会审议批准；日本的法律规定，政府需对预算进行调整并追加支出时，要由大藏大臣向国会提出报告，提交国家财政状况的书面说明和追加支出的理由。内阁在法律规定的情况下，可以按制订预算的程序编制补正预算，由国会审批后实施。我国《预算法》规定：调整预算时应当由本级政府编制预算调整方案，中央预算的调整方案应当提请全国人民代表大会常务委员会审查和批准；县级以上地方各级政府预算的调整方案应当提请本级人民代表大会常务委员会审查和批准；乡、民族乡、镇政府预算的调整方案应当提请本级人民代表大会审查和批准。未经批准，不得调整预算。

（2）除了议会有预算调整权外，政府也有部分预算调整权。例如，德国的法律规定，一般情况下追加支出，必须经议会批准，但在出现对联邦政府有重大威胁或者重大危害的突发性事件时，联邦政府可按《促进经济稳定和增长法》的规定追加预算；西班牙的法律规定，政府如果需要支拨临时款项时，财政大臣应建议政府讨论通过并向议会提交一份法律草案，由议会批准。法案中应说明扩大公共支出的财力来源。政府根据财政大臣的建议，可以特殊例外地批准拨付不可拖延的支出。但每年度最高限为国家预算款额的1%。

四、政府决算

政府决算是经法定程序批准的年度预算执行结果的会计报告。决算是预算管理过程中一个必不可少的阶段，是整个预算程序的总结和终结。

各级政府各部门、各单位在每一预算年度终了后都要按规定的时间编制决算草案。决算草案是各级政府各部门、各单位编制的未经法定程序审批和批准的预算收支的年度执行结果。编制决算草案必须符合法律、行政法规，做到收支数额准确、内容完整、报送及时。决算草案与预算草案相对应，按照预算数、调整预算数、决算数分别列出。

决算草案的审批与预算草案的审批程序相同。国务院财政部编制中央决算草案，报国务院审定后，由国务院提请全国人民代表大会常务委员会审查和批准；县级以上地方各级政府财政部门编制本级决算草案，报本级政府审定后，由本级政府提请本级人民代表大会常务委员会审查和批准；乡、民族乡、镇政府编制本级决算草案，提请本级人民代表大会审查和批准。

各级政府决算经批准后，财政部门应当向本级部门批复决算。财政部门向本级部门批复决算是为了让各部门了解本级财政部门、政府、人大常委会对本部门决算的审查结果，从而更好地总结过去一年预算执行情况，做好本年的预算管理工作。

地方各级政府应当将批准的决算及下一级政府上报备案的决算汇总，报上一级政府备案，同时报本级人民代表大会常务委员会备案。县级以上各级政府对下一级政府依照规定报送备案的决算，认为有同法律、行政法规相抵触或者有其他不当之处，需要撤销该项决算的决议时，应当提请本级人大常委会审议决定；经审议决定撤销的，该下级人大常委会应当责成本级政府重新编制决算草案，提请本级人大常委会审查和批准。实行决算的备案制度，可有效地保证上级政府对下级政府实施监督、上级人大对下级人大实施监督，保证决算的准确完整。

第三节 我国政府预算制度的改革与完善

一、我国政府预算制度的改革

1999 年 9 月，财政部在《关于改进 2000 年中央预算编制的意见》中指出，2000 年将选择部分中央部门作为编制部门预算的试点单位，细化报送全国人民代表大会预算草案的内容。以此为标志，我国的预算制度改革全面进入深化阶段。为克服传统政府预算制度的弊端，财政部近年来相继实施了以下预算改革措施：

1. 编制部门预算

部门预算是指政府部门依据国家有关政策法规及其履行职能的需要，由基层预算单位开始编制，逐级上报、审核、汇总，经财政部门审核后提交给立法机关依法批准的涵盖部门各项收支的年度财政收支计划。通俗地讲，就是“一个部门一本账”。部门预算由收入预算和支出预算组成，支出预算包括基本支出预算和项目支出预算，采取自下而上的编制方式，实行“二上二下”的编制程序。通过部门预算改革，细化了预算编制，提高了预算编制的科学化水平，完善了预算分配机制，推进了预算支出标准体系建设，强化了预算执行管理，增强了预算执行的有效性。

2. 深化“收支两条线”管理改革

2011 年起，将各级政府所有非税收入纳入预算管理，全面取消预算外资金。同时，健全非税收入预算管理制度。结合由公共财政预算、政府性基金预算、国有资本经营预算组成的政府预算体系建设，对非税收入实行分类预算管理，将属于一般预算收入性质的行政事业性收费、罚没收入、国有资源（资产）有偿使用收入、以政府名义接受的捐赠收入等纳入公共财政预算管理，与税收收入一起统筹安排使用；将具有以收定支、专款专用性质的政府性基金、土地出让收入、彩票公益金等纳入政府性基金预算管理，专项用于支持特定基础设施建设和社会事业发展；将国家以所有者身份从国家出资企业取得的国有资本经营收益纳入国有资本经营预算管理，主要用于支持国有企业改革发展和社会保障等民生支出，保证财政预算的统一性和完整性，提高预算约束力和透明度。

3. 改进政府收支分类体系

改革后的政府收支分类体系包括“收入分类”“支出功能分类”“支出经济分类”3 部分。根据 2012 年政府收支分类科目，政府收支分类体系包括：

（1）收入分类。按收入来源和性质，将预算收入分为税收收入、社会保险基金收入、非税收入、贷款转贷回收本金收入、债务收入、转移性收入等 6 类。

（2）支出功能分类。主要反映政府活动的不同功能和政策目标，具体分为：一般公共服务、外交、国防、公共安全、教育、科学技术、文化体育与传媒、社会保障和就业、社会保险基金支出、医疗卫生、节能环保、城乡社区事务、农林水事务、交通运输、资源勘探电力信息等事务、商业服务业等事务、金融监管等事务支出、地震灾后恢复重建支出、国土资源气象等事务、住房保障支出、粮油物资储备事务、预备费、国债还本付息支出、其他支出和转移性支出等类级科目。

（3）支出经济分类。主要反映政府支出的经济性质和具体用途，包括：工资福利支出、商品和服务支出、对个人和家庭的补助、对企事业单位的补贴、转移性支出、赠予、债务利息支出、债务还本支出、基本建设支出、其他资本性支出、贷款转贷及产权参股、其他支出。

这次政府收支分类改革是新中国成立以来财政分类统计体系最为重大的一次调整，直接关系到政府预算的公开透明与政府职能的合理转换。

4. 实施国库集中收付制度

国库集中收付制度改革的基本目标是改革传统的财政资金银行账户管理体系和资金缴拨方式，建立以国库单一账户体系为基础、资金缴拨以国库集中收付为主要形式的财政国库管理制度。此项改革从根本上改变了传统的财政资金运行机制，实现了由层层“中转”变“直达”。财政资金运行过程通过电子化监控系统实时监控，有效提高了预算执行透明度，强化了预算监督。

5. 推行政府采购制度

政府采购是指各级国家机关、事业单位和团体组织，使用财政性资金采购依法制定的集中采购目录以内的或者采购限额标准以上的货物、工程和服务的行为。由于政府采购按照公平、公正、公开的原则运作，便于社会各界监督，因而也被称为“阳光下”的采购。

目前，我国政府采购的规模和范围不断扩大，取得了良好的经济效益和社会效益。政府采购规模由2002年的1 009.6亿元增加到2010年的8 000亿元左右，2002—2010年，我国政府采购累计节约财政资金5 000亿元。政府采购政策的功能作用逐步显现，在推动节能环保、维护国家信息安全等方面发挥了积极作用，有力地促进了我国战略性新兴产业的发展，推动了经济发展方式转变。政府采购法制化建设不断加强，政府采购管理体制进一步完善，初步建立了以《中华人民共和国采购法》为统领、以部门规章为依托的政府采购法律制度体系，"采管分离、机构分设、政事分开、相互制约"的工作机制基本形成，以集中采购为主导、公开招标为主要采购方式的政府采购格局逐步强化，依法采购水平全面提升。

6. 建设金财工程

财政部自1999年下半年着手建立"政府财政管理信息系统"（简称GFMIS)，并于2001年开始试点。2002年初，国务院将"政府财政管理信息系统"定名为"金财工程"，并将其列为国家电子政务十二个重点工程之一。"金财工程"是利用先进的信息网络技术，支撑预算管理、国库集中收付以及财政经济景气预测等核心业务的政府财政综合管理信息系统。"金财工程"规划建设期为2003—2008年，按照"试点先行、稳步推进"的原则，分两期建设。自 1999 年以来，为支撑各项财政改革，财政部一直在推进核心业务应用软件的开发工作，并适时组织推广实施，已取得阶段性成果。

我国近年来实施的各项预算改革措施，相辅相成，规范了预算资金范围界定、预算编制、预算执行等预算管理环节，初步建立起与公共财相适应的政府预算制度框架，并在提高预算管理水平，加强预算约束方面显现出良好效果。

二、深化政府预算制度改革的基本思路

由于具体国情的制约和传统管理模式的惯性影响，我国的政府预算制度改革尚处于初级阶段，现行的政府预算制度与公共财政的要求还存在着较大差距，主要表现在：预算管理的法治化水平还较低，预算的完整性、公开性与透明度都有待提高，预算支出效率也处于较低的状态。因此，我国今后的预算改革应在继续深化部门预算、"收支两条线"管理、国库集中收付制度和政府采购等预算编制和执行环节改革的基础上，着重于进一步加强预算控制，确保预算的合规性，增强预算的透明度。在此基础上，借鉴国际先进经验，逐步构建预算支出绩效评价体系，提高预算资金的使用效益，提升政府部门的施政绩效。

（一）强化政府预算的法律效力

法治性是政府的灵魂，法治性是公共财政框架下政府预算制度的首要特征。政府预算的法治性也是预算具有较强控制力和较高透明度的重要保证。为增强我国政府预算的法治性，可以采取以下措施：

（1）推进政府预算立法的修订与完善。《预算法》的修订和完善需要在各方面的支持配合下，立足于我国的基本国情，学习国际上的成功经验，进一步增强预算法的规范性和可操作性，为预算改革提供坚实的法律框架。

（2）借鉴国外经验，在进一步细化预算编制的基础上，着手制定我国的年度《预算法案》，各收入部门必须依法管理当年收入，各支出部门必须依法开支，这是真正使预算

管理纳入法制化管理的重要措施。

（3）为了使政府预算法律和法规得到切实贯彻和执行，在不断加强预算立法的同时，还应加强执法力度，保障预算活动严格遵循既定的政府预算程序。

（二）突出立法机构在预算过程中的作用

应该看到，经过长期的预算实践，市场经济发达国家的政府预算部门具有相对较高的预算管理水平和成熟完备的技术支持保障体系，立法机构对预算过程的监督也相对较为完善。而反观我国，当前的预算过程当中，行政部门居于主导地位，立法机构尚未发挥应有的作用，预算管理的许多基础性技术手段和支持保障体系的建设还刚刚起步，政府预算部门的综合管理水平还有待于进一步提高。从我国的现实状况出发，在我国下一阶段的政府预算改革进程中，还应突出立法机构对预算过程的控制，按照依法治国方针，强化各级人大对预算的审查监督职责，发挥好立法机关在预算过程中的制约作用。这不仅有助于提高政府预算透明度，而且可以最大限度地纠正预算过程中出现的偏差，及时使预算执行结果与政策目标的偏离最小化。

（三）加快构建完整、透明的政府预算体系

以理论上讲，各类反映政府以行政权力和国有资产所有者身份集中社会资源的规模和份额，都应纳入政府预算体系管理。今后，我国应进一步完善公共财政预算，全面编制中央和地方政府性基金预算，全面推进国有资本经营预算工作，抓紧试编社会保险基金预算，待条件成熟时，逐步过渡到编制社会保障预算，建立健全4个预算有机衔接的政府预算体系，以全面反映政府收支总量、结构和管理活动，实现政府预算的科学性、完整性和系统性。

（四）深化预算编制改革

首先，安排充足的编制时间是保证预算编制质量的重要条件。从我国各级政府预算的编制情况看，需要适当提前编制时间，但其编制时间又不宜过长，以避免预算编制所依据的经济预测数据过时的情况。一般来说，在预算草案提交立法机构的最后期限之前6个月开始编制，对像我国这样的发展中国家是较为合适的。

其次，为了克服年度预算忽略预算执行前瞻性和稳定性的缺陷，可考虑根据经济发展规划，引入财政中长期计划，编制多年期预算。引进财政中长期计划，可以确定一个中长期的预算支出框架，据此编制多年期预算，可以增强预算管理的预见性和连续性。

最后，进一步细化预算编制。在编制部门预算时，应对各部门及其下属单位预算支出项目和支出内容进行详细确定和规范，不仅列示出支出总量，也列示出每一个具体的用款项目，并细化到“类”“款”“项”，甚至“目”级科目。预算科目细化以后，每年编制的收支预算要实事求是地落实到相应科目，每个收支科目还需辅之以相应的基础资料，如科目收入来源依据、科目支出分项目和单位落实情况，一并提交人代会审查，增强预算的刚性和透明度。

总之，今后预算编制改革的方向是：着力健全预算决算机制，不断提高预算安排的科学性；着力完善预算支出标准体系，不断提高预算分配的公正性；着力推动项目支出预算滚动管理，不断提高项目支出预算管理的规范性；着力推进综合预算管理，不断提高预算

编制的完整性。

（五）硬化预算执行约束

在提高预算编制质量的同时，进一步强化预算执行管理和监控功能、财政筹资和理财功能、财政运行信息分析和反映功能、宏观经济调控和政策实施功能，扩展完善现代国库管理制度的主体功能，打造“五大体系”，加快现代国库管理制度建设步伐。

（1）建设和完善安全高效的预算执行管理监控体系，确保财政资金管理的规范、高效、安全和透明。

（2）建设和完善先进完备的政府财政财务分析报告体系，准确、及时、完整地反映资金运行情况，提高对财政经济形势的前瞻性研判能力。

（3）建设和完善规范透明的政府采购管理体系，实现国家经济与社会发展政策目标。

（4）建设和完善健康稳定的国债管理体系，为财政运行提供低成本、高效率、可持续的筹资渠道。

（5）建设和完善科学高效的国库现金管理体系，在保证国库现金安全和财政支付需要的前提下，提高国库现金管理市场运作能力。

（六）构建预算绩效管理体系

今后，应该根据我国公共财政改革的总体进程，将绩效管理理念与方法逐步引入到我国的财政管理之中，本着先易后难、积极稳妥的原则，分阶段、分步骤实施，逐步建立起科学、规范的预算支出绩效评价体系。在这一过程中，应建立以财政部为主导的多层次绩效评价体系，并合理确定预算绩效评价的目标和内容，先选择绩效目标容易设定、具有一定的经济和社会影响力、能体现政府宏观政策和优先发展目标、支出增长较快的公共领域的项目进行试点，实现预算支出管理的绩效化。条件成熟时，全面实施预算绩效管理，逐步建立以绩效目标的实现为向导，以绩效评价为手段，以结果应用为保障，以改进预算管理、优化资源配置、控制节约成本、提高公共产品质量和公共服务水平为目的，覆盖所有财政性资金，贯穿预算编制、执行、监督全过程的具有中国特色的预算绩效管理体系。

（七）推进政府会计改革，逐步建立政府财务报告制度

组织研究起草我国政府财务报告制度、政府会计制度及政府会计准则，构建中国特色的政府会计管理体系；研究制定政府会计改革方案，全面规划政府会计改革工作；试编以权责发生制为基础的政府年度综合财务报告，为正式推进政府会计改革奠定基础。

【关键术语】

政府预算 预算编制　预算审批　预算执行　政府决算

【网络资源】

1．登录国家财政部网站（http://www.mof.gov.cn/zhengwuxinxi/caizhengshuju/）查阅2017年度财政部部门决算情况、2018年度财政部部门预算情况。

2．登录国家财政部网站（http://www.mof.gov.cn/zhengwuxinxi/caizhengshuju/）查阅

2017年中央决算报告、2018年中央财政预算情况。

3．登录国家财政部网站（http://www.mof.gov.cn/zhengwuxinxi/caizhengshuju/）查阅2017年度全国决算情况、2018年全国财政预算情况。

【独立思考】

新《预算法》捍卫20万亿元国家财政

2014年8月13日，十二届全国人大常委会第十次会议通过了《全国人民代表大会常务委员会关于修改<中华人民共和国预算法>的决定》(以下简称《决定》)，并重新颁布修订后的《预算法》，《决定》自2015年1月1日起实施。

新《预算法》的重大突破：

我国财政改革秉承公共财政的理念。在财政功能上，处理好政府与市场的关系，财政的作用不“越位”、不“缺位”。在预算管理上，力争做到预算完整，公开透明，科学有序，执行有效，纪律严明。新《预算法》反映了上述现代预算管理的基本要素，是现代财政制度的重要组成部分。

（1）完善政府预算体系，健全透明预算制度

近年来，随着预算管理制度改革的不断深化，我国已经取消了预算外资金，所有财政收支全部纳入政府预算，接受人民代表大会的审查监督。这一实践符合现代预算完整性的要求，体现了建立全口径预算的改革方向。因此，新《预算法》删除了有关预算外资金的内容，并明确规定：政府的全部收入和支出都应纳入预算。预算包括一般公共预算、政府性基金预算、国有资本经营预算、社会保险基金预算。同时对四项预算功能定位、编制原则及相互关系作出规定。

公开透明是现代财政制度的基本特征，是建设阳光政府、责任政府的需要。近年来我国在推进预决算公开方面做了大量工作，取得了显著成效。为巩固和扩大这一改革成果并使之规范化、制度化，新《预算法》增加规定，除涉及国家秘密的事项外，经本级人民代表大会或其常委会批准，预算、预算调整、决算、预算执行情况的报告及报表应当在批准后20日内由政府财政部门向社会公开，并对本级政府财政转移支付的安排、执行情况以及举借债务的情况等重要事项做出说明。各部门预算、决算及报表应当在本级政府财政部门批复后20日内由各部门向社会公开，并对其中的机关运行经费的安排、使用情况等重要事项做出说明。

（2）改进预算控制方式、建立跨年度预算平衡机制

原《预算法》规定预算审查的重点是收支平衡，同时要求预算收入征收部门完成上缴任务。于是在客观上带来预算执行“顺周期”问题，容易导致收入征收部门在经济增长放缓时，为完成任务收“过头税”，造成经济“雪上加霜”；而在经济过热时，为不抬高基数搞“藏富于民”，该收不收，造成经济“热上加热”。这既不利于依法征税，也会影响政府“逆周期”调控政策的效果。根据党的十八届三中全会关于“审核预算的重点由平衡状态、赤字规模向支出预算和政策拓展”的要求，新《预算法》增

加规定，各级人民代表大会预算审查的重点是：预算安排是否符合国民经济和社会发展的方针政策，收支政策是否可行，重点支出和重大投资项目的预算安排是否适当；对下级政府的转移性支出预算是否规范、适当等。为确保收入预算从约束性转向预期性，新《预算法》要求各级预算收入的编制应当与经济和社会发展水平相适应，与财政政策相衔接；各级政府不得向预算收入征收部门和单位下达收入指标。

同时，为适应经济形势发展变化和财政宏观调控的需要，新《预算法》强调，各级政府应当建立跨年度预算平衡机制。各级政府一般公共预算按照国务院的规定可以设置预算稳定调节基金，用于弥补以后年度预算资金的不足。各级政府一般公共预算年度执行中有超收收入的，只能用于冲减赤字或者补充预算稳定调节基金。省级一般公共预算年度执行中，如果出现短收，通过调入预算稳定调节基金、减少支出等方式仍不能实现收支平衡的，经本级人民代表大会或者其常委会批准，可以增列赤字，报财政部备案，并应当在下一年度预算中予以弥补。这就为今后实行中期财政规划管理，研究编制三年滚动财政规划，并强化其对年度预算的约束留出了空间。

（3）规范地方政府债务管理，严控债务风险

原《预算法》规定，“地方各级预算按照量入为出、收支平衡的原则编制，不列赤字”。但实际上，地方政府出于发展需要，采取多种方式融资，已经形成较大规模的地方政府债务。这些债务多数未纳入预算管理，脱离中央和同级人民代表大会的监督，存在一定的风险隐患。为规范地方政府债务管理，按照疏堵结合、“开前门、堵后门、筑围墙”的改革思路，新《预算法》增加了允许地方政府举借债务的规定，同时从五个方面做出限制性规定：一是限制主体，经国务院批准的省级政府可以举借债务；二是限制用途，举借债务只能用于公益性资本支出，不得用于经常性支出；三是限制规模，举借债务的规模由国务院报全国人民代表大会或者全国人民代表大会常务委员会批准，省级政府在国务院下达的限额内举借的债务，列入本级预算调整方案，报本级人民代表大会常务委员会批准；四是限制方式，举借债务只能采取发行地方政府债券的方式，不得采取其他方式筹措，除法律另有规定外，不得为任何单位和个人的债务以任何方式提供担保；五是控制风险，举借债务应当有偿还计划和稳定的偿还资金来源，国务院建立地方政府债务风险评估和预警机制、应急处置机制以及责任追究制度。这样既坚持了从严控制地方政府债务的原则，又适应了地方经济社会发展的需要，从法律上解决了地方政府债务怎么借、怎么管、怎么还的问题，有利于把地方政府融资引导到阳光下，建立起规范合理的地方政府举债融资机制；有利于人民代表大会和社会监督，防范和化解债务风险。

（4）完善转移支付制度，推进基本公共服务均等化

国家实行财政转移支付制度，是分税制财政体制改革中的成功经验，对于缩小地区间财力差距、推进基本公共服务均等化、促进区域协调发展发挥了重要作用。但在执行中，也存在专项转移支付过多、配套资金压力过大、资金下达不及时等问题。为进一步规范和完善转移支付制度，新《预算法》增加规定：财政转移支付应当规范、公平、公开，以均衡地区间基本财力、由下级政府统筹安排使用的一般性转移支付为主

体；建立健全专项转移支付定期评估和退出机制；市场竞争机制能够有效调节的事项不得设立专项转移支付；除按照国务院规定应当由上下级政府共同承担的事项外，上级政府在安排专项转移支付时不得要求下级政府承担配套资金；上级政府应当提前下达转移支付预计数，地方各级政府应当将上级提前下达的预计数编入本级预算。这将有利于优化转移支付结构，提高转移支付资金分配的科学性、公平性和公开性，有利于减少“跑部钱进”（指利用地方驻京办的关系网在各部委部门跑动“沟通”，达到要项目要资金的目的）现象和中央部门对地方事权的不适当干预，也有利于地方统筹安排预算，提高地方预算编报的完整性。

（5）坚持厉行节约，硬化预算支出约束

针对现实中存在的奢侈浪费问题，为贯彻党中央关于厉行节约反对浪费的要求，推动建设廉洁政府，新《预算法》确定了统筹兼顾、勤俭节约、量力而行、讲求绩效和收支平衡的原则。同时强调，各级预算支出的编制应当贯彻勤俭节约的原则，严格控制各部门、各单位的机关运行经费和楼堂馆所等基本建设支出。对各级政府各部门、各单位在预算之外或者超预算标准建设楼堂馆所的，责令改正，并对负有直接责任的主管人员和其他直接责任人员给予撤职、开除处分。

现代预算管理的灵魂是硬化预算对政府支出的约束，而硬化预算支出约束的关键在于不能随意开财政收支的口子。为此，新《预算法》增加规定：在预算执行中，各级政府一般不制定新的增加财政收入或者支出的政策和措施，也不制定减少财政收入的政策和措施；必须做出并需要进行预算调整的，应当在预算调整方案中做出安排。

国库集中收付制度是财政改革实践中较为成熟的制度。为体现这一改革成果，新《预算法》增加规定，国家实行国库集中收缴和集中支付制度，对政府全部收入和支出实行国库集中收付管理；各级政府应当加强对本级国库的管理和监督，按照国务院的规定完善国库现金管理，合理调节国库资金余额。

（资料来源：楼继伟：《认真贯彻新预算法 依法加强预算管理》，载《人民日报》，2014-09-01）

【思考】结合材料说说我国新《预算法》改进了哪些方面。

【课后练习】

一、名词解释

1．单式预算　　2．国库集中支付制度　　3．增量预算

4．政府采购制度　　5．复式预算　　6．零基预算

二、判断题

1．以预算分项支出的安排方式的差别为依据，国家预算可分为单式预算和复式预算。（　）

2．目前，我国预算外收入的增长速度慢于预算内收入的增长速度。（　）

3．部门预算就是按部门编制预算，改变过去长期按支出功能和收入类别编制预算的做法。（　　）

4．《中华人民共和国政府采购法》不仅适用于在中华人民共和国境内的政府采购，还适用于在国外的政府采购。（　　）

5．零基预算是指财政收支计划指标的确定只以对社会经济发展的预测为依据，不考虑以前的财政收支情况，是目前各国编制预算采用的普遍方法之一。（　　）

6．《中华人民共和国预算法》规定地方各级预算按照量入为出、收支平衡的原则编制，不列赤字。（　　）

7．在现代国家中，一级政府的总预算由本级一般财政收支和下级政府的总预算组成，对于一些特殊项目的收支预算一般单列，从而更具明确性和灵活性。（　　）

三、单项选择题

1．预算最早产生于（　　）。

A．法国　B．美国　C．英国　D．中国录

2．首次提出“财政赤字”的经济学家是（　　）。

A．亚当。斯密　B．李嘉图　C．萨缪尔森　D．凯恩斯

3．新中国第一个概算编制于（　　）。

A．1949 年 10 月　B．1949 年 11 月　C．1949 年 12 月　D．1950 年

4．在政治行为中，（　　）追求选票极大化。

A．政府部门　B．特殊利益集团　C．投票者　D．政治家

5．只以新预算年度的经济发展情况为依据确定公共收支计划指标，而不考虑以前的公共状况的预算编制方法是（　　）。

A．单式预算　B．增量预算　C．零基预算　D．增值税

6．依据马斯格雷夫的税收划分原则，以下应由地方政府征收的税种是（　　）。

A．所得税　B．财产税　C．关税　D．增值税

7．美国预算收支起止的有有效期限是（　　）。

A．当年 1 月 1 日—当年 12 月 31 日

B．当年 7 月 1 日—次年 6 月 30 日

C．当年 4 月 1 日—次年 3 月 31 日

D．当年 10 月 1 日—次年 9 月 30 日

8．以下属于财政资源配置职能的是（　　）。

A．征收个人所得税　B．建立社会保障制度

C．消除外部性　D．控制货币供应量

9．中央政府须承担的支出责任是（　　）。

A．国际贸易　B．市政建设　C．公共绿地　D．地方性公共交通

10．《中华人民共和国预算法》规定（　　）。

A．中央政府公共预算不列赤字　B．中央预算中的资本预算列赤字

C．地方各级预算列赤字　D．中央预算列赤字

11. 我国分税制预算管理体制从何时起执行？（　　）

A. 1994年1月1日　　B. 1994年3月1日

C. 1996年1月1日　　D. 1996年3月1日

12.《中华人民共和国预算法》于（　　）年通过。

A. 1994　　B. 1995　　C. 1986　　D. 1996

四、不定项选择题

1. 依据税收划分原则，适宜由中央政府征收的税收是（　　）。

A. 具有收入再分配性质的税收　　B. 税基分布不均匀的税收

C. 容易转嫁的税收　　D. 税基流动性小的税收

2. 适合于地方政府征收的税种是（　　）。

A. 营业税　　B. 房产税　　C. 个人所得税　　D. 关税

3. 中央对地方财政实行财政转移支付的理由是（　　）。

A. 加强中央政府对地方财政的宏观调控

B. 地方政府间存在财政净利益的差别

C. 辖区间的外溢性

D. 稳定宏观经济

4. 目前，我国预算外资金主要包括（　　）。

A. 地方财政部门管理的预算外资金

B. 行政事业单位管理的预算外资金

C. 国有全业主管部门管理的预算外资金

D. 未列入预算的企业收入

5. 国家预算比（　　）产生的要晚得多。

A. 税收　　B. 公债　　C. 财政补贴

D. 企业财务　　E. 复式预算

6. 全额预算管理的具体形式有（　　）。

A. 全额管理，定项补助

B. 全额管理，定额补助

C. 全部预算包干，结余留用

D. 部分预算包干，结余留用

E. 全额管理，差额补助

7. 预算的局部调整有下列哪些情况：（　　）。

A. 科目之间的经费流动　　B. 动用预备金　　C. 预算的追加与追减

D. 动用预算外资金　　E. 预算的划转

8. 预算外资金的特点是（　　）。

A. 自主性　　B. 法定性　　C. 不确定性

D. 能动性　　E. 刚性

9. 政府间收入划分应遵循的原则是（　　）。

A. 效率原则　　B. 经济原则　　C. 技术原则　　D. 恰当原则

10. 国家预算按其编制形式分为（　　）。

A. 单式预算　　B. 增量预算　　C. 复式预算　　D. 零基预算

五、简答题

1. 何谓国家预算？国家预算有哪些类别？
2. 何谓政府采购制度？
3. 简述“收支两条线”管理的基本内容。
4. 简述我国预算体系的组成及职能。

六、论述题

1. 试述国家预算管理原则。
2. 试述我国复式预算的特点及弊端。
3. 试述编制部门预算的意义及基本内容？

第十章

财政体制

学习目标

☑ 熟悉财政体制的内涵、内容和建立原则
☑ 熟悉事权与支出划分的原则和具体划分
☑ 熟悉税收划分的方式和税收权限划分
☑ 了解政府间转移支付体系和基本模式
☑ 了解分税制改革的主要内容

案例导入

江西省新余市渝水区零基预算改革探讨

在 2015 年之前，渝水区部门预算一直沿用“基数＋增长”资金分配模式，在这种传统预算管理模式中，“谁收费谁使用”“会哭的孩子有奶吃”、财政资金效益不高、部门之间贫富悬殊等现象比较普遍。同时，也因为部门财权的过度集中使得预算分配不公平而最终导致预算约束力软化。

随着财税体制改革的不断深化和新修订的《预算法》的颁布实施，传统预算管理模式越来越不适应现行财税体制改革要求，为此，改革传统预算管理模式，建立公平、公正、透明的现代财政管理制度就显得尤为迫切。

该区根据上级有关文件精神，先后推行部门预算、国库管理制度、政府采购制度等预算管理制度改革，预算管理制度逐渐完善和规范，但是，一套完整的财政资金分配、使用和管理机制尚待建立。2015 年，为进一步提高财政预算分配的科学性和公平性，强化财政预算的刚性约束，彻底打破“基数加增长”的传统观念，促进现代财政制度建设，渝水区在全市率先推行零基预算改革，在足额保障机构运转经费的基础上改革单位公用支出和专项业务经费预算分配方式，提高政府非税收入统筹力度，强化部门结余资金管理，部门预算经费实行包干使用，一年一定，不留基数。

零基预算改革以来，政府财力统筹能力明显增强，机构保障能力普遍增强，支出预算更加公平，预算约束更加刚性，财政资绩效得到有效提高，“谁收费谁使用”“会哭的孩子有奶吃”等一些传统观念基本扭转，单位之间“贫富不均”及年底“忙跑钱”现象得到有效缓解。改革方案得到了市区两级党委政府的充分肯定，区直部门普遍认可。

资料来源：中国江西网（http://jxcomment.jxnews.com.cn）

第一节　财政体制概述

一、财政体制的内涵

在我国，国家的各项职能是由各级政府共同承担的，为了保证各级政府完成一定的政治经济任务，必须在中央与地方政府、地方各级政府之间，明确划分各自的财政收支范围、财政资金支配权和财政管理权。一般地，各级政府有什么样的行政权力（事权），就应当有相应的财权，以便从财力上保证各级政府实现其职能。因此，通常所说的财政体制是指规定着中央与地方以及地方各级政府之间在财政收支划分和财政管理权限划分上的一项根本制度。在市场经济国家，通常称为政府间财政关系或财政联邦主义。以上表述包括如下几层含义：

（1）财政体制所管理和规范的对象是中央与地方政府以及各级政府之间的财政分

配关系。

（2）财政体制的核心是划分财政收支范围和财政管理职权，其实质是关于财权财力的集中与分散的一项基本制度，即财政的集权与分权。

（3）财政体制是国家经济管理体制的重要组成部分。

二、财政体制的内容

1．确立财政管理机构体系

确立财政管理机构体系，就是在财政体制中把财政管理的组织机构确定下来，并明确系统内部各机构的管理职权。这是财政体制的基本内容。只有财政管理机构体系的各个构成部分职责明确、关系协调，财政管理才有可靠的组织保障。

人类历史发展到今天，世界各国都设立了专门的财政机关来管理财政，并形成了一个庞大的管理机构系统。例如，我国早在在夏商周时期就设立了“天官冢宰”（又称太宰）管理支出，设立了“地官司徒”管理收入。我国现代组建的财政管理体系是与国家政权分级管理相适应的分级管理体系，实行一级政府、一级财政。目前的财政管理机构分为五级：中央级、省级、市级、县级、乡镇级。各级财政部门内部又设置了不同的业务机构，分别负责各项财政业务管理。

2．划分财政管理权责

财政管理权责的划分是财政体系的重要内容。世界各国无论是联邦制国家，还是中央集权制国家，都有一个财政管理职责和权限的划分问题。这种管理权责的划分就是在财政体制中，把各级财政以及同级财政各管理部门之间，在财政分配和管理上负责哪些事务、承担哪些责任、拥有哪些财权、有多大的权限等问题确定下来。这种职权的划分要与国家的政治体制和经济体制相适应、相一致。

在市场经济体制下，各级政府之间财政管理权责的划分，是以各级政府的行为目标的差异性为其基础和前提的。不同级次的政府，其行为目标的差异性又以公共需要的层次性为基础。这种不同层次的公共需要，有不同的需求范围。财政既然是一种满足社会公共需要的政府经济行为，那么国家就可以根据公共需要的覆盖面和受益范围划分为不同层次，来科学、合理地确定各级政府之间的事权范围和财政管理权责。在中央政府和地方政府之间更是如此。

3．划分财政收支范围

政府间财政收支范围的划分是财政体制的核心内容。一种财政体制是集权还是分权，是通过财政收支范围划分的集中与分散程度体现出来的。虽然如前所述，政府间职权的确定是财政收支划分的前提，两者并不是绝对的对应关系，而是相对的对应关系。

依据国际经验，政府间财政收支划分的结构呈现出这样的情况：在财政收入的划分中，侧重于中央政府；在财政支出的划分中，侧重于地方政府。也就是说，在年度财政收支总量中，划归中央政府的财政收入，超过其实质性事权（指指中央政府直接负责的事权）所相应财力的一定比例；而划归地方政府的财政收入（指第一次），又小于其所承担的实质性事权所相应的财力。这样就形成了财权与事权的不对称。

在财政体制中之所以出现这种情况，主要是基于以下两方面的考虑：① 中央政府拥有相对较多的财力，使地方政府在一定程度上依赖于中央政府的财力支持，从而有利于保证中央政府在宏观调控中的主导地位，以维护中央政府的权威。② 由于各地方发展的不均衡，中央政府可利用手中的财力进行地区间调剂。

4. 建立规范的政府间转移支付制度

政府间转移支付制度是中央政府为均衡各地方政府的财力状况，协调地区间的经济发展，将中央政府的部分财力转移地方政府使用的一种调节制度。它是财政体制的重要组部分。在现代社会里，在以分税为主要特征的分级财政体制下，政府间转移支付制度是协调中央政府地方政府财政关系的一项重要配套制度。其目的在于：（1）为地方财政提供额外收入来源，弥补地方财政收支差额，以增强地方政府提供公共产品的能力。（2）中央政府通过对地方财政的财力补贴，使地方政府财政支出行为符合中央政府宏观政策的实施要求。（3）由于地方政府提供的某些公共产品或服务，不仅为本辖区的居民所享受，而且具有外溢性。这就要求上级政府采取一定的形式对该地方给予补助。（4）在分级财政体制下，由于地区之间社会经济发展的不平衡，各地方的财力往往悬殊较大，中央政府可以通过转移支付，促进各地方经济发展的均衡化。（5）中央政府还可以利用转移支付制度促进国家某些特殊社会目标的实现。

三、建立财政体制的原则

1. 财政体制必须与国家政权结构和国家经济管理体制相适应

首先，财政管理体制必须确定分几级管理，财政的分级管理必须与国家政权结构和行政区划相一致。因为一级政权及相应的行政管理机构承担着它们职权范围内的多种事权，因此只有赋予其相应的管理财政收支的权力和财力，才能保证其职能的实现。

其次，财政管理体制既然是整个国民经济管理体制的一个重要组成部分，那么财政管理体制就必须随着国民经济管理体制的发展变化而变化。因为：第一，国民经济管理体制的变革都牵涉到财力和财权的分配问题，如企业改革、价格改革等，都和财力的分配分不开，也要求财政管理体制予以相应变革。第二，财政问题直接关系到各地方、各部门、各企事业单位和广大群众的经济利益，必须随着国民经济管理体制的变革而相应地调整财政管理体制，从而相应地调节经济利益关系，才能调动各方面的积极性。

2. 财权与事权相匹配、权责结合

财政体制主要涉及三要素：事权、财权和财力。事权，简单地说是指一级政府在公共事务和服务中应承担的任务和职责。财权是指一级政府为满足一定的支出需求而筹集财政收入的权利（要注意的是，这是指单一制下的财权，与联邦制下的财权有质的不同），包括税权和费权，形成自筹的财力。在我国分税制财政体制下，财权主要与划分相关。财力则是指一级政府可支配的财政收入，包括自筹的和上级转移的。一短而言，事权、财权和财力三要素要达到匹配，才能使一级政府运转正常。但在不同情况下，其匹配方式是不同的。相对于事权，财权和财力都是手段、是为履行特定事权服务的。但这两个手段之间无必然的连带关系，是彼此独立的，财力和财权之间无匹配关系。一般地，只要财力或者财权与事权相匹配即可，不要求三要素一一匹配。

要实现财权与事权的统一，就必须要有权与责的结合。权责与相结合反映在体制上，就是要使各级财政都有各自的收入来源和支出范围，并且要把财政支出同财政收入尽量挂起钩来。只有权与责结合了，才能切实保证财权与事权的统一。

3．公平和效率

在财政体制中，公平原则有两层含义：一是基于财力均等要求的上解负担公平；二是基于机会均等要求的发展条件公平。上解负担公平主要体现在收入划分上，按各地区经济条件来确定上解任务，使上解负担与上解能力相一致。发展条件公平主要体现在中央对地方的转移支付中，通过确定转移支付额的大小来缩小区域间财政能力的差距，使不发达地区享有与发达地区大体均等的发展条件和社会公共服务水平。

效率原则也有两层含义：一是基于优化资源配置的经济效率；二是基于这一制度有效运转的行政效率。经济效率准则是指财政体制应有利于市场机制运作，尽量避免财权财力划分对资源的合理流动和市场竞争机制的正常运作产生不利影响，特别要避免财政收支划分对政企关系的行政性强化。行政效率准则是指该制度要尽可能规范、便于操作，尽量降低体制建立和运作成本。

第二节　政府间的事权与支出范围划分

一、事权与支出划分的依据

（一）公共产品的受益范围

在市场经济条件下，各种公共产品和服务是有其特定的受益范围和区域的，而没有绝对无限的受益区域。这就意味着，社会成员对公共产品的享用程度，要受到来自地理和空间等因素所产生的不可忽视的影响。可以说，公共产品受益范围问题是公共产品理论的延伸。研究公共产品的受益范围实际上就是研究公共产品的层次性问题，进而为分析不同特征的公共产品与各级政府职责和行为目标之间的内在联系，并为科学、合理地界定和划分各级政府间事权及支出范围提供必要的依据。依据受益范围，可以将公共产品划分为下述两大类型：

1．全国性公共产品

所谓全国性公共产品，是指能够满足全国范围内居民公共消费需求的产品和服务。从理论意义上讲，全国性公共产品应该具有三个方面的突出特征：

（1）公共产品的受益范围被限定在整个国家之内，无论国土面积大小，都是如此。

（2）公共产品的受益范围在整个国家内分布相对均匀（至少提供全国性公共产品的愿望如此），且无论公共产品的内容及国土面积的大小如何，都是如此。

（3）全国性公共产品的提供者为中央政府，而不可能是某一级地方政府。较为典型的全国性公共产品包括国防、外交、全国性立法、司法和宏观经济稳定等。

2．地方性公共产品

地方性公共产品，是相对全国性公共产品而言的。具体地讲，地方性公共产品是指由各级地方政府提供只能满足某一特定区域（而非全国）范围内居民公共消费需求的产品和服务。地方性公共产品的特征主要表现在以下三个方面：

（1）地方性公共产品的提供者是各级地方政府，而不应该是中央政府。

（2）地方性公共产品的受益范围基本上被限定在某一个区域之内，并且这种受益范围在本区域内分布相对均匀（至少作为提供者的愿望是如此）。

（3）地方性公共产品的受益者主要是本辖区内居民。这就意味着，社会成员对地方性公共产品的享用程度，要受到来自地理和空间等因素的影响。例如，交通、道路、治安、路灯、电视广播节目、水利设施和防洪工程等产品的受益范围是受地域限制的，超过这一范围的居民就无法或难以获得相应的利益。

地方性公共产品之所以由地方政府而不是中央政府提供，是一个看似简单而又需要认真分析的问题。不难理解，许多地区居民之间对一定的地方性公共产品的偏好程度是各不相同的，而且各地方辖区内的居民数也会有一定的差异，由此决定着不同地区之间居民对这种地方性公共产品的需求量也各不相同。在这种情况下，若由中央政府出面提供各个地方的区域性公共产品，那么，它只能选择一个尽可能综合反映各个地方利益的“量”。虽然这个“量”也许对某一个地区有利，但对其他地区来说却可能是不合适的。相比之下，地方政府能够更好、更全面地了解本地居民对公共产品的需求偏好，从而使提供地方公共产品的经济行为更具针对性，也更具效率。

地方公共产品也有“纯”与“准”之分，并且公共产品的成分在地方政府提供的整个公共产品量中所占的比重并不算小。尽管准地方性公共产品在总体上仍然是竞争性的，但进一步的分析表明，辖区内的居民总数与每位居民所享受到的这种准公共产品的益处之间是负相关的。若当地居民人数较少，那么，准区域性公共产品为每位居民所带来的利益就比较多。然而，随着辖区内人数的增加，这种准公共产品在消费上的“拥挤”情况就会相应地扩大，它对每位居民所产生的利益以及每位居民所分担的该公共产品的成本便呈现出逆减的趋势。

比较一下气象预报与公共安全系统这两种公共产品，便可以清晰地看出“纯”与“准”公共产品之间的差异。气象预报（通过电视、电台和报纸等新闻媒介传播）提供给当地居民的利益具有竞争性，每位居民从当地气象预报中所获得的利益不会因为其他地区周民的大量移入而相应地减少或受损，所以，这种气象预测是一种较为典型的纯公共产品。相比之下，地方性公共安全系统的情况则完全不同。如果更多的居民移入本地，则势必产生诸多治安问题，造成警力分散，于是，原有公安系统对当地居民所产生的利益便会减少。

除了地方公共安全系统之外，还可以举出排水系统、公立学校等类似的例子。从上述分析可以看出，区分和判断“纯”与“准”地方性公共产品的关键是看这种公共产品的消费是否会因居民人数的增加而产生拥挤问题。

当划分公共产品的受益范围时，需要明确以下问题：① 纯公共产品并非肯定就是全国性的，准公共产品也并不一定就是地方性的。比如，路灯是典型的纯公共产品，具有非排他性和消费上的非竞争性，但是路灯的受益范围却很小，甚至仅仅局限在某一个街区之内。由此可见，即使对于纯公共产品来说，也有着全国性与地方性之分，也具有一定的层次性。② 根据公共产品本身的特征和受益广度的差异以及各级政府职责的内在要求，可以判断出，地方性公共产品需由地方政府负责提供，全国性公共产品则由中央政府出面提供。

然而，这并不意味着逆命题成立，即不能够反过来说由地方政府提供的就是地方性公共产品，由中央政府提供的就是全国性公共产品。事实上，在有的情况下，由地方政府提供的许多公共产品的受益范围虽然以本地区为主，同时也可以在一定程度上超出本区域的界限，成为对其他地区产生一定影响的公共产品。与此相似，由中央政府提供的许多公共产品，也可能仅仅在某一特定区域内释放其效应。在这一方面，中央政府对财政给予受灾地区的救灾性补助和向相对落后地区下拨的开发性补助就是比较突出的例子。

（二）中央政府与地方政府的财政职能分工

如果将公共产品的内涵与政府的财政职能联系起来，可以认为，政府进行的资源配置、政府所从事的收入再分配和政府在稳定经济方面所进行的努力及其相应的效应等，均为公共产品的重要组成部分，并且可以在中央和地方政府之间对这种职能进行相应的划分。

1. 收入分配职能的分工

从理论和实践结合的意义上讲，凡是调控性、具有全国性意义的职能，就应该由中央政府行使。可以说，收入再分配的职能具有全国性意义，收入分配职能主要应该由中央政府来承担。这样的结论，是通过分析地方政府搞个人收入再分配的低效性甚至无效性而得出的。

一般地，收入再分配政策要求具有一定的倾斜度，即把对高收入者课征的累进税收转移给低收入者，以缩小贫富差异的程度。我们假设社会成员在全国范围之内是可以自由移居的，在这种情况下，如果某一地方政府独自实施收入再分配政策，在课征较高的个人累进所得税的同时给予低收入者以较多的转移支付的话，那么，就会出现本地区高收入者移出、外地低收入者大量涌入的状况。

显而易见，这种问题的出现是与地方政府决策者的初衷大相径庭的。地方政府的本来意愿是想通过再分配政策来促进公平、减少贫穷人口，进而提高效率，实现区域内经济社会的协调、有序发展，但本区域内外分配政策的差异却在客观上使资源出现了非正常流动，从而导致了加剧贫困的后果。这样一来，也就难以促进公平和提高效率。

由此可见，地方政府实施收入再分配政策所起的正常作用是比较小的。若想使收入分配政策真正奏效，就需要承认和发挥中央政府的作用，由中央政府在全国范围内运用这一政策，这样一来，人力资源的流动就会变得合理起来，在区域间通过移居来避税或者通过移居来竞相享用政府转移支付的现象就会减轻乃至消失。

2. 稳定增长职能的分工

与收入分配的职能相似，实现经济的稳定同样也是中央政府义不容辞的职责。这样的结论，同样是通过分析地方政府实施经济稳定政策的低效性甚至无效性而得出的。通常，经济稳定和经济增长的目标集中体现为社会总供求之间的大致平衡。如果社会总供求保持了平衡，物价水平就会处于基本稳定的状态，也就有助于实现充分就业和国际收支平衡，经济增长率就是合适的。

调节社会总供求，是由政府通过有目的地协调运用财政和货币政策，产生组合效应，或单独选用财政、货币政策中的一种，来促进供求总量向平衡点移动的活动。正常条件下，全国市场是统一的、整体的，而不是分散的；地方经济的独立也是相对的，它不可能独立于其他地区的经济而存在。地方政府在调节社会总供求方面所采取的任何措施，都会超越本地域的界限，对其他地方产生影响，从而降低该措施在本地区内所产生的效应。

假设在因需求不足而导致供求失衡的情况下，某一地方政府试图独自制定和运用财政政策来刺激本地区的总需求，可供选择的主要方式不外乎有两种：增加财政支出或者减少税收。这样一来，由地方政府针对需求不足而采取的增支减收措施就可能产生一些必须注意的问题：

首先，增支减收会导致预算赤字，但地方政府的财政赤字并不容易单纯依靠地方政府自身来弥补，通过刺激经济而增加的财政收入和储蓄（或部分地用来认购公债）也不一定足以抵消赤字，并且，增发的地方政府公债券中的大部分可能会被生活在国内其他地区的居民所认购和持有，从而形成地方政府的“外债”负担；

其次，减税不仅能刺激本地区经济和增加企业及个人收入，而且也会对其他地区产生影响，因为居民所购买和消费的不只是本地企业的产品，外地企业的产品实际上也占有相当大的比重；

再次，地方政府不能控制货币供给和掌握利率杠杆，也难以有效地控制物价和对外贸易，其宏观调控政策的效应与力度就必然要打折扣。相比之下，中央政府在运用财政政策和配合运用货币政策方面处于有利的地位，并且也能起到有效的作用。从上述意义上讲，调节宏观经济运行和促进经济增长，应该是中央政府承担的职责。

3. 资源配置职能分工

与公共产品的受益范围相对应，各级政府作为不同的主体，分别在一定范围内提供用于满足社会成员不同偏好的公共产品和服务。受益范围遍及全国的公共产品，如国防、司法、航空、大规模交通运输主干设施等，应由中央政府提供。与中央政府相比，地方政府主要在较小的范围内进行资源配置，但这种配置的针对性可明显增强地方政府提供的公共产品的能力。地方政府提供的公共产品大致可以分为四类：

（1）具有区域性受益特征的基础设施，主要包括道路、交通、电力、电信、自来水、下水道、路灯、垃圾收集与处理、管道煤气，乃至港口、机场、车站等。基础设施为生产和生活提供了最基本的条件。

（2）社会服务，主要有基础教育（如九年义务教育）、医疗卫生、社会保障与社会福利、气象预报、消防、公园等。这一类型的公共产品，具有较为明显的社会公益性和半社会公益性的特征。在许多社会服务的提供过程中，也可以通过定价的方式收取一定费用。

（3）文化与传播媒介，主要包括广播、电视、报纸、杂志、出版、图书馆、文化艺术馆、博物馆、表演团体、文物与文化遗产的发掘等。当社会步入信息时代之后，人们比以往任何时候都更拥有高层次的精神享受。在这样的背景下，与文化及传播媒介等方面相关的各类公共产品，无疑会释放出相当大的社会效应。

（4）社会管理，主要由地方行行政管理机构（不含行业的经济主管部门）、公共秩序和公共安全机构等组成。无形的社会管理还应包括政府的政策及规制等。在各类地方公共产品当中，与社会管理有关的公共产品更具有供给上的非排他性和消费上的非竞争性的特点，更能够体现政府的职能和行为，因而也就属于应由地方政府提供的较纯的地方公共产品，它需要依靠强制性征税来弥补其成本和耗费。

由于上述地方性公共产品的受益特征极强，而地方政府在了解本地居民的消费偏好方面处于较佳的地位，这会有助于地方政府财政将来源于本地区的税收与本地利益切实地结合起来，从而有效提供地方公共产品和服务。

（三）蒂布特模型与地方公共产品的有效供给

亚当·斯密在其著名的《国富论》一书中谈及“看不见的手”时，曾经指出，人们从各自利益出发所做出的选择和决定会导致效益的最大化，生产者之间的竞争会使他们向消费者提供尽可能低价的一般商品。与这一研究背景相关联，查尔斯·蒂布特在 1956 年发表的《地方支出的纯理论》一文中，分析了地方政府提供公共产品的效率问题。他认为，各个地方政府之间的相互“竞争”，也会促使其更有效地提供人们所需要的公共产品和服务。这就是所谓“蒂布特模型”的基本内涵。

在研究地方公共产品需求与供给之间的关系时，蒂布特指出，社会成员之间消费偏好的不同和人口的流动性，制约着地方政府生产和提供公共产品的种类、数量和质量。如果有许多地方政府和相应的辖区，并且各地方政府分别提供类型各异的公共产品，人们选择在哪一个地方生活时要考虑的一个重要因素，便是该地方的税收和公共产品与服务的组合状况。换句话说，就是居民承担的税收负担与享受的公共产品和服务的对比。

通常，在某一地区的税收和公共服务最接近于人们的偏好的情况下，人们就会选择前去那个地区居住。通过这种“以足投票”的方式，表明了人们对某种公共产品消费和税收（价格）组合的偏好，就如同人们表明自己对市场上某种私人产品的消费偏好一样。地方政府为了赢得（或者说是迎合）民意，就必须在行使其职责的过程中充分考虑到居民的偏好。当然，值得指出的是，在人们选择居住地时，往往不仅会考虑地方财政收支组合问题，同时也会考虑其他多种因素。

蒂布特在他的模型设计中做了诸多前提性假设：第一，以足投票的消费者是完全流动的，不会由于家庭、朋友、就业或户籍等原因长期居住在某一个固定的地方。消费者可以自由地迁至能够最大限度地满足其偏好的地方；第二，人们对各个地方的公共预算都有充分的了解，即完全了解各个地区的公共支出与收入的组合情况，并且能够对这种组合上的差异做出反应，并且不掩饰其偏好和需求；第三，有诸多地方可供人们进行选择；第四，不存在就业机会问题给消费者流动造成的限制；第五，在各地方之间不存在公共产品和税收的外部性问题；第六，对于每一个地方来说，都存在着追求最优社区规模的问题，低于最低规模的地方试图吸引规模适当的人口，以降低提供公共产品的平均成本，达到最佳的社区规模。

按照蒂布特模型，在上述假设条件下，消费者是理性的，他们将会选择居住在最能满足其偏好的地方。其具体结果是：首先，各地方资源配置达到最优；其次，各社区规模达到最优；再次，有相似偏好的人聚居在一起，共同享受地方公共产品。显然，在这种情况下，人口流动向地方政府发出的信号，与市场需求向企业发出的信号极为相似。在这种情况下，地方政府的决策者就需要像企业经理一样，对各种信号做出必要的反应，并最终落实到公共收入、支出等具体行动上。

蒂布特模型提出之后，针对这一地方公共产品有效提供的理论，有相当多的文献对其局限性和有效性进行了评估。显然，蒂布特模型是建立在一系列前提性假设基础之上的。在现实生活中，蒂布特模型所依赖的各种假设条件是很难成立的。如人员的流动不可能无成本，人们不可能对各辖区之间公共产品与税收情况掌握完全的信息，辖区间公共产品的外溢性是普遍存在的等等。因此，蒂布特模型一般被人们视为关于地方公共产品的完全竞争市场理论。与此同时，在经济学家们分析财政体制中地方政府收入和支出政策变化及其影响的过程中，蒂布特模型仍然为之提供了一定的依据：在现实生活中，许多人和家庭的迁移确实受到了不同地方之间公共预算差异的影响。

二、事权与支出划分的原则

西方经济学者提出许多政府事权与支出的划分原则，这些观点对西方各国财政支出的实践产生了重要影响，使得各级政府的财政支出与其职责范围之间形成了密切的对应关系。其中，具有代表性的事权与支出划分原则包括：

关于划分中央与地方财政支出的问题，英国财政学者巴斯特布尔提出了以下重要原则：① 受益原则。凡政府所提供的服务，其受益对象是全国民众的，则支出应属于中央政府的公共支出；凡其受益对象是某一局部区域内的地方居民的，则支出应属于地方政府的公共支出。② 行动原则。凡政府公共服务领域或财政活动在实施过程中是必须统一规划的，其支出应属于中央政府的公共支出；凡政府公共活动在实施过程中是必须因地制宜的，其支出应属于地方政府的公共支出。③ 技术原则。凡政府活动或公共工程的规模庞大，需要高度技术才能完成的，则其支出应归中央政府的公共支出，否则应属于地方政府的公共支出。

美国经济学者阿图·埃克斯坦更重视决策程序问题，认为与中央政府决策相比较，地方政府通过一项决策程序所需的时间更短一些。中央决策即使是科学的，也常常会因为决策程序过长而严重影响时效性。地方政府决策更能够符合本地居民的利益，体现居民的偏好和习惯，因而主张除国防、外交、国家管理等项支出需由中央财政承担之外，其他事权与支出应主要由地方财政负责。埃克斯坦还把公共产品的层次性问题看作是公共财政的重要内容，认为财政学最具有意义的问题之一，是确定哪一级政府最适合于处理哪一项公共事务。

美国经济学者赛力格曼在强调以效率为标准划分支出的同时，还提出规模较大的支出归中央财政，规模较小的支出归地方财政。

美国财政学者费雪在分析地方财政支出时认为，外溢性较小和地方性较强的公共产品，包括基础设施、警察、消防等，更适合由地方政府提供。

综合上述事权与支出划分原则，并结合事权与支出划分的理论依据，在通常情况下，应该按照如下原则来指导各级政府间的事权与支出划分：

（1）全国性的公共产品应该由中央政府出面提供。全国性的公共产品和服务一般包括国防、外交、全国性立法和司法、中央银行、中央税的征管等。宏观经济稳定是一种特殊的全国性公共产品，与此有关的支出责任也应由中央政府承担。

（2）由本地居民享用的地方公共产品应由地方政府负责提供。地方公共产品和服务主要包括具有区域性受益特征的基础设施（如道路、交通、电力、电信、自来水下水道、路灯、垃圾收集与处理、管道煤气，乃至港口、机场、车站）、社会服务（如基础教育、医疗卫生、社会保障与社会福利、气象预报、消防、公园）、文化与传播媒介（如广播、电视、报纸、杂志、出版、图书馆、文化艺术馆、博物馆、表演团体、文物与文化遗产的发掘）以及社会管理等。在分级财政的条件下，地方政府既是上级政府某种程度的延伸，同时也是一级相对独立的理财主体，地方政府事权是各级政府事权的基础环节。因此，科学、合理地确定地方政府的事权范围尤其重要。

（3）对跨地区以及具有外部效应的公共项目和工程，中央政府应出面组织或在一定程度上参与。一些跨地区的公路、铁路、水陆运输项目涉及多个地区，如果由沿线的地方或政府联合举办，必然会矛盾重重，难以保证工程质量和工程进度，因此需要由中央政府出面组织建设。此外，还有一些项目，如机场，环保、教育等，虽然位于某个地区之内，但其收益却并非仅仅局限于某一个区域之内。在这种情况下，也需要中央政府进行必要的参与。

（4）对于收入分配差异问题，应由较高级次的政府出面进行调节，从而为缩小收入差距和提高调节效果创造有利的条件。

（5）坚持事权和支出划分的法律化原则。事权是支出范围划分的前提，同时也是分级财政体制协调过程中的基础环节，要用法律的形式将事权划分和支出划分加以规范，从而为各级政府有效行使职责创造良好的条件。与此同时，各级政府事权和支出范围的调整，也需要通过法律程序加以规范。

三、事权与支出的具体划分

在实践当中，由于国情不同，事权与支出责任的划分也各有不同。从各国的实践来看，国防、外交、国际贸易、中央银行、全国性立法和司法等均为中央政府的职责，而交通、教育、卫生、环保、警察、消防、公园等（至少一部分）均为地方政府的职责，但中央政府对于上述事务的介入程度却有着很大的区别。① 在财政分权程度（以地方税收占全国税收的比例来衡量）较高的国家，如加拿大（地方政府税收占全国税收 50%以上），中央政府支出在这些项目上的比重较小，甚至为零。② 在财政集权程度较高的国家，如澳大利亚、法国、英国、印度尼西亚（中央政府税收占全国税收的 80%以上），中央政府在这些项目上支出比重很大，其形式包括中央直接投资、无条件转移支付、有条件转移支付等。③ 美国、日本、德国则介于这两类国家之间。

从具体的支出项目来看，关于卫生事业，在德国是属于中央政府的事权，在加拿大、印度和阿根廷是省级政府的职责，而在巴西和墨西哥却是各级政府的共同职责；关于教育，在德国、澳大利亚、阿根廷主要是省级政府的责任，在美国是州和地方政府的共同职责，而在巴西和墨西哥则是属于中央与省级政府的事权范围；社会保障和社会福利，在澳大利亚、德国和瑞典是中央政府的责任，在印度为州政府的职责，而在巴西则是各级政府的共同职责。

此外，集权和分权程度还与国家规模的大小有着十分密切的关系。比如在新加坡、安道尔、列支敦士登等面积狭小的国家，中央政府既要理所当然地行使外交、国防等职责，也要像大国的地方政府那样提供一些地方性公共产品。这些问题从很大程度上表明，在各个国家之间，对于某些事权划分会存在一定程度的差异；在大国和小国之间，也会存在着集权和分权的重要区别。然而，这些问题的存在并不能从根本上动摇各个国家各级政府职责划分的基本原则，也不会在总体上影响政府间事权划分的国际惯例。

第三节　政府间税收划分

以强制性、无偿性和固定性为特征的税收是政府赖以提供公共产品和服务的财力保证，同时也是政府调节经济运行的手段之一。在由各级政府分别提供受益范围各异的公共产品的过程中，也需要将税收在各级政府之间进行适当划分。这样，便引出了税收归属和划分税收的问题。无论是单一制国家还是联邦制国家，其划分中央与地方税收收入范围和权限的经济学原则是基本相近的，但各个国家之间在具体做法上有所差异，从而形成了不同类型、不同特点的税收收入范围与税收权限的划分。

一、税收划分的依据

税收的划分是协调各级政府间财政关系过程中的一项重要内容。针对税收划分过程中的难点问题，制定并依照若干指导原则来协调上下级政府间的财政关系，是十分必要的。依据的准则主要应该包括四个方面的内容。

（一）将各税种的功能与各级政府的职责相结合

各级政府的行为目标是有所不同的，复税制条件下的不同税种在聚财和调节方面的功能也各不相同。尽管每一种税并不完全与各级政府的某项职责有必然的对应关系，但在划分中央和地方税时，应该考虑到各个税种、税类的不同功能和作用，力求使这种划分有利于中央和各级地方政府有效地行使其职责。

按照这一原则，应该把有助于中央政府实行宏观调控（包括调节级差收入、稳定经济等）的税收划归中央政府，而对较明显的受益性税收、区域性税收和对宏观经济运行不产生直接影响的税收，则应该根据实际情况将其划归地方政府所有。像个人所得税和公司所得税，都具有收入再分配和稳定经济的功能，因此，应主要由中央政府掌握。

（二）注重多级财政间的相互协调

尽管中央税与地方税之间是相对独立、自成体系的，但绝对不意味着要把两者截然分开。为了使中央和地方税制能够在各自有效运行的前提下为中央和各级地方政府提供充裕的财力，并产生良好的经济影响，必须协调好两级税收体系之间的相互关系，竭力减少和避免下述三种情况的出现：一是中央政府和地方税制间因税务行政方面的重复而出现的烦琐问题；二是中央政府和地方政府在制定税收政策过程中的相互矛盾；三是中央和地方政府在税收政策实施过程中可能出现的相互掣肘和摩擦。

在中央和地方税收关系的协调过程中，中央政府应该天经地义地处于主动地位，从而为多级财政体制的有效运行创造条件。从各个国家的情况看，在一般情况下，主体税种（无论是所得税还是增值税）主要划归中央政府。究其原因，首先是由于主体税种能够有助于保证中央财政收入数量的稳定性和入库的及时性；其次，便于中央实施宏观经济调控政策，从而保持税收政策与国家经济政策导向的一致性。

（三）体现税收划分的便利性

税收划分最终也涉及由谁征收的问题，所以考虑税收的划分，不能不顾及征收难易的问题，或者说，是否便于课征应该成为划分中央税与地方税的标准之一。古老的房产税、土地税长期以来之所以毫无例外地成为各个国家的地方税收，在很大程度上是因为作为征税对象的房产和土地分布在各个辖区之内，便于地方政府（尤其是市、镇政府）掌握税源、核实房价地价，纳税人不易逃漏税款，课征效率较高。总体而言，按照便利的原则，税基广泛且富有流动性者宜划归中央，税基狭窄且具有固定性者应划归地方。

（四）使税收划分有利于经济的运行与发展

从总体上讲，税收的划分应该有利于提高经济运行的效率，有利于经济的健康发展。一般情况下，中央和地方政府均适合对商品流转额进行课税。但若将经济效率因素考虑在内，就应把对商品流转额课税的职责主要赋予中央政府而不是地方政府。这是因为，若由地方政府出面课征，由于追求本地利益，就很容易出现在商品课税方面各自为政的情况，从而加剧地区间经济割据和出现关卡林立的状况，进而增加成本，影响产销，降低经济效率。

由此可以进一步认为，若由中央政府出面课征或以中央政府为主、地方政府为辅进行课征，则可在一定程度上避免上述问题的出现，达到货畅其流。同理，关税由中央政府课征，会有利于整个国家对外经济政策的协调性和一致性，从而有利于国际贸易的扩大和发展。

二、税收划分的方式

与经济发展水平相伴随，税收制度是不断变化和演进的，作为中央与地方财政关系协调方式重要组成部分的税收划分方式，也必然产生着相应的变化。从理论和实践结合上看，大致有划分税额、划分税种、划分税率、划分税制和混合型五种类型的分税方式。

（一）划分税额

划分税额的分税方式，是对税收的最简单的划分，它一般是先税后分（即先统一征税，然后再将税收收入的数额按照一定比例在各级政府之间加以划分）。我国在分税制改革之前便采用这种方式。值得指出的是，西方财政税收理论与实践中的所谓“收入分享”，与我们通常所说的总分成相比较，无论在内涵还是外延上，都有着很大的差异。在许多情况下，西方国家财政体制中的收入分享，往往是指各级政府之间转移支付的一种形式。

（二）划分税种

划分税种这一方式的内涵是，在税收立法权、税目增减权和税率调整权乃至税种的开征和停征权等税收权限主要集中于中央的条件下，针对各级政府行使职责的需要考虑主体税和辅助税中各个税种的特征及收入量等因素，把不同税种的收入分割给各个级别的政府财政，即按照税种划分收入范围。同时，某些税种的收入也可以实行共享。

（三）划分税率

划分税率实际上是一种按照税源实行同源课税、分率计征的方式。此类方式所采取的具体做法包括：一是上级政府对某一税基按照既定比率征税并将税款留归本级财政之后，再由下级政府采用自己的税率，对相同的税基课征且自行支配该税收款项。在这种类型中，下级政府亦可在上级政府征税的同时或之前按照自己的税率对同一税基实施课税。二是采用所谓税收寄征的方式，即上级政府在对某一税基按照自己的税率征收本级税款的同时，代替下级政府并按照下级政府的税率对同一税基课税，之后再将这笔税款拨给下级政府。

（四）划分税制

在划分税制的方式下，通常的情况是分别设立中央税和地方税两个相互独立的税收制度和税收管理体系，中央与地方均享有相应的税收立法权、税种的开征和停征权、税目的增减权和调整权，并且有权管理和运用本级财政收入。当然，尽管两级税收体系相对独立，但它们之间又是相互衔接和相互补充的，而不可能完全分割开来。

（五）混合型

混合型的模式是在税收划分中综合地运用以上两种或两种以上做法而形成的一种各级政府间的税收划分方式。例如，在以划分税制为主的情况下，辅之以对某一个或某些税种的收入实行共享的方式；在以划分税制为主的同时，中央和地方政府对某一个或某些个税源实行分率计征。在当今世界上的许多国家中，所采取的分税方式往往并不是单纯的划分税额、划分税种、划分税率或划分税制四种方式中的一种，而通常采取混合型的分税方式，从而发挥多种分税形式的综合效应。

值得一提的是，某些看起来与划分税收并无关联的税收优惠措施，如税收抵免、税收扣除等，实际上也是一种税收划分方式，只不过这些方式难以在分税过程中扮演主要角色而已。例如，如果在计算纳税人的中央税应税收入时，允许从已调整过的总收入中扣除大部分已向地方政府缴纳的税额，那么这种税收扣除就可以被看做作是对税收的一种划分。

与此相类似，税收抵免措施允许纳税人用向地方政府缴纳的税额抵付对中央政府的纳税额（即从对中央政府的应纳税额中扣去已缴纳给地方政府的税），税收免征措施允许对购买地方政府债券所得的利息收入部分免征中央所得税等，显然都会产生与分税相似的客观效果。

三、税收权限的划分

从税收法制的视角来看，划分中央和地方两级税收体系，重要的一点在于如何认识和确定中央与地方的税收权限（即税权），尤其是地方的税收权限。这是由于，在不存在地方税收权限的情况下，中央和地方两级税制体系的建立就失去了前提，当然也就更谈不上两级税制体系的有效运行。

（一）税收权限的内容

完整意义上的税收权限应该涵盖四个方面的内容。

1. 税收立法权

这一权限规定着税法的制定和颁布、税种的设立。在税收权限当中，税收立法权居于核心的地位。从层次上看，税收立法权既包括国家立法机构本身所制定的税收法规，同时也包括由国家立法机构授权执行机构所制定和颁布的各项税收行政法规。这些税收行政法规同样也具有法律效力。

2. 税法解释权

作为对基本税法的补充说明和制定实施细则的一种权限，税法解释权的依据是税收基本条例，其方式是对税收法律和税收行政法规在实施过程中遇到的特殊问题加以说明，以达到配合实现税法意图的目的。

3. 征收管理权

这一权限的重要组成部分之一是税种的开征和停征权。在税收基本法规确定之后，征收管理权可以决定开征或停征税种的时间问题和范围。完整意义上的税收征收管理权还包括对税收稽征过程中产生的若干争议问题进行裁决的权限。征税机构的设置权限，一般也在征收管理权限的范围之内。

4. 税收调整权

税收调整权具体包括增加或减少征税品目、调整征税比率的权限以及减少税收负担的权限等。

（二）税收权限的基本划分模式

各个国家之间的税收划分模式之间既有区别又有联系。从集中与分散的角度来看，目前大致有分散型、适度集中（相对分散）型、集中型三种。

1. 分散型税权划分模式

分散型税收权限划分方式，主要存在于政治和经济管理权限均比较分散的国家，其特点是赋予各级立法机构和执行机构很大的税收权限，尤其是地方政府在税权上的自主性相当大。这一模式的典型代表是美国。在美国，联邦、州和地方三级政权均各自行使归属于本级的税收权限，包括税收立法权、解释权、开停征权、调整权和优惠权等，因而便形成了统一的联邦税收制度和有差别的州和地方税收制度并存的特定格局。

从功能上看，这种税收权限划分方式有助于保证各级财政（尤其是地方财政）自主地组织和支配财力，但它也对各级税权之间的协调性和衔接性提出了相当高的要求。如果各级政府之间的税权关系不能很好地加以协调的话，便很可能产生各级政府间税收政策上的矛盾，并会因此而导致负面效应的出现。

与此相联系，美国《宪法》规定联邦法律（包括税法）高于州和地方法律，这种规定的意义在于，当中央和地方政府间的税权及政策产生矛盾时，应以中央税权和政策的主导性为重。同是联邦制国家的加拿大的税收权限划分方式也很接近于这种类型。

2. 适度集中、相对分散型税权划分模式

所谓税权适度集中、相对分散是指各种税收权限当中的某一部分归中央，其他部分归各级地方，立法权集中、执行权分散，或者大部分立法权掌握在中央，地方则负责征收管理。德国的税权划分方式就属于这一类型。德国联邦政府一级在对关税等联邦税收理所当然地拥有单独立法权的同时，也对共享税享有优先立法权。州和地方政府对隶属于自己的财产税等地方税种拥有较大的权限，可以自行规定税率、减免和加成等。德国的联邦税务管理部门负责征关税和联邦消费税，其他一些联邦税以及地方税种由州、地方税务机构负责征收，可见其州政府具有比较大的税收执行权。

在各级政府事权划分方面，日本是以所谓“大地方政府”的特点而小有名气的，日本地方政府的事权范围虽然相对较宽，但其地方的税收权限却并不很大。日本也实行“立法权集中，执行权分散”的方式，地方可以在法律许可的范围之内制定详细、具体的征收管理条例及实施细则，并进行一定限度内的税收调整，但地方无权随意改动全国统一的法定税率。当各级地方政府财政出现入不敷出的拮据状况时，地方可以开设法定外的税种，当然，这种税在开征之前需要履行严格而复杂的审批手续。如果处理得好，这种适度集中、相对分散的税权划分方式可以体现出分权而不分散、集权而不统揽的优点。

3. 集中型税权划分模式

所谓税收权限集中并不是绝对的，而主要指基本权限相对集中于中央。从这个意义上讲，在许多情况下，集中型税权与适度集中、相对分散型税权是很难加以严格区分的。在发达国家中，法国较为重视计划管理同时又是一个国有经济比重较高的国家，它强调政府对经济的干预和影响，并且强调中央对地方的指导作用。与此相适应，法国也实行集中税权的方式，税收立法权和税收管理权基本上由中央统揽。

具体地讲，无论中央税还是地方税，其主要的政策和法规，如立法权、开征权、税目确定权、征税范围等，均由中央统一制定，地方无税收立法权，而只能对地方税有一定的机动权限，如制定和调整地方税税率、制定和实施地方税的优惠措施等。从类型上看，英国和意大利也属于税收权限较为集中的国家。

第四节　政府间的转移支付

从财政理论与实践的结合上讲，财政政策工具和管理手段中存在着三种形式的转移支付：一是政府对企业的转移支付，二是政府对居民个人的转移支付，三是上级政府与下级政府之间的转移支付。一般地，各种转移支付均表现为财力和资金的转移，受补者的经济状况会因收入的增加而有所改善。

其中，第一种形式的转移支付主要是指政府给予企业的各种补贴。在市场经济的条件下，政府对企业实行转移支付，通常是出于政策性原因的考虑。市场调节和政府可支配财力状况共同作用的结果，往往会迫使政府严格控制对企业补贴的规模、优化补贴的结构。

政府对居民个人的转移支付是调节收入分配的重要手段，许多国家均十分重视充分发挥社会保障网的作用，并且一直力求在公平与效率之间寻找到最佳的结合点和平衡点。与这两种转移支付形式相比较，各级政府之间的转移支付是同类主体之间的财政资金转移支付，它在内涵、方式和效应诸方面都有其独有的特征。

一、政府间转移支付的依据

（一）解决纵向财政失衡问题

纵向财政失衡是针对多级财政体制中上下级政府之间财政收支差异的状况而言的。在各级政府之间既定的支出范围和收入范围得以确定之后，当某一级政府财政面临着赤字，而其他级次政府却出现盈余时，就意味着纵向财政失衡问题的存在。

具体地看，在许多国家，中央政府通常会掌握较多的财力，而地方政府虽然事权较多，但收入较少，因此，地方财政经常处于收不抵支的境况。这是纵向财政失衡的第一种形式，也是常见的一种纵向失衡形式。第二种形式是，地方财力相对较强，而中央财力相对不足。无论是从公平还是从效率的角度看，这两种形式的纵向失衡问题都需要得以切实解决，从而达到纵向财政均衡。而主要的解决办法，便是协调上下级政府之间的资金往来关系，运用财政转移支付政策和手段。

从历史和经验来看，任何一个国家，客观上都需要维护中央政府的权威，限制地方政府势力的过度扩张，以保证政令畅通、政局安定、经济协调稳定发展。通过中央政府掌握相对较多的财力份额，使得地方政府的财力在一定程度上必须获得中央政府的支持，就是达到上述目的的一种相对有效的手段。

（二）解决横向财政失衡问题

从经济社会发展的视角来看，一个国家内各个地区之间各种要素禀赋条件的差异性是绝对的，当国土面积较大时，更是如此。各个地区之间经济发展程度的差异，必然导致横向财政失衡问题。横向的财政失衡主要体现在：① 富裕地区财政收入充裕，出现财政盈余；而贫困地区税源狭小，财政状况拮据。② 富裕地区能够为其居民提供较高水准的公共产品和服务；而贫困地区却难以提供最基本的公共产品和服务。

显而易见，横向财政失衡状况的存在和加剧是不利于各地区均衡发展和社会共同进步的。首先，地区间的这些差异会导致人口大规模的流动，即贫困地区的人口向经济发达、社会福利条件好的地区流动，人口流动会在一定程度上导致人口流入地区的人均福利水平下降。其次，地区间的差别还会导致市场的分割和封锁，各地区为了本地的利益，避免本地资源外流，便会设置各种障碍，形成地区间的市场封锁和经济割据，不利于全国统一市场的形成和发展。同时，地区封锁还会导致各地区产业结构的趋同化，不利于产业结构的优化和稀缺资源的合理有效配置。

在经济落后和税源有限的条件下，更深刻的矛盾在于，增税和发行公债等加重企业和居民负担的方式，并不是地方政府筹资的理想和可行渠道。而与落后地区相比较，发达地区使用财政资金产生的边际效应是递减的。通过转移支付方式，可以扶持落后地区的发展，增加财政资金的边际效用。通常，在发达和落后地区之间，是无法自动形成这种财政资金转移的，因为各地方财政的收支活动都会以本地利益为出发点和归宿点。但中央政府代表着国家的整体利益，有责任运用倾斜性政策，采取转移支付的预算调剂方法，协调各个地区之间的经济发展。

（三）解决公共产品提供中的外部性问题

地方政府提供区域性公共产品的受益范围几乎不可能恰好被限定在地方政府的辖区之内。地方性公共产品的受益（或成本）范围很可能会超出地方政府辖区的界限，使其他地区在受益或受侵害的同时并不承担任何成本或得到补偿。此时会出现两种结果：第一，当存在着正外部性时，从本地利益出发，地方政府有可能高估提供公共产品的成本，而低估其整体效益，并有可能以无法完全负担成本为理由，减少此类外部效应比较理想的公共产品的提供。第二，与此相反，公共产品附带着外部不经济时，地方政府则容易高估该公共产品的正效应，低估或者忽视提供该公共产品的成本，从而使这种附带的外部不经济继续存在乃至有所增加。这种扭曲性政策的实施，不仅影响着区域性公共产品的提供和本地区及相关地区居民的利益，而且也不利于地区间经济关系的协调。在这种情况下，实行财政转移支付制度，由上级政府给予下级政府一定的财政补助，对具有外部性的公共产品的提供进行适当调节，便是一种较为有效的干预方式。

（四）弥补划分税收方式的不足

值得指出的是，财政转移支付制度，也是弥补税收划分方式不足的重要手段之一。在财政体制中，如果单纯依靠税收分割便可以轻易达到政府间事权与财权的最佳协调的话，无疑是一种较为理想的模式。然而，这种期望距离现实相当遥远。这是因为：第一，税收划分本身只是在中央与地方之间划分确定税收的归属，这仅仅构成了多级财政体制中各级政府间财政关系的一部分，而不是全部，尚有支出划分、收支关系协调等一系列复杂问题有待在财政体制框架中加以处理；第二，无论从理论还是技术上讲，单纯的税收划分方式都难以使税收在各级政府之间的划分达到恰当和合理的地步，难以实现效率与公平的完美结合。所以，在当今发达国家中，虽然其划分税收的方法和制度已经较为先进和健全，但在分税的同时，又无一例外地都实行财政转移支付制度，以弥补分税方式本身的固有缺陷。

二、政府间转移支付体系

（一）转移支付的种类

上级政府给予下级政府的转移支付性补助，可以有多种形式供补助的主体和客体加以选择。当然，上级政府应该在确定补助方式方面处于主动地位。以上级政府对下级政府进行转移支付是否附带规定的使用条件为标准，可以将转移支付分为对称补助和非对称补助；按照转移支付补助与资金用途之间的关系进行划分，可以分为专项补助和一般补助。在具体实践中，非对称补助与一般补助的意义又是较为接近的。因此，转移支付实际上主要包括三种类型，即对称补助、一般性补助和专项补助。

1. 对称补助

对称补助，是因上级政府在对下级政府进行转移支付时，同时也要求地方拿出相应的配套资金而得名的。这里所谓的“配套”，既可以是某一固定数额的资金，也可以是相当于补助金一定比例的资金，其意图在于促使下级政府与上级政府共同承担起某些公共产品和服务的职责。对称补助可能会限定资金的大致投向或具体的使用范围，也可能不附带严格的相关规定。

对称补助所体现的，应该是“雪中送炭”，而不是“锦上添花”。若下级政府财政无力拿出相应的配套资金，那么，上级政府也可考虑实施其他的补助方式或手段。对称补助中的配套数额或比例也是依照具体情况的不同而变化的。在下级财政较为拮据的情况下，补助金的配套数额或比例会低一些。

2．一般性补助

与对称补助相反，一般性补助既不要求下级政府拿出一定数额或比例的配套资金，也不规定资金的具体用途。显而易见，一般性补助方式无异于是对地方政府的“赠款”，使地方财政增加了一笔净收入。一般性补助方式赋予地方政府较大的自由度，使地方政府可以依照本地情况，灵活地安排资金投向，上级政府对此一般不加过多的限制或干预。

一般性补助的确定，往往需要考虑多种因素。其中主要的因素有三个：一是地方的收入能力；二是地方的支出需求；三是上级财政的承受能力。在具体测算地方财政收入能力和支出需求时，还需要考虑影响收入能力和支出需求的各种具体因素。值得注意的是，一般性补助的政策意图主要是实现横向财政平衡，具有“抽肥补瘦”的特点。如果一般性补助数额过大，会挫伤较富裕地区的积极性，同时也有可能使落后地区产生依赖性。因此，需要科学、合理、有效地运用一般性补助。

3．专项补助

作为一种指定了用途的拨款，专项补助金显然是不得挪作他用的。专项补助的主要功能在于协助地方政府改善基础设施、生态环境等方面的条件。根据不同时期经济社会发展薄弱环节或宏观调控重点的变化，对专项补助的项目范围及补助比例通常也需要进行相应的调整。地方政府需要承诺按照既定的用途使用资金，并且接受上级政府的检查和监督。

专项补助与对称补助和一般性补助一起，均属于在不替代下级政府决策和不改变地方财政相对独立性的前提下，由上级政府对下级政府进行引导的一种经济手段。在实践过程中，根据具体情况的不同，可对不同的补助形式进行选择运用。

（二）转移支付数量的确定

决定各地可以获得多少转移支付的重要因素之一，是其税收努力程度，即所课征的赋税与税收能力的比率。西方国家转移支付数量的确定以较为规范的公式为基础，同时考虑到各地具体的因素，以促进各地公共化服务水平的均等化。需要注意的是，均等化不是说各地的公共服务水平要完全一致。这样的话，只会打击富裕地区的积极性。分析转移支付的影响时，需要考虑“粘蝇纸效应”。经验表明，地方政府以政府转移支付形式取得的收入，要比地方自有收入会带来更多的地方支出。

三、政府间转移支付的基本模式

世界各国的财政体制实践表明，有的国家实行分散型多级财政体制，而有的注重运用集权的手段，这种做法也会或多或少地体现在各级政府间的转移支付制度当中。从形形色色的转移支付制度当中，可以大致概括出三种主要类型的转移支付模式：以补助金制度为主的转移支付模式；以实行财政均等化为主的转移支付模式；以税收返还形式为主的转移支付模式。

（一）以补助金制度为主的转移支付模式

以补助金制度为主的转移支付模式，主要存在于美国的政府间转移支付制度中。我们知道，美国联邦财政的转移支付分为三种类型：分类补助、宽范围用途补助和一般目的补助。对于前两种补助金，联邦政府有时要求州和地方政府财政拿出必要的配套资金，主要投入到环境保护、能源、社会保障、基础设施等项目上。这两种补助不仅规定了资金的用途，而且可能要求州和地方财政拿出相应的配套资金。

在美国，规定了用途的补助形式之所以受到重视，关键是由于它有助于体现联邦政府的政策意图，有助于产生比较好的补助效果。由于一般性补助并不具备这方面的优势，所以它在联邦转移支付总量中占很小的比重就不足为奇了。美国联邦政府除了采取拨付款项的方式对州和地方政府进行补助之外，还采取联邦贷款和贷款担保等信贷形式的补助。

（二）以实行财政均等化为主的转移支付模式

以实行财政均等化为主的转移支付模式的典型代表有澳大利亚、加拿大和德国等国家。以澳大利亚为例，在这个地广人稀的国家，虽然各州之间在自然资源、人口密度、经济结构诸方面均存在着一定的差异，但各地居民却均可享用到水平相同或相近的公共产品和服务。这在很大程度上是由于该国实行了以财政均等化为目标的转移支付制度。

澳大利亚财政均等化的依据在于，既然各地居民均按照同一个所得税法纳税，那么，他们所享用的公共产品和服务就不应该存在明显的差异。澳大利亚财政均等化的方案是由独立于政府之外的联邦拨款委员会负责制定的，并由联邦政府决定在多大程度上加以采纳。

德国横向财政转移支付主要指各州之间的财政平衡计划，即由财力较强的州拿出一部分税收收入转移给财力较弱的州。为此，德国还专门制定了《财政均衡法》，作为进行横向财政转移支付的依据，并通过测算税收能力和标准税收需求，进行财政平衡关系的比较，最终实现各州之间财力状况的基本均衡。通过这种横向的财政转移支付，德国在一定程度上实现了上下级政府之间以及各个地区之间的均衡发展目标。

（三）以税收返还形式为主的转移支付模式

以税收返还形式为主的转移支付模式，主要存在于日本和韩国的财政体制中。日本是一个中央财政集中度比较高的国家，与此同时，各级地方政府又承担着较多的事务。在这种情况下，显然需要由中央政府对地方政府进行大量的转移支付。日本财政体制中的转移支付不仅规模大，而且制度也较为完善。日本政府间财政关系中的地方交付税、国家让与税和国库支出金制度表明，其转移支付制度中有着明显的税收返还特征。在韩国的政府间转移支付体系中，也同样存在着以税收返还形式为主要特征的地方交付税、地方让与金和国库补助金的制度。

第五节 中国的分税制改革

新中国成立以来，我国财政管理体制经历过多次变动，总的趋势是根据“统一领导，分级管理”的原则，由高度集中的管理体制逐步过渡到实行各种形式的在中央统领导下的分级管理的体制。尽管分级管理的形式有许多种，集中和分散的程度有所不同，但总的说来，各个时期实行的财政管理体制多数是同当时的政治经济形势及其发展变化的需要相适应的。

1949—1978 年，我国实行高度集中、统收统支体制的计划财政体制，这与当时的经济体制、社会发展相适应。改革开放之后，以集中为主要特征的财政体制率先成为改革开放的突破口。1980—1993 年，我国主要采用以“包干”为主要特征的财政管理体制。

20 世纪 90 年代初期，随着我国市场经济改革的深入，旧的财政包干制弊端日益明显，诸如税收调节功能弱化，影响统一市场的形成和产业结构优化；国家财力过于分散，制约财政收入合理增长，特别是中央财政收入比重不断下降，影响到中央政府的宏观调控能力，可见对财政体制的改革已刻不容缓，分税制改革正是在这个背景下出台的。

一、分税制改革的主要内容

1992 年，财政部选择了天津、辽宁、沈阳、大连、浙江、青岛、武汉、重庆和新疆等九个地区进行了分税制财政管理体制改革试点，为全面推行分税制做了必要的前期准备。1993 年 12 月 15 日，国务院发布了《关于实行分税制财政管理体制的决定》(国发〔1993〕85 号)，决定从 1994 年 1 月 1 日起改革地方财政包干体制，对各省、自治区、直辖市以及计划单列市实行分税制财政管理体制。这次财税体制改革主要是针对包干体制的弊端提出的，是新中国成立以来改革力度最大、范围最广、影响最为深远的一次财税制度创新，是我国财政管理体制的一次重大调整。通过这次改革，基本上建立起了适应社会主义市场经济发展要求的财政管理体制框架。

（一）分税制改革的指导思想与基本原则

从指导思想上看，分税制改革体现了以下四个方面的原则：

(1) 正确处理中央与地方的分配关系，调动中央和地方两个积极性，促进国家财政收入合理增长。既要考虑地方利益，调动地方发展经济、增收节支的积极性，又要逐步提高中央财政收入的比重，适当增加中央财力，增强中央政府的宏观调控能力。为此，在实施分税的条件下，中央财政要从今后财政收入的增量中适当地多得一些，以保证中央财政收入的稳定增长。

(2) 坚持统一政策与分级管理相结合的原则。在划分税种的过程中，不仅要考虑中央与地方的收入分配，也要顾及税收对经济发展和社会分配的调节作用。中央税、共享税以及地方税的立法权均要集中于中央，从而保证中央政令统一，维护全国统一市场和企业平等竞争。税收实行分级征管，中央税和共享税由中央税务机构负责征收，共享税中地方分享的部分，由中央税务机构直接划入地方金库，地方税由地方税务机构负责征收。

（3）合理调节各个地区之间的财力分配。既要有利于经济发达地区继续保持较快的发展势头，又要通过中央财政对地方的税收返还和转移支付，扶持经济不发达地区的发展和老工业基地的改造。同时，促进地方加强对财政支出的约束。

（4）坚持整体设计与逐步推进相结合的原则。分税制改革既要借鉴国外经验，又要从我国的实际出发，在明确改革目标的基础上，通过渐进式改革先把分税制的基本框架建立起来，然后在实施中逐步完善。

（二）分税制改革的具体改革措施

1994 年实施的分税制财政管理体制改革措施主要包括以下五个方面：

1. 中央与地方的事权和支出划分

事权与支出的划分不仅是财政管理体制的重要构成要素，而且是确定财政管理体制其他内容的前提。1994 年的财政管理体制改革，首先根据中央与地方事权划分情况，对财政支出进行了初步界定。

中央财政主要承担国家安全、外交和中央国家机关运转所需经费，调整国民经济结构、协调地区发展、实施宏观调控所必需的支出以及由中央直接管理的事业发展支出。具体包括：国防费，武警经费，外交和援外支出，中央级行政管理费，中央统管基本建设投资，中央直属企业的技术改造和新产品试制费，地质勘探费，由中央本级负担的公、检、法支出和文化、教育、卫生、科学等各项事业费支出。

地方财政主要承担本地区政权机关运转所需支出以及本地区经济、事业发展所需出。具体包括：地方行政管理费，公检法支出，部分武警经费，民兵事业费，地方统筹的基本建设投资，地方企业的技术改造和新产品试制费，支农支出，城市维护和建设经费，地方文化、教育、卫生等各项事业费，价格补贴支出以及其他支出。

2. 中央与地方的收入划分

根据事权与财权相结合的原则，按税种划分中央收入和地方收入。将维护国家权益、实施宏观调控所必需的税种划分为中央税；将与经济发展直接相关的主要税种划分为中央与地方共享税；将适合地方征管的税种划分为地方税，充实地方性税种，增加地方税收收入。分设中央与地方两套税务机构，中央税务机构征收中央税以及中央与地方的共享税，地方税务机构征收地方税。具体划分如下：

中央固定收入包括：关税，海关代征的消费税和增值税，消费税，中央企业所得税，非银行金融企业所得税，铁道部门、各银行总行、保险总公司等部门集中缴纳的收入（包括营业税、所得税、利润和城市维护建设税），中央企业上缴的利润等。

地方固定收入包括：营业税（不含铁道部门、各银行总行、各保险总公司集中缴纳的营业税），地方企业所得税（不含上述地方银行和外资银行及非银行金融企业所得税），地方企业上缴利润，个人所得税，城镇土地使用税，固定资产投资方向调节税，城市维护建设税（不含铁道部门、各银行总行、各保险总公司集中缴纳的部分），房产税，车船使用税，印花税，农牧业税，农业特产税，耕地占用税，契税，国有土地有偿使用收入等。

中央与地方的共享收入包括：增值税，资源税，证券交易（印花）税。增值税中央分享75%，地方分享25%。资源税按不同的资源品种划分，海洋石油资源税作为中央收入、其他资源税作为地方收入。证券交易（印花）税，中央与地方各分享50%。1994年后，根据分税制运行情况和宏观调控的需要，财政部对中央与地方的收入划分进行了以下调整：

（1）从1997年1月1日起，将中央与地方的共享收入中的证券交易（印花）税的分享比例由原来中央与地方各自50%，调整为中央占80%、地方占20%，后又调整为中央占88%，地方占12%。自2000年10月1日起，证券交易（印花）税的分享比例调整为中央占91%，地方占9%；2001年为中央94%，地方6%；2002年为中央97%，地方3%。

（2）从2002年1月1日开始，改革原来按企业的行政隶属关系划分所得税收入的办法，对企业所得税和个人所得税收入实行中央和地方按比例分享。改革内容主要是：

——分享范围。除铁路运输、国家邮政、中国工商银行、中国农业银行、中国银行、中国建设银行、国家开发银行、中国农业发展银行、中国进出口银行以及海洋石油天然气企业缴纳的所得税作为中央收入外，其他企业所得税和个人所得税收入由中央与地方按比例分享。

——分享比例。2002年分享50%，地方分享50%；2003年中央分享60%，地方分享40%；2003年以后年份的分享比例根据实际收入情况再行考虑。

——基数计算。以2001年为基期，按改革方案确定的分享范围和比例计算，地方分享的所得税收入，如果小于地方实际所得税收入，差额部分由中央作为基数返还地方；如果大于地方实际所得税收入，差额部分由地方作为基数上缴中央。

——跨地区经营的中央企业所得税等收入，按相关因素在有关地区之间进行分配。属于中央与地方共享收入范围的跨省市总分机构企业缴纳的企业所得税，按照统一规范、兼顾总机构和分支机构所在地利益的原则，实行"统一计算、分级管理、就地预缴、汇总清算、财政调库"的处理办法，总分机构统一计算的当期应纳税额的地方分享部分，25%由总机构所在在地分享，50%由各分支机构所在地分享，25%按各地2004—2006年企业所得税占全国地方企业所得税的比例进行分配。

——中央财政因所得税分享改革增加的收入全部用于对地方（主要是中西部地区）的一般性转移支付。地方所得的转移支付资金由地方政府根据本地实际需要，统筹安排，合理使用，首先用于保障机关事业单位职工工资发放和机构正常运转等基本需要。

（3）2003年10月对出口退税机制进行改革，改革后从2004年开始出口退税将由中央和地方共同负担，办法是以2003年出口退税实退指标为基数，对超基数部分的应退税额，由中央与地方按75∶25的比例分别承担。2005年1月1日起，各地区出口货物所退增值税中、超基数部分的退税额，中央和地方的分担比例从原来的75%∶25%改为92.5%∶7.5%。属于基数部分的退税额，继续由中央财政负担。

3. 中央财政对地方财政税收返还数额的确定

按1994年制定的收入划分办法，原来属于地方支柱财源的消费税全部和增值税的75%上划给中央，如果不采取适当措施给予补偿，必然侵害地方的既得利益，并增加改革的阻力。为了保护地方既得利益格局，中央采取维持存量、调整增量逐步达到改革目标的方针，并制定了中央对地方税收返还的办法。税收返还数额的计算方法是：以1993年为基期，按分税制后地方净上划中央的收入数额（消费税＋75%的增值税－中央下划收入），作为中央对地方税收返还的基数，基数部分全部返还给地方。同时，为了确保地方的既得利益，不仅税收返还基数全部返还给地方，而且决定 1994 年以后的税收返还数额还要有一定的增长。增长办法是，将税收返还与各地区当年上缴中央金库的“两税”（消费税和增值税的 75%）的增长率挂钩，税收返还的增长率按各地区“两税”增长率的 1∶0.3 系数确定，即各地区的“两税”每增长 1%，税收返还增长 0.3%。

税收返还计算公式：

$$R=C+75\%V-S$$

式中 R 为 1994 年税收返还基数，C 为消费税收入，V 为增值税收入，S 为 1993 年中央对地方的下划收入。

税收返还增长计算公式：

$$R_n=R_{n-1}（1+0.3r_n）$$

式中：R_n 为 1994 年以后的第 n 年的中中央对地方的税收返还；R_{n-1} 为第 n 年的前一年的中央对地方的税收返还；r_n 是第 n 年的“两税”增长率。

此外，还规定如果 1994 年以后上划中央的“两税”收入达不到 1993 年的基数，则相应地扣减税收返还数额。由于“两税”属于中央税，由国税局征收，所以，这种关于“增长”和“扣减”的规定的目的是将“两税”增长与地方利益联系起来，更有利于促进地方关注“两税”增长。这种以 1993 年为基数的做法，一方面会起到保持地方既得利益的作用，另一方面也难免会造成某些地区人为抬高基数的问题。

4. 原体制中央补助、地方上解及有关结算事项的处理

为顺利推进分税制改革，1994 年实行分税制以后，原体制的分配格局暂时不变，过渡一段时间再逐步规范化。原体制中央对地方的补助继续按规定补助。原体制地方上解仍按不同体制类型执行：实行递增上解的地区，按原规定继续递增上解；实行定额上解的地区，按原规定的上解额，继续定额上解；实行总额分成的地区和全分税制试点地区，暂按递增上解办法，即按 1993 年实际上解数，并核定一个递增率，每年递增上解。

为了进一步规范分税制体制，1995 年对上述办法进行了调整、改进。从 1995 年起，凡实行递增上解的地区，一律取消递增上解，改为按各地区 1994 年的实际上解额实行定额上解。原来中央给地方的各项专款，该下拨继续下拨。地方承担的 20%出口退税以及其他年度的上解和补助项目相抵后，确定一个数额，作为一般上解或补助处理，以后年度按此定额结算。

实行分税制财政管理体制后，中央和地方都要按照新的口径编报财政预算。由于中央对地方的税收返还支出数额较大，为避免资金的往返划拨，保证地方财政正常用款，将中央税收返还数和地方的原上解数相抵扣，按抵扣后的净额占当年预计中央消费税和增值税收入数的比重，核定一个“资金调度比例”，由金库按此比例向地方划拨消费税和与中央分享的增值税。

5. 完善转移支付制度

分税制改革根据中央与地方财政收入的重新划分和关于原体制中央补助、地方上解及

有关结算事项的规定，相应地形成了多种形式并存的政府间转移支付制度。除保留了原体制中中央对地方的定额补助、专项补助和地方上解制度外，新增加了中央对地方的税收返还制度。此后，为配合国家有关政策的实施，对转移支付又进行了相应调整。

（1）1995 年起实施过渡期转移支付。考虑我国各地区的实际情况，实行规范化、公式化的转移支付制度的条件尚不成熟，因此，从 1995 年起实行过渡时期转移支付办法。基本思路是：从中央财政每年增收的收入中拿出一部分，主要用于对少数民族地区和贫困地区的转移支付，调节这些地区的最低公共服务水平。具体办法是，借鉴国际的通行做法，按照规范和公平的原则，根据客观因素计算确定各地区的标准收入和标准支出，以标准收支的差额作为转移支付的分配依据。

计算标准支出时，参考的客观因素主要有人口、可居住面积、冬天平均气温、平均海拔高度、行政区划个数、都市化程度、学校及学生人数等。计算标准收入选择的主要因素有该地区的 CDP、产业结构、企业规模、企业盈余、职工平均工资及分组等。过渡时期转移支付办法在一定程度上调节了地区间最低公共服务水平差距，更重要的意义还在于进行了中央与地方之间规范化转移支付制度的实验，也推动了地方各级政府之间转移支付制度的建设。

（2）从 2002 年起，过渡时期转移支付的概念不再沿用，其资金合并到中央财政因所得税分享改革增加的收入中分配，统称为一般性转移支付。一般性转移支付额主要按照各地标准财政收入和标准财政支出差额及转移支付系数计算确定，凡标准财政收入大于或等于财政支出的地区，不纳入转移支付范围。此外，对难以按统一公式量化但又必须解决的特殊问题，增加特殊转移支付。

各地区标准财政收入由地方本级标准财政收入、中央对该地区税收返还和财力转移支付构成，地方本级标准财政收入主要根据各税种的税基和税率计算确定，中央对地方税收返还和财力转移支付（扣除各地区对中央的上解）按财政部核定数确定。各地区标准财政支出的确定主要参考该地区行政、公、检、法等机构标准支出等因素，按人员经费、公用经费和其他经常性支出项目分别计算确定。转移支付系数参照当年一般转移支付总额、各地区标准支出大于标准收入的收支差总额以及各地区财政困难程度确定。对少数民族地区、革命老区、边远地区，适当提高转移支付系数。

（3）2009 年起，为进一步规范财政转移支付制度，将中央对地方的转移支付简化为一般性转移支付、专项转移支付两类。其中，一般性转移支付包括原财力性转移支付，主要是将补助数额相对稳定、原列入专项转移支付的教育、社会保障和就业、公共安全、一般公共服务等支出，改为一般性转移支付；原一般性转移支付改为均衡性转移支付。

一般性转移支付是指为弥补财政实力薄弱地区的财力缺口，均衡地区间财力差距实现地区间基本公共服务能力的均等化，中央财政安排给地方财政的补助支出，由地方统筹安排。一般性转移支付为无条件转移支付，是为了解决纵向的和横向的财政失衡问题。目前，一般性转移支付主要包括均衡性转移支付、民族地区转移支付、县级基本财力保障机制奖补资金、调整工资转移支付、农村税费改革转移支付、资源枯竭城市财力性转移支付、定额补助（原体制补助）、工商部门停征两费转移支付、村级公益事业一事一议财政奖励资金等。

专项转移支付是指中央财政为实现特定的宏观政策及事业发展战略目标，以及对委托地方政府代理的一些事务或中央和地方共同承担事务进行补偿而设立的，补助资金按规定用途使用。专项转移支付重点用于教育、医疗卫生、社会保障、支农等公共服务领域。

一般性转移支付与专项转移支付具有不同的特点：一般性转移支付属于无条件转移支付，能够发挥地方政府了解居民公共服务实际需求的优势，有利于地方政府因地制宜，统筹安排财政支出并落实管理责任。专项转移支付则属于有条件转移支付，能够更好地体现中央政府的意图，促进相关政策的落实，且便于监督检查。

二、分税制改革的成效

1994 年实行的分税制改革搭建了市场经济条件下中央与地方财政分配关系的基本制度框架。分税制实施 20 年来，运行状况良好，基本达到预期目标，主要表现在以下几个方面：

（一）分级财政管理体制的总体框架基本确立

中国分税制改革以原包干制为基础，按照“存量不动，增量调整，逐步提高中央的宏观调控能力，建立合理的财政分配机制”的原则设计，采取了“三分一返一转移”的形式，即划分收入、划分支出、分设税务机构，实行税收返还和转移支付制度，符合社会主义市场经济的分级财政管理体制框架初步步建立起来。

（二）财政收入稳定增长机制已逐步建立，并确立了中央财政的主导地位

新的财政体制既突出了中央财政的利益，同时也考虑到了各级地方财政的实际情况。分税制改革是按照“存量不动，增量调整”的渐进式原则推行的，原属于地方支柱财源的“两税”划作中央收入或共享收入后，在体制上采取了税收返还的形式，这有助于保证地方的既得利益不受影响，使地方财政的收入数量呈现出稳定增长的态势，初步形成了中央与地方财政之间财力分配的新格局。

（三）促进了资源优化配置和产业结构调整

现行的财政管理体制也在一定程度上促进了地方各级政府经济行为的合理化，推动了资源的优化配置和产业结构的调整。在财政包干制下，税收增量的大部分留给了地方，这在一定程度上刺激了地方政府发展税多利大的加工工业的积极性，从而导致经济结构趋同，地区封锁和条块分割现象愈演愈烈。

实行分税制后，调整了中央和地方之间的收入分配格局。现行分税制体制将来自工业产品的增值税的大部分和消费税的全部均划归中央，这在很大程度上限制了地方盲目发展税多利大产业的倾向，从而为解决市场封锁和地方保护主义问题提供了较好的条件。过去一直难以解决的争上小酒厂、小烟厂、小棉厂等重复建设的状况，也得到了有效的控制。同时，现行分税制体制把与农业有关的税种和来自第三产业的税种划归地方，从而激发了地方发展第三产业的积极性，加大了这方面的资金投入。

从全国情况看，实行分税制后，地方政府的经济行为和投资行为已发生了一些积极变化，各地普遍根据分税制后的财源结构和本地区的实际情况，寻找新的经济增长点，积极

培植新的财源，并纷纷将投资重点转向了农业、基础产业、服务业和地方的优势、特色产业。分税制在引导地方政府经济行为和投资行为的合理化、促进资源优化配置和产业结构合理调整等方面的作用已初步显现。

（四）促进了财政资金供给范围合理调整和财政支出结构优化

分税制改革初步理顺了政府间的责权关系，在政府间初步建立了各司其职、各负其责、各得其利的约束机制和费用分担、利益共享的机制。税种、税源按财政管理体制划定的标准分属中央政府或地方政府，各级财政预算的财力来源，规模约束明显增强，自收自支、自求平衡的责任明显加重。因此，分税制财政体制强化了对地方财政的预算约束，提高了地方坚持财政平衡、注重收支管理的主动性和自主性。另外，也促使各级政府尤其是经济能力相对较弱的地方政府的财政支出范围和重点向刚性较强的公共产品领域集中。

三、分税制财政体制的完善

1994年的分税制改革的内容着重涉及中央与省的政府间财政关系。但是，许多地方省以下财政体制并没有按照分税制改革的要求去规范，仍在很大程度上带有旧体制的痕迹。在实践中，各地区实行的是讨价还价、复杂易变、五花八门、很不规范的“分成制”“包干制”等财政体制。

不进行规范的税收划分，而依照讨价还价的分成与包干模式处理省以下四个层级的体制关系，使得地方高层级上收财权与财力、下压事权的空间很大，从而导致基层财政运行普遍面临着困境。在现有财力无法维持工资发放、机构运转以及民生保障等方面的正常开支需要的情况下，有些地方便试图通过土地财政、债务融资等途径增加可支配财力，在某种程度上成为地方经济发展和社会稳定的隐患。

在此背景下，分税制改革向着省以下财政体制和基层财政领域逐步延伸，既是我国财政发展的自然逻辑，也是应对和解决目前诸多财政实际问题的客观要求。

（一）以实施财政省管县为契机，提高地方财政体制运行效率

相对于中央与地方财政关系而言，地方上下级政府之间的财政关系更为庞杂和具体。因为，前者是一个主体（中央财政）与数十个主体（省级和若干副省级财政）之间的收支划分和收支往来关系，后者则是数十个省级财政、数百个市级财政、数千个县级财政和数万个乡镇级财政之间直接、间接的多重性收支划分及收支往来关系。

多样化的省以下地方政府间财政关系的协调与运转，必然伴随着管理成本和行政效率方面的问题。实行财政省管县是对省、市、县财政关系的重新调整，是在分税制框架下对省以下财政体制的规范化，其基本落脚点在于实现财政层级的扁平化管理，解决预算级次过多和资金调度上的“中梗阻”问题，还原县级财政应有的理财主体地位，从而有助于提高县级基本财力的保障水平，增强基层政府提供公共服务的能力。

近年来，多个省（直辖市、自治区）对县实行了财政直接管理。各地方的实施情况表明，财政省管县改革加快了资金周转速度，省对县的财政政策措施可以直接传达到县级基层财政，而县级财政状况和问题亦会迅速反映到省里。当然，财政省管县改革既有取向合

理的一面，也有部分实际效果低于预期的一面，诸如省级财政压力加大、市级财政权限和财力相对削弱、如何加强对县级财政监管以及地方财政体制与行政管理体制不相匹配等一系列问题也随之突显。简化财政层级和深入推进财政省管县改革，需要从下述几个方向入手，采取切实措施，着力提高地方财政体制效率。

1. 以县级为焦点整合地方财政级次和体制

自秦朝推行郡县制以来，我国县级行政区划的存在已历时 2 000 余年，其间地方行政级次多有变更，唯独县级行政区划一直稳定不变并发挥了重要作用，正所谓“郡县治则天下安”。

县级政府直接立足和面向广大农村及小城镇，更易于对辖区居民的需求偏好做出迅速、准确的反应，也便于接受物区居民对其行为活动的评价监督。从这个意义上讲，如同其区划设置长期存在一样，县级政府职责范围的相对固定性也是不以人的主观意志为转移的。

相应地，在注重发挥省、市财政功能的同时，财政级次简化和地方财政体制整合理应向县级财政倾斜，保证县级财政中与工资发放、机构、民生事业有关的基本开支需要，壮大县级政府的财政基础，提高其财政能力并且加强对县级财政的监督和管理。

2. 对各地形式多样的财政省管县办法中的优势特色加以提炼

各地实施财政省管县的改革有先有后，相关办法的“生存土壤”也不完全相同。其中，具有代表性的做法有浙江所采取的财税合一和强县扩权模式、江西的重点向困难县（市）倾斜模式、辽宁等省实行的逐步推进并“留利于县”模式、海南实行的行政省管县模式等。这些探索和尝试进展程度不同、各有特色，在体制划分、财政结算收入报解、转移支付、资金调度、债务管理诸方面并未形成一个规范的“模式蓝本”。

随着省管县改革的日益深入，有必要在跟踪调研、甄别和比较分析的基础上，精准区分和把握各地间差异较大的财政省管县实施办法，从中提炼出“共性特征”和“各地独有的优势特色”，集各种省管县模式之大成，对其中的优势和可行性措施加以归纳和概括，为下一步整合省管县财政体制模式提供参考。

3. 在省管县条件下，对市和乡镇财政进行合理、准确的定位

实施财政省管县之后，市、县财政分别理财，两者之间的日常财政资金往来较原来有所减少，但这仅表现为市、县级财政间原有的管理与被管理关系的些许变化，而并不意味着市财政责权的陡然降低。

城市天然的区域性枢纽地位和聚集效应使其具有相对丰厚的税源和较强的财政能力，城市财政同时也需要承担大量的公共部门运转、基础设施、文化教育、医疗与社会保障以及污染治理和垃圾处理等方面的支出，城市政府如能理清市本级复杂的财政收支关系问题，已属不易。卸下了县财政这个所谓“包袱”之后，实际上更有利于城市政府轻装上阵，将自身财政做强做大，充分发挥城市的特殊功能和作用。

关于乡镇财政建设问题，目前正在广泛推行的乡财县管改革对于规范乡镇财政收支、遏制乡镇新增债务、缓解其财政困难，产生了积极的功效。在深化乡镇财政改革的过程中，应以保证农村基层政权正常运转为前提，维持乡镇既有的预算管理权限和资金所有权、使用权、审批权不变，巩固农村税费改革成果，由县级财政直接管理并监督乡镇财政收支，实行

乡镇与县预算共编、账户统设、采购统办国库代管和票据统管，增强乡镇财政的约束性。

（二）构建县级政府基本财力的长效保障机制

县级政府作为直接向广大农村地区和小城镇提供基本公共服务的责任主体，其财政能力状况一方面取决于县域经济自身的发展水平，另一方面则依赖于体制安排向县级财政的倾斜程度。由于许多地区县级财政从农业和资源型产业取得收入的潜力有一定限度，且县域经济中一般加工业和制造业的财政收入贡献率也比较低，客观上迫切需要建立一套长效性的县级政府基本财力保障机制，以解决其财政状况紧张的问题，实现“保工资、保运转、保民生”的目标，尽量满足基层政府提供基本公共服务、实施公共管理的基本财力需求。主要应当从以下几个方面着手：

1. 准确界定县级基本财力保障的范围和标准

从总体上说，县级政府基本财力保障的范围，应该大致等同于县级政府财政的一般性公共支出领域，即所谓人员经费、公用经费以及与民生和基础设施建设有关的其他各项必要支出。其中的人员经费，主要包含按照国家规定出台的各种工资、津贴、奖金和工资性附加支出项目；公用经费，大致涵盖与机构运转和公务有关的商品及服务方面的购买性支出、资本性支出等；民生支出则包括涉及基础教育、公共卫生与基本医疗服务、社会保障与就业、环境保护与污染治理、文化事业、城镇和农村基本建设以及村级组织运转方面的开支。

依照县级政府基本财力保障范围之内各项开支的具体标准，应该对县级政府基本财力保障需求水平进行有效测度，并在准确评估县级政府财政资金筹措能力和县级财力保障缺口的基础上，综合考虑不同地区的财力状况和支出需求，合理确定上级政府弥补该缺口的具体水平和规模。

2. 合理划分各级财政在保障县级基本财力方面所承担的责任

县级政府基本财力保障工作离不开中央和各级地方政府财政之间的协调配合。其中，中央财政可以采取“以奖代补”的政策，建立并运用激励和约束机制，视基层地方财政工作的绩效情况实施奖励，进行正确的引导。

从2005年起，以缓解县乡财政困难为主要目标，中央财政出台了“三奖一补”政策，并且收到了预期的成效。这一方法也可以相应地移植到县级财力保障工作当中，即对弥补县级财力缺口效果较好的地区给予奖励，从而支持地方消化自身财政难题。省级财政在加大对基层财政资金支持力度的同时，负责制定和实施弥补缺口的具体方案。财政省管县条件下的市级财政，主要是从统筹所辖县区经济社会协调发展的角度支持县级政府提高财力保障水平。县级财政则应合理统筹财力，强化自我约束，力求满足县本级和所辖乡镇人员经费、机构运转和基本民生开支的需要。

3. 对财力保障水平进行动态调整，保证该运行机制的长效性

县级基本财力保障的范围、标准和规模并非静态的、固定的，而应该是动态的、逐渐变化的。为了使这种保障机制长期、有效地满足县级政府提供基本公共服务的财力需要，一方面必须使该制度本身能够正常运行并发挥预期的作用，另一方面，还必须随着时间、条件的变化，对财力保障范围、保障标准、保障水平和激励措施等内容进行相应调整，从而丰富、发展和完善这种保障机制。从总体上讲，应遵循保障范围逐步拓展、保障标准逐

步提升、保障规模逐步扩大的原则，使财力保障措具有可操作性，既有助于满足政府的基本开支需求，又贴近政府财政的实际负担能力。

（三）建立健全地方财政转移支付体系

自 1994 年开始实行分税制财政体制的第二年起，中央财政对省级地方政府实施了过渡期转移支付办法。此后，各省级政府也从财力格局交化和基层财政需求的客观实际出发，相继制定共实施了各具特色的省以下地方政府间财政转移支付办法。

经过十几年的发展，地方财政转移支付已初具规模，资金数额日益扩大，转移支付手段形式多样，分配方式逐步走向规范，对维持基层政府机构正常运转和基本公共服务供给起到了促进作用。

同时也应该看到，目前省以下财政转移支付制制度在功能定位和制度设计方面仍存在着各种问题，主要表现为：① 受省、市自身财政能力的制约，地方财政转移支付的规模仍然有限，与基层财政需求之间尚存在较大缺口；② 转移支付方式过于多样化、复杂化，各地实施方案中普遍缺乏具有共性特征的、赖以发挥基础性和导向性作用的转移支付手段；③“税收返还”这种有利于发达地区、而不利于欠发达地区的方式同样存在于省以下转移支付制度中，其效应与财政均等化有相互冲突之处，难以真正达到财政资金再分配的目的；④ 地方转移支付的分配方式不尽合理，诸如按因素法核定收支的具体标准、有条件转移支付准入和退出机制设计等问题仍然有待解决。

目前省以下地方财政转移支付制度的差异化源于两点原因：一是各省、地区之间自然、人文条件和发展程度的不同；二是尚无统一规定、标准一致的省以下转移支付办法，各地于是便比照中央财政的制度安排来设计地方财政转移支付模式。尽管现在并不急需实施统一的地方财政转移支付制度，但仍有必要从功能定位的角度入手，对各地过于繁杂的补助形式进行梳理。

首先，针对各省级、市级、县级政府辖区内存在的横向财政失衡问题，可以延续中央对省级财政的做法，实施地方政府上下级财政间的一般性转移支付，并赋予其促进实现辖区内财力均等化的功能；

其次，鉴于各地同样存在着上级政府为实现特定政策目标而委托下级政府代理的事务，或存在着有待于上级财政支持的事项，因而也需要通过设立专项转移支付资金对此进行补偿或补助；

最后，在生态问题日益突出的今天，环境保护和污染治理往往超出了特定地域并产生跨区的影响、跨辖区的问题必然导致跨辖区的活动和行为，从而离不开以生态保护为导向的横向财政转移支付。基于此判断，地方财政转移支付基本架构主要包括以下部分。

1. 以财力均等化功能为政策策导向的一般性转移支付

省以下一般性转移支付制度的核心问题，在于运用科学、合理的收支测算方法，衡量地方政府辖区内财政收入能力、支出需求方面的差异，并结合转移支付主体的财力水平，有效确定资金转移的结构和规模，以达到财力均等化的目标。

从该意义上讲，收入能力和支出需求测算方法的选择运用，便成为决定地方财政一般性转移支付效果高低和制度成败的关键。其中，收入能力的测算应有利于提高基层地方增收的努力程度。目前，各地方财政转移支付制度中所使用的收支测算方法差异较大，既有因素法，也有定额补助法、基数法、来源地返还法等，各种测算方法的政策导向各不相同。

从规范化的要求出发，应进一步整合收支测算工具，明确因素法在一般性转移支付测算中的主导作用，选取不易受到人为控制的、影响辖区内各地财政收入能力和财政支出需求的常规性因素变量，包括地理位置、人口数量、人口密度、人均 CDP 等，综合地加以分析和测算，据此确定一般性转移支付额度。

从长远的角度来看，应进一步将城镇化程度、低收入家庭比例、社会救济需求、医疗卫生水平、生态保护等内容纳入考虑的影响因素范围之内，通过提高所考虑影响因素的覆盖程度，使其更有助于准确、合理地体现均等化转移支付的需求情况。

2. 以体现上级政府特定目标为导向的专项转移支付

专项转移支付也是省以下财政转移支付体系的重要组成部分。与一般性转移支付的特点相比较，目前地方专项转移支付的分配办法不够透明、随意性强，且制度设计中缺乏必要的激励机制。

针对这些问题，应采取的对策措施包括：① 控制专项转移支付项目的设置，建立项目准入机制。新增专项补助须经过充分论证和集体决策。应严格筛选项目，通过对传统项目可延续性和新项目可实施性的分析研究，建立专项拨款的备选库。② 对地方专项转移支付项目定期重新审理和更新，归并重复交叉的补助项目，中止、取消名不副实或失去时效性的项目。③ 将一般性转移支付制度中的按公式分配的方法移植到部分专项转移支付项目安排中，强化专项转移支付办法的激励和约束功能，提高专项补助的规范性和资金使用效果。

3. 以生态保护和污染治理为导向的横向转移支付

如果说一般性和专项转移支付是中央及地方共有的财政资金转移形式的话，那么横向财政转移支付则是省以下财政体制中特有的资金转移形式。生态污染和保护问题具有明显的跨辖区、跨流域特征，往往涉及多个同一级别的行政单元和利益相关方，这就决定了地方政府间横向财政转移支付操作的复杂性和特殊性。

这种特性意味着，很难在互不隶属的同级地方行政单位之间建立一种直接的财政预算资金拨付关系，但却可以通过建立生态补偿基金的方式，对流域水环境、自然保护区和生态功能区的环境保护进行横向转移支付。

以流域水环境生态补偿基金为例，基金既可以来源于下游地区政府的注入资金、还可以来自上级政府的财政投入、上游地区政府财政收入中的排污收费、单位的捐赠、沿流域供水、供电企业的利润的乃至社会成员个人等多条渠道。补偿基金不仅投向水流域上游地区的生态环境保护，而且可以用来支持水流域中下游地区防洪、退田还湖等方面的生态环境建设。横向转移支付是地方政府间传统意义上的纵向转移支付的一种必要补充，这种透明度较高的补偿手段可以在协调和处理不同辖区之间的利益关系方面发挥不可替代的作用。

【关键术语】

财政体制　全国性公共产品　地方性公共产品　蒂布特模型　对称补助　一般性补助　专项补助　分税制改革

【网络资源】

1. 登录国家财政部网站（http://www.mof.gov.cn/zhengwuxinxi/caizhengshuju/）查阅有关“分税制改革”的相关信息稿件。

2. 登录中国财政部财政科学研究所网站（http://www.crifs.org.cn）查阅有关“财政体制改革”的相关文献。

【独立思考】

现代社会治理：一个财政体制的分析框架

财政的全新定位是国家治理的基础和重要支柱。作为国家治理体系重要组成部分的财政体制，其功能与作用空间自然涵盖了国家治理的子系统—社会治理。而财政体制健全与否直接影响到社会治理状况，事关社会治理现代化进程。既然财政体制与现代社会治理具有现实的关联性，就有必要弄清两者的内在逻辑关系，以形成理论维度。以此为架构来评估现有财政体制对社会治理的作用程度，使得判断财政体制运行绩效具有了客观的衡量标准，并有助于在现代财政制度的架构下，前瞻性地提出匹配现代社会治理的财政体制改革路径。

社会治理是以满足公众利益为核心，发挥多元治理主体的作用，针对国家治理中存在的社会问题，完善社会福利、保障改善民生，化解社会矛盾，促进社会公平的过程，这意味着社会治理的宗旨是政府如何提供符合居民偏好的公共服务，而通过合理的财政体制安排可以向社会领域提供最优公共服务，增强政府的社会治理能力，以实现有效社会治理。这样的逻辑思路解读了以公共服务为媒介，财政体制与社会治理具有内生的关联性，财政体制对社会治理的作用机理主要从其内在的四个要素“事权划分、财力分配、转移支付、预算控制”来分别论证，终极目标是顺应现代社会治理，如图 10-1 所示。

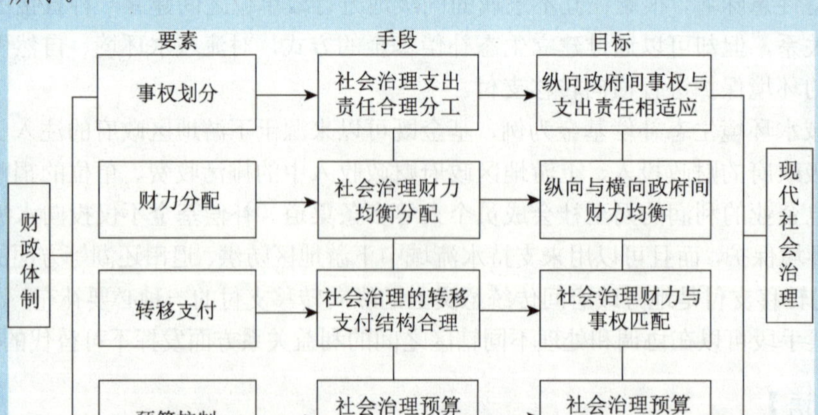

图 10-1　财政体制对社会治理的作用

事权划分涉及的是社会治理的事权与支出责任如何在纵向政府间合理分工，以形成有效社会治理的基石。现代国家通行按照外部性、信息复杂性和激励相容三原则来划分社会治理责任，表现为外部性越大的事权，越适合由级别更高的政府来管理；信息处理复杂程度越高的支出责任，越适合由低级别的政府来承担；兼具复杂信息与外部性的社会事务，应由多级政府间共同提供，引入激励相容机制。

图 10-2 展示了三原则下社会治理的事权和支出责任划分的分布区域。第一区域代表外部性小、信息处理复杂性低的事权，应当界定为地方事权与支出责任，或地方主要事权，由中央给予适当补助来分担支出责任，如社区公共设施、生育保险、学前教育等。第二区域代表外部性大、信息处理复杂程度低的事权，应当属中央事权，并由中央独自承担支出责任，如国家安全、养老保险服务等。第三区域代表外部性大、信息处理复杂性高的事权，应当界定为中央事权，但可通过转移支付方式委托地方来履行相应的支出责任，或确定为中央主要事权，并由中央与地方来分担支出责任，如义务教育、医疗保险、公共卫生等。第四区域代表外部性小、信息处理复杂程度高的事权，应专属地方事权，并由其独立承担支出责任，如社区事务管理等。

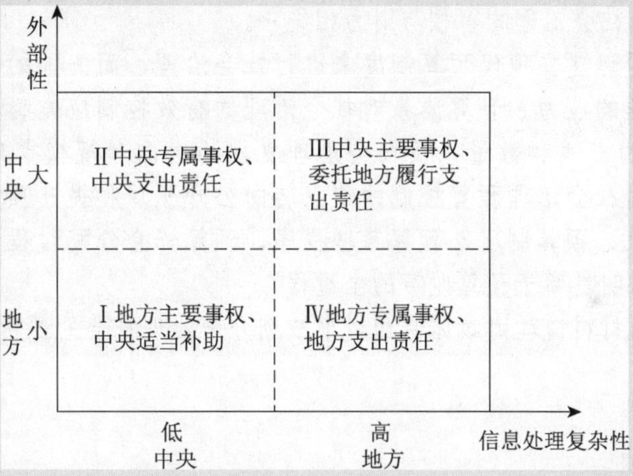

图 10-2　外部性和信息处理复杂性的关系

资料来源：现代社会治理：一个财政体制的分析框架.《当代财经》，2017 年第 3 期。

现实中，如果中央地方间的社会治理责任划分偏离这一架构，则会产生“越位”“缺位”及“错配”问题。基于上级政府对下级政府的“自利行为”，中央政府往往会将更多的社会治理支出推给地方政府来负责，因而引发基层政府的社会治理责任过重、社会治理的重心偏低。因此，需严格恪守这样一个框架，以确保中央地方间的社会治理事权和支出责任相适应。

财力分配涉及的是中央地方间如何进行合理的财力划分，为各自履行社会治理事权提供财力保障。社会治理事权履行主要通过税收来筹集资金，而按照税收收入的内在属性，中央政府适合掌握税基流动性较强、地区间分布不均衡、年度间波动较大以及税负易转嫁、涉及收入分配的税种，如增值税、所得税等；地方政府适合掌握税基较为地域化、信息能由辖区较好掌握的税种，如财产税等。

理想的状态是税收收入划分格局能达到纵向政府的社会治理事权与财权的统一。

至于中央地方间的财力比重大小并无固定比例，主要取决于各自承担的社会治理责任多少。但可能出现的情况是，中央与地方间的税收收入划分混乱，违背税种属性，上级政府基于"政治权威"不断地汲取下级政府的资源，诱发部分地方的社会治理"空心化"；或者即使税收划分严格按税种属性进行，也会出现地方政府特别是基层政府的自有财力无法满足社会治理支出需求。这时就需要中央政府调剂财力来弥补地方社会治理的财力缺口，寻求纵向与横向政府间的财力均衡。

社会治理的财权与事权匹配是最优选择。但当两者失衡时，次优选择是导入转移支付来实现财权与事权相匹配。转移支付的核心不是资金规模的大小，而是看其方式和结构是否合理。转移支付一般分为均衡性转移支付与专项转移支付。均衡性转移支付构成主体，目标体现为确保贫困地区具有最低水平的社会治理财力、任一地区的社会治理财力不会明显低于全国平均水平或达到地方政府间社会治理财政能力的完全均衡。专项转移支付侧重于政府间社会治理委托事务、共同事务以及符合上级政府政策导向的事务，实行专款专用，以改善地方的社会治理状况。按这样的转移支付结构为参照，可达成地方社会治理的事权与财力相统一。

现代国家是通过建立现代预算制度来进行社会治理，而一国的预算能力很大程度上决定其社会治理的能力。预算体系对社会治理的有效控制应先彰显其法治性，即社会治理资金来源的方式和数量以及社会治理支出的去向和规模需建立在法治的基础上。随后，国家将社会治理预算控制的重点转向公开预算和提升预算透明度。公开社会治理的预算政策、预算制度、预算管理程序、预算资金分配过程和结果、预算收支等信息，将公开透明贯穿于预算改革的全过程。

【思考】结合材料梳理财政体制通过事权划分来治理社会的逻辑和思路。

【课后练习】

一、名词解释

1．财政分权　　2．财政集权　　3．财政体制

4．事权　　5．财权

二、判断题

1．财政联邦主义特指联邦制国家的财政管理体制。（　）

2．财政的联邦制与国家的联邦制是完全一样的。（　）

3．协调地区之间的收入分配差距，需要由地方政府负责。（　）

4．地方政府比中央政府更熟悉本辖区居民的偏好。（　）

5．财政分权不鼓励政府之间的竞争。（　）

三、单项选择题

1．（　）由地方提供比中央政府按照统一标准各地提供更有效率。

A．地方性公共产品　　B．消费品

C．投资品　　D．准公共品

2．货币政策、财政政策等调节宏观经济所需的支出责任应由（　　）来承担。

A．中央银行　　B．地方政府　　C．中央政府　　D．财政部

3．下列哪项不属于地方政府职能范围的是（　　）。

A．义务教育公平发展　　B．医疗卫生事业发展

C．交通事业发展　　D．收入分配调节

4．中央政府平衡地方财力的主要支持工具是（　　）。

A．税收返还　　B．税收立法权　　C．购买性支出　　D．转移支付

四、不定项选择题

1．财政分权的优点包括（　　）。

A．地方政府更熟悉地方居民的偏好

B．财政分权鼓励政府之间竞争

C．地方政府更具有提供公共产品的创新能力

D．以上都不正确

E．A、B、C 正确

2．财政分权的缺点包括（　　）。

A．地区间外部性

B．公共产品提供的规模经济

C．缺乏效率的税制

D．征税的规模经济问题

E．A、B、C 正确

3．分税制财政管理体制的主要内容有（　　）。

A．按照中央政府与地方政府的事权，划分各级财政的支出范围

B．根据事权与财权相结合的原则，合理划分中央与地方收入

C．建立相应的转移支付制度

D．收入由中央政府决定，支出由地方政府决定

E．以上都不正确

4．我国分税制财政管理体制的具体内容包括（　　）。

A．支出划分

B．收入划分

C．中央与地方政府间的转移支付

D．以上都不正确

E．A、B、C 正确

5．我国分税制存在的主要问题有（　　）。

A．地方政府财权与事权划分不匹配

B．地方财政还不是独立的财政

C．税种的划分不合理

D．转移支付制度不规范

五、简答题

1. 如何在各级政府间划分财政职能？
2. 财政分权的理论基础是什么？
3. 从公平角度看，财政分权存在哪些问题？

六、论述题

1. 如何理解地方政府的财政竞争？
2. 分析我国分税制财政改革目前存在的问题。

第十一章 财政政策

学习目标

☑ 熟悉财政平衡的内涵和财政赤字的类型
☑ 掌握财政政策和货币政策的含义、目标和手段
☑ 了解财政赤字的经济效应

案例导入

厉以宁：凯恩斯没有预料到的那些事

在财政收支平衡问题上，欧债危机在经济理论方面给了我们一个重要启示。凯恩斯主义的赤字财政政策经过多年实践以后被证实是行不通的。

欧债危机是这两年我们谈论比较多的一个问题。有关欧债危机对经济理论的启示和教训中有非常重要的两点：

第一点是财政收支的基本平衡是不可忽视的。凯恩斯派经济学家汉森的周期性财政收支平衡理论，现在看也是行不通的。周期性财政收支平衡理论是指在经济萧条的时候，多搞一点财政赤字；在经济繁荣的时候，财政收入增加了，就用增加的财政收入还债。按照这样的理论，它不是看当年的财政赤字如何，而是从一个周期来看财政赤字，以使财政收支得到平衡。

凯恩斯提出他的理论是在 20 世纪 30 年代，即 1936 年第二次世界大战以后。当时，凯恩斯理论是被各国所接受的。为什么现在凯恩斯理论行不通了呢？这是因为有三种情况是凯恩斯和汉森这些经济学家当时没有预料到的。

第一个没有预料到的情况是，当时只有经济周期的概念，没有政治周期的概念，政治周期的概念是 20 世纪 70 年代以后才有的。政治周期是什么意思？西方国家每隔四五年大选一次，所以，经济变化都跟政治周期相关。为了拉拢百姓，执政党和在野党在竞选过程中都提出改善民生、增加福利的措施，无论哪个政党上台，都一定要兑现自己的诺言，这样财政支出必然会扩大。几年后，下一届选举又要开始了，财政赤字又要扩大。没有哪一个政党在上台后真的按照平衡财政预算来执行，因为平衡预算就是紧缩财政，这样做的结果就是，到下一届选举时就没有老百姓选他了。这种一直持续财政赤字的情况是凯恩斯和他的追随者们没有预料到的。

第二个没预料到的情况是，福利是有刚性的。在第二次世界大战前，除了瑞典以外，其他国家都不是福利国家。如今，我们从实践中得出教训，福利是只能增加不能减少的，这叫福利刚性。历史上有一个很有名的例子，1962 年，英国在这之前实行了一项政策，给在校的中小学生每天课间免费供应一杯牛奶，这在当时英国整个福利中只是很小的一部分，花钱也不多。可当时的英国执政党觉得这个钱可以省，就把它取消了。取消之后造成了很大的政治风波，在英国社会引起了骚乱，最后以主要官员辞职下台才了结此事。所以说，福利全是刚性的，凯恩斯当初提出他的理论的时候不了解这一点，也没有看到这一点。

第三个没预料到的情况是，以前大家认为，只要国家不亡国债将永远存在，而且还可以一代一代传下去，只要政府不宣布过去的国债全部作废。按照这样的逻辑，希腊发行的国债，只要希腊在国际上不亡，希腊国债就可以一代一代传下去，但现在看来不行了，其债务危机就证明了这一点，国债你不还，再发新债就没人买了。

所以，这三种情况是凯恩斯当初没有想到的。从这些经验教训中我们认识到，现在应该恢复到从前的财政收支基本平衡，这是这一次公共债务危机的大教训。

第二点启示是，中国拥有大量的外汇储备没有坏处。过去认为，外汇储备理想的最佳值是3个月的进口额，加上到期还本付息的外债数量。如果这么算的话，外汇储备并不需要很高。

但是，从美国金融风暴到欧债危机，我们看到，外汇储备可以成为用来支付3个月进口和到期还本付息外债的一个资源。这个资源掌握在自己手上，可以救国内的任何危机，甚至有利于本国经济向外推进。

很多人认为外汇不需要太多，没有什么用处还贬值；现在看来，中国如果没有3万亿美元的外汇储备，我们就会失去很多主动权。

（资料来源：《新财经》，2012年5月12日）

第一节 财政平衡

一、财政平衡的内涵

财政平衡是指财政收支之间在量上的对比关系。财政收支对比不外乎有3种情况，一是收入大于支出，有结余；二是支出大于收入，有赤字；三是收支相等。在编制年度预算时，上述种情况均有可能出现，但在预算的实际执行以及年终决算中，收支绝对相等的情况是极其罕见的。要准确理解财政平衡的含义，需要把握以下几个方面。

（一）财政平衡是相对的

如前所述，财政收支正好相等的概率是极小的，大部分时候是有赤字或有结余。当然结余和赤字有一个数量大小的问题。现代财政理论认为，在一定的期间内：略有赤字或略有结余都应被视为基本平衡。

当我们把略有赤字或略有结余视为基本平衡的标志时，就涉及一个数量界限问题，即如何划分略有结余和大量结余、略有赤字和大量赤字，否则会影响财政收支基本平衡的实现，这是一个需要进一步探讨的问题。通常，衡量一国政府预算赤字（或结余）规模大小的指标有两类：一是以该国同时期政府预算支出作参照，即预算赤字（或结余）占预算支出的百分比；二是以该国同时*GDP*为参照，即预算赤字占*GDP*的百分比。财政赤字规模保持在多大为好，争议比较大，但较多的观点认为前一比例的警戒线是30%；后一比例参照欧盟的《稳定与增长公约》划定的赤字比例，认为应该保持在 3%以内。当然，判断财政赤字规模是否过大，还要把财政问题放在一个大的环境下看待。在一个期间内，财政平衡追求的目标只能是基本平衡或大体平衡。

（二）财政平衡是一个期间性概念

财政平衡是指在一个期间内，财政收入与支出之间的对比状况。此期间有长有短，一般来说，以一个预算年度作为考察财政是否平衡是最短的期间，较长的期间则是几年或一个经济周期。

由于财政收支是经济活动的一个结果和反映，财政能否平衡也取决于经济活动和经济周期的变化，因此，也需要动态地看待财政平衡，要考虑年度之间的联系和衔接，以及未来财政收支变化和发展情况，结合经济周期对财政收支的影响和财政收支对经济周期的影响，以求得财政在一个时期内能够达到平衡。

我们知道，在市场经济条件下，经济呈周期性波动状态，在经济的周期性影响下，财政收支也会呈现出一定程度的波动。在其他条件不变的情况下，经济高涨和复苏的年份，财政容易有结余；反之，在经济萧条和衰退的年份，财政容易出现赤字，但从一个完整的经济周期看。财政收支可以达到基本平衡。现代经济理念认为，财政平衡应是较长时间的概念，不应再局限于单个年份的平衡。

（三）财政平衡反映某一财政主体的财政收支状况

财政平衡是财政主体的资金平衡问题，它是反映某一财政主体的财政状况的重要指标。财政分配的主体是政府，政府按行政级次有中央政府和地方政府之分，地方政府又有若干级次，因此，财政平衡就有中央财政平衡和地方财政平衡之分，地方财政也有不同级次的地方财政平衡，即使是在同一级次下，也有不同地域的地方财政平衡。

传统上我国一直关注国家预算平衡，即把中央预算和地方预算合在一起从总体上考察。这种考察虽然可以从总体上反映一个国家的财政收支全貌，却不能单独反映某一级政府或某一地方政府的财政收支状况。从 1979 年开始的财政管理体制改革，逐步割断了中央与地方之间同吃“大锅饭”的联系，尤其是 1994 年分税制改革之后，中央与地方之间的财政关系相对固定下来，各地方财政作为一级独立的财政主体必须自求平衡，各财政主体的财政状况就很有单独考察的必要。

二、财政赤字的类型

（一）按计算口径划分

在财政收支平衡的概念中，还有一个重要问题，即财政收支平衡的计算口径问题，亦即计算赤字和结余的口径问题。在计算财政的赤字或结余时，通常有两种计算口径。

第一种计算口径是：

赤字或结余＝（经常收入＋债务收入）－（经常支出＋债务支出）

第二种计算口径是：

赤字或结余＝经常收入－经常支出

习惯上，将按第一种口径计算出来的赤字称为硬赤字，按第二种口径计算出的赤字称为软赤字。与硬赤字比较，软赤字是尚未用债务弥补的赤字，意味着还有压缩的空间。而硬赤字是指用债务都未能抵补的赤字，一般来说需要用财政性发行来弥补。

（二）按经济背景和形成原因划分

依据财政赤字产生的不同经济背景和形成原因划分。财政赤字可分为结构性赤字和周期性赤字两类。结构性赤字是充分就业水平下的赤字，是由政府的财政政策动向决定的。

而周期性赤字是经济周期波动的反映，是消极和被动的。

所谓结构性赤字，是指发生在已给定的充分就业水平条件下的赤字，也称为充分就业赤字，它是由政府财政政策的变量决定的，是一种外生变量，它体现了财政政策变量对经济的影响，结构性赤字的假设条件是经济已经在充分就业水平上运行。当经济中还存在未被动员的资源时，赤字会直接引起总需求的增加，并通过对总需求的影响调节总供求关系。

所谓周期性赤字，是指由于经济周期的波动而自动地产生和增减的赤字，即周期性赤字是由经济周期波动决定的，它体现经济运行对财政平衡的决定作用，是一种内生变量，随着经济周期的波动而增减变化。

将财政赤字分为结构性赤字和周期性赤字两部分，对判断财政赤字产生的主要原因以及对政府的财政决策具有重要的指导意义。面对经济波动，采取扩张性政策还是紧缩性政策，不能由主观意志决定，应当视具体情况具体分析，主要取决于对当前经济形势和财政赤字性质的正确判断。

三、现实中的财政赤字

在实际经济生活中，出现财政赤字的概率要比出现财政结余的概率大得多，并且，财政赤字已经成为当今世界各国经济中的一种普遍现象。特别是西方国家在凯恩斯的政府干预经济理论的影响下，试图以阶段性财政收支平衡来达到既调节经济又能保证财政收支平衡的目的，但实际执行的结果是，财政赤字总是要比财政结余多得多。财政赤字成为一种客观存在的经济范畴，可以说是一种世界性经济现象。

（一）我国财政赤字的性质和动态

新中国成立以来在财政工作中一直坚持“收支平衡，略有结余”的方针，但在不少年份也出现赤字。按当时统计口径，1950—1978 年的 29 年中 10 年有赤字，而在 1979—2005 年的 27 年中除 1985 年外，按现行口径计算，每年都有赤字。

我国的财政赤字和发达国家的财政赤字虽然都是支大于收的现象，但就其原因和后果看则具有不同的性质。对于经济发达国家来说，由于经济体制和经济结构相对稳定，经济活动主要受市场供求和商业周期的影响，因而将赤字结构划分为结构性赤字和周期性赤字已经可以满足政策性分析的需要。但对发展中国家来说，这种赤字结构的划分虽有借鉴意义，却不能完全说明这些国家财政赤字的产生及其政策含义的复杂性，对我国的财政赤字也是如此。

我国财政赤字的复杂性主要来自于经济改革和经济发展的需要。一方面，我国的经济体制正处于转轨过程中，政府陆续实施各项改革措施，几乎每项改革措施对财政来说不是减收就是增支。另一方面，我国仍是一个发展中国家，人口众多，农业比重过大，总体生产率低下，国家财政首先要满足众多人口的生存、政府机构的正常运行和维系社会安定的基本需要，还要担负着繁重的科教兴国和经济建设任务，财政支出呈刚性增长、结构僵化的态势，调节的弹性很小。在收入增长较慢而支出增长较快的情况下，出现财政赤字就是不可避免的。因此，我国财政赤字在很大程度上属于经济改革和经济发展的代价，可视为经济改革和经济发展的机会成本，带有较强的过渡性特征。从理论上说，随着经济的稳定快速增长和社会主义市场经济体制改革的不断深化，这种改革和发展性质的赤字也将逐步缩小以至消失。

（二）财政赤字的国际比较

世界上大多数国家都存在程度不同的财政赤字。事实说明，许多国家存在一定程度的赤字而并没有发生财政危机，它是经济周期波动的反映，同时又是熨平经济周期波动的必要手段，但过大的政府赤字无疑是经济状况和财政状况不佳的表现，甚至可能导致债务危机和金融危机。显然，单纯从财政政策入手不可能解决财政赤字问题，必须通过综合治理消除经济衰退的根源，才有可能控制赤字的增长。至于将财政赤字控制在什么样的水平，才不至于伤害社会经济的发展，目前理论界一般是将欧盟国家《马斯特里赫特条约》规定的“入围限制标准”不超过 3%作为适度赤字水平的参考值。但是，这个标准并不是根据科学的经济理论计算出来的，只是依据欧盟国家建立欧元体系时法、德等国现实情况做出的协议规定，欧盟成员国也不认为超过这个标准就一定会出现财政风险，而且事实上有的国家就超过 3%。

进入 2010 年以来，全球性赤字现象日趋凸显，相关数据显示，2009 年希腊赤字率超过 12%，爱尔兰约为 10.75%，西班牙也超过 10%，似乎有向整个欧元区蔓延之势。2010 年法国赤字率为 8.2%，德国为 5.5%，欧元区总体赤字率可能超过 7%。欧盟 27 个成员国中有 20 国因出现赤字超标问题，欧盟为此频频发出预警信号。

伴随全球性赤字高涨的则是全球性债务的高涨。《福布斯》杂志曾以“全球债务炸弹”为题对全球债务持续膨胀现象进行了探讨。分析认为，一方面，债务国不得不借债度日；另一方面，经济衰退迫使政府必须发更多的债。对全球来说，如果各国 CDP 不能以正常的速度保持增长，新旧债务必然压制经济增长，而低增长又让偿还债务陷入难以为继的恶性循环，这是一种可怕的结局。一旦大量债务到了偿还期限却无力偿还，就会重演类似迪拜等国的债务危机，导致美国等一批债务国“走向地狱”。

第二节　财政政策与货币政策的配合

一、财政政策的含义及分类

凯恩斯主义观点认为，政府可以通过财政政策来调节宏观经济运行，使经济尽量逼近潜在产出水平。财政政策是人们在认识和掌握财政经济的客观规律的基础上，在一定的经济理论指导下制定并贯彻执行的财政行为准则。财政政策按照不同的标准可以分为不同的类别，主要有以下几种：

（一）按财政收支活动与社会经济活动之间的关系分类

按财政收支活动与社会经济活动之间的关系分类，财政政策可分为总量财政政策和个量财政政策。

总量财政政策是指财政政策对宏观经济产生影响，也称为宏观财政政策。宏观财政政引起经济总量变化的政策，常常被划分为扩张性财政政策和紧缩性财政政策。

扩张性财政政策是指通过降低财政收入或增加财政支出以刺激社会总需求增长的政策。由于减收增支的结果表现为财政赤字，往往又被称为赤字财政政策。

紧缩性财政政策是指通过增加财政收入或减少财政支出以抑制社会总需求增长的政策。由于增收减支的结果集中表现为财政结余，也往往被称为结余性财政政策。

个量财政政策是对有关经济个量发生作用，只能影响经济个量增减变化的政策，也称之为微观财政政策。比如，在财政支出中，在不改变财政支出总水平的情况下，对财政支出的结构进行调整，从而对相关微观经济主体发挥调节作用。

（二）按财政政策的期限分类

按财政政策的期限划分，财政政策分为中长期财政政策和短期财政政策。

中长期财政政策是为国民经济发展的战略目标服务的政策，具有长期稳定性的特点。

短期财政政策属于战术性政策，适用于特定时期和特定范围。

（三）按财政政策发挥作用的方式分类

按财政政策发挥作用的方式分类，财政政策可分为自动稳定财政政策和相机抉择财政政策。

自动稳定财政政策是指通过财政制度中的内在稳定器，在经济波动时自动发挥调控作用的财政政策，而不再需要人为进行调节，包括诸如累进税、救济金等财政工具在内。

相机抉择财政政策是指人们根据稳定经济和减轻经济周期波动需要而采取的财政政策，如改变公共工程和其他开支方案、改变转移支付开支方案、调整税率以及改变折旧政策等等。

（四）按财政政策所规范的活动内容分类

按财政政策所规范的活动内容分类，财政政策主要包括财政收入政策、财政支出政策和财政调控政策。

财政收入政策是指通过调整财政收入总量水平、结构、方式及方法等实现对经济活动的调节。

财政支出政策是指通过调整财政支出的总量水平、支出结构和方式来实现对经济的调节。

财政调控政策是指根据一定时期的经济和社会发展要求，对中央政府和地方政府之间、政府与企业之间、预算资金和预算外资金之间关系进行调节和控制。

这种分类又可以细分为税收政策、国债政策、政府投资政策、经费开支政策、政府预算政策、国有企业收益分配政策等。

二、财政政策目标

财政政策目标在不同的国家或同一国家的不同时期是不同的，它是由多方面的因素决定的。总体来说，财政政策的基本目标有充分就业、经济增长、物价稳定和国际收支平衡。

（一）充分就业

充分就业是指有工作能力并且愿意工作的人，都能够按照现行工资水平得到工作。充分就业之所以被作为财政政策的首要目标，主要原因有两个：一是在社会物质生产资料有大量闲置的情况下，而不能使劳动者得到工作，这不仅给社会造成极大的浪费，而且也证明政府能够做的事没有做到，政府完全有可能凭借财政政策的功能使劳动者和生产资料结合起来从事生产，为社会创造物质财富；二是高失业率造成了人们的许多苦难，包括家计的艰难、个人自尊心的丧失和犯罪的增加，高失业率给经济带来的损失是明显的。

虽然充分就业是一件好事，那社会能否达到 100%的就业，即失业率为零的状态呢？当然是不可能的，因为经济生活中存在如下几种类型的失业：

（1）摩擦性失业，指人们自主决定暂时离开工作岗位去从事其他活动，如抚养子女、重返学校学习新的技能、旅游或希望寻找更适合自己的工作，当他们重新进入职业市场时是需要一定的时间才能找到合适的工作。

（2）季节性失业，指在某些行业生产中由于季节性变化所造成的失业。

（3）结构性失业。随着新技术新产业不断出现，一些人难以适应社会经济的这种快速变化，而不能在合适的岗位上得到就业。

（4）周期性失业。由于周期性经济危机们造成的失业。当经济处于萧条阶段，失业增加：经济处于繁荣阶段，失业减少。

（二）经济增长

经济增长是指一个国家或地区在一定期间内（通常为一年）的国民生产总值或国民收入的实际总量增长。经济增长有如下几层含义：

（1）经济增长是指总量增长，而不是指某单个指标如机器设备、某种家电的产量产值增长。

（2）经济增长是指扣除价格影响因素的实际增长，特别是在物价上涨幅度较大的年份，更需要扣除物价的影响因素。

（3）经济增长应该是扣除人为的浮夸虚增因素后的实际增长，特别是在形式主义严重、非理性行为盛行的国家或地区，更应注意这一点。

（4）经济增长应考虑人口增长速度，只有在人口增长速度低于经济总量增长速度时，才能说经济有了真正的增长，因而也有人提出应将人均国民生产总值的增长作为经济增长的标志，人均国民生产总值是表示该国人民生活水平高低的重要指标。

在现代社会人们越来越重视环境污染、社会不公等问题，认为经济增长速度快，并不表示人们的生活质量明显提高。如果环境污染加重了。社会分配更加不公平，那么这种经济增长是以牺牲人们的生活质量来获得的。因此越来越多的经济学家认为，应该考虑用更多的指标来衡量经济增长。

（三）物价稳定

物价稳定是指物价上涨幅度维持在不至于影响社会经济正常运行的范围内。通货膨胀的社会代价和经济代价已经越来越引人关注，因为持续上升的物价水平造成了经济中的不确定性。譬如，当物价水平正在变动时，商品和劳务中所包含的信息就更加难以解释，从而使消费者、企业和政府的决策变得更加困难。通货膨胀使得未来的计划发生困难，投资者难以确定投资方向、人们难以决定为子女接受大学教育所应储蓄的数额，在严重的通货膨胀时期，房地产投资都会有下降的趋势。

通货膨胀的另一个明显的影响是对收入和财产的再分配，它危害放款者、退休者的利益，而有利于借款人，如果工资增长落后于物价上涨幅度，它会降低工薪者的生活水平，可能引起一系列的社会冲突。

总之，通货膨胀不利于投资者有计划的投资，不利于收入的公平分配，也不利于社会安定，因此，稳定物价被作为各国财政政策的重要目标之一。

（四）国际收支平衡

近年来，随着各国经济的发展，国家间实力对比发生变化，贸易逆差问题引起了各个国家的重视。国际收支会影响到一国的经济稳定增长，也影响到一国的物价水平，还间接地影响到该国的就业水平。同样，财政政策也会有力地影响到一国的国际收支。例如，财政政策促使一国经济稳定增长，就会为扩大商品输出打下基础。财政政策还能够间接影响到一国利息率的变化.而利息率的高低对于吸引外资是有很大作用的。现在越来越多的国家把国际收支平衡作为一国财政政策的目标。

上述这 4 个政策目标并不总是一致的，而是经常处于矛盾之中。

首先，充分就业与物价稳定之间就有可能发生矛盾。按照标准的凯恩斯理论的宏观经济分析，充分就业与物价稳定之间本来是可以协调的，因为需求不足引起失业，过度需求引起通货膨胀，只要消除了需求不足而又不造成过度需求，那就既可以充分就业，又可以物价稳定了。这就是说，在充分就业之前，不会出现真正的通货膨胀，只有达到充分就业之后，需求继续增大，形成过度需求，这时才会有真正的通货膨胀。但经济运行的现实往往是在充分就业之前。社会上的物价往往已经上涨，在这种情况下，也并不存在有效需求不足问题，如果再实行扩张性的财政政策来扩大就业时只能使通货膨胀更加严重。这就需要其他各种经济政策的配合了。

其次，物价稳定与经济增长之间的矛盾。本来物价稳定是有利于促进经济增长的，但在资本主义市场经济中，由于物价稳定通常以牺牲充分就业为代价，而充分就业才是促使经济增长的主要动力，这样在物价稳定和经济增长之间便产生了矛盾。要么以物价稳定、低就业率来换取经济稳定增长，要么以物价水平上涨和较高的就业率来换取经济的快速增长，但是物价上涨并导致严重的通货膨胀，从长期来看是不可能实现真正的经济增长的。因而这二者也被认为是“鱼与熊掌不可兼得”的，各国只能根据当时时实际情况，以某一目标为主而牺牲其他目标，或者通过财政、货币政策等结合使用来协调这些矛盾。

最后，如前所述，充分就业通常带来物价上涨和通货膨胀，而通货膨胀通常导致经济的不稳定，经济的不稳定就不利于扩大出口，也不利于吸引外资，从而给国际收支平衡带来威胁，协调国内均衡和国外经济的均衡，可交替使用财政和货币政策以及汇率政策，甚至包括某些行政措施限制进口、实行贸易保护主义，等等。

三、货币政策的目标和手段

货币政策是国家为实现其宏观经济目标所采取的调节和控制货币供应量的一种金融工具。

（一）货币政策目标

与财政政策目标一样，货币政策目标也是多方面的。但一般来说主要有：一是保持货币币值稳定；二是促进经济增长。从根本上说，保持币值稳定可以为企业投资提供相对稳定的核算标准，为人们的未来计划提供一个可靠的计量尺度，为商品交易提供稳定的流通手段，为经济稳定和增长提供良好的环境秩序，货币币值稳定和经济增长之间是一致的，但二者有时会存在矛盾，比如说，为了刺激经济增长和减少失业，政府常采取货币扩张性政策，久而久之便带来通货膨胀；反之为了抵制通货膨胀，政府常采取紧缩银根的政策，其结果往往以牺牲经济增长为代价。这就使得政府面临两难的选择——刺激经济增长还是稳定物价和币值。在处理这些矛盾中，经济学家们提出了一系列的办法。

（二）货币政策手段

在长期实施货币政策调节货币供应量方面，各国都总结出一套适合国情的货币政策手段，其中最主要的是以下 3 种传统手段：法定存款准备金、贴现率和公开市场业务。

1. 法定存款准备金

商业银行等金融机构按照规定的比率，将所吸收的存款的一部分交存于中央银行，自身不得使用，应交存的比率称为法定存款准备率。

中央银行可以通过调高或调低法定存款准备率，来增加或减少商业银行应交存到中央银行的存款准备金，从而影响商业银行的贷款能力和派生存款能力，以达到调节货币供应量的目的。如果中央银行调低法定存款准备率，商业银行可以减少其上交存款准备金的数量，相应增强其贷款能力扩大贷款规模，通过存款的倍数效应扩大货币供应量；反之，则会缩减货币供应量。法定存款准备率是一个指令性指标，比较严厉，它会直接影响到商业银行的可用资金，因此一般不宜经常调整，特别是大幅度的调整和由较低的法定存款准备率向较高的法定存款准备率的调整。

2. 贴现率

贴现率是指商业银行向中央银行办理商业票据再贴现时所使用的利率。中央银行通过调高或调低贴现率的办法来影响商业银行的贷款规模。如果中央银行调低贴现率降低商业银行向中央银行借入资金的成本，这样商业银行也可以调低其贷款利率，从而起到刺激企业贷款需求、扩大商业银行贷款规模和扩大货币供应量的作用，反之，则会通过调高贴现率的办法缩减商业银行贷款规模以减少货币供应量。

贴现率作为一种比较灵活的手段，被广泛地、经常地使用。不过它还有平衡国际收支的功能，如当国际收支出现逆差，为吸引资本流入，往往采取提高贴现率的办法。

3. 公开市场业务

公开市场业务是指中央银行通过其证券经纪人在金融市场上买进或卖出有价证券进而调节货币供应量的一种方式，比如，中央银行买进有价证券，实际上相应地向流通领域注入了货币，增加了流通中的货币供应量，增加商业银行的可贷资金来源，有利于企业投资，另一方面它还可以提高证券的价格，刺激对证券的需求；反之，政府卖出证券，则可以起到减少流通中货币供应量的作用。

与法定存款准备金和贴现率相比，公开市场业务具有如下优点：（1）隐蔽性强，一般不会引起社会动荡，资金的价格就是利率，在金融市场发达的国家，政府不宜再对利率做出干预，甚至连指导性利率都不宜给出，在商业银行非常关注政府的政策意图的情况下，政府的一些举措都会引起相应的社会震荡，公开市场业务是政府通过证券经纪人来进行的，其政策意图不易被社会所觉察，具有一定的隐蔽性，可避免不必要的社会动荡。（2）传导过程短，更容易达到目的。调整法定存款准备率和贴现率是需要通过商业银行调整其行为来实现的，公开市场业务就不需要这个传导过程，它可以通过证券买卖，直接左右市场的货币供应量。（3）主动权掌握在中央银行手中，中央银行可以控制买进还是卖出，何时买进何时卖出，买进多少卖出多少。因此，公开市场业务成为现代西方社会常采取的货币政策手段。

4．其他调节手段

除上述传统手段外，西方国家还经常地辅以其他调节手段，如道义劝告、行政干预和金融检查等。

（1）道义劝告也称窗口指导，是指中央银行采取书面或口头方式，以说服或政策指导的方法，引导各金融机构扩大或收缩贷款。

（2）行政干预。在有些国家，中央银行有权对各商业银行规定出最高贷款限额，以控制信贷规模；或是对商业银行的存贷款最高利率加以限制等。

（3）金融检查。中央银行有权随时对商业银行的业务活动进行金融监督与检查这种检查包括检查在业务经营范围、大额贷款的安全状况、银行的资本比率和流动资产比率等。

货币政策调节措施要经过一定时期后才能显示其政策目标能否实现，提高存款准备率后，经济增长率和物价水平不一定能及时做出相应的反应，若检测政策手段能否实现政策目标以及能实现到何种程度，需要设置一些中间目标作为参照。由于不同时期、不同国家的背景及理论上的差异，各国或一国在不同时期往往会选择不同的指标作为中间目标。一般来说利率和货币供应量最为常用。

四、财政政策与货币政策的相互配合

要实现国民经济宏观调控的目标、仅靠财政政策或仅靠货币政策都是难以奏效的，这需要各种经济政策的相互配合，特别是需要财政政策与货币政策的相互配合。财政政策和货币政策的组合主要有四种：

（1）“双松”的政策，即松的财政政策与松的货币政策的配合。“双松”的财政政策与货币政策，通常是在经济衰退时期所采用的。降低税率、增加政府支出，降低利率、扩大货币供应，都可以起到刺激社会总需求，刺激经济发展的效果，但结果往往是导致通货膨胀。

（2）“双紧”的政策，即紧的财政政策和紧的货币政策的配合。“双紧”的财政政策与货币政策，通常是在经济过热、通货膨胀压力较大的时期所采用的对策。提高税率、减少政府开支、提高利率、紧缩银根的结果往往会达到平抑物价，压缩投资，降低经济增长速度的效果，但结果可能导致经济衰弱。

（3）“一松一紧”的政策，分为松的财政政策与紧的货币政策和紧的财政政策与松的货币政策相配合两种方式，采取松紧搭配的政策，有利于在保持通货基本稳定的同时，通过调整政府与企业单位之间的投资比例和产业结构，促进经济的稳定增长。具体操作思路为：如果财政出现了赤字，银行就不应再过多地扩大货币供应，应以紧缩银根为主；反之，如果银行信贷规模过大，出现信贷差额，财政应给予必要的支持，增加收入，缩减开支，力争有结余。

第三节　财政赤字的经济效应

一、财政赤字与社会总供求平衡的关系

在分析财政赤字与社会总量平衡的关系及财政赤字的经济影响时，可以采取两种方法：一是运用简单的国民收入决定模型，暂不考虑货币政策的影响，只分析财政赤字对总量平衡的影响；二是引入货币金融市场运用 $IS-LM$ 模型分析较为复杂的财政赤字影响。这里先运用国民收入决定模型分析简单的财政赤字与社会总量平衡的关系和财政赤字的经济影响。

在国民经济核算中，总量平衡有如下恒等式：

$$C+S+T+M\equiv C+I+G+X$$

上式的左边表示总供给的收入流量，由消费 C、储蓄 S、税收 T 和进口额 M 组成；右边代表总需求的支出流量，由消费 C、投资 I、政府支出 G 和出口额 X 构成。这个恒等式可以理解为：不论经济处于何种状态，在给定的时期内，作为总供给的收入流量恒等于作为总需求的支出流量。政府的所有支出，无论是赤字还是非赤字支出，都汇入支出流量而构成总需求。根据该恒等式，我们可以列出描述财政赤字的预算恒等式：

$$G-T\equiv (S-I)+(M-X)$$

上式左边表示预算收支平衡状况，当 $G>T$ 时，政府预算出现赤字；当 $G<T$ 时，则有财政结余。等式的右端由两个部分组成，这两部分实际上是两个不同的账户，S 和 I 是储蓄、投资账户，M 和 X 是对外贸易经常账户。当 $S>I$ 时，非政府部门的储蓄大于投资，有结余资金；反之，则非政府部门的储蓄、投资账户出现赤字。当 $M<X$ 时，贸易经常账户有盈余，资源净出口；反之，则贸易经常账户出现赤字，资源净进口。这个预算恒等式可以理解为：财政赤字＝储蓄、投资账户结余＋贸易经常账户赤字。为使该恒等式表达的经济含义更容易解释清楚，我们从下个封闭型经济开始讨论：

$$M-X=0\rightarrow G-T\equiv S-I$$

即：　　　　　　　　　　财政赤字≡储蓄、投资账户结余

这个公式表达了一个重要的经济学原理：一个部门的赤字正是另一个部门的结余。政府预算的赤字可以由非政府部门的储蓄结余来抵补。按照恒等式的逻辑，财政赤字的增加

可以不影响需求总量，因为弥补赤字的资金可以来源于民间的储蓄结余。在这种情况下，政府多支出的那一部分正是非政府部门少支出的那一部分。因此，赤字可以在一定条件下以替代支出的方式嵌入总需求，而不改变需求总量。如果财政赤字超过储蓄、投资账户结余，那么，赤字就会以增加新的需求的方式叠加在原有的总需求之上从而扩张总需求。

在一个开放型经济中，财政赤字不仅可以用国内结余资源来弥补，还可以吸收国外资源。假定$M-X>0$，即贸易经常账户处于赤字状态，这表明一部分国外资源流入国内以补充国内总供给。在其他条件不变的情况下，谁动用了这部分资源，则取决于S和I的关系。大体可以分以下几种情况：

（1）$S>I$，这表示非政府部门有结余，资源净流出。政府既动用了国外资源，也动用了国内结余资金。赤字同时以两种方式加大总需求：用国外资源弥补的赤字会以增加新的需求方式叠加在原有总需求之上，使总需求扩张；用国内结余资金弥补的赤字会以替代支出的方式嵌入原有总需求中，总需求结构会被改变，但总量不变。

（2）$S=I$，这表示非政府部门的储蓄等于投资，这个部门既不占用其他部门的资源，也不为其他部门提供结余资源。在这种情况下，政府动用了全部从国外流入的资源，且国外流入的资源数量与财政赤字相等。这是财政赤字由国外结余弥补的例子，全部赤字都会以新的需求叠加在原有总需求之上。在这种情况下。$S=I$、$M>X$与$G>T$的组合为主张政府赤字会导致贸易经常账户赤字的观点提供了理论依据。

（3）$S<I$，这表示非政府部门的储蓄、投资账户也出现赤字，需要筹资弥补。由于政府也处于赤字状态，因此，两个部门都必须从国外筹集资金，所有的赤字都会使总需求扩张。假定国内的储蓄与投资的赤字等于贸易经常账户赤字，则财政便无资可筹，这也是一种挤出效应，是民间投资挤出政府支出的挤出效应。

通过上述恒等式分析，对财政平衡和社会总供求的关系可以得出以下三点简略的结论：（1）财政平衡是社会总供求平衡中的一个组成部分，必须从国民经济的整体平衡研究财政平衡，就财政本身研究财政平衡难以得出全面、正确的结论。（2）国民经济整体平衡的目标是社会总供求的大体平衡，财政平衡不过是其中的一个局部平衡，因而对社会总供求平衡而言，财政平衡本身不是目的，不过是总供求平衡的一种手段。（3）公式中消费、储蓄、投资以及进出口属于个人和企业的经济行为，或者说是属于市场行为，也就是通过市场实现的，而财政收支属于政府行为，因而财政收支平衡是掌握在政府手中并进行宏观调控的手段。财政平衡可以直接调节社会总需求，间接调节社会总供给。

二、财政赤字的弥补方式及其经济效应

（一）债务融资及其经济效应

债务融资，又称赤字债务化，是指政府以发行国债的方式向公众融资，筹集社会资金以弥补财政收入的不足。

一般来说，通过发行国债弥补财政赤字只是资金在部门间的转移，不会增加基础货币量，从而也不会扩大货币供给量。如居民、企业和商业银行购买国债的行为，可视为这些暂时闲置资金的使用权向政府部门的转移，此时商业银行的可贷放资金减少，在中央银行

的存款准备金也减少；又如，当财政将以公债方式筹措来的资金安排出去形成财政支出后，居民、企业的收入增加，存入商业银行的可贷放资金增加，在中央银行的存款准备金也恢复到原来的水平，货币供给规模也不变，财政赤字只是以替代方式刺激总需求，并不会增加总需求，因而赤字债务化一般不会导致通货膨胀。

发行国债是世界各国弥补财政赤字的普遍做法，而且被认为是最可靠的途径。但是，随着财政赤字的增长，债务也会不断增长，债务的还本付息特点，会反过来加大财政赤字，扩大债务规模，形成恶性循环。国债规模过大，往往会产生国债信誉下降、债券不易发行等不良后果，甚至出现债务危机。

发展中国家常常面临着赤字与债务同时增长的困境，面临着扩大债务规模与控制利率的两难选择。如陷入债务泥潭的拉美国家，因债务危机引发的高利贷在 20 世纪 90 年代曾达到 140%多的高点，经济的破坏和人民生活的困苦是可想而知的。即使是发达国家，也非常担心债务带来的排挤效应，担心国债会推升市场利率从而排挤私人投资，以及巨额债务终将导致债务货币化的问题。发行国债虽然是弥补财政赤字的一种可靠来源，但对国债的发行和管理要求很高。尤其是发展中国家，要杜绝随意发行和管理混乱的现象，以避免因过度发行国债导致通货膨胀。

（二）货币融资及其经济效应

货币融资又称赤字货币化，是指政府利用其拥有的货币发行垄断权，通过创造货币的方式来弥补财政赤字。这是政府融资与私人融资最大的不同之处。政府发行货币有信贷发行和财政性发行两种，所谓财政性发行是指为弥补财政赤字而增加的货币供给，所谓信贷发行则是适应生产规模的变化而变动货币供给。

这里需要值得注意的是，财政赤字货币化与财政性发行是两个不同的概念，财政赤字货币化过程中，既可能包括正常的货币发行收入部分，也可能包括财政性发行部分，而财政性发行则肯定是由于财政赤字货币化引起的。

通过货币创造为财政赤字融资会直接增加基础货币量，进而按照货币乘数作用扩大货币供应量，因而通过货币创造为财政赤字融资是使新增加的需求叠加在原有需求之上，从而对总需求具有较强的扩张作用，因而有极大的可能导致通货膨胀。但是否真的导致通货膨胀，还需要进行具体分析。通货膨胀被定义为物价总水平持续的上涨过程。因此，只有财政赤字在一段时间里持续存在，而且通过赤字货币化持续地为财政赤字融资，才有可能导致通货膨胀，还需要进行具体分析。通货膨胀被定义为物价总水平持续的上涨过程。因此，只有财政赤字在一段时间里持续存在，而且通过赤字货币化持续地为财政赤字融资，才有可能导致通货膨胀。初期，如果赤字是由货币化来融资的，那么基础货币增加，货币供应量也会按照货币乘数相应地增加，货币供应量的增加将导致物价水平上涨。如果财政赤字在下一个时期仍然存在，而且靠货币化来为赤字融资，那么，这一过程将会继续。这个持续过程的关键是，赤字持续存在，而且持续使用货币化方式融资。如果下个时期预算平衡，没有赤字，政府不需要再通过创造货币为赤字融资，物价水平也就不会继续上涨。因此，为弥补暂时性的财政赤字而一次性增加的货币供给只能引起物价水平的一次性上升，而不会引发通货膨胀。

但是，上述情况仅仅是财政赤字导致通货膨胀的必要条件，并不是充分条件。这里可能有两种不同的情况：第一种情况是，一般而言，只有货币供给超过货币需求才可能引发通货膨胀。而货币供应量的变化不仅取决于基础货币量的变化，还取决于货币乘数的变化。货币供应量等于基础货币乘以货币乘数，即 $M=Bm$，上式中，M 为货币供应量，B 为基础货币量，m 为货币乘数。政府通过货币创造弥补财政赤字只能影响基础货币，对整个货币供应量的影响还要看货币乘数的变化。如果政府通过货币创造弥补财政赤字增加了基础货币，但同时由于种种原因，货币乘数在降低，而且货币乘数降低的幅度等于（或超过）基础货币增加的幅度，那么货币供应量不但没有增加，反而可能减少。如果这种情况发生，政府弥补财政赤字而增加基础货币就不会导致通货膨胀。另一种可能发生的情况是，尽管货币供应量增加，但货币需求也在增加，而且货币需求增加的幅度等于或超过货币供给的增加幅度，那么也不会导致通货膨胀。随着经济的增长，货币需求必然相应增加。如果政府通过货币创造增加的货币供应量没有超过经济增长所要求的货币需求的增加量，那么也不会导致通货膨胀。

三、运用 *IS*—*LM* 模型分析财政赤字的经济效应

（一）运用 *IS*—*LM* 模型分析财政赤字经济效应的一般原理

前面在运用简单的国民经济核算模型分析政赤字的经济效应时是假定货币存量、利率银行对总产出不产生任何影响。但是，现实生活中，货币供求在经济中发挥着举足轻重的作用，特别是利率是决定总需求的重要变量。现代经济学通过 *IS*—*LM* 模型来研究商品市场和货币市场的相互作用，能更全面地表达财政赤字的经济效应。

IS—*LM* 模型中的 *IS* 曲线和 *LM* 曲线，在固定价格水平条件下决定总产出和利率。由于利率上升将导致投资支出下降从而引起均衡产出下降，所以 *IS* 曲线线向下倾斜。由于总产出增加将导致货币需求增加从而引起均衡利率上升，故 *LM* 曲线向上倾斜。*IS* 曲线和 *LM* 曲线的交点同时决定产出和利率，在这一交点上，货币市场和商品市场都达到均衡。由于在任何其他的利率和产出水平条件下，至少将有一个市场无法实现均衡，因而市场的内在机制将推动经济活动向位于 *IS* 曲线和 *LM* 曲线交点的共同均衡点移动。运用 *IS*—*LM* 模型首先可以区分不同赤字融资方式的不同经济效应，可以分析财政赤字的挤出效应（如图 11-1 所示），还可以进一步分析财政赤字的长期效应（如图 11-2 所示）。

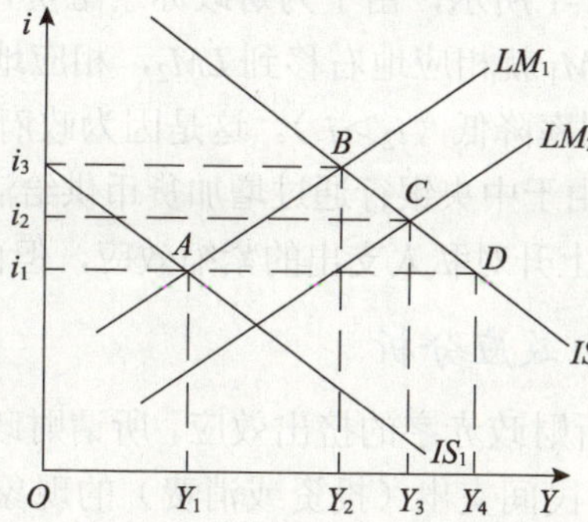

图 11-1　运用 IS—LM 模型分析财政赤字的经济效应

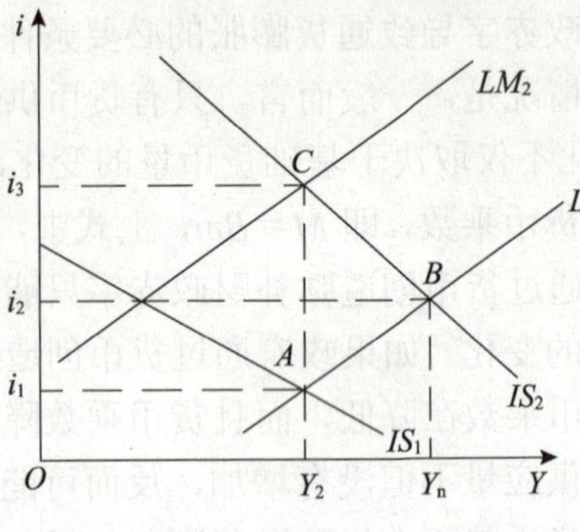

图 11-2 运用 IS—LM 模型分析财政赤字的长期经济效应

（二）不同融资机制的不同经济效应的分析

1. 财政赤字的债务化融资的经济效益

观察图 11-1，首先要注意，Y_1 总是处于潜在水平的产出，当时的利率为 i_1，商品市场和货币市场的均衡点在点 A。如前所述，如果向居民、企业和商业银行发行国债为财政赤字融资，那么，一般而言，货币供给量不会发生变化，可以合理假定 LM 曲线基本保持不动。图 11-1 描绘了扩张性财政政策（增加支出、减少税收或两者某种程度的组合导致财政赤字的增加）对总产出和利率的影响。财政赤字的增加使 IS_1 曲线移至 IS_2，商品市场和货币市场的均衡点移至点 B（IS 曲线和 LM 曲线的交点）。这样，财政为赤字增加的结果导致产出增加至 Y_2，利率上升至 i_3。产出的增加和利率的提高说明什么？这说明，财政赤字增加直接增加了总需求，或削减税收可以通过增加可支配收入增加消费支出，从而增加总需求。总需求的增加促进了产出的增加，而产出的增加相应增加了货币需求。但是，由于利率相应地由 i_1 提高到 i_2，抵销了货币供给量的增加，因而债务化融资不会带来货币供给量的扩张并导致通货膨胀后果。如果实行紧缩性财政政策（通过减少政府支出或增加税收从而减少财政赤字），则它的效应与图 11-1 描绘的过程正好相反。这将减少总需求，使 IS 曲线左移，从而使总产出减少，利率降低。

2. 财政赤字的货币化融资的经济效应

如果中央银行通过基础货币的方式为财政赤字融资，那么，与通过债务融资的等额的财政赤字相比，财政赤字的增加会使产出以更大的幅度增加，同时，利率上升的幅度更小，甚至保持不变或降低。如图 11-1 所示，由于为财政赤字融资，中央银行增加了基础货币，货币供应量就会增加，于是 LM_1 就相应地右移到 LM_2，相应地均衡点为交点 C。与交点 B 相比，产出更大（$Y_3>Y_2$），利率降低（$i_2>i_3$）。这是因为政府支出增加导致产出增加，产出增加促使货币需求量上升。由于中央银行通过增加货币供给满足了货币需求的增长。抑制了利率的上升，也抑制了利率上升对私人支出的紧缩效应，但由此却有可能导致通货膨胀。

（三）财政赤字的挤出效应分析

我们同运用图 11-1 来分析财政赤字的挤出效应。所谓财政赤字的挤出效应，是指由于赤字增加了政府支出而挤出了民间支出（投资或消费）的现象。为了分析财政赤字的挤出效应，观察图 11-1 应关注几个均衡点，并将这几个均衡点进行对比。① 当债务化融资而没有增加货币供给量时，均衡点由交点 A 上升为交点 B，将新的均衡点 B 比照初始的均衡点 A 可以说明，由于财政赤字增加了政府支出，产出和利率同时提高。② 均衡点 D 是原始的利率 i_1 和产出 Y_4 的均衡点，说明是在利率没有提高的条件下，由于财政赤字增加了总需求，从而扩大了货币供给量，促进了产出达到较高的 Y_4 水平。③ 将均衡点 A、B、D 对比，分析由点 A 提高到点 B 和提高到点 D 的差别，即均衡点只提高到点 B 而没有提高到点 D 的原因是什么。当然，差别和原因在于利率。在均衡点 B，产出之所以只是上升到 Y_2 而没有达到 Y_4 的水平是因为利率的提高排斥了私人或民间投资（或消费），减弱了政府支出增加的扩张效应，财政赤字产生了挤出效应。因此，Y_4 与 Y_2 表明了对财政赤字的挤出效应。比如，当实行扩张性财政政策而引致利率上升，从而导致私人或民间投资（或消费）的减少，就产生了挤出效应。至于挤出效应的规模到底有多大？即财政赤字对总产出的扩张效应在多大程度上被挤出效应所抵消，在不同的情况下则有所不同。

（1）完全挤出效应。如果经济处于充分就业水平，当财政扩张增加需求时，由于经济中没有可和用的闭置资源，财政赤字不能增加总产出，只是提高了均衡利率。因此，由于利率上升挤出的私人投资（或消费）规模正好等于财政赤字或其增加额，这种扩张性财政政策并不引起产出增加的情况，通常被称为完全挤出效应。

（2）不完全挤出效应。只要经济是处于还没有达到充分就业的状态，一般不会发生完全挤出。财政扩张将增加总产出，但同时也提高利率，因此挤出只是一个程度问题。总需求增加了收入，从而储蓄水平随收入上升而上升。储蓄增加反过来有可能为较高的财政赤字融资，而不会完全挤出私人支出，可以通过公式 $S=I+（G-T）$ 来说明。该式是从封闭经济中的国民收入恒等式推导出来的。其中，S 代表私人储蓄，I 代表私人投资，$(G-T)$ 则代表政府支出和政府收入的差额，即财政赤字。由该式可知，在储蓄和净出口既定的条件下，赤字增加必然降低私人投资。简言之，当财政赤字增加时，政府必须通过借款来支付其财政赤字。政府借款使用了部分私人储蓄，供私人借款来作为投资支出的储蓄剩余部分因此减少。但是，如果由于收入上升，储蓄随着政府支出增加而增加，那么，投资就没有必要一对一地下降。在存在失业的经济中，由于总需求增加提高了总产出，储蓄也相应增加，所以，挤出是不完全的，因为储蓄将增加，利率不会上升到完全挤出私人投资的程度。

（3）无挤出效应。在没有达到充分就业从而产量有可能增加的情况下，当政府支出增加时，由于中央银行能够通过增加货币供给来配合财政扩张。因此，利率可以不升高，从而也不会发生挤出现象。如果在财政扩张过程中，中央银行为了阻止利率上升增加了货币供给，那么由于收入增加而导致的超额货币需求就会由增加的货币供给来满足，利率就不会上升，也就不会发生挤出效应。

（四）财政赤字的长期效应分析

1．分析财政赤字长期效应的意义

到目前为止，我们在 $IS-LM$ 模型分析中一直假定价格水平固定，因而名义价值和真实价值相等。这个假设在短期内是合理的，但在长期中物价水平确实会发生变化。为了分析长期中的 $IS-LM$ 模型，我们需要引入潜在产出水平（或充分就业的产出水平）这一概念，即在价格水平没有上升或下降趋势时的产出水平。当产出水平高于潜在产出水平时，高

涨的经济将导致价格上涨；当产出水平低于潜在产出水平时，经济的衰退将导致价格下降。

因为我们要考察长期内价格水平的变动情形，所以不能再认为不变价值等于名义价值。对 *IS* 曲线发生作用的那些支出变量，如消费支出、投资支出、政府经常性支出等描绘了对商品和劳务的需求，是以不变价格计量的，即它们表示人们想购买的商品实物量。当价格水平变动时，这些值并不发生变动。所以，价格水平的变动对 *IS* 曲线并不产生影响，但 *LM* 曲线要受价格水平变化的影响，则真实货币量下降。真实货币量的下降导致对货币的超额需求，使得在任何既定的总产出水平上利率上升，*LM* 曲线向左移动。只要产出水平超过潜在产出水平，价格水平就会持续上升，*LM* 曲线左移，直到最后产出又恢复到潜在产出水平。

2. 分析长期效应的 *IS*－*LM* 模型

图 11-2 描述了扩张性财政政策对产出和利率的长期影响。扩张性财政政策导致的财政赤字增加使 IS_1 曲线右移至 IS_2，在短期里经济活动移至点 *B*（IS_2 曲线和 LM_2 的交点），此时利率上升到 i_2，产出增加到 Y_2。由于产出 Y_2 超过潜在产出 Y_n，故价格开始上涨，真实货币余额开始下井，*LM* 曲线左移。只有当 *LM* 曲线移至 LM_2 且均衡点为点 *C*，即产出再次回到潜在产出水平 Y_n 时，价格水平才会停止上升，*LM* 曲线才不会继续位移。因此，在点 *C* 代表的长期均衡位置上，利率升到更高的 i_3，产出则维持在潜在产出水平 Y_2 上。实际上，长期中发生的是完全挤出效应，即价格水平上升使得 *LM* 曲线移到 LM_2，从而使得利率大幅度升到 i_3，导致私人支出下降到足以完全抵消财政赤字增加的扩张性效应。因此，从 *IS*－*LM* 模型来考察，虽然短期 *IS*－*LM* 模型里 *LM* 曲线并非垂直，不会发生完全的挤出效应，但在长期里的确会发生。

【关键术语】

财政平衡　结构性赤字　周期性赤字　紧缩性财政政策　扩张性财政政策　自动稳定财政政策　相机抉择财政政策　充分就业　物价稳定　法定存款准备金　贴现率

【网络资源】

1. 登录国家财政部网站（http://www.mof.gov.cn/zhengwuxinxi/caizhengshuju/）查阅有关“财政政策”的相关信息稿件。

2. 登录中国社会科学院财政战略研究院（http://naes.org.cn/）查阅有关“财政政策与货币政策”的相关文献。

3. 登录中国财政部财政科学研究所网站（http://www.crifs.org.cn）查阅有关“财政赤字”的相关文献。

【独立思考】

2015 年中国财政政策的那些事——积极的财政政策如何更加积极

2014 年，中国实际赤字率为 1.8%，并未达成年初设定的 2.1%的目标；2015 年，新

《预算法》实施、地方债务置换以及财税改革推进，无疑会对 2015 年财政政策的方向和节奏产生重要影响；而财政与货币政策的密切互动与创新耦合，或许日渐成为我国宏观调控领域的“新常态”。

从目前的财政货币政策组合来看，似乎货币政策已经竭尽宽松，但从“宽货币”向“宽信贷”传导不畅的问题依然未能有效缓解。而在私人部门不愿加杠杆的背景下，政府部门加杠杆显然是个不得已而为之的举措。只有财政政策实质发力，社会的信用扩张才可以期待，经济的企稳甚至略为回升也才可以期待。2015 年下半年积极财政政策将如何更加积极地来唱起财政与货币之间的“二人转”。从生产价格指数（PPI）连续 40 个月负增长、2015 年 6 月环比大幅回落的走势看，2015 年 4 月以来稳增长政策的效力持续时间非常短暂。我们期待，在财政政策发力增效后，2015 年第二季度经济的企稳能在 2015 年第三季度延续，进而全年实现 7%左右的增速。我们构想的下半年积极财政政策发力的途径包括：

途径一：年中扩大赤字规模

2015 年赤字率有望上调。2015 年年初政府工作报告定调“积极的财政政策”，赤字率从 2014 年的 2.1%提升至 2.3%。若加上结转项，则对应 2.7%的真实赤字率：但 2015 年以来财政收入增速远低目标增速，全年经济实现 7%的增速仍存较大压力。

年中扩大赤字早在 1998 年就有先例。从程序上来说，未到年度预算时间而改变赤字需要全国人大常委会批准，当年中经济发生超预期变化时便可灵活适度地加以调整。1998 年，由于亚洲金融危机的影响，我国出口贸易增长大幅回落，加之当年 6 月开始的特大洪灾的影响，GDP 同比下滑幅度超出预期，在此严峻情况下，经全国人大常委会批准调整了预算，当年 8 月国务院增发了 1 000 亿元财政债券，重点用于增加基础设施建设投资。

2015 年以来，税收比 GDP 下滑得更快，财政收入下降正成为一个比就业更早到来的底线约束。2015 年 1—5 月财政收入可比口径仅增长 3.4%，其中主体税种增值税、营业税、所得税增速都随经济下行而大幅放缓，2015 年第一季度财政收入增速更是创下分税制以来的最低点。财政收入的大幅下滑加大了地方债务的流动性风险，使得财政支出的可持续性受到制约，积极财政政策的空间更为逼仄。如今的宏观经济形势与亚洲金融危机期间也许不可同日而语，但财政收支不平衡的缺口依然蔚为可观，赤字调整也许就是一个“形势比人强”的选项。

途径二：财政存量资金“小题大做”

8 万亿元财政结余资金蓄势待发。国库集中支付以及预算编制的不科学造成了我国大量的财政存量资金，包括结转资金、预算稳定调节基金、预算周转金等各类存量资金。截至 2014 年年底库款资金为 3.6 万亿元，加上商业银行代理金库的库款，合计将近 8 万亿元。

盘活存量资金困难重重，但积极政策正在路上。从预算收支的角度来看，结转资金是历年通过专项转移支付或者中央、地方本级预算支出拨付给预算单位的资金，理论上是相关项目和预算单位的“有主的钱”。因此，将往年结转资金余额上收统筹使用，势必牵涉各部门的既得利益。但需要注意的是，财政部正努力提高财政资金的使用效率，把“零钱”化为“整钱”。我据调研显示，2015年3月，财政部展开了全国范围内的盘活财政存量资金大检查，对超过两年未用完的存量资金予以上收，例如西部某省上收的清查资金占2014年全部财政收入的20%～30%。

此外，2015年6月16日《国务院关于印发推进财政资金统筹使用方案的通知》(国发〔2015〕35号)的意义不可小觑。一方面，这意味着积极的财政政策已经从财政部上升到国务院的高度；另一方面，该文件强调要做到预算一个“盘子”、收入一个“笼子”、支出一个“口子”，四本预算的统筹使用意味着政府内部资源的整合。这打破了各个资金部门对财政资金的控制管理，可以将财政资金的使用同地方债务性管理、政府与社会资本合作（PPP）项目推进有效结合。

【思考】结合材料和相关新闻梳理2015年中国财政政策手段，分析材料中的论断是否得到了现实的验证。

【课后练习】

一、名词解释

1．财政政策［中国人民大学2009研］　　2．财政政策目标

3．财政政策工具　　4．货币效应

5．相机抉择的财政政策　　6．紧缩性财政政策

7．财政政策传导机制

二、判断题

1．基于我国正处于经济较不发达的社会主义初级阶段的现状，我国财政政策的主要目标应设定为谋求尽可能快的经济增长。（　）

2．政策主体指的是政策制定者和执行者，财政政策的主体只能是各级政府，而且主要是中央政府。（　）

3．理论推导可证明；同税收乘数相比，购买性支出乘数大于税收乘数，即增加财政支出政策对经济增长的作用大于减税政策。（　）

4．紧的财政政策和松的货币政策的配合目的是在保持经济适度增长的同时尽可能地避免通货膨胀。（　）

5．就相机抉择的财政政策来说，财政政策的实施一般会存在下列五种时滞，依次为：认识时滞、行政时滞、决策时滞、执行时滞和效果时滞。（　）

6．从外在时滞来看，财政政策措施要通过立法机构，经过立法程序，决策时滞较长：相比之下，货币政策可由中央银行的公开市场业务直接影响货币数量，时滞比较短，因此货币政策可比财政政策更快达到目标。（　）

三、单项选择题

1．财政政策的内容从构成来看不包括（　）。

A．政策原则　　B．政策目标　　C．政策主体　　D．政策工具

2. 为了解决结构平衡问题，财政政策和货币政策的组合方式是（　　）。

A.“双松”政策　B.“一松一紧”的财政政策与货币政策

C.“双紧”政策　D.“一紧一松”的财政政策与货币政策

3. 当总需求大于总供给，经济呈剧烈波动时，应采用（　　）。

A.“双松”政策　B.“双紧”政策

C. 财政平衡政策　D. 财政盈余政策

4. 下列不属于财政政策特征的是（　　）。

A. 法制性　B. 稳定性　C. 概括性　D. 系统性

5. 下列能刺激经济增长，扩大就业，但会带来通货膨胀的政策是（　　）。

A. 双紧政策　B. 双松政策

C. 紧的财政政策与松的货币政策　D. 松的财政政策与紧的货币政策

6. 西方现代财政政策主要产生于下列哪个学派？（　　）

A. 古典学派　B. 凯恩斯学派　C. 货币学派　D. 供给学派

7. 财政政策分为相机抉择的财政政策和自动稳定的财政政策，是按什么标准分类的？（　　）

A. 财政活动的性质

B. 财政收支和社会经济活动的关系

C. 财政政策对经济总量的影响

D. 财政政策对经济周期的调节机制

8. 能够调节货币供求，协调财政与金融关系的重要的财政政策工具是（　　）。

A. 税收　B. 公共支出　C. 政府投资　D. 公债

9. 从减税对刺激总需求水平提高的效果看，应选择消减（　　）。

A. 流转税　B. 所得税　C. 财产税　D. 行为税

四、不定项选择题

1. 积极财政政策的特征有（　　）。

A. 检定性　B. 适应性　C. 时效性　D. 深刻性，

2. 财政政策的政策体系主要包括（　　）。

A. 税收政策　B. 支出政策　C. 预算政策　D. 公债政策

3. 财政政策与货币政策的主要区别有（　　）。

A. 在实现扩张目标上作用不同　B. 在实现紧缩目标上作用不同

C. 在对供给的作用上不同　D. 在对需求的作用上不同

4. 时政政策工具主要包括以下几种方式？（　　）

A. 税收　B. 公债　C. 公共支出　D. 政府投资

5. 我国财政与银行信贷在消费需求与投资需求形成中的作用是不同的，主要表现在（　　）。

A. 两者的作用机理不同

B. 两者的作用方向不同

C．两者在扩张和紧缩需求方面的作用不同

D．两者的作用目标不同

6．下列哪些货币政策与财政政策的组合可以有效地避免、遏制通货膨胀？（　　）

A．松的财政政策和松的货币政策　　B．紧的财政政策与紧的货币政策

C．紧的财政政策和松的货币政策　　D．松的财政政策和紧的货币政策

五、简答题

1．简述作为财政政策工具必须符合的条件。

2．简述相机抉择的财政政策。

3．财政政策和货币政策有哪些协调配合方式？

六、论述题

1．试述财政政策的类型及对应的作用机制。

2．试述财政政策工具体系及其运用。

3．试述实现扩张性财政政策及其效应。

第十二章 开放经济下的财政问题

学习目标

- ☑ 了解国际税收、税收管辖权、国际重复征税的内涵
- ☑ 了解关税的含义
- ☑ 理解保护关税的含义、成本
- ☑ 了解世界贸易组织与我国关税政策的协调
- ☑ 了解出口退税制度
- ☑ 了解外债的功能、种类与结构、负担与限度
- ☑ 掌握开放经济下的财政—货币政策配合

案例导入

税务总局：深度参与国际税收改革 书写大国税务责任担当
——党的十八大以来国际税收改革发展综述

国际税收管理是全球经济治理的重要组成部分。党的十八大以来，习近平总书记多次就做好国际税收工作发表重要讲话、作出重要指示。李克强总理也持续对加强税收合作提出明确要求。按照党中央、国务院决策部署，税务部门深度参与国际税收改革合作，加强税收征管能力建设，为推动构建全球税收新秩序、促进国际税改成果落实，积极贡献智慧、提供方案。

“内外兼修”打造国际税收升级版

习近平总书记在2013年召开的G20圣彼得堡峰会上强调，“中国支持加强多边反避税合作，愿为健全国际税收治理机制尽一份力”。

今日中国，正前所未有地走近世界舞台中心。如何进一步服务对外开放，建设同我国国际地位相适应的国际税收治理体系，成为我国税务部门高度关注的重大战略问题。

5 年来，我国税务部门统筹国内国际两个大局，夯基垒台、立柱架梁，推动国际税收工作向纵深发展。

我国税收协定签署“大提速”：2014 年与德国、俄罗斯签署全面修订后的税收协定；2015 年与智利、津巴布韦、印度尼西亚签署税收协定；2016 年相继与罗马尼亚、波兰、马来西亚、柬埔寨、巴基斯坦等国签署税收协定。目前，我国税收协定网络已覆盖全球 106 个国家和地区，为跨境投资创造了确定、有利的税收法律环境。

“大国使命”为全球税改贡献中国力量

近年 G20 高度重视完善全球税收治理，于 2013 年发起并委托经济发展与合作组织（OECD）实施税基侵蚀和利润转移（BEPS）行动计划，对已运行上百年的国际税收治理体系进行重塑。

过去，中国在发达国家牵头制定国际税收规则过程中缺少话语权。面对近年来国际税收规则新一轮重塑的重大机遇，我国积极主动走向国际舞台，发出中国声音，贡献中国智慧，逐步成为国际规则的制定者。税务总局以 OECD 合作伙伴身份全程参与 BEPS 项目，参加相关会议和谈判百余次，向 OECD 提交立场声明和意见千余条，主导提出的“利润应在经济活动发生地和价值创造地征税”成为 BEPS 的指导原则，为维护发展中国家利益和促进各项成果的顺利完成作出重要贡献。

2017 年 6 月，包括中国在内的 67 个国家和地区的政府代表共同签署《实施税收协定相关措施以防止税基侵蚀和利润转移（BEPS）的多边公约》。这是国际税收历史上浓墨重彩的一笔，也是中国方案纳入国际税收治理体系的重要成果。

多方合作成为包容发展“新引擎”

2014 年布里斯班 G20 峰会，习近平总书记首次就税收问题提出“强化全球税收合作，打击国际逃避税，帮助发展中国家和低收入国家提高税收征管能力”三点主张。

税收合作已经成为促进世界经济包容发展的新引擎。

如今，我国已与 116 个国家和地区的主管税务部门建立双边税收合作机制，基本覆盖我国主要投资目的地和投资来源地，为双边税收合作奠定法律基础，为提高税收确定性、解决涉税争议发挥重要作用；与美国、加拿大、法国等 15 个国家分别签署税务合作备忘录，进一步深化税务领域的交流合作。

我国积极参与的 BEPS 多边公约成为打开国际税收合作“金钥匙”，实现税收协定历史上规模最大、范围最广的一次多边合作与协调，为一揽子修订全球 3 000 多个彼此之间存在差异的税收协定提供法律工具。

第一节　国际税收

一、国际税收的内涵

世界各国公认的国际税收定义，是指涉及两个或两个以上国家权益的税收活动。税收的国际化，主要是由所得税和财产税的跨国课征引起的，因而，国际税收涉及的问题主要是在所得税和财产税课征上所发生的国家之间的权益关系。

国际税收以一般税收为基础和前提，是一般税收的延伸和派生物。随着世界市场的形成和扩大，以及随之而来的资本输出和跨国公司的涌现，特别是国际经济合作和交往的迅速发展，出现了跨国所得、跨国财产和跨国纳税人，才形成国际税收活动和国际税收问题。

我们知道，间接税制是在商品经济发展到一定阶段产生的，但因其具有明确的地域概念，不能跨国课征，因而也不可能出现国际税收同题。由于以所得税为代表的现代直接税的发展，国际税收活动才成为现实，国家之间的税收联系进入一个新的阶段。随着世界经济的发展，国际税收问题不断增多并日趋复杂，单方面的权益处理已不能适应形势的要求。为了公正处理国际税收问题，世界各国在实践中逐渐形成了一系列准则和惯例，国际税收才成为一个独立的范畴。举例来说，某 A 国人（简称 A-1）在 B 国从事经营且有所得 C，A、B 两国共同对 A-1 的所得 C 提出征税要求，形成两重征纳关系，但在 C 在一定的情况下，两重征纳相互制约，反映的是两国谁多征谁少征的分配关系，这是国际税收的本质内涵。

税收是一种法律规范，国际税收同样以法律制度为基本表现形式，并在某种意义上被称为“国际税法”。但是，由于不存在一种超国家的政治权力，因而也不存在一种超越各国税收法律的国际税收法律。所谓国际税收法律，实质上是指协调各个国家对外征税法律的约束性规范，是处理国家之间税收分配关系的惯例，国际税法只有被世界各国所接受，才具有实践意义。国际税收实质上是对各国税制综合抽象而成的，是各个国家共同协商和认可的一种税收规范，因而，国际税收要受各国税制的制约，同时，各国税制建设也应遵循国际税收的各种准则和规范。

需要指出的是，各个国家的涉外税收制度是国际税收存在和发展的基础，因为各个国家课征涉外税收，最容易引起国际税收问题。有人称涉外税收为国际税收，就是出于这样的考虑。但是，涉外税收毕竟不等于国际税收，就像涉外法律不等于国际法一样。当然，对国际税收理论的研究将大大有利于本国涉外税收的建设，特别是对我国这样对外开放时间较短、国际合作和交往处于发展阶段的国家，更是如此。

二、税收管辖权及其交叉或冲突

税收管辖权是国际税收的基本范畴。如何选择和确立税收管辖权，是国际税收中最重要的问题，也是各国涉外税收建设中的主要问题。

（一）税收管辖权

1. 税收管辖权的概念

管辖权是任何一个主权国家都拥有的一种基本权力，税收管辖权是国家管辖权的派生物，主要在维护国家经济权益方面发挥作用。税收管辖权的确立和行使必须遵循国家管辖权的基本原则，如国家对处于本国疆域的外国人行使征税权时，必须遵循领域管辖权的要求，而对处于国外的本国人行使征税权时，必须符合国籍管辖权的要求。但是，税收管辖权在不违背国家管辖权基本原则的前提下，具有特定的确立和行使方法。例如，在征税时不仅要考虑国家与纳税人的法律关系，还要依据二者的经济联系。所以，税收管辖权实际上指的是国家在征税方面所拥有的权力，具体来说，指的是一国政府有权决定对哪些人征税、征哪些税和征多少税。

2. 税收管辖权的分类

各国确立和行使税收管辖权属于国家的内政，但这并不意味着可以无限制地行使税收管辖权，而要受本国政治权力涉及范围的限制，否则必然引起国际争端。国家政治权力涉及范围包括两个方面：一是本国疆域；二是本国公民或居民。据此，形成行使税收管辖权的两个基本原则：属地原则和属人原则。同时产生两类不同性质的税收管辖权：

一是按属地原则确立的税收管辖权，称为地域税收管辖权或收入来源地税收管辖权。其基本含义是国家有权对来源于本国的收入课税，不论这种收入为谁所有。

二是按照属人原则确立的税收管辖权，分为公民税收管辖权和居民税收管辖权。公民税收管辖权的基本含义为国家有权对本国公民课税，而不论其收入来源于何处；居民税收管辖权的基本含义为国家有权对本国居民课税，不论其收入从何处取得。这两种税收管辖权实际上都属于按人员标准课税的类别，只不过又按人员身份作了进一步划分而已。

世界各国有权选择和行使其中的一种或几种税收管辖权，他国不得干预。毫无疑问，任何一个国家在选择税收管辖权时都必然从本国的政治经济条件和维护本国民族权益出发。发展中国家由于海外投资少，引进外资多，其收入主要是在本国疆域内创造的，所以往往选择或强调地域税收管辖权；发达国家海外投资多，引进外资相对较少，有大量的国际收入，因而往往选择或强调居民（公民）税收管辖权。

（二）税收管辖权的冲突与交叉

当然，任何一个国家都不会轻易放弃任何一种税收管辖权，因为放弃就意味着民族权益的丧失。当前的实际情况是，世界上大多数国家都同时行使两种税收管辖权，个别的国家（如美国）甚至同时行使三种税收管辖权，于是税收管辖权的交叉或冲突就是经常的和大量的。税收管辖权的交叉主要表现为三种情况：① 居民税收管辖权与地域税收管辖权的交叉；② 公民税收管辖权与地域税收管辖权的交叉；③ 居民税收管辖权与公民税收管辖权的冲突。而税收管辖权的交叉，就是国际重复征税。所以，国际税收理论的一个主要问题是对国际重复征税的研究。

三、国际重复征税及其减除

国际重复征税是以税收管辖权的冲突，即存在两个以上征税主体为前提的，是由各国税收法律的冲突引起的。

（一）国际重复征税的影响

国际重复征税作为一种特殊的经济现象，必然对国际经济合作与交往产生影响，而且这种影响往往是消极的。首先，国际重复征税给跨国纳税人造成额外的税收负担。其次，国际重复征税阻碍国际资本、商品、劳务和技术的自由流动。最后，国际重复征税违背税收负担公平合理的原则。正是由于存在上述问题，世界各国和各种国家联盟都把解决国际重复征税作为一个极其重要的国际问题，经过几十年的努力，已卓见成效，主要的表现是在世界范围内确立并贯彻了一系列减除国际重复征税的方法。

（二）避免国际重复征税的途径

避免国际重复征税可以有三种协调的途径：一是限定各国唯一地行使居民（公民）税收管辖权；二是限定世界各国唯一地行使地域税收管辖权；三是允许各国同时行使两种以上的税收管辖权，在发生冲突时，承认一种税收管辖权的优先地位，而其他的税收管辖权从属行使。无疑，第三种做法可以在相当程度上减轻重复征税现象，而且可以得到各个国家的认可和赞同。当前，世界各国普遍接受地域税收管辖权优先的原则，即在出现税收管辖权冲突时，由来源国优先课征，从而在相当程度上减轻乃至消除国际重复征税的问题。

因此，国际重复征税减除，实际是指行使居民（公民）税收管辖权的国家，通过优先承认纳税人向行使地域税收管辖权国家缴纳税收，借以减除国际重复征税的一种形式。

（三）减除国际重复征税的方法

有了减除国际重复征税的正确途径，还需要有一系列的具体方法。从世界各国的实践考察，主要有以下四种方法：

1. 扣除法

扣除法指一国政府为了减除国际重复征税，从本国纳税人来源于国外的所得中扣除该所得所负担的外国所得税款，就其余额征税的方法。

2. 低税法

低税法指一国政府对本国纳税人来源于国外的所得，单独制定较低税率以减轻国际重复征税的方法。这种方法与扣除法类似，不能彻底消除国际重复征税。

3. 免税法

免税法指一国政府单方面放弃对本国纳税人国外所得的征税权利，以消除国际重复征税的方法。这种方法的特点是行使居民税收管辖权的国家，不仅承认地域税收管辖权的优先地位，而且承认其独占地位。例如，有的国家仅对国外已税所得免税，鼓励本国企业、个人向海外投资；有的国家不论国外所得是否已税，只要汇回本国就予以免税，以鼓励向国内汇款。免税法对本国经济权益影响较大，事实上造成本国应得税收的丧失和外流。采用此法的只有法国、澳大利亚等少数国家。

4. 抵免法

抵免法指一国政府在优先承认其他国家的地域税收管辖权的前提下，在对本国纳税人来源于国外的所得征税时，以本国纳税人在国外缴纳税款冲抵本国税收的方法。它是目前世界各国普遍采用的一种方法。

抵免法又可分为直接抵免和间接抵免两种。直接抵免是直接对本国纳税人在国外已经缴纳的所得税的抵免，它一般适用于统一核算的经济实体的抵免。例如，对个人在国外缴纳的所得税和公司、企业的国外分支机构缴纳的所得税的抵免，就是直接抵免。间接抵免一般适用于对公司、企业的国外子公司所缴纳的所得税的抵免。目前，我国为了解决中国公司、企业及中国居民（公民）由于跨国经营和从事劳务活动而引起的国际双重征税问题，主要采用了税收抵免法，并具体规定了直接抵免和间接抵免的方式和方法。

四、税收饶让

税收饶让是税收抵免的延伸或扩展，与税收抵免有着极为密切的联系，因而，在研究税收抵免时必然涉及税收饶让。税收饶让是指一国政府对本国纳税人在国外得到减免的那一部分所得税，同样给予抵免待遇，不再按本国规定的税率补征。例如，假设 A 国某公司在 B 国设立分公司，并有所得 10 万元。已知 B 国所得税为 30%，按税法规定，B 国可对该项所得征收 3 万元的所得税，但 B 国给予税收减免，改按 15%的税率征税；当 A 国政府在对该公司来源 B 国的所得征税时，如果仍以 3 万元作为该公司实际征纳外国所得税进行税收抵免，而不对该公司在 B 国获得的 1.5 万元（即 10 万元×15%）减税进行补征，即称为税收饶让。

在目前世界经济中，发展中国家为了吸引外国资本到本国投资，往往在税制上特别是对所得税给予许多减免优惠待遇。如果资本输出国（主要是发达国家）不给予税收饶让，则发展中国家给予的减免会转化为发达国家的税收收入，而纳税人本身得不到任何好处，从而使税收抵免失去意义。实行税收饶让，就可以维护投资者的利益，鼓励外国投资。但是，目前世界各国对税收饶让的认识并不一致，有的国家，如美国，反对税收饶让，而英、法、日等国同意税收饶让。

五、国际税收协定

国际税收协定是国际税收的重要内容。近几十年来，由于国际经济交往的不断发展，双重征税问题越来越突出。虽然各国都在采取种种免除双重征税的单边措施，但由于国家之间的经济往来日益频繁，涉及的国际税收问题日益复杂，一些国家单方面解决双重征税问题，已远远不能适应客观形势的需要，甚至会影响国家间税收分配的关系，阻碍相互间经济往来的进一步发展。因此，通过缔结税收协定来解决双重征税问题已成为国际经济发展的迫切要求。第二次世界大战结束以来，以免除双重征税为目的的税收协定不断增加，到目前为止已达几百个。我国目前也与日本、美国等十几个国家签订了国际税收协定，因此，研究国际税收协定问题具有重要的现实意义。

国际税收协定按参加国家的多少可分为双边和多边两类。由两个国家参加缔结的称为双边国际税收协定，由两个以上国家参加缔结的称为多边国际税收协定。例如，中美税收协定属于双边国际税收协定；欧洲经济共同体为消除共同体内部双重征税的税收协定，属于多边国际税收协定。目前，国际上大批的税收协定是双边的，少数税收协定是多边的。国际税收协定按其涉及的内容和范围的大小，又可分为一般的和特定的两种。例如，中美两国 1982 年缔结的空运、海运免税协定属于特定国际税收协定，1984 年 4 月 30 日缔结的国际税收协定属于一般国际税收协定。

国际税收协定的核心内容是免除国家之间的双重征税，还包括其他一些需要通过协定加以确认的税收事项。但是，由于各国的政治经济制度、税收制度、面临的经济问题不同，以及各缔约国对于有关国际税收问题的认识也不同，所以，在相当长的时期内，各国所缔结的国际税收协定的内容颇不一致，甚至某些协定的内容相互抵触，这就给有关国家具体执行造成困难，也不利于国际税收协定的推广和普及。于是，如何协调国际税收协定的内容成为国际税收研究中最迫切的课题。概括来说，一般国际税收协定应包括三项内容：① 免除双重征税问题，包括明确所得概念、协调缔约国之间的税收管辖权以及确定免除双重征税的方法等；② 保证税收无差别待遇，主要是确认缔约国一方的跨国纳税人在另一国所负担的税收和有关条件，不能与该国本国纳税人在相同情况下的税负和有关条件有差别；③ 消除和减少国际逃税。

随着我国对外经济往来的不断扩大，外国资本在我国的投资和我国向外投资迅速增多。于是，如何妥善处理我国与其他国家之间的税务关系，如何解决跨国纳税人的双重征税问题，就显得十分突出。在我国的涉外税法中，明文规定采用抵免方法免除国际双重征税，这是十分有必要的。但是，这种单方面的处理又是不够的。为了更好地解决我国与其他国家之间的国际税收问题，我国也有必要同其他国家缔结双边或多边的国际税收协定。我国同其他国家缔结的第一个一般国际税收协定是《中华人民共和国政府和日本国政府关于对所得避免双重征税和防止偷漏税的协定》，该协定于 1983 年 9 月 6 日在北京签订，自 1984 年 6 月 26 日开始生效。除中日国际税收协定外，我国还与美国、日本、德国等多国缔结了一些特定国际税收协定。我国与其他国家的空运、海运条约中也包括税收部分，它同样具有国际税收协定的性质。

第二节　关　税

一、关税的概念

（一）关税是一种特殊税种

关税指国家对进出本国国境（关境）的商品课征的一种商品课税，包括进口税、出口税、过境税或转口税。

1. 关税的课征对象与纳税人

我国关税的课征对象分为两类：① 贸易性商品，即我国的进出口机构向外国出售和从国外购进的商品；② 非贸易商品，包括入境旅客随身携带的行李物品、个人邮递物品、各种运输工具上的服务人员携带进口的自用物品和馈赠物品，以及以其他方式进入国境的个人物品。

关税的纳税人也有两类：一是经营进出口贸易的厂商，如国营外贸进出口公司、工贸结合和农贸结合的进出口公司、其他经批准经营进出口商品的企业等；二是各种非贸易物品的持有人、所有人（馈赠物品）、收件人（邮递物品）。

2. 关税的税率

我国关税的税率从新中国成立至今经过多次变革，特别是1985年和1989年，为适应对外开放不断发展的要求，对关税制度作了较大的修订，主要精神是按照国际通行的《海关合作理事会商品分类目录》重新对税则、税目进行编排，并大幅度地降低了税率。关税及贸易总协定创立后，我国进行过多轮谈判来降低关税税率，WTO成立后继续降低关税税率，目前发达国家的平均关税税率约在3%的水平，发展中国家约在10%的水平。为了最终加入WTO，我国曾多次降低关税税率，2002年我国关税总水平（最惠国待遇的算术平均水平）由15.3%降低到12%，平均降幅为21.6%。在加入WTO后，我国降低关税税率的步伐逐步加快，经国务院批准实施的《2015年关税实施方案》规定，2015年我国关税总水平为9.8%。

拓展知识

根据《中华人民共和国进出口关税条例》相关规定，自2018年1月1日起，我国根据《2018年关税调整方案》（以下简称《方案》）对部分商品的进出口关税进行了调整。

《方案》对进口最惠国税率、关税配额税率、协定税率、出口商品税率和税则税目等进行了调整。

1. 进口关税税率

我国目前实施的进口关税税率有四种：最惠国税率、协定税率、特惠税率和普通税率。《方案》中涉及调整的有最惠国税率和协定税率两种。自2018年1月1日起对948项进口商品实施暂定税率。除取消部分信息技术产品的暂定税率外，有14项商品与17年发生变化，包括新增5项、降低3项、扩大商品范围2项、取消3项、提高1项。

2. 出口关税税率

2018年征收出口关税的产品共202项，主要是高耗能、高污染、资源性（简称“两高一资”）产品。与去年相比减少11项。变动情况如下：

- 磷灰石、煤焦油、木片、硅铬铁、普通钢坯：15%→10%
- 合金钢坯、200系不锈钢：15%→5%
- 特殊规格的车轮用连铸圆杯：15%→5%

❖ 三元复合肥：20%→100 元/吨
❖ 11 项钢材产品：取消 15%的出口关税
❖ 厚度大于 400 毫米的连铸板坯、绿泥石：取消出口关税

（二）关税与贸易条件

所谓贸易条件，是指在国际交换中一国以出口换回进口的条件，以实物形态来表示，就是每出口一个单位商品可以换回多少单位的进口商品。换回的进口商品越多，说明贸易条件越有利，国家从国际贸易中得到的利益也就越大。因此，贸易条件决定着各国分享国际贸易的利益比例，一国贸易条件改善，说明该国所获得的贸易利益比例增大。关税作为对通过本国关境的商品课征的一种间接税，必然影响到本国商品与进口商品的相对价格；也就是说，如果征税国是一个大国，或者进口商品的供给弹性较小，那么，进口国征收关税就可以压低进口商品的进口价格，从而改善贸易条件。

探讨关税对贸易条件的影响，一般利用提供曲线作为分析工具。在图 12-1 中，OH 代表本国的提供曲线，出口的商品为 A，进口的商品为 B。外国的提供曲线为 OF，出口的商品为 B，进口的商品为 A。在没有任何关税的自由贸易情况下，两国的提供曲线相交于 R 点，贸易条件以 OT 曲线的斜率表示。自由贸易均衡点 R 表示两国中的任何一国都不能获得更多的利益，均衡点向左移动表明本国的贸易条件得到改善，而向右移动表明外国的贸易条件得到改善。现假定本国征收进口关税。本国征收关税之后，使本国的提供曲线向左移动，表明本国为了换取一定数量的进口商品所提供的出口商品比征税前减少了。在图 12-1 中，本国的提供曲线由 OH 移至 OH_1。在外国不采取报复行动的情况下，本国新的提供曲线与外国的提供曲线在新的均衡点 S 相交，新的贸易条件为 OT_1。新的贸易条件对本国有利，因为本国出口一定数量的 A 商品可以换回更多的 B 商品，或者说，OT_1 的斜率大于 OT，即 $SA''/OA''>RA'/OA'$。

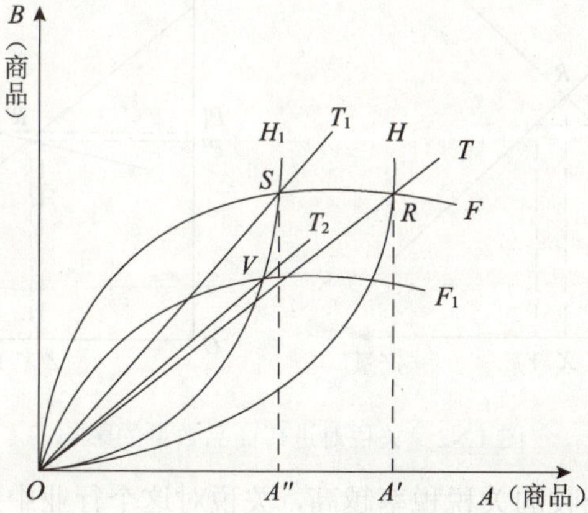

图 12-1　关税对贸易条件的影响

当然，一国贸易条件改善的程度还取决于其他一些因素，诸如外国是否采取报复行动、外国提供曲线的形状等。当本国征收关税时，外国往往要采取报复行动，也相应征收关税，这就使得贸易条件的变化复杂化了。我们仍然利用图 12-1 来简要分析报复对贸易条件的影

响。本国课征关税后，改善后的贸易条件是 OT_1。这时，外国开始报复，也对其进口商品征收关税，其提供曲线移至 OF_1。两国都开征关税后的提供曲线相交于 V 点，这个新的均衡点决定的贸易条件（OT_2 的斜率），对于本国来说，比当初征收关税时的贸易条件差一些，而对外国来说，其贸易条件有所改善。

二、保护关税

（一）保护关税的概念

各国征收关税的理由有很多，但一般来说，主要有两个方面：① 增加财政收入，即财政关税。20 世纪 90 年代以来，我国关税收入占税收总收入的比重平均为 5%左右，在 1994 年实行分税制以前，关税占中央财政收入的比重高达 20%以上，成为中央财政的主要收入来源之一。② 减少进口，避免国外的激烈竞争，保护本国产业的发展，即所谓保护关税。

那么，为什么课征关税就能减少进口数量？我们利用图 12-2 对此进行局部均衡分析。在没有国际贸易的情况下，本国某种商品的市场均衡点是 R，产量为 OX，价格为 P；外国这种商品的市场均衡点是 R'，产量为 OX'，价格为 P'。两国发生国际贸易后，两国的均衡价格为 $P_1=P'_1$。外国在新的价格水平下出现生产过剩（$Z'Y'$），而本国出现生产不足（ZY）。$Z'Y'=ZY$，这正是两国的贸易数量。如果本国打算禁止一切进口，只要课征数额为 P_1-P 的关税即可。这时，本国这种商品的市场恢复均衡，而外国因其出口产品的需求将减少，价格下降，产量下降而需求增加，市场也重新达到均衡。因此，在没有运输成本的情况下，如果关税数额等于国际贸易前后的价格差额，就会使两国之间的贸易减少。

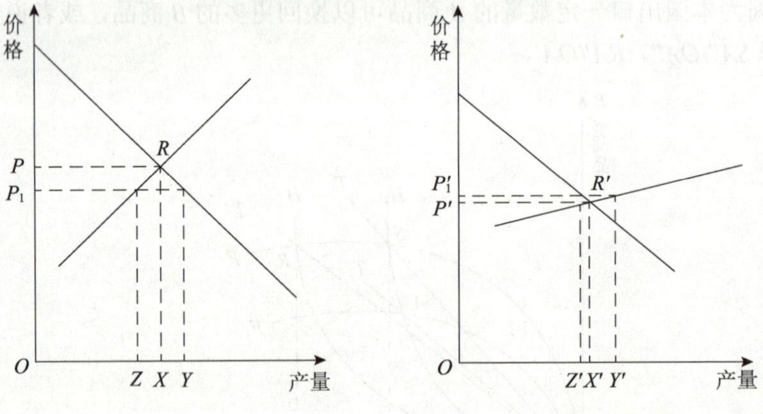

图 12-2　关税对进口商品数量的影响

显然，对某种商品征收的关税税率越高，关税对这个行业中进行生产的本国企业提供的保护就越大。并且，对某种商品征收关税，受到保护的不仅是本国生产这种商品的企业，还有助于保护向该行业提供原料的其他行业。因为某一特定行业中的企业既受到对它们销售的产品征收关税的影响，也受到对它们的原料投入征收关税的影响。所以，关税的实际保护程度不能仅用名义关税税率来衡量，而是要用“有效保护率”来衡量。所谓有效保护率，是指一个国家的一整套贸易壁垒使这一行业每单位产出的增加值提高的百分率。如果用对产出和投入征收的名义关税税率来表示有效保护率，其计算公式为：

$$e_j = \frac{t_j - \sum_i a_{ij} t_i}{1 - \sum_i a_{ij}}$$

式中，e_j 代表对行业 j 的有效保护率；t_j 代表对行业 j 的产品征收的名义关税税率；t_i 代表对行业 j 的各项投入征收的关税税率；a_{ij} 代表在自由贸易条件下各项投入成本占行业 j 产值的比重。该公式表明，当产品的名义关税税率大于各项投入的平均关税税率时，有效保护率就大于名义关税税率（即 $e_j > t_j$）。

对大多数行业来说，有效保护率往往会大大超过名义关税税率。这是因为，在各个生产阶段一般会出现关税结构的"升级"。无论是在发展中国家还是在发达国家，制成品的名义关税税率往往高于中间产品。这意味着，最终产品的生产者一般比中间产品的销售者得到更高的有效保护率。在各国特别是发展中国家，政府利用各种政策措施保护本国产业的发展，其中，保护关税是各国实行最久的保护方法。当然，关税的保护率要适度，否则，不仅会提高被保护产品的本国市场价格，增加消费者的负担，而且会对整个经济产生长期的不良后果，如浪费经济资源、改变收入分配、增加国际收支困难、阻碍生产力的提高等。

（二）保护关税的成本

尽管关税对一国经济有积极的作用，但是关税和其他保护形式给社会也带来了成本。我们用以下模型说明保护关税的成本，图 12-3 说明了一种商品部分由本国生产、其余进口的情况。本国的需求和供给分别为 D 和 $S_{本国}$。假设该国的企业在完全竞争条件下进行生产，因此供给曲线是企业的边际成本曲线之和。假设该国很小，不能影响世界价格，即它是一个价格接受者，世界价格是既定的，为 P_w。当价格为 P_w 时，需求量为 Q_2，国内供给的数量为 Q_1，故 Q_2-Q_1 是进口数量。

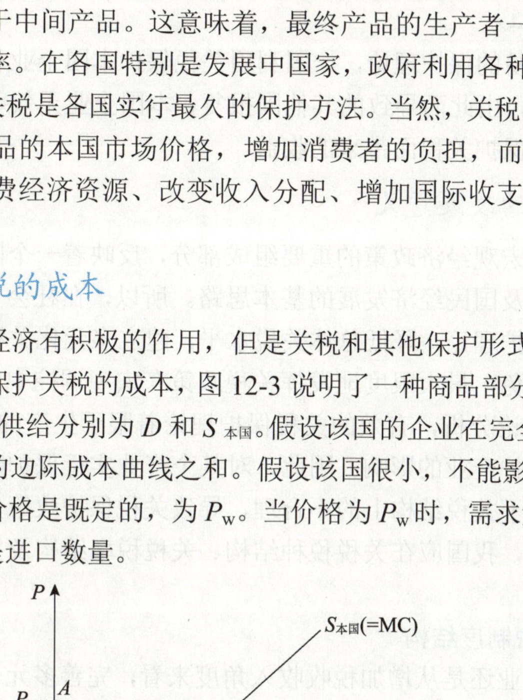

图 12-3　保护关税的成本

课征关税使该国的世界供给曲线 $S_{世界}$ 向上位移至 $S_{世界-关税}$，移动的幅度为关税额。价

格上涨至 P_{w+t}，国内产量增加到 Q_3，消费量下降至 Q_4，从而进口量下降至 Q_4-Q_3。

这就给该国带来了成本。消费者须支付更高的价格，因而消费者剩余从面积 *ABC* 降到面积 *AHE*。给消费者带来的成本体现在消费者剩余的损失上，即面积 *EHBC*＝面积 1＋面积 2＋面积 3＋面积 4，这种成本的一部分又被作为一种收益再分配给该国的其他部门，企业面临一个较高的价格，因此获得额外的利润（面积 1），此时的利润为价格与 MC 曲线之间的面积，政府从关税中获得额外收入（面积 3），即（Q_4-Q_3）×关税税率。但是，这种成本的一部分却没有得到补偿，它是社会的一种净成本（面积 2 和面积 4）。面积 2 代表在本国生产而非进口 Q_3-Q_1 的额外成本。如果仍然进口 Q_3-Q_1，那么，该国只是按世界供给曲线确定的价格进行支付。但是，如果在本国生产，其成本由国内供给曲线（*MC*）给定，*MC* 和 $S_{世界}$间的差额（面积 2）是生产方面的效率损失。面积 4 代表消费从 Q_2 降为 Q_4 而导致的消费者剩余损失。消费者节省了面积 FBQ_2Q_4 的支出，但牺牲了面积 HBQ_2Q_4 的效用，净损失为面积 4。

此外，根据国际贸易的保护理论，一国利用关税保护本国企业和贸易的行为，不一定是最佳的贸易保护方法，由此而导致的其他国报复、本国企业无效率及政府官僚主义甚至腐败现象将会抵消由于保护关税而带来的收益。

（三）保护关税的政策意义

关税政策作为国家宏观经济政策的重要组成部分，反映着一个国家在一定时期内，有关贸易政策、产业政策及国民经济发展的基本思路。所以，在社会主义市场经济条件下，我国应充分利用关税保护理论，降低总体关税水平，建立多元化关税结构，完善关税税率结构，严格控制关税减免，最大限度地发挥关税政策在宏观调控中的积极作用。

根据保护关税的理论分析，有效的关税保护理论着眼于生产的“增值过程”，考察的是关税保护措施对被保护产业的影响。因此，对某个产业实行保护时，要从原料到最终产品作总体考察，避免由于关税结构上的不合理，导致关税保护政策失效。根据关税保护理论并结合我国现实情况，我国应在关税税种结构、关税税率结构及关税减免等方面优化关税政策。

1．建立多元化关税制度结构

无论从保护重点产业还是从增加税收收入角度来看，完善多元化关税制度结构，建立全方位的关税税种都非常有必要。我国目前主要实行的是传统的从量关税、从价关税、复合关税及配额关税，近年又设置了反倾销税和反补贴税，还应当设置差额税、季节性关税。特别是在与国际惯例接轨的过程中，应积极考察开征反倾销税和反补贴税，改变过去单凭税率调整来保护国内生产和消费的局面，以提高我国产品在国际市场上的竞争力。

2．完善关税税率结构

从理论上来说，合理的关税税率应根据产品的加工程度，建立逐步升级的税率结构，即原材料进口免税，中间投入品免税或轻税，最终产品重税，即税率最高，目的在于使得对最终产品的有效保护程度大大高于名义关税税率水平。目前，我国应选择部分重点扶持产品，在降低税率的同时，拉大原材料、半成品和制成品之间的税率差，使重点产品在整体关税水平降低的同时，仍能得到较高的关税实际保护水平。

3. 严格控制关税减免

随着我国关税制度的不断完善和关税水平的逐步降低，关税减免政策的效应与作用逐渐弱化。过去许多不规范且名目繁多的关税减免，造成我国实际关税税率大大低于名义税率，导致大量税收收入流失。根据市场效率原则，关税减免有悖于市场公平竞争的原则，因此，我国今后应当严格控制关税减免。

三、特惠贸易安排

随着国际经济一体化进程的加快，世界经济逐渐形成了一系列以区域国家集团为基础的贸易集团，如以欧盟为中心的欧洲区、以日本为中心的亚洲区和以美国为中心的北美区。这些贸易集团就是特惠贸易安排的例子。所谓特惠贸易安排（Preferential Trading Arrangements），是指缔约国间的贸易比与其他国家的贸易更自由的贸易安排。这种安排实际上就是集团内部的成员国，利用关税和非关税手段对世界其他国家进行贸易限制，而对成员国却减少限制或实现零限制的国际贸易策略。

特惠贸易安排大致有三种类型。

（一）自由贸易区

自由贸易区是指在成员国间取消关税和配额，但保留每个成员国各自对非成员国的贸易限制的地区国家间贸易集团。成员国间一般没有限制贸易的规定，但为了防止区外进口商品通过对外关税最低的国家流入本地区，也相应设置一些特别条款。

（二）关税同盟

关税同盟类似于自由贸易区，但不同的是成员国必须对非成员国采用共同的对外关税和配额。一国加入关税同盟后，其贸易格局会发生一些变化，这些变化主要表现在两方面，即贸易创造和贸易转移。

1. 贸易创造

所谓贸易创造，是指消费从高成本生产者转向低成本生产者。因为关税壁垒的消除会按比较优势提高专业化程度，消费者不必为购买本国具有比较劣势的商品而支付高价格，因为现在可以从关税同盟中的其他成员国那里购买到更便宜的商品。例如，假定世界上最有效率的葡萄酒生产者是法国，又假定在加入欧共体之前，英国必须对来自法国的葡萄酒支付高额关税，所以，英国消费者此时一般会购买本国生产者酿造的葡萄酒（因为它们不用支付关税，具有价格优势），而在加入欧共体之后，英国进口商不用再支付法国产葡萄酒的关税，此时英国消费者将转向消费法国葡萄酒，从而使得法国生产者和英国消费者均获益。

2. 贸易转移

所谓贸易转移，是指消费从关税同盟外的低成本生产者转向同盟内的高成本生产者。假定世界上最有效率的棕榈生产者是新西兰，而新西兰是欧共体之外的国家。又假定英国在加入欧共体之前，英国从任何国家进口棕榈都支付相同的关税，故从新西兰而非欧共体国家进口该商品。但在加入欧共体后，关税的消除使得欧共体的产品变得便宜了，因为新西兰的产品还要被加征高额关税。因此，消费会转向欧共体内生产棕榈的国家，对于英国来说，消费者仍旧获益，因为他们支付的价格比以前低，但此时国内企业的利润损失和政府关税收入的损失都比以前大，导致了世界效率的净损失。

（三）共同市场

共同市场是指成员国形成一个单一市场，并且像关税同盟一样，成员国间没有关税和配额，同时还有共同的对外关税和配额。共同市场包括以下特征：共同的税制结构；管理生产、就业和贸易的共同法律法规制度；劳动力、资本、原材料、产品和服务的自由流动；成员国政府对其国内产业没有特殊待遇；在成员国货币间实行固定汇率；共同的宏观政策。

特惠贸易安排给那些国内市场很小却具有比较优势的国家及出口商品面临大量关税壁垒的国家带来的潜在利益最大。世界上已有多次建立特惠贸易安排的尝试，其中实力最强大的是欧洲联盟（EU）和北美自由贸易区（NAFTA），前者是共同市场的代表，而后者是典型的自由贸易区。中国于 1991 年加入了亚太经济合作组织（APEC），向世界经济一体化的进程迈出了重要的一步，此后又于 2002 年 11 月 4 日与东盟各国签订了《中华人民共和国与东南亚国家联盟全面经济合作框架协议》，提出中国与东盟将在 2010 年建成自由贸易区。届时中国与原东盟 6 国（文莱、印度尼西亚、马来西亚、菲律宾、新加坡和泰国）的绝大多数产品将实行零关税，取消非关税壁垒，实现贸易自由化。2015 年中国和东盟新成员（越南、老挝、柬埔寨和缅甸）也实行了同样的做法。这是中国与国外签订的第一个自由贸易协议，该自由贸易区的建立将对中国经济发展产生巨大的影响。

四、世界贸易组织与我国关税政策的协调

（一）世界贸易组织的建立

20 世纪初，由于生产过剩的危机，各国都奉行高关税的贸易保护主义，严重阻碍了国际贸易的发展，并成为 20 世纪 30 年代世界经济危机的重要原因。经济危机使各国意识到加强国际贸易协调与合作的必要性。1943 年，二战尚未结束，急于要在大战后确立自己在全球经贸关系中的主导地位的美国，倡议成立一个旨在削减关税、促进贸易自由化的国际贸易组织。1944 年 7 月，在美国布雷顿森林召开的国际货币与金融会议上，与会国建议成立国际货币基金组织、国际复兴开发银行（即世界银行）和国际贸易组织，作为支撑经济的三大支柱。二战结束后，美国即向刚刚成立的联合国经社理事会提出召开世界贸易和就业会议的建议，并起草了《国际贸易组织宪章》草案。1946 年 2 月联合国经社理事会通过了这一建议，并成立了筹委会。1947 年 4 月，23 个国家和地区在日内瓦进行了关税减让谈判，签订 123 项关税减让协议，同年 10 月又在哈瓦那制定了《国际贸易组织宪章》（又称《哈瓦那宪章》）。但因美国等国家的立法机构认为该宪章与其国内法相抵触，这个组织最后流产了。但各国将在关税减让谈判中达成的协定和《哈瓦那宪章》中的有关贸易政策合在一起，形成了《关税及贸易总协定》（简称《关贸总协定》，GATT），并于 1948 年 1 月 1 日起开始实施。23 个国家和地区作为创始缔约方签署了这份文件。

该协定的宗旨是：充分利用世界资源，扩大商品生产和交换，促进各缔约方的经济发展，彼此减让关税，取消其他贸易壁垒和消除国际贸易上的差别待遇。为此，关贸总协定

规定了如下基本原则：（1）无差别或非歧视原则，它要求每一缔约方给予任何一个国家（地区）的关税减免或其他贸易上的优惠，其他缔约方都自动地、无条件地享有；（2）互惠和对等的关税减让原则；（3）关税为唯一保护手段原则，即不允许采用非关税手段保护本国产业；（4）关税递减原则；（5）公平贸易原则，主要反对倾销和出口补贴。此外，还有一些例外条款，如允许发展中国家关税制度有较大的弹性，允许发展中国家在一定限度内进行补贴，允许发展中国家在被减免关税时不必同时对发达国家减让，等等。

关贸总协定虽然还有待完善，但它是世界历史上成立的第一个准国际贸易体系，它同国际货币基金组织和世界银行一起成为调节世界经贸关系的三大支柱，意义十分重大。自《关贸总协定》生效以后的 40 多年里，经过 7 轮多边贸易谈判，发达国家和地区的平均关税已从 36%降到 4.7%，发展中国家和地区的平均关税在同期也下降到 13%。其成员之间的贸易已占世界贸易的 90%以上。据不完全统计，在这 7 轮谈判中达成关税减让的商品达 10 万种。与此同时，世界贸易的总额增长了 10 倍以上。

1986 年在乌拉圭举行的关贸总协定缔约方部长会议决定发动第八轮多边贸易谈判，即乌拉圭回合谈判。乌拉圭回合标志着关贸总协定已进入一个新的阶段，它的谈判范围和新制定的多边规则已经从传统的货物贸易领域扩大到服务贸易等新领域，全球经济一体化的进展迫切要求建立一个面向未来的全球性多边贸易组织——世界贸易组织。1994 年 4 月 15 日，在摩洛哥签署了《世界贸易组织协定》。1995 年 12 月 12 日，关贸总协定的 128 个缔约方举行了最后一次会议，宣告其 48 年历史使命的终结。自 1996 年 1 月 1 日起，世界贸易组织（简称世贸组织，WTO）正式取代关贸总协定，成为一个独立于联合国的全球性经贸机构。它的诞生对世界经济贸易的发展无疑具有极其重要的作用。

世贸组织的基本原则和宗旨是通过实施市场开放、非歧视和公平贸易等原则，来达到推动实现世界贸易自由化的目标。1995 年 1 月 1 日世贸组织正式开始运作，负责管理世界经济和贸易秩序。与关贸总协定相比，世贸组织管辖的范围除传统的及乌拉圭回合新确定的货物贸易外，还包括长期游离于关贸总协定外的知识产权、投资措施和非货物贸易（服务贸易）等领域。世贸组织具有法人地位，它在调解成员争端方面具有更高的权威性和有效性。

（二）我国关税政策的协调

中国是关贸总协定的创始缔约方之一。由于种种原因，几十年来，占世界人口五分之一的中国始终徘徊在“关外”。直到 2001 年 12 月 11 日，中国终于成为 WTO 第 143 个成员。为了加入世界贸易组织，中国政府在关税政策的协调上做出了不懈的努力。1996 年，中国政府宣布，调低 4 971 个税目的进口税率，关税税率平均水平从 35%下降到 23%；1997 年，又降低 4 874 个税号商品的进口关税税率，关税税率平均水平从 23%降到 17%；2001 年 1 月 1 日，中国再次自主降低关税，关税总水平下降为 15.3%。中国政府对世贸组织承诺，到 2005 年，关税税率降到发展中国家平均水平以下，工业品进口平均关税税率降至 10%左右。

鉴于 GATT 和 WTO 在诸多原则上的一贯性，中国在加入 WTO 后，关税政策也将在上述 GATT 确定的规则下进行：① 继续降低关税总水平，调整关税结构，采用关税结构升级手段，制定合适的关税策略。② 继续清理关税减免政策，完善加工贸易的制度管理，提高关税减免的产业结构调整能力，创造公平的竞争环境，符合 WTO 的“国民待遇”原则。③ 按照 WTO 原则规范非关税管理措施行为，加大反倾销、反补贴力度。

另外，为了保护民族工业的发展，我国也应该充分利用 WTO 的某些例外条款保证国民经济的健康、有序和稳定。在关税保护方面，我们可以利用的例外条款主要有四类：① 保护幼稚工业的例外条款。对于汽车业这样的幼稚工业，便可利用此条款，对国外汽车采取提高关税、实行许可证、征收临时附加税等措施，限制进口，以保护中国的汽车工业。② 保障例外条款。当外国某种商品出现大量进口，国内生产同类产品的企业出现开工不足、工人失业、利润下降时，可以临时性限制该种商品进口。例如，如目前我国的粮价高于美国等发达国家，过多地进口，会对我国农业生产和粮食安全产生影响，我国就可以利用该条款，限制粮食进口。③ 国际收支平衡例外条款。当我国遇到国际收支极度不平衡时，可以提出对进口实行限制，以保证国际收支平衡。四是对发展中国家政府补贴例外条款。

我国加入世界贸易组织以来，认真履行承诺的关税减让义务，自 2002 年逐年调低进口关税，关税总水平由 15.3%调整至 2015 年的 9.8%。至 2010 年 1 月 1 日起，我国加入世界贸易组织的降税承诺已全部履行完毕。当前，我国经济形势总体向好，但基础尚不稳固，存在着一些不确定因素，特别是对外贸易发展面临的形势仍然严峻。目前，我国仍不断进行关税调整，以完善调控措施手段、发挥关税的调控杠杆作用、促进对外贸易稳定增长和结构优化、推动经济结构调整和发展方式转变，随着一国国民经济实力的增强和关税收入占财政收入比重的下降，关税增加财政收入的功能将越来越被弱化，调节对外贸易将成为关税政策最重要的目标。

第三节 出口退税

一、出口退税制度

出口退税制度，是指一个国家或地区对已报关离境的出口货物，由税务机关根据本国税法规定，将其在出口前生产和流通各环节已经缴纳的国内增值税或消费税等间接税税款，退还给出口企业的一项税收制度。出口退税的目的是使出口商品以不含税的价格进入国际市场，避免对跨国流动物品的重复征税，从而促进该国家和地区的对外出口贸易。出口退税制度是一种间接的财政支出，实施的对象是出口的货物，只对出口货物税金成本进行补偿，实施难度小，是一种国际惯例，不会遭受货物进口地政府的贸易报复。

随着世界经济一体化进程的加快，WTO 在制定国际贸易原则中的地位日益凸显，而出口退税制度正是 WTO 在维护公平、公开、公正等一般自由贸易原则下所倡导的中性原则的体现。WTO 所坚持的中性原则是以不干预市场机制在全球范围内的有效运行为基本出发点的，出口退税一方面鼓励产品出口以不含税价格参与国际竞争，另一方面克服重复征税，实行消费地征税原则。在 WTO 的规则之下设置中性的出口退税制度，是各国参与国际贸易的必然选择。在反对政府补贴政策的前提下实行出口退税政策，是增进出口最直接、最有效的途径。WTO 对出口退税的要求体现在《关贸总协定》的第 6 条上："一缔约方的产品输入到另一缔约方领土，不得因其免纳相同产品在原产国（地区）或输出国（地区）用于消费时所需缴纳的税捐或因这种税捐已经退税，即对它征收反倾销税和反补贴税。"可见，只要一国政府对某种产品的出口退税额度不高于其国内所征额度，就符合 WTO 规则的要求，不会导致其他成员的报复。因此，出口退税作为一项财政激励机制，已被 WTO 诸多成员广泛应用。

二、我国的出口退税制度

（一）我国出口退税制度的建立和发展

1985 年，国务院批准了《财政部 海关总署关于对进口产品征、退产品税或增值税的规定》，这标志着我国现行出口退税制度的建立。由于当时没有实行增值税，出口产品的营业税、流转税都纳入消费税系列，所以退税率不是很高，一直到 1993 年退税率也才只有 11.2%。1994 年我国实行了大规模的税制改革，确立了增值税的主体地位，制定实施了《出口货物退（免）税管理办法》，具体规定了出口货物退（免）税的范围、出口货物退税率、出口退税的税额计算方法、出口退（免）税办理程序及对出口退（免）税的审核和管理，平均退税率一下子提高到 16.63%。1996 年，为了缓解财政压力，减少骗税，我国对出口退税率作了大幅度下调，平均退税率降至 8.29%。1998 年和 1999 年我国又多次上调退税率，以减轻亚洲金融危机对外贸出口的影响。之后几年，企业出口的积极性得以提高，外贸出口增长很快，但中央财政的退税支出又重新面对越来越大的压力。于是出口退税指标成为控制该项支出的重要手段，但越积越多的出口退税的欠款又形成了中央财政的一笔隐形负债。2002 年初我国对生产型企业的自营和委托出口货物与没有进出口经营权的生产企业委托出口的货物，全部实行"免、抵、退"税办法。2003 年，我国对出口退税机制进行了改革。改革的基本原则是："新账不欠，老账要还；完善机制，共同负担；推动改革，促进发展"。在缓解中央财政负担和人民币升值压力的影响下，2003 年 10 月以来，国家对现行出口退税制度进行了改革，本着"适度、稳妥、可行"的原则，区别不同产品适当降低出口退税率。

2004 年和 2005 年，国家再次改革出口退税制度，业内称之为现行出口退税制度或出口退税新政。现行出口退税制度的主要内容如下：

（1）出口退税对象：有进出口经营权的内资生产企业自营出口或委托外贸企业代理出口；有进出口经营权的外贸企业收购后直接出口或委托其他外贸企业代理出口；生产企业委托外贸企业代理出口；对外承包公司及对外承接承包修理修配业务的企业；外轮公司、远洋运输公司以及企业用作境外投资的货物。

（2）出口退税运作方式。现行的出口货物增值税退税办法主要有六种操作方式：生产企业自营或委托外贸企业代理出口自产货物实行"免、抵、退"税管理办法；外贸企业实行含税购进的货物出口后再办理退税的"先征后退"管理办法；卷烟出口企业实行免税购进、出口不退税的管理办法；国产钢材和新疆棉实行"以产顶进"办法；来料加工实行进口、加工环节免税，出口不退税的管理办法；对国家统一规定的免税货物，无论是否出口销售，实行一律给予免税的办法。

（3）出口退税税种、税率。现行出口退税政策规定，出口货物退（免）税的税种为增值税和消费税。出口消费税的应税货物，退（免）税率为《中华人民共和国消费税暂行条例》规定的税率。

（4）出口退税负担机制。建立中央和地方共同负担出口退税新机制，从2004年起，以2003年出口退税实退指标为基数，对超基数部分的应退税额，由中央和地方75∶25的比例共同负担；从2005年1月1日起，调整为中央与地方按92.5∶7.5的比例共同负担，规范地方出口退税分担办法，改进出口退税退库方式；自2015年1月1日起，出口退税全部由中央财政负担，地方2014年原负担的出口退税基数，定额上解中央。

（二）我国出口退税的进一步完善

我国的出口退税制度自1985年开始实施以来，已先后进行了多次出口退税制度改革和税率调整，实践证明，每次的出口退税制度改革都对我国对外贸易和经济的发展发挥了重大作用。但现行出口退税制度在政策和管理上仍存在诸多问题，如法制建设还不够完善，政策变动过于频繁，还欠缺足够的可操作性，征税机关和退税机关不统一，退税程序和手续烦琐等。因此，还需要从政策和管理两个方面采取相应对策以进一步完善。

1. 出口退税政策的完善

（1）加快出口退税的法制建设。目前我国出口退税方面没有一个基本的法律或法规；现有的法律级次过低，现有的规章过于散乱，有关出口退税的行政处罚的行使权限不够明确、不利于依法打击骗取出口退税的违法行为。

（2）出口退税政策要充分运用WTO规则，以国家利益最大化为原则，突出重点，注重实效，区别产品的不同情况，采取不同的退税政策。例如，对不具备明显优势、国际市场竞争激烈、技术或品牌含量高、附加值大的产品实行彻底退税，对普通产品实行适度退税，对具有明显比较优势的产品实行不退税或少退税，灵活调节退税率。

（3）根据各行业的不同特点和实际，灵活、合理地制定政策，掌握退税率。对一些因资源条件等“先天因素”限制而需要长期保护的薄弱产业，如农业（指初级农产品的出口）等，应采用“少征多退”的模式；对一些发展层次较低的技术密集型产业，如机械、电子、汽车和医药行业等，也应采用“少征多退”的模式；对一些尽管附加值和技术含量相对低下，但在国际市场上已形成一定的出口竞争力，创汇较高的劳动密集型产业，如纺织、服装、食品加工、普通日用消费品工业和玩具制造业等，可以采用一般的保护和鼓励政策，在退税模式上可以选择“征多少，退多少”的模式；对一些稀缺的天然资源或具有战略意义的资源（如天然牛黄、麝香、铜及铜基合金、白银及煤炭资源、石油原油资源等）的出口不应鼓励，应采用“多征少退”或禁止出口的措施。

（4）进一步考虑扩大出口退税税种范围。中国目前出口退、免税的税种只有增值税和消费税，而依据WTO规则，退免的间接税还包括销售税、执照税、印花税、特许经营税等。为了加大税收，鼓励出口的力度，可以把随同增值税等征收的城市维护建设税、教育费附加列入退税范围。

（5）出口退税的调整要与增值税的改革同步进行，保持政策的统一。一要继续提高退税率，力求同征税率保持一致；二要统一出口商品政策，不论是来料加工、进料加工还是国内采购，都要退税；三要制定切实可行的操作办法，使流通型企业出口和生产型企业出口在退税时间上大体保持同步，使它们处于相对平等竞争的地位。

（6）运用税收手段保护稀有资源和紧缺物资，并逐步取消 WTO 规则所禁止的出口税收支持措施。我国加入 WTO 后，列名禁止出口的产品减少，除对少数产品继续运用出口关税的手段进行限制外，也可考虑再加用国内税的手段。

2. 出口退税管理的完善

（1）加强海关、银行、外贸、外管与退税部门之间出口退税的协作管理，通过立法建立全国性的出口退税管理系统，规范涉及各出口退税部门的行为，建立完善的约束机制，相互监督、制约，建立科学、严密的出口退税计算机信息监控网络，保证及时准确地反映企业的出口动态，“零距离”“零间隔”地支持企业出口。

（2）在海关管理方面，制定海关对出口商品监管的相应对策，加大打击力度。建立高风险商品数据库，在审单环节加强对重量与数量逻辑关系的审查，在查验环节加强风险意识。

（3）建立出口退税管理激励机制和约束机制。建立对外贸企业的激励机制，一方面进一步完善出口退税的实施机制，简化退税环节，提高退税效率；另一方面加强对外贸企业的日常监控，尽量减少退税管理中的信息不对称现象，加大对退税行为的惩罚力度，提高外贸企业出口退税的违约成本。建立对税务机关的激励约束机制，一方面对税务机关和退税管理人员要明确代理权的范围和职责，对税务机关的退税管理人员进行考核，根据考核结果酌情给予奖励或处罚，强化内部监督约束；另一方面强化外部监督约束，建立退税公开制度，加强退税执法检查，加大退税管理腐败寻租的查处概率和处罚力度。

（4）加强管理，简化手续，提高效率。

第四节 外 债

一、外债的功能

国债的功能一般可概括为弥补财政赤字、筹集建设资金和调节经济三个方面，这个概括也适用于外债，但外债功能的发挥具有不同的特点。

（一）弥补财政赤字

外债弥补财政赤字的功能表现为平衡政府的国际收支。任何参与国际政治经济活动的国家都有国际收入和支出，而国际收入和支出的关系也存在平衡、盈余（顺差）和赤字（逆差）三种状态。国际收支是用外币核算的，出现逆差也必须用外币来弥补。当国家拥有外汇储备时，可以动用外汇储备来弥补当年的国际收支逆差，而当外汇储备拮据时，就需要举借外债来弥补，外债的这一功能与内债弥补国内财政赤字的功能是相同的，只是运动形式不同而已。

（二）筹集建设资金

筹集建设资金是外债的主要功能。举借外债的首要目的是补充国内建设资金的不足，加速本国的经济建设。这种功能表现在两个方面：一是通过举借外债，购入本国短缺的原材料和设备；二是通过举借外债，引进先进设备和先进的科学技术，促进本国生产效率的提高，并最终实现民族经济的腾飞。比较起来，后一个方向更为重要，也是世界各国特别是广大的发展中国家举借外债的主要目的。

（三）调节经济

外债的经济调节功能属于“增量型”调节。外债首先表现为资金的流入，也就是国内资金的增加，同时反映社会可支配商品量的增长。当社会总需求超过总供给时，举借外债使外国商品流入，可以缓解国内商品供求关系；当社会产业结构或产品结构失调时，举借外债可以使薄弱的环节得到加强，而又不影响其他产业和产品生产的正常发展。总之，外债的调节功能不同于内债通过对社会资源再分配进行的“消长式”调节，而是一种“增量式”或“注入式”调节，总量调节是补而不是压，结构性调节是加强而不是调减。

外债功能上的特点赋予外债以特殊的吸引力，所以借用外债发展本国经济，在当前几乎成为各国趋之若鹜的乐园。从 20 世纪开始，世界外债总额不断上升，特别是发展中国家的外债总额更是以异乎寻常的速度在增长。我国从 1979 年实行对外开放政策以后，开始引进外资和举借外债，目前它们已成为我国实现现代化的外部力量，我国在有效利用外资和外债方面已取得重要的成就和经验。但是，外债并非从天而降的有百利而无一害的吉祥物。外债毕竟是一种债务，利用外债是要付出代价的，有的外债实际上是难以偿还的高利贷。20 世纪 80 年代爆发的发展中国家债务危机显示，运用外债不仅要考虑必要性，更需考虑可能性。对我国来说，正确认识外债的功能，科学安排外债的种类和结构，如实评估本国使用外债的负担能力和限度，加强对外债的直接和间接管理，是进一步有效运用外债的必要条件和可靠保证。

二、外债的种类与结构

外债由政府借款和在国外发行外币债券两部分组成。政府借款包括向外国政府借款、向国际金融机构借款、向国外商业银行借款及出口信贷等形式。发行外币债券包括委托国外金融机构发行和直接发行两种类型。外债也有长、中、短期之分，形成与之相适应的外债期限结构。外债又有币种之分和币种结构。与币种选择相适应，外债还有持有者的差别，并形成外债的来源结构或持有者结构。

正确选择外债种类和结构是合理运用外债的重要环节。从外债种类选择上看，国际金融组织和外国政府的贷款的优越性在于低息或无息，偿还限期较长，但贷款用途往往受到一定的限制。外国商业银行贷款的利息较高，但限制条件较少，资金来源比较充裕。在国外发行外币债券的限制条件最少，但要顺利发行，发行国政府必须具备较高的国际信誉，而且利息高，发行费用大。各国政府在举借外债时，必须根据资金用途和偿还条件，权衡利弊，对各类外债加以选择。表 12-1 显示，在我国目前的外债结构中，外国政府贷款和国际金融机构贷款的比重较小，国际商业贷款和贸易信贷的比重较大，这是与我国的经济条件相适应的。从外债偿还期限结构选择上看，外债期限结构合理才有利于外债的还款和使用，在可能的情况下应尽量扩大长期债务，减少短期债务。

表 12-1　我国外债余额及构成

债务类型＼年份	2010	2011	2012	2013	2014	2015
外债余额（亿美元）	5 489.4	6 950.0	7 369.9	8 631.7	8 954.6	14 162.0
外债类型和结构（%）：						
外国政府贷款	5.8	4.8	4.2	3.1	2.6	/
国际金融组织贷款	6.5	5.0	4.6	3.9	4.7	/
国际商业贷款	49.2	54.3	51.6	54.0	55.4	/
贸易信贷	38.5	35.9	39.6	39.0	37.3	/
偿还期限结构（%）：						
长期债务	31.6	27.9	26.6	21.6	30.6	33.0
短期债务	68.4	72.1	73.4	78.4	69.4	67.0

资料来源：2010—2014 年数据来自《中国财政年鉴（2015）》，2015 年数据来自国家外汇管理局网站。

举借外债还存在一个币种的优选问题。判断外债币种结构合理与否的主要标准是看是否避开强势货币，尽量不要单纯采用一种外币计价，而以“硬币”与“软币”相搭配为好。我国过去的外债币种结构一度是以日元计价的外债过多，在日元不断升值的过程中曾造成汇率损失。外债持有者结构或外债来源结构的合理化，应是资金来源分散，持有者广泛。这种结构可以扩充外债渠道，使币种容易搭配，不致受某一个国家的控制。我国已在逐步扩展外债筹措的区域，不仅在亚洲资金市场筹资，而且在美洲、欧洲、大洋洲资金市场筹资，使外债资金来源结构逐渐趋向合理。

从总体上看，我国外债表现出如下特点：① 近年来我国外债大体上一半是国际商业贷款，另一半为外国政府贷款、国际金融组织贷款和贸易信贷，形成多角度有选择的债务结构。② 外债来源结构和币种搭配日趋合理。③ 我国近年来的外债余额虽然增长较快，短期债务的比重上升也较快，但从表 12-2 可以看出，当前外债风险指标都处于国际公认的安全线之内，不存在外债风险问题。

三、外债的负担与限度

外债也有一个负担和限度问题。由于外债收入来源于国外，是债权国与债务国间的债务关系，各国政府必须从本国偿债能力的角度来全面考虑负担问题，而外债的限度则根源于政府的外债负担能力。合理的外债负担和限度是通过具体的相对指标来确定的。

国际上通用的指标主要有三个，即负债率、偿债率和债务率。负债率，即当年债务余额占 GNP 的百分比；偿债率，即当年债务还本付息额占商品和劳务出口总额的百分比；债务率，即当年债务余额占商品和劳务出口总额的百分比。其中，负债率是一项综合指标，全面反映本国偿债能力与外债规模的对应关系；而债务率和偿债率则是衡量外债负担的专门指标，反映本国实际偿债的可能性。按照国际惯例，有关外债风险指标的国际公认安全线是：负债率为 25%，偿债率为 20%，债务率为 100%。从我国的外债风险指标来看（见表 12-2），我国的负债率、偿债率、债务率都在安全线以下，表明我国外债具有很高的国际信誉度。

表 12-2　我国外债风险指标

年份	负债率（%）	偿债率（%）	债务率（%）
2010	9.3	1.6	29.2
2011	9.5	1.7	33.2
2012	9.4	1.6	32.8
2013	9.4	1.6	35.6
2014	17.2	2.6	69.9
2015	13.0	5.0	58.3
2016	13.0	6.0	65

注：为进一步提高我国涉外数据的质量和透明度，充分体现人民币国际化的成果，2016 年中国人民银行，相应调整了外汇管理局按照国际货币基金组织的数据公布特殊标准（SDDS）公布的外汇储备、黄金储备等数据，相应调整了我国的外债统计口径，公布了包含人民币外债在内的全口径外债。2014 年、2015 年、2016 年为调整后口径，其他年度未调整。

资料来源：《中国统计年鉴（2017）》。

外债的负担可以通过本国有关外债的统计数据计算，但外债的限度却不是通过数量指标可以精确度量的。有关国家一般只能根据本国具体国情并与其他国家横向比较，确定一个大概的数值作为举借外债的限制性指标。依照某些国际性金融组织的统计分析，一个国家的偿债率超过 20%即为进入债务危机时期，这一限制性指标已被很多国家所接受。不过，各个国家的政治、经济条件并不相同，而政治经济条件又是难以量化的，一个固定的数量指标很难适应各个国家的情况。所以，本国外债负担是否过重或是否超过限度，还应由债务国自己作出具体分析和判断。

四、外债管理

我国外债规模的不断扩大及许多国家出现的债务危机给我们带来的启示是，加强外债管理是我国宏观经济管理的一个重要方面。外债管理的内容主要包括两个方面：一是建立全面的外债管理体系；二是建立合理的外债管理模式。

一般来说，外债管理要从总量与结构两个方面来把握，即外债总规模与国民经济发展、国际收支状况相适应，同时外债的期限、类型、币种和利率等各种构成相对合理，这是建立外债管理体系的出发点。因此，建立全面的外债管理体系至少要包括以下五个方面的内容：

（1）外债的总量管理。总量管理重点在于控制负债率，控制外债的增长速度，使之与经济增长速度相适应。同时，注意把握外债规模和外汇储备之间在总量与结构方面的一致与协调。

（2）外债的期限结构管理。在对外债进行期限结构管理时，注意通过调整新借款的期限结构，一方面防止短期借款的比例过大，另一方面要保证未来偿债压力的相对均衡，避免在特定年份出现偿债压力过大的偿债高峰。

（3）外债的债务种类结构管理。由于外债种类的不同，利率水平也不同，直接影响到外债的成本。因此，在举借新外债时，要尽量举借政府贷款和国际金融机构贷款。

（4）汇率风险管理。随着我国对外经济交往日趋频繁，国际金融市场的汇率波动对外债的影响明显加强。在外债规模逐步增大、外债结构趋于复杂的情况下，必须加强跟踪国际金融市场的汇率走势，采取必要的风险管理措施，控制汇率变化对未来还本付息的不良影响。

（5）外债成本与效益管理。借入外债的主要目的是促进经济增长和改善国际收支状况，但是否能够实现此目的，关键在于外债的举借成本和使用效益。在外债的效益管理中，特别要注意外债的使用方向和外债的增值性，即外债管理要从粗放型向集约型、效益型转变。

我国过去的外债管理模式在很大程度上还带有计划经济的色彩，在走向社会主义市场经济体制的过程中，外债管理模式必须适应市场经济体制的需要。即外债管理要以充分利用国内资源、激活国内金融体系为目标，在加强对公共部门和国有企业借款的管理的同时，要逐步放开一定限额的其他经济成分的借款管制。在此基础上，对企业部门的外债管理逐步由事前的计划审批转向事后的动态监测。目前，我国的外债管理机构还比较分散，主要有国家发改委、财政部、中国人民银行、国家外汇管理局和中国银行等，相互之间缺乏足够的沟通和协调。为了适应社会主义市场经济体制下加强对外债风险统一管理的客观需要，有必要建立一个集中统一管理国家外债的机构，在加强协调外债工作的同时，注重外债战略的研究，如我国的最优外债规模和外债水平、外债的增长速度、外债使用的优惠政策及政策引导、外债偿还风险的管理等。

第五节 开放经济下的财政—货币政策配合

一、浮动汇率制度下财政—货币政策的相对有效性

在开放经济下，一国的汇率制度对财政政策和货币政策的相对有效性产生重大影响，从而使得财政—货币政策的搭配更加复杂化。汇率制度一般分为两种：浮动汇率和固定汇率。所谓浮动汇率，是指一国货币的对外币值由外汇市场的供求自由调整，不由人为政策加以固定。所谓固定汇率，是指一国货币的对外币值保持不变，只有在基本经济结构失衡的情况下才能改变其汇率。

政府为实现充分就业目标，可能采取扩张性财政政策。当财政支出增加时，国民收入将增加，同时利率水平也会提高。由于利率提高，净资本流入将增加。在浮动汇率制度下，国际收支总是平衡的，因此，净资本流入表示贸易收支赤字。贸易入超降低了有效需求，从而使财政政策失效。

在图 12-4 中，*IS* 曲线与 *LM* 曲线相交于 *E* 点，均衡利率水平和国民收入水平分别为

i_0和 Y_0。政府为提高国民收入水平而利用扩张性财政政策，使 IS 曲线向右移动到 IS′曲线。IS′曲线与 LM 曲线相交于 H 点，该均衡点所决定的利率水平和国民收入水平都有所上升。由于利率水平提高，国际资本将内流，在浮动汇率制度下将有等额的贸易入超与资本流入相抵消，而贸易入超会使 IS 曲线向左移动，退回到原来的均衡位置。因此，均衡国民收入水平 Y_1 实际上是不可能存在的。也就是说，在浮动汇率制度下，政府利用财政政策实现充分就业目标是十分困难的。

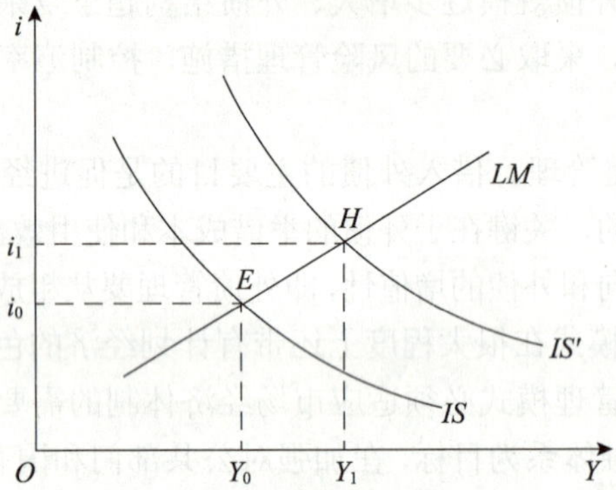

图 12-4　浮动汇率制度下的财政政策效力

在浮动汇率制度下，如果政府利用货币政策来实现充分就业目标，一方面可以使利率水平下降，另一方面可以使国民收入水平上升。由于利率下降，资本将外流，通过汇率的变动，将有与资本外流等额的贸易出超发生。而贸易出超使得 IS 曲线向右移动，从而使国民收入进一步增加。可见，在浮动汇率制度下，货币政策是有效的。

在图 12-5 中，IS 曲线与 LM 曲线相交于 G 点，均衡利率水平和国民收入水平分别为 i_0和 Y_0。如果政府利用货币政策，使 LM 曲线向右移动到 LM′曲线，那么，LM′曲线与 IS 曲线的交点 H 所决定的均衡国民收入水平为 Y_1，均衡利率水平为 i_1，而 $i_0 > i_1$。在浮动汇率制度下，由于利率下降，资本流入增加，汇率下降，导致贸易出超。贸易出超将使 IS 曲线向右移动，又达到一个新的均衡点 E。这时，最后的均衡国民收入水平是 Y_2。

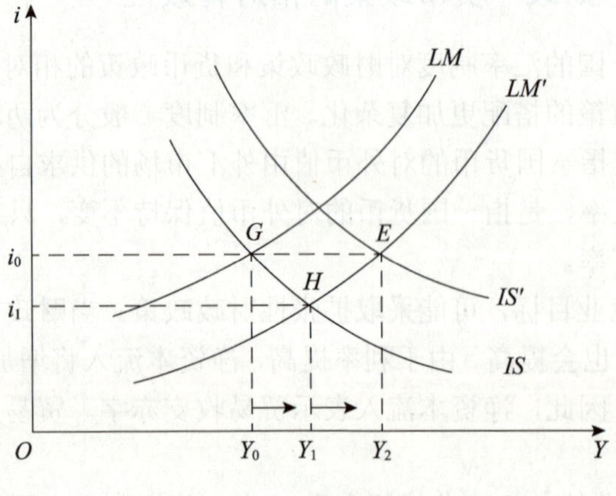

图 12-5　浮动汇率制度下的货币政策效力

由此可见，在保持国际收支平衡的浮动汇率制度下，扩张性货币政策不但使 *LM* 曲线向右移动，而且通过利率的下降作用，使 *IS* 曲线向右移动，均衡国民收入水平提高得更多。

二、固定汇率制度下财政—货币政策的相对有效性

在追求充分就业目标下，政府利用扩张性财政政策将使 *IS* 曲线向右移动。其结果是一方面国民收入水平提高，另一方面利率水平上升。由于利率水平提高，资本流入将增加，在外汇不断累积的情况下，除非政府采取外汇冻结措施，否则必将通过银行系统产生信用扩张效果，使 *LM* 曲线向右移动，国民收入水平进一步提高。因此，在固定汇率制度下，财政政策显然是有效的。

在图 12-6 中，*IS* 曲线与 *LM* 曲线相交于 *G* 点，均衡利率水平和国民收入水平分别为 i_0 和 Y_0。政府为提高国民收入水平而利用扩张性财政政策，使 *IS* 曲线向右移动到 *IS'* 曲线。*IS'* 曲线与 *LM* 曲线相交于 *H* 点，该均衡点所决定的利率水平和国民收入水平都有一定程度的上升，分别从 i_0 上升至 i_1 和从 Y_0 上升至 Y_1。由于利率水平提高，国际资本将内流，通过外汇的不断累积，导致银行超额准备金增加，造成信用扩张。在这种情况下，*LM* 曲线无疑要向右移动，新的 *LM'* 曲线与 *IS'* 曲线相交于 *E* 点。这一均衡点所决定的国民收入水平更高。

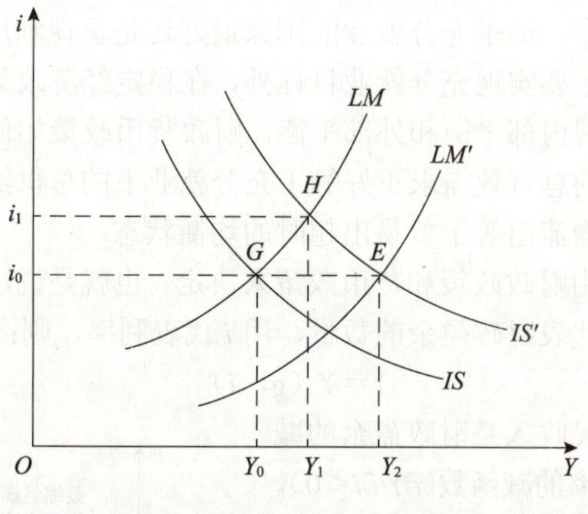

图 12-6　固定汇率制度下的财政政策效力

在固定汇率制度下，政府采取扩张性货币政策不能促进充分就业下国民收入水平的实现。这是因为，政府利用货币政策一方面可以使国民收入增加，但另一方面也会降低利率。而利率水平的下降将导致资本外流增加，外汇数量减少，使得货币数量呈倍数减少，*LM* 曲线不得不向左移动，回到原来的位置。

在图 12-7 中，*IS* 曲线与 *LM* 曲线相交于 *E* 点，均衡国民收入和利率水平分别为 Y_0 和 i_0。政府利用扩张性货币政策使 *LM* 曲线向右移动，则新的 *LM'* 曲线与 *IS* 曲线相交于 *H* 点。这时的利率水平低于它原来的水平，而国民收入水平高于它原来的水平。但是，这个均衡点只是暂时的。因为利率水平下跌后，资本流出就会发生，银行体系中的外汇累积随之减少，*LM* 曲线因此而向左移动，甚至回到原来的均衡位置 *E* 点。这时，国民收入水平又变成了 Y_0。由此可见，在固定汇率制度下，政府利用货币政策来实现充分就业很难成功。

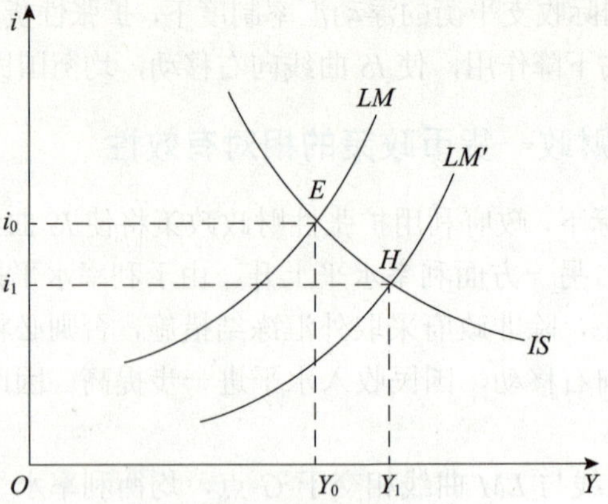

图 12-7　固定汇率制度下的货币政策效力

三、内外平衡与财政—货币政策配合

从上述分析可知，在浮动汇率制度下，利用货币政策增加国民收入较为有效，而在固定汇率制度下，财政政策是实现这一目标的有力工具。从各发展中国家的实际情况来看除有的国家试行短期的浮动汇率外，多数国家还是实行固定汇率制度，我国是实行有管理的浮动汇率制度。一般而言，追求充分就业的国家最好还是重视利用财政政策。

但是，一个国家除了要实现充分就业目标外，在稳定经济政策上，还要取得国际收支平衡。这就涉及为了实现内部平衡和外部平衡，财政货币政策如何进一步配合的问题。所谓内部平衡，是指国内的总有效需求正好等于充分就业下的总供给；所谓外部平衡，是指在固定汇率制度下资本净流出等于贸易出超时的均衡状态。

假定国民收入水平由财政政策和货币政策来决定。也就是说，国民收入是财政政策和货币政策的函数；用 g 代表财政盈余的数量，用 i 代表利率，则：

$$Y=Y(g,\ i)$$

在一般情况下，国民收入是财政盈余的减函数($\partial Y/\partial g<0$)，也是利率的减函数($\partial Y/\partial i<0$)。由于国民收入是财政盈余和利率的减函数，因此，YY'曲线的斜率一定是负值，即该曲线是向右下方倾斜的（见图 12-8）。YY'曲线上的任何一点都表示在充分就业水平下的财政—货币政策的各种组合。如果某一点在 YY'的左下方，表示利率太低，或者财政支出太多，经济会出现膨胀现象；相反，如果某一点在曲线的右上方，表示利率太高，或者财政支出太少，很可能会出现经济萎缩。

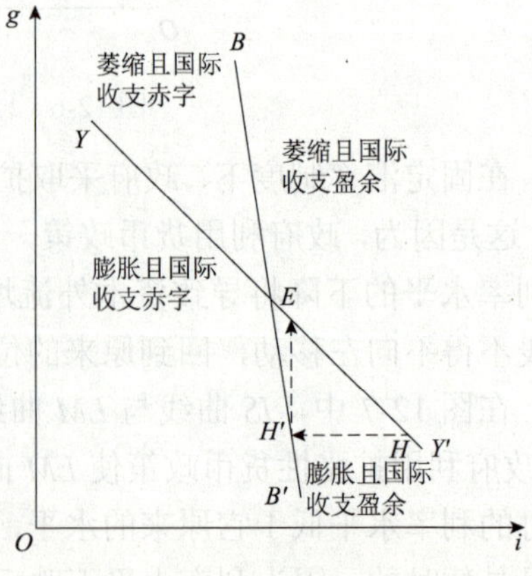

图 12-8　实现内外平衡的财政—货币政策配合

如果用 B 代表国际收支余额，用 E 代表出口净额，用 F 代表资本外流，则

$$B=E-F=E(Y)-F(i)$$

一般来说，出口净额是国民收入的减函数（$\partial E/\partial Y<0$），资本外流是利率的减函数（$\partial F/\partial i<0$）。因此，BB'曲线表示外部平衡的财政—货币政策的各种组合，也是一条向右下方倾斜的曲线，且比 YY'曲线更陡。在 BB'曲线的右上方，表明存在国际收支盈余；在 BB'曲线的左下方，表明存在国际收支赤字。

在图 12-8 中，E 点是 YY'曲线和 BB'曲线的交点，表示内部平衡与外部平衡同时实现。YY'曲线和 BB'曲线把该图划分为四个区域，表明四种经济状况。在固定汇率制度下，一国如果实现了内部平衡而存在外部不平衡，表示实际经济情况在 YY'曲线上。例如，H 点就表示在内部平衡的情况下，国际收支存在盈余。这时，政府首先应当采取能够降低利率的货币政策，旨在引起资本外流以平衡国际收支，使 H 点向左移至 H'点。在 H'点上，外部平衡虽然达到了，但又有国内经济出现膨胀的可能性。在这种情况下，政府可以采用提高财政盈余的财政政策，实现内部平衡。从上述简单的分析中可以看出，财政政策是解决内部失衡的有效工具，而货币政策是对付外部失衡的有力武器。

【关键术语】

国际税收　税收饶让　关税　保护关税　出口退税　外债　外债结构　浮动汇率　固定汇率

【网络资源】

1．登录中华人民共和国中央政府（http://www.gov.cn/）查阅有关“中美贸易争端”的相关信息稿件。

2．登录国家财政部网站（http://www.mof.gov.cn/zhengwuxinxi/caizhengshuju/）查阅有关“国际税收”的相关信息稿件。

3．登录国家税务总局网站（http://www.chinatax.gov.cn/n810214/n810631/index.html）查阅近三年全国关税征收情况和出口退税情况。

4．登录中国社会科学院财政战略研究院（http://naes.org.cn/）查阅有关“外债”的相关文献。

【独立思考】

国际避税地的来源

国际避税地有着悠久的历史。据历史记载，避税地的产生可以追溯中世纪，当时在汉撒同盟的城市居住的汉撒商人可以得到一切税收的豁免。因此，人们把汉撒同盟城市的繁荣归功于有利的税收待遇。历史发展到现在，一些从事跨国经营活动的纳税人更为重视税收对他们经营效果的影响。现代交通网络的出现和现代通信系统的产生与发展，就为这些个人和公司减轻其税收负担提供了有利条件。而这些跨国纳税人为了使纳税义务最小化，像候鸟一样，在变化的世界中寻求最适宜的经济气候，国际避税地正适应了这一需要。

现代避税地最初并不是作为避免缴纳高额税款的场所出现的。据历史记载，最早成为现代避税地的国家和地区是瑞士。在第二次世界大战之前，由于世界上许多国家国内政局动荡和社会不稳定，瑞士银行开始接纳来自德国、俄罗斯、南美、西班牙和巴尔干半岛等地的资本，使这些资本得以逃避当地政治和社会的动乱，因此，给瑞士政府带来了大量的财富。历史情况表明，最早成为现代避税地的国家和地区一般来说在政治上是相对稳定的中立国。当世界上其他一些国家和地区发生政治或社会动乱时，当地的私人钱财便会存入中立国的银行以求得安全。所以人们有时将早期避税地叫作避难所。

从当前的情况来看，人们一般认为世界范围内之所以存在如此之多的避税国家和地区，是因为几乎所有的现代工业化国家都有着严厉的所得税征管制度。而纳税人为了追求最大利润，必然会对减轻税收负担有一种客观的需求，这样，利用避税地从事逃避纳税的活动也就相应产生了，而满足这种需求的避税地也就形成了。

从目前作为避税地的国家和地区在世界范围内的分布我们可以发现，这些避税地的形成一方面与本国和地区的国情有关；另一方面也与跨国纳税人的某种需求有关。国际避税地的分布主要集中在三个地带：靠近美洲大陆的大西洋和加勒比海地区；欧洲地区；远东和澳大利亚地区（利比里亚是一个例外）。一些重要的避税地几乎都不会远离美国、英国、东南亚和澳大利亚。之所以这样，首先是因为在实践活动中，良好的国际通信条件是十分重要的，而上述地区可以满足这一要求。其次，这些地点的地理位置也相当重要，因为大多数跨国纳税人居住在这一地区，他们的经营业务与这些地区联系密切。同时，大多数高水平的法律、会计、税收顾问也居住在这一地区，在这些地区进行避税活动可以给这些顾问带来许多方便。所以，“列支敦士登被富有的欧洲人作为控股公司和投资公司的避税港而使用”，至于新赫布里底，“这个地方正很卖力地试图争取太平洋地区的一般避税业务”。

国际避税地的形成原因是多方面的，有主观原因，也有客观原因；有历史因素，但更多的是现实因素。

（1）历史因素。资本主义到了垄断时期，货币资本的积累和集中使一些国家出现了大量的过剩资本，需要寻求巨大的投资场所。而殖民地、半殖民地及其他落后的国家和地区便成为它们资本输出的追逐目标，使这些国家和地区的民族经济遭到破坏，丧失了自己的独立性，在政治上和经济上不同程度地依附于帝国主义；在税收上长期缺乏课税自主权。一方面，第二次世界大战后，这些国家和地区有的虽已先后独立，但它们在殖民地、半殖民地时期形成的有利于资本输出国的税收制度和税法规定还不能一下子得到改变。另一方面，由于经济基础较差，这些国家和地区尚未形成现代化的工业体系，要求政治独立和稳定，引进外资、发展经济的任务比较迫切，再加上独立前宗主国对属地税收自主权的管理比较松散，因而容易形成避税地。

（2）地理因素。作为国际避税地的一些国家和地区，大多数都是小小的岛屿，交通方便，气候宜人，成为旅游胜地，在地理位里上又大多靠近实行高税政策的经济发达国家，因而便于形成高税管辖的庇护所，成为国际避税地。

（3）税制因素。一些国家由于在税收制度设计上盲目推崇或照搬西方发达国家的税制，没能从自身国家的内在特点出发，存在很大的缺陷，或是严格奉行某一原则，或在税收管理机构和人员的工作程序及方法上存在许多漏洞和不完善之处，都可能使这些国家或地区成为国际避税地。例如，一些国家限于征税人员的素质约束和当地人民的收入水平，只能实行以关税和间接税为主体的税制结构，所得税所占比重过小。因此，容易被利用作为国际避税地。又如，一些国家在课税权力上一贯奉行属地原则，或过分强调这一原则，对于所得或收益的课税仅限于发生在本国领土范围内，对属于本国居民，但所得是在国外取得的，不进行征税，这样也会被跨国投资者充分利用，而成为国际避税地。此外，一些国家税收制度不规范、不健全，颁布的税法、税法实施细则和其他条例规则相互矛盾，规定的税收管理人员的工作和工作方法等规章制度比较混乱，这些国家有时也会被利用来作为国际避税的场所。

（4）经济因素。第二次世界大战以后，一些刚刚独立的国家由于本国的经济文化和科学技术水平很低，同时也受到资源短缺的约束。为了加快自己国家的经济发展速度和发展水平，往往在税收上制定了许多特别优惠的措施，以弥补国内投资环境的某些不足，吸引外国资金和先进技术的输入。一些发达国家由于国内经济发展的需要，如国内投资不足、经济不振，也往往制定某些税收优惠规定，以吸引本国资本的回流和外国资本的流入。而一旦这些国家的税收优惠措施现实地吸引了一批国际投资者，那么它们在客观上也就形成了国际避税地。

自由贸易区

自由贸易区（free trade zone）是指在贸易和投资等方面有比世界贸易组织有关规定更加优惠的贸易安排；在主权国家或地区的关境以外，划出特定的区域，准许外国商品豁免关税而自由进出。其实质上是采取自由港政策的关税隔离区。狭义的自由贸易区仅指提供区内加工出口所需原料等货物的进口豁免关税的地区，类似出口加工区。广义的自由贸易区还包括自由港和转口贸易区。1973 年国际海关理事会签订的《京都公约》，将自由贸易区定义为：“指一国的部分领土，在这部分领土内运入的任何货物就进口关税及其他各税而言，被认为在关境以外，并免于实施惯常的海关监管制度。”美国关税委员会给自由贸易区下的定义是：“自由贸易区对用于再出口的商品在豁免关税方面有别于一般关税地区，是一个只要进口商品不流入国内市场就可免除关税的独立封锁地区。”自由贸易区的另一种官方解释是，指两个或两个以上的国家（包括独立关税地区）根据世界贸易组织的相关规则，为实现相互之间的贸易自由化而进行的地区性贸易安排——自由贸易协定（Free Trade Agreement，FTA）——所形成的区域，而且涉及服务贸易、投资、政府采购、知识产权保护、标准化等更多领域的相互承诺，是一个国家实施多双边合作战略的手段。

（一）自由贸易区的发展

自由贸易区从自由港发展而来。通常设在港口的港区或者邻近港口地区，尤以经济发达国家居多。

13 世纪法国开辟马赛港为自由贸易区。1547 年，意大利正式将热那亚湾的里窝那港定名为世界上第一个自由港。其后，为了扩大对外的国际贸易，一些欧洲国家陆续在一些港口城市开辟自由港。

20 世纪 50 年代初，美国提出：可在自由贸易区发展以出口加工为主要目标的制造业。

20 世纪 60 年代后期，一些发展中国家也利用这一形式，并将它建成特殊的工业区，逐步发展成为出口加工区。

20 世纪 80 年代以前自由贸易区在全球范围内已经达到数十个，范围遍及各大洲，是区域经济一体化的主要形式之一。其中，北美自由贸易区是世界上最大的自由贸易区。其他还有中欧自由贸易区、欧盟一拉美自由贸易区等。

20 世纪 80 年代以来，许多国家的自由贸易区向高技术、知识和资本密集型发展，形成“科技型自由贸易区”。

截至 2013 年 6 月 19 日，全球已有 1 200 多个自由贸易区，其中 15 个发达国家设立了 425 个，占 35.4%；67 个发展中国家共设立 775 个，占 64.6%。

随着时间的推移，自由贸易区的发展逐渐呈现出以下特点：

（1）数量不断增加。最典型的是美国对外贸易区的迅速增长。20 世纪 60 年代末 70 年代初，美国在全球经济中的地位开始下降，与此同时，美元贬值，失业人数增加。在此情况下，为了刺激对外贸易的发展，各州纷纷设立对外贸易区。到 1980 年，全美的自由贸易区增加到 77 个，到 1994 年底，自由贸易区已达 199 个，贸易分区达 285 个，总数为 484 个。截至 2013 年底，美国自由贸易区数量达到 256 个。

（2）功能趋向综合。随着自由贸易区数量的持续增长，自由贸易区的功能也在不断扩展。早在 20 世纪 70 年代，以转口和进出口贸易为主的自由贸易区和以出口加工为主的自由贸易区就已经开始相互融合，自由贸易区的功能趋向综合化。原料、零部件、半成品和成品都可以在区内自由进出，在区内可以进行进出口贸易、转口贸易、保税仓储、商品展销、制造、拆装、改装、加标签、分类，以及与其他货物混合加工等商业活动。因此，世界上多数自由贸易区通常都具有进出口贸易、转口贸易、仓储、加工、商品展示、金融等多种功能，这些功能综合起来就会大大提高自由贸易区的运行效率和抗风险能力。

（3）管理不断加强。各国的自由贸易区在初创时由于条件不同，功能各异，管理水平也相差较大，但是经过几十年的竞争发展，各国自由贸易区的管理已逐渐趋向规范化。而且随着科学技术的进步，自由贸易区的基础设施和管理手段也大大改善，形成了各自颇具特色的管理体制。世界上四个主要的自由贸易区（阿拉伯联合酋长国迪拜港自由港区、德国汉堡港自由港区、美国纽约港自由贸易区、荷兰阿姆斯特丹港自由贸易区）的管理机构权威性非常强。四国对自由贸易区管理机构授权上大体相近，都是港区合一，成立经联邦政府授权的专门机构，负责管理和协调自由贸易区的整体事务，投资建设必要的基础设施，有权审批项目立项。特别是着眼于自由贸易区与城市功能的相互促进，超前进行整体规划和建设，极富特色和成效，带动了周边城市的经济发展，尤其是在金融、保险、商贸、中介等第三产业发展上成效显著。

（二）中国自由贸易区的建设及发展

（1）国内自由贸易区

截至2017年7月3日，中国共有1个自贸区，也就是所谓的“1+3+7”。

2013年9月27日，国务院批复成立中国（上海）自由贸易试验区。2015年4月20日，国务院决定扩展中国（上海）自由贸易试验区实施范围。

2015年4月20日，国务院批复成立中国（广东）自由贸易试验区、中国（天津）自由贸易试验区、中国（福建）自由贸易试验区3个自贸区。

2017年3月31日，国务院批复成立中国（辽宁）自由贸易试验区、中国（浙江）自由贸易试验区、中国（河南）自由贸易试验区、中国（湖北）自由贸易试验区、中国（重庆）自由贸易试验区、中国（四川）自由贸易试验区、中国（陕西）自由贸易试验区7个自贸区。

（2）国际合作

1）与东盟

从1990年开始，中国与东盟贸易额以年均约20%的速度递增，2003年双边贸易额达到782亿美元，东盟已连续11年成为中国第五大贸易伙伴，2004年前9个月，双边贸易额增长了35.6%。2014年中国与东盟贸易额达4 803亿美元。

2）与韩国

中韩自由贸易区谈判于2012年5月启动。2014年11月，中韩两国元首在北京共同宣布结束实质性谈判。2015年2月25日中韩双方完成中韩自由贸易协定全部文本的草签，对协定内容进行了确认。至此，中韩自由贸易区谈判全部完成。中韩自由贸易协定是我国迄今为止涉及国别贸易额最大、领域范围最为全面的自由贸易协定。

【思考】结合材料和相关知识说说自由贸易区会对我们的国际税收产生哪些影响。

【课后练习】

一、名词解释

1．国际税收	2．税收饶让	3．保护关税
4．自由贸易区	5．贸易创造	6．出口退税制度
7．有效保护率		

二、判断题

1．当今，大多数国家只行使一种税收管辖权。（　）

2．税收的国际化，主要是由所得税和财产税的跨国课征引起的，因而国际税收的研究对象主要是在所得税和财产税课征上所发生的国家之间的权益关系。（　）

3．国际税收是由各国税收机构征收的一个独立的税种。（　）

4．税收饶让是税收抵免的延伸或扩展。（　）

5．在固定汇率制度下，政府利用财政政策实现充分就业目标。（　）

6．外债的结构性调节是一种“消长式”调节。（　）

7. 我国关税的课税对象只包括贸易性商品。（ ）

三、单项选择题

1. 按照国际惯例，外债偿债率应保持在（ ）。

A. 25%　　B. 20%　　C. 60%　　D. 100%

2. 世界上大多数国家（地区）都同时行使两种税收管辖权，但是（ ）同时行使三种税收管辖权。

A. 美国　　B. 中国　　C. 英国　　D. 中国香港

3.（ ）是一项综合指标，全面反映本国偿债能力和外债规模的对应关系

A. 负债率　　B. 偿债率　　C. 债务率　　D. 债权率

四、不定项选择题

1. 我国的外债种类与结构具有的特征包括（ ）。

A. 形成多角度有选择的债务　　B. 短期债务比重逐步降低

C. 外债风险指数在安全线内　　D. 外债种类多样化

2. 我国关税可分为（ ）。

A. 进口税　　B. 出口税　　C. 过境税　　D. 转口税

3. 税收管辖权的交叉方式有（ ）。

A. 居民税收管辖权与地域税收管辖权

B. 公民税收管辖权与地域税收管辖权

C. 居民税收管辖权与公民税收管辖权

D. 公民税收管辖权与公民税收管辖权

4. 减除国际重复税的措施有（ ）。

A. 扣除法　　B 低税法　　C. 免税法

D. 抵免法　　E. 税收饶让

5. 衡量合理的外债负担和限度的指标有（ ）。

A. 负债率　　B. 偿债率　　C. 债务率　　D. 剩余产品率

五、简答题

1. 简述税收管辖权的内容。
2. 简述国际重复征税及其减除方法。
3. 实行税收饶让有何意义？
4. 目前我国出口退税制度存在哪些问题？
5. 我国的外债种类与结构有何特点？
6. 如何正确选择外债种类和结构？
7. 简述固定汇率下的财政政策和货币政策。
8. 简述中央银行的活动特征。
9. 简述选择性货币政策。

参考文献

［1］潘邦贵．财政学［M］．长沙：湖南师范大学出版社，2017．

［2］刘建国，钟伊慧，周伟．财政学［M］．长春：吉林大学出版社，2017．

［3］张晓红，等．财政学［M］．大连：大连理工大学出版社，1995．

［4］华民．公共经济学教程［M］．上海：复旦大学出版社，1996．

［5］丛树海．公共支出分析［M］．上海：上海财经大学出版社，1999．

［6］张馨，等．当代财政与财政学主流［M］．大连：东北财经大学出版社，2000．

［7］蒋洪．财政学［M］．2 版．北京：高等教育出版社，2004．

［8］邓子基，林致远．财政学［M］．北京：清华大学出版社，2007．

［9］吴俊培．公共经济学［M］．武汉：武汉大学出版社，2005.8．

［10］寇铁军．财政学教程［M］．3 版．大连：东北财经大学出版社，2012．

［11］杨斌．税务学原理［M］．北京：高等教育出版社，2008．

［12］陈共．财政学［M］．北京：中国人民大学出版社，2012．

［13］刘怡．财政学［M］．北京：北京大学出版社，2010．

［14］张小芹．财政学［M］．杭州：浙江大学出版社，2013．

［15］朱福兴，上管敬芝．财政学［M］．北京：机械工业出版社，2010．

［16］李友元，姜竹，马乃云．财政学［M］．2 版．北京：机械工业出版社，2009．

［17］［美］哈维·罗森，特德·盖亚．财政学［M］．8 版．郭庆旺，赵志耘，译．北京：中国人民大学出版社，2009．

［18］刘明慧，外国财政制度［M］．2 版．大连：东北财经大学出版社，2012．